# COLLECTION
## COMPLÈTE
# DES MÉMOIRES
### RELATIFS
## A L'HISTOIRE DE FRANCE.

*Du Bellay, livres 1 et 2.*

DE L'IMPRIMERIE DE DECOURCHANT.

# COLLECTION

COMPLÈTE

# DES MÉMOIRES

RELATIFS

## A L'HISTOIRE DE FRANCE,

DEPUIS LE RÈGNE DE PHILIPPE-AUGUSTE, JUSQU'AU COMMENCEMENT
DU DIX-SEPTIÈME SIÈCLE ;

AVEC DES NOTICES SUR CHAQUE AUTEUR,
ET DES OBSERVATIONS SUR CHAQUE OUVRAGE,

### Par M. PETITOT.

---

TOME XVII.

PARIS,
FOUCAULT, LIBRAIRE, RUE DE SORBONNE, N° 9.
1827.

# LES MEMOIRES

DE

## MESSIRE MARTIN DU BELLAY,

CONTENANT

LE DISCOURS DE PLUSIEURS CHOSES ADVENUES AU ROYAUME DE FRANCE DEPUIS L'AN 1513 JUSQUES AU TRESPAS DU ROY FRANÇOIS I,

Ausquels l'autheur a inseré trois livres, et quelques fragmens des Ogdoades de messire GUILLAUME DU BELLAY, seigneur de Langey, son frere.

Œuvre mis en lumiere, et presenté au Roy, par messire RENÉ DU BELLAY, chevalier de l'ordre de Sa Majesté, baron de LA LANDE, heritier d'iceluy messire MARTIN DU BELLAY.

# NOTICE

## SUR GUILLAUME DU BELLAY,

SEIGNEUR DE LANGEY,

### JEAN, CARDINAL DU BELLAY,

### ET MARTIN DU BELLAY.

Quoique les Mémoires que nous publions n'appartiennent qu'à Martin et à Guillaume Du Bellay, nous n'avons pas cru devoir séparer dans cette Notice le célèbre cardinal Jean Du Bellay de ses deux frères, dont il dirigea les études, dont il partagea les services, et qu'il seconda puissamment dans leur carrière militaire et politique. Ainsi nous réunirons les traits les plus remarquables de la vie de ces trois illustres personnages, qui, unis par les mêmes goûts et le même dévouement pour François 1, contribuèrent à la gloire de ce grand prince, soit par leur courage dans les circonstances les plus difficiles, soit par leur habileté dans les négociations les plus épineuses, soit par la protection éclairée qu'ils accordèrent aux lettres.

Les trois frères, issus d'une famille qui s'étoit distinguée dès les premiers siècles de la monarchie, naquirent, vers la fin du quinzième siècle, au château de Glatigny dans le Perche (1). Leur éducation fut très-

---

(1) Guillaume naquit en 1491, Jean en 1492 : on ignore la date de la naissance de Martin.

soignée : on leur donna une connoissance approfondie des écrivains de l'antiquité, et, par ces études jusqu'alors presque étrangères à la noblesse, ils acquirent une supériorité qui leur procura dans la suite l'avancement le plus rapide. L'aîné, Guillaume, qui prit le nom de Langey, fut destiné, ainsi que Martin, le plus jeune, à la carrière des armes : Jean, dont les inclinations étoient plus sérieuses, embrassa l'état ecclésiastique.

En 1515, étant encore jeunes, ils parurent à la cour de François 1; et le monarque, qui dès-lors trouvoit dans la littérature ses plus agréables délassemens, les admit à ses divertissemens et à ses études. Martin le suivit en Italie la même année, et eut part à la gloire de la bataille de Marignan. Après cette campagne, et pendant les cinq années de paix qui la suivirent, le Roi, quoique livré aux plaisirs de son âge, fit beaucoup pour les lettres. Jean Du Bellay, nommé d'abord à l'évêché de Bayonne, ensuite appelé au siége de Paris, s'efforça de diriger ce goût vers un but utile et durable; et il fut un de ceux qui contribuèrent le plus à faire adopter l'idée d'un collége royal, où l'enseignement devoit être plus élevé que dans les colléges de l'université.

Lorsqu'en 1521 la guerre se ralluma, Langey et Martin Du Bellay répondirent à l'appel que leur fit le monarque : tous deux se trouvèrent à la bataille de Pavie, et furent ensuite témoins des désastres qui accablèrent la France pendant la captivité de François 1. A cette époque funeste, il y eut un moment de crise qui sembla menacer l'Etat d'une dissolution prochaine. On savoit que le Roi étoit dangereusement malade à

Madrid : tous les passages étant interceptés, on ne pouvoit avoir de ses nouvelles. Langey offrit d'en aller chercher : bravant tous les dangers qui pouvoient le menacer, il partit sans passe-port, traversa l'Espagne, où des ordres étoient donnés pour l'arrêter ; vit le monarque qui entroit en convalescence ; et son retour rendit aux Français l'espérance et la fermeté dont ils avoient besoin dans de si grands malheurs. Chargé ensuite d'un commandement important en Italie, il sauva Florence du pillage dont la menaçoient les soldats indisciplinés du connétable de Bourbon ; et si Clément VII eût écouté ses sages avis, il auroit probablement préservé Rome d'un sort pareil. Ce fut alors que ses talens pour la politique se développèrent : ayant prévu la défection d'André Doria, qui devoit entraîner la ruine d'une armée française et la perte de l'Italie, il ne négligea rien pour éclairer François I sur la position de l'amiral génois, et sur les intrigues que Charles-Quint faisoit jouer autour de lui. L'événement prouva jusqu'à quel point on pouvoit se fier à sa prévoyance ; et l'année suivante [1529], il fut chargé en Angleterre de la mission la plus délicate. Il s'agissoit de calmer le fougueux Henri VIII, irrité de ce que le Roi ne l'avoit pas consulté avant de signer le traité de Cambray : Langey y parvint, en ayant l'air de ménager la passion de ce prince pour Anne de Boulen.

Envoyé bientôt après en Allemagne afin de nouer des alliances avec les princes protestans, il eut pour successeur dans sa mission en Angleterre l'évêque de Paris Jean Du Bellay, son frère, qui, voyant Henri VIII subjugué par une folle passion, et près pour la satisfaire de rompre irrévocablement avec le Pape, parvint à déterminer ce caractère altier, non-seulement à faire le sacrifice de son ressentiment, mais à promettre de se soumettre au jugement du Saint-Siége. Transporté de ce triomphe, qui sembloit devoir prévenir le schisme qu'il redoutoit, Jean Du Bellay partit aussitôt pour Rome au milieu d'un hiver rigoureux, et y arriva dans le moment où l'on alloit prononcer la condamnation de Henri VIII. Il obtint avec peine le délai indispensable pour envoyer en Angleterre un homme de confiance. Mais le mauvais état des chemins ayant retardé la réponse qu'il attendoit, les partisans de Charles-Quint firent rendre la sentence : précipitation d'autant plus funeste, que le courrier porteur des pouvoirs nécessaires arriva deux jours après. Ainsi la grande révolution qui entraîna l'Angleterre dans le schisme auroit peut-être été arrêtée par le zèle d'un seul homme, si des accidens fortuits, hors de la prévoyance humaine, n'eussent dérangé toutes ses combinaisons. Après cet événement malheureux, l'évêque de Paris resta dans Rome chargé des affaires du Roi ; et Paul III, qui succéda bientôt à Clément VII, le fit cardinal en 1535.

L'année suivante, qui fut celle où Charles-Quint osa tenter la conquête de la France, les trois frères, placés chacun dans une position différente, rendirent les plus grands services. Langey, envoyé en Allemagne afin de réfuter les impostures que faisoit répandre l'Empereur, y pénétra au péril de sa vie, malgré les ordres donnés pour lui fermer tous les passages, et parvint à remplir sa mission avec autant de courage que de dextérité. Martin Du Bellay fit la célèbre campagne de Provence, dans laquelle Charles-Quint fut obligé de fuir honteusement, après avoir vu périr presque toute son armée : il harcela l'ennemi dans sa retraite, et partagea la gloire de Montmorency, regardé alors comme le libérateur de la France. Le cardinal Du Bellay, que les dangers de son pays y avoient rappelé, eut ordre de rester à Paris, où le Roi lui donna les fonctions de lieutenant général. L'alarme s'étant répandue dans cette ville lorsqu'on y apprit que Peronne étoit assiégée, il rassura les habitans, qui croyoient déjà voir les ennemis à leurs portes, pourvut aux approvisionnemens par les plus sages mesures, éleva des fortifications suffisantes pour prévenir toute surprise, et détermina les Parisiens à faire partir des troupes pour renforcer l'armée de Picardie.

Après la trève de Nice, qui donna quelques années de repos à l'Europe, Langey fut gouverneur de Turin, et ses deux frères demeurèrent auprès du Roi. Lorsqu'en 1541 le marquis Du Guast, général des troupes de Charles-Quint en Italie, dressa des embûches aux ambassadeurs que François 1 envoyoit à Venise et à Constantinople, Langey découvrit toute cette trame; et ce fut malgré ses instances les plus vives que ces deux ministres coururent en quelque sorte au devant de la mort qui leur étoit destinée. La guerre s'étant allumée à la suite de cette trahison, il fit en Piémont les dispositions les plus savantes; et, au milieu des soins que sa position exigeoit, il donna une preuve de l'esprit de douceur et de tolérance dont il étoit animé. Le parlement d'Aix ayant, en 1540, rendu un arrêt foudroyant contre les habitans de Cabrières et de Merindol, qui avoient adopté la doctrine de Calvin, Langey s'unit au vertueux Sadolet, évêque de Carpentras, pour détourner l'orage dont ces malheureux étoient menacés, et ne parvint malheureusement qu'à le suspendre. Accablé par les infirmités, qui étoient la suite de ses longs travaux, il voulut, au commencement de 1543, revenir en France, afin de communiquer au Roi des secrets importans, qu'il ne croyoit pas devoir confier au papier. Arrêté par une attaque de goutte à Saint-Symphorien près de Lyon, il y mourut le 9 janvier; et son plus bel éloge se trouva dans la bouche de Charles-Quint, qui dit, en apprenant sa mort : « Cet homme-là m'a plus fait de mal que tous « les Français ensemble. »

On est frappé d'étonnement quand on pense que, pendant une vie entièrement consacrée aux affaires publiques, Langey, toujours passionné pour les lettres, trouva le moyen d'entreprendre de grands ouvrages d'histoire. Ses goûts sérieux le rendoient peu propre à l'état de courtisan; et François 1, rempli d'estime pour lui, souffroit qu'il ne s'assujétît point aux lois de l'étiquette. Un contemporain observe qu'il s'asseyoit et se couvroit devant ce monarque, et que lorsque dans la conversation il se trouvoit incommodé par la chaleur, il ne craignoit pas d'ôter sa fraise et son manteau : « Il ne sait, ajoute cet écrivain, ni quand le Roy se « leve ni quand il se couche; mais il sait bien où sont « les ennemis. » Ses deux frères lui firent élever un mausolée dans la cathédrale du Mans, dont le cardinal fut évêque quelques années après.

La campagne de 1544, commencée d'une manière si brillante, et terminée par tant de désastres, fournit à Martin Du Bellay et au cardinal son frère l'occasion de se distinguer de nouveau par d'éminens services. Le premier, étant passé en Italie, devint major général de l'armée du comte d'Enghien, et prit part à la fameuse victoire de Cérisoles. Le second se trouva encore chargé de la défense de Paris, menacé d'une manière plus sérieuse qu'en 1536 par Charles-Quint, qui s'étoit avancé jusqu'à Château-Thierry. Il unit ses efforts à ceux du Roi pour calmer l'agitation de cette grande ville, et parvint à la mettre à l'abri d'un coup de main.

A la mort de François I, les deux frères, éloignés de la cour, trouvèrent dans la culture des lettres des consolations qui leur firent supporter la disgrâce. Le cardinal alla se fixer à Rome, où il jouissoit de la plus grande considération; et Martin Du Bellay se retira dans son château de Glatigny, où, n'ayant pu recueillir qu'une foible partie des manuscrits de Langey, il s'efforça de compléter les Mémoires que ce dernier avoit composés sur le règne de François I. Martin Du Bellay ayant terminé ce grand ouvrage, mourut le 9 mars 1559; et le cardinal, qui ne lui survécut que onze mois, termina ses jours à Rome le 16 février de l'année suivante.

Les Mémoires que nous publions appartiennent, comme on le voit, à deux guerriers qui ne sembloient pas appelés à ce genre de travail; et il est à regretter que le cardinal leur frère, dont il nous reste des lettres pleines d'intérêt, n'ait pas contribué à ce monument précieux de notre histoire.

Langey ayant consacré ses loisirs à l'étude des historiens de l'antiquité, avoit toujours gémi de ce qu'à l'époque de la renaissance des lettres les écrivains français ne se fussent pas appliqués à ce genre, qu'il préféroit à tous les autres. Pour remplir ce vide, il avoit résolu non-seulement d'écrire l'histoire de son temps dans les dimensions les plus étendues, mais de composer une Histoire de France dont il auroit banni toutes les fables recueillies dans nos anciennes chroniques. Une critique saine et éclairée devoit présider à cet immense travail. Malheureusement presque tous ses papiers se perdirent pendant son dernier voyage; et Martin Du Bellay, à qui l'on remit ce qui restoit, n'y trouva que l'histoire de cinq années du règne de François 1. Il résolut de compléter cet ouvrage; mais le temps ne lui permit pas de donner à la partie considérable dont il se chargea les développemens qui entroient dans le vaste plan tracé par Langey. Il en résulte que les proportions de cette grande production historique sont loin d'être régulières, et que par exemple le récit des événemens de l'année 1536, qui appartient à Langey, forme presque le tiers du tableau d'un règne de trente-deux ans.

Ces Mémoires, dont la partie rédigée par Langey rappelle la manière des anciens, portent trop le caractère d'un écrit officiel. On voit que les deux frères, se croyant obligés par leur position à garder de grands ménagemens, évitent de traiter les matières délicates. Ainsi l'on chercheroit en vain dans leur ouvrage des détails sur le concordat, sur la vénalité des charges, sur le schisme de Luther, sur les progrès de Calvin, et sur les intrigues des femmes, dont l'influence se fit sentir pendant tout le règne de François 1.

Ce défaut, qui ôte aux Mémoires particuliers une grande partie de leur intérêt, a été très-bien observé par Montaigne « C'est tousjours plaisir, dit-il, de veoir
« les choses escriptes par ceulx qui ont essayé comme il
« les fault conduire; mais il ne se peult nier qu'il ne se
« descouvre evidemment en ces deux seigneurs icy un
« grand deschet de la franchise et liberté d'escrire qui
« reluit ez anciens de leur sorte, comme au sire de
« Jouinville, domestique de sainct Louys, Eginard,
« chancelier de Charlemaigne, et, de plus fraische me-
« moire, en Philippe de Comines. C'est icy plustost un

« plaidoyer pour le roy François contre l'empereur
« Charles cinquiesme, qu'une histoire. Je ne veulx pas
« croire qu'ils ayent rien changé, quant au gros du
« faict; mais de contourner le jugement des evene-
« ments, souvent contre raison, à nostre advantage, et
« d'obmettre tout ce qu'il y a de chatouilleux en la
« vie de leur maistre, ils en font mestier : tesmoing les
« reculements (1) de messieurs de Montmorency et de
« Brion, qui y sont oubliez; voire le seul nom de ma-
« dame d'Estampes ne s'y treuve point. On peult cou-
« vrir les actions secretes; mais de taire ce que tout le
« monde sçait, et les choses qui ont tiré (2) des effects
« publicques et de telle consequence, c'est un default in-
« excusable. Somme, pour avoir l'entiere cognoissance
« du roy François et des choses advenues de son temps,
« qu'on s'addresse ailleurs, si on m'en croit. Ce qu'on
« peult faire icy de proufit, c'est par la deduction parti-
« culiere des batailles et exploicts de guerre où ces gen-
« tilshommes se sont trouvez; quelques paroles et ac-
« tions privées d'aulcuns princes de leur temps; et les
« practiques et negociations conduictes par le seigneur
« de Langeay, où il y a tout plein de choses dignes d'estre
« sceues, et des discours non vulgaires. »

Nous nous sommes efforcés, dans l'Introduction que nous avons placée en tête des Mémoires de Du Bellay, de remédier à ce défaut de détails essentiels. Nous avons emprunté aux écrivains contemporains tout ce qui nous a paru curieux et authentique sur la révolution qu'on vit alors s'opérer dans les mœurs et dans les institutions, sur les intrigues secrètes de la cour, sur le concordat, sur la réforme de Luther, et sur les progrès rapides, mais cachés, des nouvelles doctrines. La renaissance

---

(1) *Les reculements* : les disgrâces. — (2) *Tiré* : produit.

des lettres, qui répandit tant d'éclat sur cette époque fameuse, a dû entrer aussi dans le plan de notre travail : obligés de nous resserrer sous ce rapport dans des bornes très-étroites, nous avons cherché cependant à ne laisser échapper aucun des traits qui peuvent servir à caractériser le grand mouvement qu'éprouva l'esprit humain pendant le cours orageux de la première moitié du seizième siècle.

Pour mettre ces détails dans le jour qui leur convenoit, il a été nécessaire de les lier à l'histoire générale ; car, en les isolant des circonstances auxquelles ils appartiennent, nous leur aurions fait perdre leur véritable physionomie. C'est ce qui nous a déterminés à rappeler rapidement les principaux événemens de ce long règne, en ayant soin de ne donner des développemens que sur les objets dont les auteurs des Mémoires ont négligé de s'occuper.

Ces Mémoires furent publiés pour la première fois en 1569 (un volume in-folio) par René Du Bellay, baron de La Lande, gendre de Langey, qui les dédia au roi Charles IX. Ils furent réimprimés dans le même format en 1572, 1582, 1588, et dans le format in-8° en 1570 et 1586. L'abbé Lambert les traduisit en 1753 en français moderne ; mais sa version, foible et décolorée, fut loin d'obtenir le succès qu'avoit mérité, en 1745, la traduction des Mémoires de Sully par l'abbé de L'Ecluse. Les connoisseurs préférèrent l'original, que nous reproduisons aujourd'hui, et dont le style, quoique moins agréable que celui d'Amyot, offre une franchise, une énergie et une vigueur qui conviennent très-bien au genre historique.

# INTRODUCTION

## AUX MÉMOIRES DE DU BELLAY.

Les désastres des dernières années du règne de Louis xii avoient fait désirer un nouveau règne. On fondoit de grandes espérances sur un jeune prince qui annonçoit les qualités les plus aimables, dont la prudence et la valeur s'étoient signalées dans la dernière campagne de Picardie, et qui, quoique livré aux plaisirs de son âge, montroit un grand enthousiasme pour les sciences, les lettres et les arts. François 1, âgé de vingt-un ans, avoit d'abord reçu l'éducation qu'on donnoit aux princes de son temps : on ne l'avoit occupé, au sortir de l'enfance, que des exercices du corps; mais lorsque Louis xii, désespérant d'avoir des enfans mâles, le considéra comme son héritier, il l'appliqua aux lettres, le fit étudier au collége de Navarre, et lui donna pour précepteur Pierre Du Châtel, savant célèbre, qui fut depuis son lecteur. Le jeune monarque n'étoit pas devenu très-savant; mais aimant à se trouver avec des hommes instruits, il avoit acquis une façon de s'exprimer toujours noble, quelquefois éloquente; et un goût naturel et sûr le rendoit digne de présider à la renaissance des lettres.

[1515] François étoit marié depuis un an avec Claude, fille aînée de son prédécesseur, qui, pleine de douceur, de vertu et de piété, n'avoit malheureusement aucun empire sur lui. Louise de Savoie sa mère le gouvernoit entièrement, et devoit cet ascendant aux soins assidus qu'elle avoit pris de son enfance. Cette princesse, âgée de trente-neuf ans, étoit célèbre par sa beauté : on lui avoit attribué quelques aventures galantes depuis son veuvage, qui avoit commencé à dix-huit ans; mais son penchant pour les plaisirs n'avoit pas étouffé son ambition, et elle s'étoit constamment occupée d'affaires et d'intrigues sur la fin du dernier règne. Le crédit de Louise étoit balancé par celui de Marguerite, duchesse d'Alençon, sa fille, pour laquelle le Roi avoit l'amitié la plus tendre. Mariée malgré elle en 1509 à un prince dont le caractère ne sympathisoit pas avec le sien, elle avoit rassemblé sur son frère toute sa tendresse : âgée alors de vingt-trois ans, pleine d'agrément, d'esprit et d'instruction, fort libre dans ses propos, mais très-réservée dans sa conduite, elle faisoit les délices de cette jeune cour; et le Roi, qui l'appeloit ordinairement *sa mignonne*, aimoit, dans la conversation, à faire jaillir les traits piquans de son esprit vif et enjoué. Ces deux princesses exerçoient leur influence d'une manière entièrement différente : la mère, sans se dérober aux passions de son sexe, vouloit gouverner l'État; la fille, presque étrangère à ces passions, ne songeoit qu'à cultiver son esprit, et à faire goûter à son frère les jouissances que donne l'étude.

Au milieu de cette nouvelle cour, on remarquoit une jeune Anglaise dont l'ambition démesurée se cachoit sous les grâces les plus séduisantes. Anne de Boulen, venue en France avec Marie, seconde femme de Louis XII, avoit passé d'abord au service de la reine Claude; puis, trouvant trop sérieuse la société de cette princesse, elle s'étoit attachée à la duchesse d'Alençon : recherchée par les courtisans, dont son humeur vive et gaie ne repoussoit pas les hommages, il paroît qu'elle avoit alors une intrigue secrète avec le Roi.

Les regards de la cour se fixoient sur deux hommes qui sembloient appelés aux plus brillantes destinées : c'étoient Charles de Bourbon, fils de Gilbert de Montpensier, mort en 1496, après la perte du royaume de Naples sous Charles VIII; et Guillaume de Gouffier, seigneur de Bonnivet, frère de Boisy, ancien gouverneur du Roi. Bourbon, âgé de vingt-six ans, avoit, à ce qu'on prétend, inspiré une forte passion à Louise de Savoie, mais il ne la partageoit pas; il lui préféroit la duchesse d'Alençon sa fille, dont les manières libres lui donnoient des espérances peu fondées. Bonnivet, entièrement dévoué à Louise, jouissoit, avec Anne de Montmorency et Philippe de Chabot, seigneur de Brion, de la faveur du monarque. Doué d'un esprit plein de grâces et de saillies, Bonnivet avoit le talent d'amuser son maître : présomptueux auprès des femmes, il ne croyoit pas qu'aucune pût lui résister : bien accueilli de la duchesse d'Alençon, qui prenoit plaisir à son entretien, il se figuroit que l'occasion seule lui manquoit pour en être bien traité.

François, après avoir pris les avis de sa mère, fit plusieurs promotions dans les premiers jours de son règne. Il donna au duc de Bourbon l'épée de connétable. Antoine Duprat, autrefois avocat célèbre, et ensuite premier président du parlement de Paris, fut nommé chancelier. Le bâton de maréchal de France fut remis à deux guerriers également illustres, mais dont la destinée devoit être différente. Jacques de Chabannes, seigneur de La Palice, ne parvint à cette dignité qu'en résignant sa charge de grand-maître à Boisy, frère de Bonnivet, et il ne commanda plus en chef. Odet de Foix, seigneur de Lautrec, l'obtint sans faire aucun sacrifice, parce qu'il avoit une sœur charmante sur laquelle le Roi avoit déjà des prétentions; et il fut par la suite chargé des commandemens les plus importans.

Louis XII avoit laissé le royaume en guerre avec presque tous ses voisins. Ferdinand, roi d'Espagne, et l'empereur Maximilien, l'un et l'autre sur le déclin de l'âge, nourrissoient contre le jeune monarque la haine qu'ils avoient vouée à son prédécesseur. Leur petit-fils Charles d'Autriche, qui gouvernoit les Pays-Bas, et qui devoit devenir si célèbre sous le nom de Charles-Quint, n'étoit pas dans de meilleures dispositions envers la France. Le pape Léon X partageoit leurs vues, sans partager leurs ressentimens; et les Suisses, qui avoient puissamment contribué à rétablir la maison de Sforce sur le trône de Milan, menaçoient de faire une nouvelle invasion dans la Bourgogne. Il n'y avoit que les Vénitiens et le roi d'Angleterre Henri VIII qui n'entrassent point dans cette ligue formidable.

François parvint à en détacher Charles d'Autriche, qui, craignant que Ferdinand ne disposât du royaume d'Espagne en faveur de son jeune frère, crut devoir se faire garantir par la France cette riche succession. Le Roi essaya ensuite d'obtenir le même succès auprès de Léon X, dont l'appui étoit d'un grand poids dans les affaires d'Italie. Instruit du goût que ce pontife avoit pour les lettres, il lui envoya le fameux Guillaume Budée, l'un des hommes les plus savans du siècle. Budée fut parfaitement accueilli par Léon x; les hommes de lettres de Rome lui rendirent les plus grands honneurs; mais il échoua complètement dans sa mission, et sa profonde connoissance de l'antiquité ne l'empêcha pas d'être dupe de la politique italienne.

Le Roi, qui regardoit le duché de Milan, enlevé par la ligue à son prédécesseur, comme un héritage auquel il ne pouvoit renoncer sans honte, résolut de commencer son règne par cette conquête. L'Etat étoit obéré par les derniers désastres, et les préparatifs de la guerre exigeoient de grandes dépenses. Duprat, qui remplissoit les fonctions de premier ministre, y pourvut par un moyen nouveau, sur lequel il est nécessaire de donner quelques développemens.

Sous saint Louis et ses successeurs, quelques charges inférieures de judicature avoient été vendues. Cet usage, aboli par Charles vii, renouvelé sous Louis xi, avoit disparu avec lui; et Louis xii, dans sa plus grande détresse, n'avoit cherché des ressources que dans la vente des offices de finances. Le chancelier entreprit d'introduire la vénalité pour toutes les charges, quelles qu'elles fussent. Prévoyant les obstacles qu'il rencontreroit, il habitua lentement la France à cette innovation. Aucun édit ne fut d'abord rendu, les transactions demeurèrent secrètes; et le ministère n'avoua hautement ce moyen de se procurer des fonds qu'en 1520 [30 janvier], époque à laquelle il créa et vendit vingt charges de conseillers au parlement.

Avant cette époque, le Roi donnoit l'institution aux magistrats des cours souveraines; mais ils étoient choisis par les compagnies après de longues épreuves, et les choix, qui tomboient ordinairement sur les avocats les plus célèbres, étoient presque toujours bons. Sous des règnes tels que celui de Louis XI, où l'autorité royale tendoit à l'arbitraire, les élections étoient quelquefois forcées, et des hommes illettrés ou corrompus prenoient place au parlement. Mais comme de nombreuses réclamations s'élevoient en faveur des anciennes coutumes, leur violation les confirmoit plus qu'elle ne les faisoit oublier. Depuis que la vénalité des charges fut reconnue comme loi de l'Etat, elles devinrent en quelque sorte héréditaires. Un nouveau patriciat se forma en France, il prit sa source dans la riche bourgeoisie; et le dépôt de la justice et des lois fut confié à quelques familles roturières. Le corps des magistrats acquit par là plus d'indépendance, et pendant deux siècles il ne dégénéra point, parce qu'il ne suffisoit pas d'acheter une charge pour en être mis en possession : il falloit que le candidat subît des examens rigoureux, et donnât sur sa conduite toutes les garanties désirables. Ce fut à ces sages précautions que l'on dut les grands magistrats qui sauvèrent la France sous les règnes malheureux des derniers Valois, et qui contribuèrent à la gloire des règnes de Henri IV et de Louis XIV. Des relâchemens qui s'introduisirent dans le dix-huitième siècle affoiblirent la résistance que la magistrature auroit pu opposer aux doctrines dangereuses, mais n'empêchèrent pas que, au moment de sa ruine, elle ne rappelât encore quelques glorieux souvenirs.

François ayant fait ses préparatifs, érigea en faveur de sa mère le comté d'Angoulême en duché, la nomma régente, et partit pour l'Italie. Il y pénétra malgré les Suisses, qui s'étoient emparés des défilés des montagnes; et il eut pour auxiliaires les Vénitiens, dont l'armée, commandée par le célèbre l'Alviane, se mit en marche, afin de favoriser ses opérations. Après avoir essayé de traiter avec les Suisses, il leur livra bataille près de Marignan. L'affaire dura deux jours [13 et 14 septembre]. On combattit avec une valeur et un acharnement dont les guerres précédentes n'offroient aucun exemple : la fortune parut long-temps incertaine; et le jeune Roi, qui fit des prodiges de valeur, remporta enfin une victoire complète (1). Le résultat de cette victoire fut la conquête du Milanais, dont le duc, Maximilien Sforce, obtint une retraite en France.

Léon X, effrayé des succès de François I, crut que dans une entrevue non-seulement il pourroit le fléchir, mais qu'il parviendroit à terminer à son avantage les longs débats sur la pragmatique, qui avoient pris naissance sous le règne de Louis XI, auxquels s'étoient joints de grands intérêts politiques à l'époque de l'expédition de Charles VIII, et qui étoient devenus beaucoup plus vifs sous Louis XII, lorsque la France avoit osé opposer le concile de Pise à la puissance pontificale.

Le Pape ne fut pas trompé dans ses espérances : les deux souverains se virent à Bologne, qui faisoit partie des domaines de l'Eglise. Léon X y arriva le premier, et ménagea au jeune vainqueur la plus magnifique réception. S'étant appliqué depuis le commencement de son pontificat à faire fleurir en Italie les

(1) Le Roi rédigea lui-même, pour sa mère, une relation de la bataille de Marignan. Nous avons placé cette pièce très-curieuse à la fin de cette Introduction.

2.

lettres et les arts, il avoit avec le Roi plusieurs rapports de goût : dès les premiers momens il prit sur lui un grand ascendant, et, secondé par le chancelier Duprat, qui, devenu veuf, aspiroit aux dignités ecclésiastiques, il n'eut pas de peine à dissiper les préventions qui pouvoient encore subsister dans l'ame du monarque.

Pendant quatre jours que dura l'entrevue [depuis le 10 jusqu'au 14 décembre]; les principaux points du concordat furent débattus et arrêtés. Léon X et François I se séparèrent ensuite, très-satisfaits l'un de l'autre. Duprat resta à Bologne avec les cardinaux d'Ancône et de Santi-Quatro, pour rédiger les articles de cette importante convention. Il y eut encore beaucoup de discussions sur les termes dans lesquels elle devoit être conçue; et le traité ne fut définitivement conclu que le 15 août de l'année suivante.

Cependant François revint triomphant en France, après avoir laissé le gouvernement du Milanais au connétable de Bourbon, qui s'étoit distingué à la bataille de Marignan. On fondoit les plus grandes espérances sur un monarque qui, à vingt-un ans, avoit gagné une bataille, reconquis une province, et calmé les dissensions de l'Eglise par un traité dont on ignoroit encore les dispositions.

[1516] Le retour du Roi fut marqué par les fêtes les plus brillantes : on ne s'occupa que de plaisirs. François, guidé par son goût pour la galanterie, et d'après les conseils de Bonnivet qu'il venoit de nommer amiral (1), donna à sa cour une face nouvelle.

(1) Bonnivet remplaçoit Jean de Graville, élevé à cette dignité par Charles VIII.

Anne de Bretagne, première femme (¹) de Louis XII, avoit eu l'idée de rassembler autour d'elle les filles des plus grands seigneurs du royaume, à l'éducation desquelles elle présidoit, qu'elle retenoit dans les bornes de la plus sévère modestie, et qui lui formoient un cortége aussi aimable que décent. Cet usage avoit été suivi par la Reine régnante, dont la sévérité avoit, comme nous l'avons vu, éloigné la célèbre Anne de Boulen. La mère et la sœur du Roi avoient aussi à leur suite plusieurs demoiselles, auxquelles elles permettoient plus de liberté. Mais quoique, sous ces maîtresses indulgentes, elles pussent prendre part aux divertissemens de la cour, et ne pas être tout-à-fait étrangères à la galanterie, cependant la nécessité de se ménager un établissement les obligeoit à beaucoup de retenue.

Le Roi, ne pouvant former sa société habituelle de ces jeunes personnes, dont la gaieté et les grâces ne se déployoient ordinairement qu'entre elles, résolut d'appeler à sa cour toutes les femmes aimables que jusqu'alors l'usage avoit reléguées dans les châteaux de leurs époux. Dans l'abandon d'un naturel ouvert aux illusions les plus séduisantes, il répétoit souvent qu'*une cour sans dames étoit une année sans printemps, et un printemps sans roses.*

Il n'est pas besoin de dire que, de toutes les parties du royaume, les dames répondirent avec empressement à l'appel qui leur étoit fait par un prince à la fleur de l'âge, distingué déjà par des qualités héroïques, et qui joignoit, à l'esprit chevaleresque dans le-

(¹) Nous disons qu'Anne de Bretagne fut la première femme de Louis XII, parce que le mariage de ce prince avec Jeanne, fille de Louis XI, fut déclaré nul.

quel il avoit été élevé, cette politesse délicate que donne le goût des lettres. Parmi celles qui vinrent orner la cour, le Roi remarqua surtout la comtesse de Châteaubriand, sœur du maréchal de Lautrec, qu'il connoissoit de réputation. Jusqu'alors fidèle à un époux qui l'avoit constamment retenue dans un château de la Bretagne, elle ne put résister à l'éblouissement d'un nouveau genre de vie, et aux avances d'un monarque qui passoit pour le chevalier le plus accompli de son royaume. Cette liaison secrète ne donna d'abord aucun ombrage à la duchesse d'Angoulême : ce ne fut que quelques années après que la rivalité entre la mère et la maîtresse éclata, et répandit la discorde dans l'intimité du Roi.

Cet établissement rendit la cour plus brillante, y introduisit une élégance de mœurs inconnue jusque là, et contribua puissamment au perfectionnement de la langue; mais il eut des inconvéniens graves, qui ont été très-bien observés par un de nos historiens[1]. « Du « commencement, dit-il, cela eut de fort bons effets, « cet aimable sexe ayant amené à la cour la politesse « et la courtoisie, et donnant de vives pointes de géné- « rosité aux ames bien faites : mais les mœurs se cor- « rompirent bientôt, les charges et les bienfaits se dis- « tribuèrent à la fantaisie des femmes; elles furent « cause qu'il s'introduisit de très-méchantes maximes « dans le gouvernement, et que l'ancienne candeur gau- « loise fut reléguée encore plus loin que la chasteté. »

Cette réflexion chagrine s'applique surtout au système de Catherine de Médicis, qui exerça un grand pouvoir sous les règnes des trois petits-fils de Fran-

[1] Mézeray, grande Histoire.

çois 1, et qui, sans abandonner l'usage d'avoir à sa cour les femmes des plus grands seigneurs, réunit autour d'elle une multitude de demoiselles charmantes, dans des vues bien différentes de celles qui avoient dirigé la sévère Anne de Bretagne.

Charles d'Autriche, qui, sous le nom de Charles-Quint, devoit être le rival trop souvent heureux de François 1, étoit loin de montrer dans sa première jeunesse cette activité infatigable, ces talens pour l'intrigue et la politique, cette ambition démesurée, qui le firent plus tard aspirer à la monarchie universelle. Modeste et réservé, il ne sembloit occupé, sous Chièvres son gouverneur, que des exercices qui faisoient alors les délices des jeunes princes, et de quelques études historiques. Ses deux aïeux, l'empereur Maximilien et Ferdinand, roi d'Espagne, vivoient encore : borné à la petite souveraineté des Pays-Bas, et à ce titre vassal du roi de France, il s'étoit engagé, par son traité de l'année précédente, à rendre la Navarre à la maison d'Albret, aussitôt qu'il seroit parvenu au trône d'Espagne. Ferdinand étant mort le 22 février 1516, Charles craignit que l'Espagne ne lui échappât; et resserra par le traité de Noyon [13 août] les liens qui l'unissoient à la France. Ainsi rien n'annonçoit encore entre François et Charles ces terribles inimitiés qui devoient ensanglanter si long-temps le midi de l'Europe.

[1517] François, qui venoit de réparer les fautes de son prédécesseur envers les Suisses, en faisant avec eux une paix perpétuelle [traité de Fribourg, 29 novembre 1516], croyoit que la France n'avoit plus aucun danger à courir du côté de l'étranger, et que la possession du Milanais lui étoit désormais assurée. Il ne s'occupoit donc que du soin d'embellir et de policer son royaume. Des projets d'édifices somptueux, l'idée de fonder à Paris un grand établissement littéraire, les difficultés qui pouvoient s'opposer à l'acceptation du concordat, son intrigue avec madame de Châteaubriand, qui cessoit d'être secrète, remplissoient tous ses momens, et sembloient devoir le détourner pour long-temps de la carrière des armes. Il n'avoit qu'une fille, nommée Louise, destinée d'abord à être le gage de la paix avec Charles d'Autriche; et la naissance d'un fils mit le comble à son bonheur, sans lui inspirer pour la Reine des sentimens plus tendres. Ses liaisons intimes avec Léon x lui firent désirer qu'il fût le parrain du jeune prince; et l'année suivante, Laurent de Médicis, neveu du pontife, vint en son nom tenir l'enfant, auquel il donna le nom de son père. Reçu en France avec beaucoup de magnificence, ébloui de l'éclat de la cour de François, Laurent épousa Madeleine de La Tour-d'Auvergne, princesse alliée à la maison royale, et dont la mère étoit de la famille des Bourbons. Cette union, qui devoit avoir l'influence la plus grande sur les destinées de la France, puisqu'elle donna naissance à Catherine de Médicis, ne dura qu'un peu plus d'une année, les deux époux étant morts au mois d'avril 1519, à cinq jours de distance l'un de l'autre.

Cependant madame de Châteaubriand commençoit à prendre une grande part aux affaires : son ambition étoit de procurer une fortune éclatante à ses trois frères, Lautrec, Lescun et Lespare. Elle parvint à persuader au Roi que le connétable de Bourbon, le prince le plus riche et le plus puissant du royaume, pourroit un jour se rendre indépendant dans son gouvernement du Milanais; réussit, en répandant ces ombrages, à le faire rappeler, et procura ensuite cet important emploi à Lautrec, qui, par la conduite qu'il avoit tenue à la bataille de Ravenne, sembloit en être digne.

Ce déplacement, qui eut lieu sans que la duchesse d'Angoulême en fût instruite, lui inspira beaucoup de jalousie contre la favorite, qui ne cherchoit plus à cacher ses vues ambitieuses. Cependant comme la duchesse aimoit en secret le connétable, elle ne fut point affligée de son retour; et ce dernier, quoique sensible aux charmes de la duchesse d'Alençon, ne vit point avec indifférence celle qui s'étoit déclarée son ennemie. Par une de ces bizarreries très-communes dans les passions, il adressa ses vœux à madame de Châteaubriand, qui, dit-on, en fut flattée; et le Roi, déjà prévenu contre lui par les premiers discours de sa maîtresse, le devint davantage lorsqu'il vit qu'elle prenoit tout-à-coup à lui un intérêt qui ne pouvoit être que suspect[1]. Les familiarités de la comtesse avec Bonnivet, beaucoup plus sérieuses, si l'on en croit les contemporains, n'inspirèrent au monarque aucune inquiétude: quoiqu'elles fussent l'objet des conversations malignes des courtisans, il les considéra toujours comme un badinage, et se persuada que son favori, très-galant avec toutes les dames, épris d'ailleurs de la duchesse d'Alençon, se bornoit à rendre à la plus belle femme de la cour des hommages qu'il étoit impossible de lui refuser.

Au milieu de toutes ces intrigues, le chancelier Duprat s'occupoit des mesures à prendre pour faire accepter le concordat par le parlement de Paris. On prévoyoit

[1] Manuscrits de Béthune, n° 8492, fol. 3.

les plus grandes difficultés, et c'étoit pour cela qu'on différoit depuis un an de le publier. Le Roi y tenoit beaucoup, tant parce que lui-même en avoit fixé les principaux articles, et avoit promis solennellement au Pape de le faire exécuter, que parce que c'étoit l'unique moyen de maintenir l'alliance avec la cour de Rome, très-importante pour la conservation du duché de Milan.

La pragmatique sanction de Charles VII (1), rédigée d'après les principes des conciles de Constance et de Bâle, objet des réclamations continuelles des papes, n'avoit pas fixé en France l'incertitude des usages sur les nominations aux prélatures et aux bénéfices. Elle avoit été abolie momentanément sous Louis XI, et depuis cette époque les dispositions en avoient été admises plus ou moins exactement, suivant les rapports politiques qu'on avoit eus avec les papes. Les anciennes lois de la monarchie ne présentoient à cet égard rien de positif; et, comme l'observe Dupuy (2), « la provision « aux dignités ecclésiastiques s'étoit faite de tout temps « si diversement, et par des formes le plus souvent si « contraires les unes aux autres, qu'il étoit difficile de « dire celle qu'on regardoit comme la plus légitime. » En effet, si le mode d'élection avoit eu lieu dans le temps des apôtres, les papes et les empereurs s'étoient ensuite attribué tour à tour le droit de nomination; et les uns et les autres en avoient joui légalement. En France, les mêmes alternatives s'étoient succédées : tantôt les rois nommoient eux-mêmes, tantôt c'étoient les papes, les métropolitains ou les évêques. Lorsque le système d'élection prévaloit, ce droit étoit exercé soit par le clergé

---

(1) Elle fut publiée à Bourges en 1438. — (2) Traité des droits et des libertés de l'Eglise gallicane, par Pierre Dupuy, 1639.

et le peuple réunis, soit seulement par les chapitres; et, dans ces modes différens, le prince avoit toujours une grande influence, par les recommandations qu'il ne manquoit jamais d'adresser aux électeurs.

La confusion n'avoit fait qu'augmenter depuis les débats relatifs à la pragmatique. L'influence royale étoit devenue moins forte dans les élections, et les choix n'avoient pas été meilleurs. Les discussions qui s'étoient élevées entre la cour de Rome et la France à l'occasion des guerres d'Italie, les désastres produits par ces guerres, avoient rendu inutiles les soins que Louis XII et le cardinal d'Amboise s'étoient donnés pour réformer le clergé. Le relâchement et la corruption avoient pénétré dans les monastères, et plusieurs ecclésiastiques séculiers ne s'y étoient pas soustraits. Il en résultoit de grands désordres dans les élections : souvent, comme l'observe un contemporain (1), ces assemblées tumultueuses donnoient lieu à des scandales, et même à des meurtres. On sacrifioit les motifs les plus sacrés et les plus respectables à des convenances purement locales; on craignoit la fermeté de ceux qui auroient voulu rétablir l'ancienne discipline; et des hommes de mœurs très-suspectes parvenoient aux premières dignités ecclésiastiques. Si en général les suffrages se fussent fixés sur un seul candidat, le mal eût été moins grave, du moins à l'extérieur : mais il n'y avoit presque pas d'élection où il n'y eût partage de voix; on voyoit les uns s'appuyer sur ce qu'ils avoient obtenu la majorité, et les autres les accuser de simonie : de là des procès monstrueux, où l'on se prodiguoit des deux côtés les injures et les récriminations.

(1) Brantôme.

François et son ministre Duprat, frappés de ces abus, n'avoient trouvé d'autre moyen de les extirper que de fixer, d'une manière solide et irrévocable, le mode de promotion aux prélatures et aux bénéfices. Le Roi, à l'exemple de quelques-uns de ses prédécesseurs, s'attribua les nominations : le Pape dut les confirmer, en donnant aux élus l'institution canonique; et telles furent les bases principales du fameux concordat du 15 août 1516.

Quoique ce traité ne fût pas officiellement connu, il excita dès-lors les plus violens murmures. Les magistrats, très-attachés aux maximes des conciles de Constance et de Bâle, et ne considérant pas que les mœurs du seizième siècle ne permettoient pas de suivre en tout les usages de la primitive Eglise, soutenoient que le monarque et le pontife s'étoient réciproquement donné ce qui ne leur appartenoit pas : ils voyoient dans le concordat la ruine des libertés de l'Eglise gallicane, et éclatoient surtout contre une disposition fiscale qui n'étoit pas textuellement dans le traité, mais dont les deux souverains étoient demeurés d'accord. Il s'agissoit des annates, ou revenu de la première année, soit de l'évêché, soit du bénéfice, qui devoit être perçu par la cour de Rome à chaque nomination.

Ces représentations, faites par des hommes versés dans la science du droit, de mœurs très-austères, et très-attachés à la religion, mais la plupart étrangers au monde et à la haute politique, entraînèrent beaucoup de suffrages dans le clergé inférieur, et dans la classe moyenne de la société : on avoit peine à renoncer à un droit consacré par la décision de deux conciles. Mais s'il eût été donné aux contemporains de connoître l'avenir, ils auroient été effrayés des conséquences que pouvoit avoir la pragmatique dans les troubles religieux qui se préparoient. Si le mode prescrit par elle eût subsisté à l'époque où le luthéranisme pénétra en France, il est probable que la guerre civile se fût allumée sur-le-champ. Les sectaires, animés par l'enthousiasme de la nouveauté et de la réforme, n'eussent pas manqué de se présenter aux élections, d'en augmenter les désordres et les scandales; et le plus souvent ils y eussent dominé. Alors des diocèses entiers auroient abandonné la religion de leurs pères, et se seroient armés aussitôt contre ceux qui lui seroient restés fidèles. De là un bouleversement affreux et général; et dans la situation où devoit bientôt se trouver la France, exposée aux attaques réitérées d'un prince qui aspiroit à la monarchie universelle, il y a tout lieu de croire qu'elle n'eût pu résister à ses efforts et à ses intrigues, et qu'elle eût été en peu d'années, ou entièrement anéantie, ou privée de ses plus belles provinces.

On verra que, malgré les précautions prises par le monarque et le Pape, quelques évêques nommés par eux embrassèrent la réforme : leur nombre eût été sans doute beaucoup plus grand s'ils eussent été choisis au milieu des troubles qui depuis long-temps agitoient les élections. Du reste, les prédictions sinistres des adversaires du concordat ne se réalisèrent pas : ils affectèrent de craindre que les prélats nommés par les deux puissances ne fussent des courtisans dépourvus de toutes les qualités apostoliques; qu'ils ne montrassent un dévouement servile à la cour de Rome, et qu'ils n'abandonnassent entièrement la défense des libertés gallicanes. Le contraire est arrivé; et depuis le concordat l'Eglise de France, féconde en vertus, en talens et en doctrine, a compté, soit à l'époque de ses discordes religieuses, soit dans les temps de sa gloire, des d'Ossat et des Du Perron, des Fénelon et des Bossuet.

Le concordat, dont l'expérience n'avoit encore démontré ni les inconvéniens ni les avantages, fut présenté au parlement de Paris, et remis aux gens du Roi, au mois de juin 1517 : le 22, l'avocat général Le Lièvre osa donner des conclusions contraires. Quelques jours après, le bâtard de Savoie, frère de la duchesse d'Angoulême, vint de la part du monarque sommer le parlement de procéder à l'enregistrement, toute affaire cessante. Le premier président Olivier, qui connoissoit et partageoit les préventions de sa compagnie, ne voulut pas cependant montrer d'abord une opposition ouverte; et il fit ses efforts pour gagner du temps, dans l'espoir qu'un jeune roi, qui paroissoit négliger les affaires sérieuses, se rebuteroit bientôt en voyant les obstacles que celle-ci pourroit éprouver. Le président de La Haye et le conseiller d'Origny lui furent donc envoyés pour lui représenter que cette loi fondamentale, à laquelle le sort de la religion paroissoit attaché, méritoit le plus sérieux examen. Ils le trouvèrent à Nempont, près de Montreuil, où il s'occupoit de munir les places fortes de la Picardie. Leurs remontrances furent soumises, et ils cherchèrent à s'appuyer sur des exemples tirés du dernier règne, où l'on avoit vu le monarque écouter avec bonté les représentations de son parlement. François, dont la détermination étoit prise, et qui fut piqué de la leçon indirecte qu'on vouloit lui donner en citant son prédécesseur, ne put cacher son émotion, et répondit : « Je sais qu'il y a dans mon parlement des « gens de bien, des gens sages; mais je sais aussi qu'il « a des téméraires, des turbulens et des brouillons : je « les connois, je n'ignore pas les discours qu'ils tien-« nent. Vous me vantez la justice de Louis XII : je « suis juste comme lui; mais, comme lui, je saurai « bien me faire obéir. » Il continua sur le même ton, rejeta leurs excuses, et menaça d'envoyer les opposans à Toulouse ou à Bordeaux.

Ce premier moment d'humeur étant passé, il souffrit que le parlement retardât, sous divers prétextes, l'acceptation du concordat. Il ne vouloit point, par trop de précipitation, répandre de la défaveur sur une loi qui lui sembloit nécessaire à la tranquillité de l'Eglise et de l'Etat. Les discussions durèrent depuis le 13 juillet jusqu'au 24; et il en résulta une délibération qui montroit combien on croyoit pouvoir compter sur la bonté et la modération du Roi. La compagnie se récusoit, et déclaroit que, pour statuer sur une affaire de cette importance, il falloit assembler un concile national.

Des négociations s'ouvrirent encore entre la cour et le parlement. Elles ne purent rapprocher les esprits; et, le 24 janvier de l'année suivante, les conseillers Verjus et de Loyen, députés de leur compagnie, partirent pour Amboise, où étoit le Roi, afin de lui présenter de nouvelles observations. Il reçut ces remontrances sans humeur, et les remit au chancelier, qu'il chargea d'y répondre. Peu de jours après, Duprat fit, en présence du prince et des députés, une réfutation détaillée de toutes les raisons alléguées par le parlement. Le Roi déclara qu'il la trouvoit péremptoire, et

il ne perdit son sang froid que lorsqu'il vit les deux conseillers, persistant dans leur opposition, demander une copie du discours du chancelier, afin de le faire examiner par leur compagnie; ce qui auroit occasionné un procès par écrit interminable. « Mon par-
« lement, dit-il, voudroit s'ériger en sénat de Venise :
« je ne le souffrirai pas. Qu'il se mêle de rendre la jus-
« tice; elle est aujourd'hui plus mal administrée qu'elle
« ne l'a été depuis cent ans. » Il les congédia d'un ton irrité, et les força de partir sur-le-champ pour Paris, quoiqu'un débordement de la Loire rendît les chemins très-difficiles.

Toutes les raisons pour et contre étant épuisées, après plusieurs mois de discussions le Roi voulut être obéi; et Louis de La Trémouille, l'un de ses généraux les plus célèbres, vint déclarer au parlement qu'il falloit se soumettre, ou se déclarer rebelle. Ses menaces, qu'il sut adoucir en montrant beaucoup d'intérêt pour la compagnie, intimidèrent les plus ardens défenseurs de la pragmatique; et le concordat fut enfin enregistré le 22 mars 1518, avec cette clause qui passoit pour une protestation : *Du très-exprès commandement du Roi, plusieurs fois répété.*

Pendant qu'une nouvelle organisation ecclésiastique éprouvoit en France tant d'opposition, Luther se livroit en Saxe aux plus violens emportemens contre la vente des indulgences. Une dispute, qui dans d'autres temps eût été renfermée dans le cercle étroit de quelques monastères, devoit, par les dispositions du siècle, changer la face de l'Europe, la livrer aux guerres les plus longues et les plus sanglantes, apporter une grande altération dans les opinions religieuses et politiques des peuples, et préparer pour l'avenir de plus importantes révolutions. Outre les causes qui pendant le règne de François I favorisèrent le schisme, on doit en indiquer d'autres, qui remontent à une époque un peu plus éloignée.

Jamais les bouleversemens des sociétés n'arrivent sans que des fautes graves aient été commises par ceux que la Providence avoit mis à leur tête. Ainsi la société chrétienne se ressentoit encore des effets déplorables du schisme du quinzième siècle, et la conduite des deux prédécesseurs de Léon X avoit augmenté son affoiblissement. Alexandre VI et Jules II s'étoient rendus odieux, l'un par ses vices, l'autre par son ambition démesurée; et depuis le règne de Charles VIII l'Italie étant devenue le théâtre de toutes les guerres, on n'avoit pu dérober, aux regards des diverses nations appelées pour y combattre, des abus que la cour de Rome étoit parvenue jusqu'alors à couvrir d'un voile épais. Ces abus, qui ne prouvoient rien contre la vérité des doctrines, furent nécessairement exagérés à une époque où la renaissance des lettres, en même temps qu'elle donnoit la plus heureuse direction aux travaux des savans, entraînoit quelques esprits ardens à des recherches plus dangereuses qu'utiles, et où l'imprimerie, répandant avec profusion toutes les espèces d'écrits, procuroit une grande vogue à ceux qui avoient pour objet la critique du clergé : effet naturel de la malignité humaine, qui aime à rabaisser ce qui est offert à sa vénération.

Luther, paroissant dans ces circonstances orageuses, devoit attirer l'attention générale, si son caractère, ses talens et surtout ses défauts se trouvoient en harmonie avec les passions de ses contemporains. Toutes ces conditions furent malheureusement remplies dans cet homme extraordinaire. Son esprit impétueux et opiniâtre ne connut aucune mesure, aucun frein ; son éloquence populaire, mêlant quelques idées fortes aux images les plus abjectes, enflamma l'enthousiasme d'une nation encore grossière. Il n'eut point de plan de conduite, fut constamment entraîné par les événemens, et ignora long-temps le but vers lequel ses emportemens le conduisoient : imprévoyance qui le servit merveilleusement, car si ses premiers disciples eussent pu savoir qu'en attaquant quelques pratiques extérieures il renverseroit un jour les fondemens de la foi, ils auroient crié contre lui anathême, et l'auroient eux-mêmes livré aux vengeances de ses ennemis. Chaque contradiction qu'il éprouva poussa donc son amour-propre blessé à faire un nouveau pas vers l'hérésie ; et, comme l'observe un écrivain moderne, *une querelle de moines lui ayant mis la plume en main, l'orgueil fit le reste* (1).

La cour et le clergé de France n'aperçurent dans cette première querelle qu'un débat obscur, destiné à s'éteindre de lui-même dans la petite ville qui l'avoit vu naître. Après l'acceptation du concordat, presque toutes les pensées du jeune Roi se tournèrent vers les lettres et les arts, qui, après la galanterie, faisoient ses plus chères délices. Il appela près de lui Léonard de Vinci, fondateur des écoles de Florence et de Milan, et consulta les plus célèbres architectes de l'Italie sur les plans des monumens qu'il vouloit élever ; mais ce qui l'occupoit le plus dans ce moment, c'étoit la fonda-

---

(1) Gaillard, Histoire de François 1.

tion d'un établissement où les sciences et la haute littérature fussent enseignées, et auquel il vouloit donner le nom de collége royal. Doué d'une conception facile et d'un goût exquis, il suppléoit à son défaut d'instruction par ses conversations fréquentes avec les gens de lettres : sachant parfaitement les interroger, il se vantoit de pouvoir s'approprier en peu de temps le résultat de leurs études; et il n'y avoit que Du Chatel, son lecteur, auprès duquel il trouvoit toujours quelque chose à apprendre. « C'est le seul homme,
« disoit-il, dont je n'ai pas épuisé toute la science en
« deux ans. »

On doit présumer que cet empressement du Roi pour acquérir de nouvelles connoissances attiroit à sa cour plus d'un charlatan. Un Italien, nommé Jules Camille, se vanta, dit-on, de pouvoir lui apprendre en un mois le grec et le latin, pourvu qu'il lui donnât une heure par jour. Il n'exigeoit qu'une condition, c'étoit que le monarque fût seul avec lui, prétendant qu'un si grand secret ne devoit être communiqué qu'aux têtes couronnées : la récompense qu'il demandoit, en cas de réussite, étoit un revenu de deux mille écus en bons bénéfices. François voulut faire l'essai de cette méthode; mais reconnoissant bientôt la folle présomption de son maître, il le renvoya après la seconde leçon; et au lieu de le châtier pour avoir ainsi abusé de sa confiance, il lui fit un présent de six cents écus [1].

Cette épreuve ne fit que l'attacher davantage aux véritables savans. Occupé de l'établissement du collége

[1] Cette anecdote se trouve dans une lettre d'Alcyat, publiée en 1697. Elle est datée de Bourges, 3 septembre 1530.

royal, et consultant Budée sur les moyens de lui donner un grand éclat, il eut l'idée d'en confier la direction à Erasme, qu'on regardoit comme le savant le plus universel de cette époque.

Cet homme célèbre, âgé alors de cinquante ans, né à Roterdam, et fils naturel d'un chanoine de Stein, avoit étudié à Paris au collége de Montaigu. De là il étoit passé en Angleterre, où ses talens, faisant oublier son origine, lui avoient procuré des liaisons avec les seigneurs les plus distingués : il avoit même dirigé les études du prince de Galles, qui fut depuis le fameux Henri VIII. L'accueil qu'il avoit reçu dans ce pays, où l'érudition étoit en honneur, et qui n'avoit, sous ce rapport, rien à envier à l'Italie, le lui faisoit considérer comme sa patrie adoptive : il le regardoit comme l'asyle des belles-lettres et des bonnes études [1]. Après avoir parcouru l'Italie sous le pontificat de Jules II, et s'être refusé aux offres brillantes du cardinal Jean de Médicis, qui parvint bientôt à la tiare sous le nom de Léon X, il étoit revenu en Angleterre, toujours persuadé que c'étoit le pays le plus favorable aux goûts d'un homme de lettres. Il cherchoit à y attirer ses amis, leur vantant la magnificence des seigneurs, et surtout les charmes des dames anglaises. Il parloit de ces dernières comme de nymphes dont les traits étoient célestes, dont le commerce étoit plein d'agrément, et qui devoient sans contredit être préférées aux muses [2]. Sa prédilection pour l'Angleterre ne l'avoit cependant pas empêché de revenir dans les

---

[1] *Apud Anglos triumphant bonæ litteræ, recta studia.* (Erasmi Epist.) — [2] *Sunt hîc nymphæ, divinis vultibus, blandæ, faciles et quas tu tuis Camœnis facilè antevonas.* (Erasmi Epist.)

Pays-Bas sa patrie, où il avoit été rappelé par la célèbre Marguerite d'Autriche, tante de Charles-Quint, gouvernante de ces provinces, et zélée protectrice des lettres.

Il y étoit revêtu d'une charge de conseiller honoraire, lorsque François I le fit prier de se mettre à la tête du collége royal. Le monarque espéra que Budée, assez modeste pour se reconnoître inférieur au philosophe de Roterdam, quoique celui-ci l'appelât *le prodige de la France*, réussiroit mieux dans une négociation purement littéraire, que dans celle dont il avoit été chargé deux ans auparavant près du pape Léon X. Il l'autorisa donc à faire des propositions à Erasme; et ses pouvoirs s'étendirent jusqu'à lui offrir la trésorerie de Tours, ou même un évêché. Erasme demanda du temps pour réfléchir : les négociations durèrent dix-huit mois; les deux savans se prodiguèrent les complimens et les éloges : le Roi alla jusqu'à rendre l'homme illustre qu'il vouloit attirer maître de toutes les conditions; mais cet homme, auquel on désiroit avec tant d'ardeur de confier en France la direction de la littérature, annonça définitivement ses refus, en témoignant sa reconnoissance au monarque qui avoit si bien su l'apprécier. Il paroît que s'il se fût décidé à quitter les Pays-Bas, il auroit donné la préférence à l'Angleterre, où Henri VIII lui faisoit des offres aussi brillantes. Ce refus, qu'on ne désespéra pas de vaincre, retarda l'établissement du collége royal.

[1518]. Cependant le crédit de madame de Châteaubriand s'augmentoit chaque jour. Sensible aux soins de Bonnivet, coquette avec le connétable de Bourbon, elle n'en inspiroit que plus d'amour à François I. Son frère aîné le maréchal de Lautrec, gouverneur du Milanais, comptant sur sa faveur, accabloit d'humiliations le vieux maréchal Jean-Jacques Trivulce, qui avoit rendu tant de services aux rois Charles VIII et Louis XII, étoit jaloux de l'influence que cet ancien général exerçoit en Italie, et l'accusoit même de suivre avec sa famille des intrigues contraires aux intérêts de la France. Trivulce, indigné de cette inculpation, part en poste, arrive à Paris, où étoit le Roi, y apprend que la veuve et les enfans de son fils unique viennent d'être arrêtés à Milan, et sollicite une audience, qui lui est refusée. Cette injuste sévérité, à laquelle il étoit loin de s'attendre, ne le décourage pas : ayant appris que le Roi doit traverser Arpajon pour une partie de chasse, il se tient sur son passage, et lui crie quand il l'aperçoit : « Sire, daignez écouter un moment un « homme qui s'est trouvé à dix-sept batailles pour le « service de vos prédécesseurs et pour le vôtre. » François passe sans lui répondre. Alors le désespoir s'empare du vieillard, qui tombe dangereusement malade. Le Roi, touché de repentir d'avoir ainsi traité un ancien serviteur, envoie le visiter; on le trouve mourant : « Il « n'est plus temps, dit-il ; je suis sensible aux bontés « du Roi, mais je n'ai pu résister à ses rigueurs; » et il expire quelques momens après.

Madame de Châteaubriand dissipa bientôt le chagrin que cette mort fit éprouver au Roi; et Thomas de Lescun, son second frère, obtint le bâton de maréchal laissé par Trivulce. Sans doute elle auroit procuré la même dignité à André de Lespare son troisième frère, si la durée de sa faveur le lui eût permis.

Bonnivet, qui partageoit avec elle la faveur du Roi,

fut dans le même temps envoyé en Angleterre pour resserrer les liens qui unissoient ce royaume à la France, depuis le mariage de Louis XII avec une sœur de Henri VIII. Ses qualités aimables le firent réussir auprès du monarque et de Volsey, ministre tout puissant : il obtint la restitution de Tournay, moyennant une somme considérable qui devoit servir de dot à la fille de Henri VIII, destinée à épouser le Dauphin. Mais Charles d'Autriche, devenu roi d'Espagne, et disposé à faire valoir ses droits à l'Empire aussitôt après la mort de son aïeul Maximilien, qui ne pouvoit être éloignée, sentit combien l'alliance de l'Angleterre lui seroit utile pour ses projets ambitieux, et trouva le moyen de gagner Volsey, tant par de riches présens que par des promesses plus magnifiques encore.

[1519] L'accord apparent des trois principaux souverains de l'Europe tenoit donc à l'existence de Maximilien, dont presque toute la vie s'étoit consumée en entreprises imprudentes et gigantesques, et qui sur la fin de sa carrière ne sembloit plus désirer que la paix. Ce prince mourut à Lintz le 15 janvier 1519, âgé de soixante-trois ans. Alors une grande fermentation se manifesta dans les différentes cours : Charles, François et Henri se mirent sur les rangs pour obtenir la couronne impériale. Le roi d'Angleterre aperçut bientôt que ses prétentions seroient vaines, et la rivalité n'exista plus qu'entre les rois de France et d'Espagne.

Ces deux souverains, l'un et l'autre à cet âge où la générosité semble être naturelle, montrèrent des sentimens chevaleresques qui n'étoient sincères que dans François I. Cette circonstance paroîtroit romanesque

si elle ne se trouvoit dans des monumens authentiques, et si elle n'étoit racontée par un contemporain d'un caractère très-grave. « Quoique les intérêts qui divi-
« soient ces deux grands princes fussent de la plus haute
« importance, dit Guichardin, ils se comportèrent d'a-
« bord avec beaucoup de modération ; ils ne s'empor-
« tèrent point, ne se firent aucune menace, et se bor-
« nèrent à rechercher par des moyens honnêtes les
« suffrages des électeurs. Le roi de France s'exprima
« même sur cette élection dans les termes les plus
« nobles et les plus pacifiques. Il dit aux ambassadeurs
« d'Espagne qu'il convenoit que chacun fît valoir hon-
« nêtement ses droits sur cette brillante dignité, qui, à
« diverses époques, avoit appartenu aux maisons de
« France et d'Autriche ; mais que cette poursuite ne
« devoit ni être faite avec aigreur, ni diminuer les
« sentimens d'affection qui unissoient les deux aspi-
« rans; qu'au contraire il falloit qu'ils se réglassent sur
« l'exemple de deux jeunes chevaliers qui, épris d'une
« même dame, et lui prodiguant les soins les plus
« empressés dans l'espoir de toucher son cœur, évitent
« toute espèce de dispute, et n'en sont pas moins
« amis (1). »

(1) *Laqual controversia, benche fusse di cosa si importante tra principi di tanta grandezza, nondimeno fu esercitata tra loro modestamente, non procedendo ne a contumelia di parole, ne a minaccia d'armi, ma ingegnandosi ciascuno con l'autorità et mezzi suoi tirare a se gl' animi degli elettori, anzi il re di Francia molto laudabilmente parlando sopra questa elettione con gli ambasciadori del re di Spagna, disse esser commendabile che ciascuno di loro cercasse honestamente di ornarsi di tanta dignità, laquale in diversi tempi era stata nelle case delle persone et degli antecessori loro : ma non per questo dover l'uno di loro ripigliarlo dal altro per injuria ne diminuirsi per questo la benevolenza et congiuntione, anzi dover seguitar l'esempio che qualche*

C'étoit, de la part de François 1, voir le monde tout autrement qu'il n'est fait: Quand son rival eût été aussi modéré qu'il étoit ambitieux, il n'étoit pas possible qu'une telle poursuite fût faite sans aigreur, et n'entraînât pas dans la suite les plus terribles inimitiés.

Le succès qu'avoit obtenu Bonnivet dans son ambassade d'Angleterre détermina son maître à l'envoyer secrètement à Francfort, avec des sommes considérables pour acheter les suffrages. Il y fut suivi par Fleurange et d'autres seigneurs, qui comme lui ne mirent dans leurs démarches ni adresse ni prudence. L'Allemagne, menacée par les Turcs, éprouvant les premières secousses du schisme religieux, avoit besoin d'un prince ferme et puissant. Les deux rivaux pouvoient faire valoir à peu-près les mêmes droits sous ce rapport; mais Charles avoit l'avantage d'être le petit-fils du dernier empereur, d'avoir été élevé dans les principes de la constitution germanique; et sa conduite, jusqu'alors sage et modérée, inspiroit plus de confiance que celle de François, qui avoit voulu être conquérant dès la première année de son règne.

Les électeurs étoient Albert de Brandebourg, archevêque de Mayence; Hermand, comte de Vied, archevêque de Cologne; Richard de Greiffenklau, archevêque de Trèves; Louis, roi de Bohême; Louis, comte palatin du Rhin; Frédéric, duc de Saxe, surnommé le Sage; et Joachim, marquis de Brandebourg. L'électeur de Mayence dirigeoit le parti de Charles; l'électeur

---

*volta si vede di due giovani amanti che benche amino una donna medesima, et si sforzi ciascuno di loro con ogni arte e industria possibile d'ottenerla, non per questo vengono tra loro a contentione.* (Livre 13, pages 309 et 310.)

de Trèves défendoit les intérêts de François. Après quelques discussions, les deux partis semblèrent se réunir pour déférer la couronne à l'électeur de Saxe; mais celui-ci, dont l'habileté étoit renommée, sentit qu'une telle dignité seroit accablante pour un prince du second ordre, et plaida lui-même la cause du roi d'Espagne, qui fut élu le 28 juin 1519. Ce fut alors que le nouvel empereur prit le nom de Charles-Quint, qu'il devoit rendre si célèbre.

L'interrègne, qui avoit duré six mois, fut très-favorable aux progrès des partisans de Luther. Maximilien, dans ses derniers momens, avoit voulu les réprimer; mais les deux vicaires de l'Empire, l'électeur de Saxe et l'électeur palatin, qui prirent l'autorité immédiatement après sa mort, protégeoient la nouvelle secte, et en mirent le chef à l'abri de toute persécution. Charles, qui devoit la couronne à l'un des deux vicaires, dont les Etats d'Allemagne n'étoient pas à l'abri des incursions des Turcs, et qui voyoit l'Espagne prête à se révolter, ferma pour le moment les yeux sur les troubles religieux de la Saxe, et laissa au Pape, qui commençoit à poursuivre Luther, le soin de le condamner.

François, contre son attente, éprouva beaucoup de dépit en apprenant les succès de son rival, qui laissoit déjà entrevoir ses desseins ambitieux. Cependant Boisy, son ancien gouverneur, frère de son favori, partisan zélé de la paix, parvint à le calmer, et à le faire revenir momentanément à ses délassemens habituels. Au commencement de cette année [18 février], la duchesse d'Angoulême, mécontente de l'appartement qu'elle occupoit au palais des Tournelles, s'étoit procuré une maison située sur les bords de la Seine, à laquelle étoit joint un vaste jardin, et dont la vue étoit charmante. On avoit donné en échange au propriétaire, Nicolas de Neuville, seigneur de Villeroy, la terre de Chanteloup, près de Montlhéry. Le Roi fit des embellissemens dans cette maison, y vint souvent visiter sa mère; et tel fut le commencement du palais des Tuileries. Cette acquisition lui inspira l'idée de rebâtir le Louvre, qui en étoit voisin. Il entreprit en effet bientôt ce majestueux édifice, dont il ne put jeter en quelque sorte que les premiers fondemens.

[1520] Peut-être que les sanglantes querelles entre François I et Charles-Quint eussent encore été suspendues, si la mort de Boisy, chargé de traiter avec Chièvres, ancien gouverneur de l'Empereur, n'eût fait perdre l'espérance de conserver la paix. Le crédit de la duchesse d'Angoulême, balancé jusqu'alors par ce digne ministre, n'éprouva plus d'obstacle. Unie momentanément avec la comtesse de Châteaubriand, qui désiroit que son amant se couvrît de gloire, et qui espéroit que, si la guerre se déclaroit, Lespare, son troisième frère, parviendroit aux premiers grades militaires; soutenue par Bonnivet, dont l'imagination romanesque ne rêvoit que des conquêtes, elle poussa son fils à la guerre, sans en prévoir les funestes suites.

Les deux rivaux, se préparant à une lutte qui devoit durer autant que leur vie, ne négligèrent rien pour se concilier Henri VIII, dont le royaume étoit très-florissant, et qui, n'ayant pu obtenir l'Empire, avoit la prétention de tenir la balance de l'Europe. C'étoit à qui prodigueroit à Volsey, son ministre, plus d'argent et plus de promesses : mais cet ambitieux, aspirant à la tiare, ne pouvoit manquer de pencher pour l'Empereur, qui avoit plus de moyens de lui procurer cette éminente dignité. Cependant une inclination naturelle portoit le roi d'Angleterre à préférer François I. Tous deux étoient du même âge; ils avoient alors les mêmes goûts, montroient la même générosité, et ces rapports de caractère faisoient naître entre eux les relations les plus amicales : ce fut ce qui détermina la célèbre entrevue du mois de juin 1520, qui eut lieu entre Ardres et Calais : cette entrevue (1), dont la magnificence surpassa tout ce qu'on avoit vu jusqu'alors dans ce genre, où l'on s'occupa beaucoup plus de plaisirs que d'affaires, où l'on se témoigna de part et d'autre la confiance la plus entière, n'eut aucun résultat. Charles-Quint, plus habile que François I, avoit fait quelque temps auparavant un voyage en Angleterre, où il s'étoit efforcé de détruire les préventions favorables de Henri VIII pour son rival. Il y revint après l'entrevue; et, aidé par sa tante la célèbre Marguerite d'Autriche, gouvernante des Pays-Bas, il acheva de gagner Volsey.

Tandis qu'au milieu des intrigues et des plaisirs se préparoit une guerre terrible, Luther, profitant de l'insouciance des principaux souverains, et de la protection qui lui étoit accordée par quelques princes d'Allemagne, poursuivoit avec sécurité son orageuse carrière. Piqué d'un décret que Léon X avoit rendu au mois de décembre 1508 pour autoriser les indulgences, et pour combattre ainsi la doctrine nouvelle, il mit en question les principaux points de la religion.

(1) Les détails se trouvent dans les Mémoires de Fleurange et dans ceux de Du Bellay.

catholique, tels que la grâce, le libre arbitre, les sacremens, le purgatoire, l'autorité du Pape, et les vœux monastiques. Alors le Pape, convaincu enfin du danger que couroit l'Eglise, publia, le 15 juin 1520, une première bulle, par laquelle il condamnoit expressément le novateur.

Cette bulle, dont quelques historiens ont parlé avec mépris, est éloquente et pathétique. Elle a pour texte ces paroles du verset 22 du psaume 73 : *Exsurge, Deus, judica causam tuam,* et n'est en quelque sorte que la paraphrase de ce psaume. Le pontife, en appliquant aux circonstances les expressions de l'écrivain sacré, se plaint de l'audace des hommes qui ont désolé le sanctuaire, qui ont rugi comme des lions au milieu des assemblées, et qui ont levé la cognée pour abattre l'arbre de vie. Il semble prévoir que tous les signes extérieurs du culte disparoîtront, et que la hache brisera les images des temples. Il gémit sur l'état de l'Eglise, privée de pasteurs capables de la défendre; et, revenant à son texte, il conjure Dieu de juger lui-même sa propre cause, et de confondre l'insensé dont il a jusqu'alors souffert les outrages.

Luther appela d'abord de cette condamnation au futur concile ; mais, peu satisfait de braver une autorité pour laquelle il avoit auparavant affecté le plus grand respect, il joignit l'injure à l'insubordination, et fit brûler publiquement à Wittemberg non-seulement la bulle, mais toutes les anciennes décrétales des papes.

Cette conduite, qui annonçoit l'intention irrévocable de détruire l'Eglise romaine, provoqua une seconde bulle de Léon X, du 3 janvier 1521, où Luther fut frappé d'anathême. Sa fureur ne connut alors plus de bornes; il se permit les invectives les plus grossières contre le Pape et la cour de Rome, et il se flatta de pouvoir entraîner dans son parti les universités les plus célèbres de l'Europe. Quoique la Faculté de théologie de Paris eût censuré en 1519 ses premières erreurs, il ne craignit pas de la prendre pour arbitre; et, lui prodiguant les louanges, il l'appela *la mère des sciences et de la saine théologie.* La Faculté, peu sensible à ces avances intéressées, le condamna par un décret du 15 avril, et fut bientôt exposée aux mêmes outrages que le Pape. Luther, qui s'étoit abaissé pour la captiver aux adulations les plus exagérées, prétendit tout-à-coup qu'elle étoit couverte de lèpre de la tête aux pieds, qu'elle n'enseignoit que les doctrines de l'Antechrist; et il ne la nomma plus que *la grande prostituée,* et *la sentine de l'hérésie.*

Cependant des conférences étoient ouvertes à Calais entre les ministres de François 1 et ceux de l'Empereur. Volsey, affectant de vouloir empêcher la guerre, y jouoit le rôle d'arbitre; mais, fidèle à ses engagemens avec Charles-Quint, il montroit pour lui une constante partialité, et ne cherchoit à retarder les hostilités que parce que les peuples d'Espagne, irrités des exactions commises par les ministres de ce prince, étoient en pleine révolte.

Avant que la guerre fût allumée, les circonstances sembloient promettre des succès à François 1, excité d'ailleurs par sa mère, sa maîtresse et son favori, qui, pour la première fois, étoient d'accord. L'Espagne en révolte rendoit facile la conquête de la Navarre, enlevée par l'aïeul de l'Empereur à la maison d'Albret: Robert de La Marck, duc de Bouillon, père du maréchal de Fleurange, qui avoit quitté depuis quelques années le service de France pour s'attacher à Charles-Quint, maltraité par ce dernier, offroit de lui faire la guerre en Allemagne; et le pape Léon x, qui redoutoit le pouvoir de l'Empereur en Italie, paroissoit disposé à partager le royaume de Naples avec le second fils du Roi.

Mais l'événement prouva combien ces apparences étoient trompeuses. Les hostilités commencèrent en Navarre et dans le duché de Bouillon, sans être avouées par le Roi. Tandis que Robert de La Marck étoit assez audacieux pour déclarer la guerre à l'Empereur, Lespare, troisième frère de madame de Châteaubriand, entreprenoit la conquête de la Navarre : parent de Henri d'Albret, souverain légitime de ce royaume, il sembloit n'agir qu'en son nom. Ses armes furent d'abord heureuses ; il soumit tout le pays, à l'exception de Pampelune, défendue par le célèbre Ignace de Loyola, depuis fondateur des jésuites : mais, appelé dans le cœur de l'Espagne par Marie de Padilla, femme de l'un des chefs de révoltés, il trouva ce parti presque dissous, et se fit battre près de Logroño. François le désavoua; et il fut remplacé par Bonnivet, qui s'empara de Fontarabie, que les Espagnols reprirent bientôt.

La guerre ne réussit pas mieux du côté des Pays-Bas, quoique le Roi la dirigeât en personne. Ayant fait fuir devant lui Charles-Quint au-delà de l'Escaut, non-seulement il ne profita pas de ses avantages, mais il eut encore le tort d'irriter le connétable de Bourbon. Ce prince, déjà aigri d'avoir été dépouillé du gouvernement du Milanais, ne conduisit point l'avant-garde, que sa charge lui donnoit le droit de commander; et elle fut confiée au duc d'Alençon, beau-frère du Roi, prince médiocre et guerrier peu habile. Dans cette campagne, il n'y eut de vraiment remarquable que la belle défense de Mézières par Bayard.

L'expédition d'Italie, dont le succès étoit fondé sur la coopération de Léon x, devoit avoir des suites encore plus funestes. Des défiances mal fondées aliénèrent le pontife : il traita secrètement avec l'Empereur, et n'attendit plus que le moment favorable pour éclater. L'excessive sévérité du maréchal de Lautrec, gouverneur du Milanais, lui en fournit bientôt le prétexte : ce général, au lieu de chercher à ramener par la douceur les ennemis de la France, multiplioit les proscriptions, les bannissemens et les confiscations ; il augmentoit ainsi le nombre des partisans de François Sforce, frère du dernier duc. Ces bannis, parmi lesquels on comptoit les plus grands seigneurs, trouvoient asyle dans les Etats du Pape, et y cherchoient des appuis et des vengeurs.

Lautrec étant revenu en France pour contracter un riche mariage, son frère le maréchal de Lescun, appuyé par le crédit de madame de Châteaubriand leur sœur, fut chargé de le remplacer, et eut le malheur d'adopter le même système. Ne se bornant pas à éloigner les mécontens, il voulut les poursuivre dans les lieux qu'ils avoient choisis pour retraite, et vint les attaquer à Reggio, ville appartenant au Pape, et dont le commandement étoit confié au célèbre historien Guichardin. Repoussé avec perte, il tenta vainement d'apaiser Léon x, qui, affectant une grande indignation, rendit public le traité qu'il avoit fait avec Charles-Quint. Par ce traité [8 mai 1521], le Milanais étoit assuré à François Sforce; l'Empereur promettoit d'affermir à Florence l'autorité des Médicis; et le Pape s'engageoit à recevoir l'hommage de ce prince pour le royaume de Naples. A la tête de l'armée qui fut levée pour assurer l'exécution de ce traité, parurent Prosper Colonne, le marquis de Pescaire, Antoine de Lèves; et Guichardin fut chargé des fonctions de commissaire général.

Lescun, se défiant de ses forces et manquant d'argent, sollicita vivement le retour du maréchal de Lautrec son frère. Les revers qu'on avoit éprouvés, ceux qu'on redoutoit, avoient fait renaître la discorde à la cour. La mère du Roi et Bonnivet attribuoient aux trois frères de madame de Châteaubriand l'échec reçu en Espagne, et les embarras dans lesquels on se trouvoit en Italie. La favorite s'obstinoit à les soutenir, et son ascendant sur le monarque lui fit obtenir que le gouvernement du Milanais seroit encore confié à Lautrec. D'un autre côté, la duchesse d'Angoulême résolut de perdre ce général, en le privant des secours nécessaires à l'entretien de ses soldats; et elle espéra procurer ensuite le commandement de l'armée d'Italie à son frère le bâtard de Savoie, qu'elle préféroit à Bonnivet. Lautrec, éclairé par sa sœur sur les desseins secrets de la mère du Roi, refusa d'abord de partir si on ne lui remettoit pas les fonds dont il avoit besoin, et ne s'y détermina qu'en recevant du chancelier Duprat et du surintendant Samblançay l'assurance qu'il trouveroit quatre cent mille écus en arrivant à Milan.

Cette promesse ayant été violée, il ne put lutter avec avantage contre une armée parfaitement entretenue, et commandée par des généraux habiles. Il éprouva plusieurs revers, perdit Milan, ainsi que les principales villes du duché, et fut obligé de se retirer dans le Crémonais avec les débris de ses troupes.

Léon x, dont les succès avoient passé les espérances, mourut alors après une courte maladie, n'étant âgé que de quarante-quatre ans [1er décembre 1521]. Cette mort subite, au milieu des plus grandes prospérités, fut attribuée par les contemporains à des causes extraordinaires. Les uns disent qu'il ne put résister à sa joie, les autres qu'il fut empoisonné par son échanson Barnabé Malespina: la vérité est qu'il fut attaqué d'un catarrhe violent, accompagné de fièvre, maladie dangereuse à tous les âges.

[1522] Ce grand événement, qui privoit la ligue d'un de ses chefs les plus ardens, pensa la rompre; et si Lautrec eût été en état de profiter de l'interrègne, il auroit probablement recouvré le Milanais. Les cardinaux, presque tous opposés au roi de France, se divisèrent cependant sur le choix d'un pape. Julien de Médicis, cousin de Léon x, ne put obtenir la majorité; et la tiare fut donnée au cardinal Adrien d'Utrecht, ancien précepteur de Charles-Quint, étranger à l'Italie, et qui devoit démentir, par son caractère grave et modéré, les espérances qu'on avoit fondées sur lui. Mais si d'un côté cette élection sembloit assurer pour long-temps à l'Empereur le dévouement du Saint-Siége, de l'autre elle détachoit de lui Volsey, qui n'avoit embrassé si chaudement son parti que dans l'espoir de parvenir au pontificat. Ce ministre montra son mécontentement en ne donnant presque aucune suite à une expédition projetée en Picardie, et dont le commandement avoit été confié au duc de Suffolck, beau-frère de Henri VIII.

Cependant Lautrec, qui, en obtenant un renfort de seize mille hommes, n'avoit pas reçu de quoi les payer, se mit en campagne, et marcha contre les confédérés, qui occupoient un poste inexpugnable près d'un vieux château appelé la Bicoque, situé entre Monza et Milan. Il vouloit en faire le blocus, et ne doutoit pas que les assiégés, pressés par la famine, ne se rendissent bientôt. Mais les Suisses, qui n'avoient pas reçu leur solde, se mutinèrent en criant : *Congé, argent ou combat !* et l'on fut obligé de leur accorder la dernière de ces demandes [22 avril 1522]. Ils firent, ainsi que Lautrec, des prodiges de valeur, et ne cédèrent qu'à l'excellente position de l'ennemi, qui, après un grand carnage, les mit dans une déroute complète. Alors le Milanais fut entièrement perdu ; l'autorité de Sforce y fut reconnue, et Gênes chassa les partisans des Français.

Pendant ces événemens désastreux, François s'occupoit, mais trop tard, des moyens de se procurer les fonds nécessaires à son armée. Il créa vingt nouvelles charges de conseiller au parlement, fit convertir en monnoie la grille d'argent de Saint-Martin de Tours, donnée à cette église par Louis XI, et fut l'inventeur d'une des premières ressources de crédit public qui aient été essayées en France. Un emprunt de deux cent mille livres fut demandé à la ville de Paris, moyennant un intérêt de douze pour cent. On craignoit que la défiance n'empêchât de le remplir ; et, pour gage de l'intérêt, on abandonna aux magistrats municipaux les droits qui se percevoient sur le vin débité à Paris. Cette innovation eut un succès qu'on n'avoit pas osé attendre. Les riches bourgeois, assurés de tirer de leurs fonds un revenu considérable, s'empressèrent de répondre à l'appel du monarque, se disputèrent la faveur d'être admis à l'emprunt, et firent des vœux pour n'être jamais remboursés. Telle fut l'origine des rentes sur l'hôtel-de-ville, qui s'accrurent considérablement dans la suite, et auxquelles ont succédé depuis les rentes sur l'Etat. Cet établissement créa une classe particulière de citoyens, dispensée de travail, exempte des soins que donnent les propriétés territoriales, mais disposée, par sa situation, à s'occuper avec soin des opérations du gouvernement, et par conséquent à se mêler dans toutes les agitations politiques.

Lautrec, à son retour en France, trouva la cour plus divisée que jamais. La comtesse de Châteaubriand conservoit toujours la faveur du Roi ; mais craignant qu'on ne la rendît responsable des désastres de son frère, elle n'osoit prendre sa défense. La duchesse d'Angoulême triomphoit de ces désastres, espérant que Lautrec seroit éloigné pour jamais du commandement des armées, et que sa sœur ne tarderoit pas à être entraînée dans sa disgrâce. Le général, persuadé qu'une explication suffiroit pour le justifier, sollicita, mais en vain, une audience du Roi, et manqua de souffrir le traitement injuste qu'il avoit fait éprouver quatre ans auparavant au vieux maréchal de Trivulce. Le connétable de Bourbon, qui, comme on l'a vu, étoit bien avec la sœur de Lautrec, et qui, devenu veuf depuis quelques mois, n'étoit nullement disposé à répondre aux propositions que lui faisoit faire la duchesse d'Angoulême de l'épouser, fut indigné de cette persécution, et décida François à entendre le général.

Sa justification fut courte : il apprit au Roi qu'il n'avoit pas reçu les quatre cent mille écus qui lui avoient été promis avant son départ. Le monarque, étonné, fit aussitôt venir le surintendant, qui, ne pouvant cacher que la somme avoit été remise à la duchesse d'Angoulême, s'excusa sur les ordres absolus de cette princesse, et déclara qu'elle lui avoit donné un reçu en forme. Il fallut produire cette pièce ; mais Samblançay la chercha vainement dans ses papiers : un de ses commis, épris d'une des femmes de la duchesse d'Angoulême, l'avoit soustraite, et livrée à la princesse [1]. Cependant le surintendant soutenant toujours qu'il avoit versé les quatre cent mille écus entre les mains de la mère du Roi, ce prince voulut qu'une explication eût lieu devant lui. La duchesse, pressée par les questions de l'accusé, fut obligée de convenir qu'elle avoit reçu l'argent ; mais elle prétendit que cet argent lui appartenoit, et qu'elle l'avoit autrefois déposé dans l'épargne, pour en être remboursée à sa volonté. Le monarque fut injuste par foiblesse : ne voulant se brouiller ni avec sa mère ni avec sa maîtresse, il sacrifia le surintendant. Cet infortuné, qui avoit été estimé de Louis XII, et auquel François avoit souvent donné le nom de père, fut arrêté, subit une prison de cinq années, au bout desquelles il périt sur l'échafaud, après avoir été jugé par des commissaires [2]. S'il eut un tort, ce fut celui d'avoir caché au Roi que sa mère s'étoit emparée des fonds destinés à l'armée : tort qui peut

---

[1] Cette particularité se trouve dans les Mémoires d'Amelot de La Houssaye. Le commis s'appeloit Gentil, et fut pendu quelque temps après. — [2] Jacques de Beaune, baron de Samblançay, fut pendu à Montfaucon le 12 août 1527.

paroître excusable, quand on réfléchit à l'empire que la duchesse d'Angoulême exerçoit sur son fils.

Ces intrigues, et les soins qu'exigeoit une guerre malheureuse, ne détournoient point François de son goût pour les lettres, et du projet qu'il avoit de les faire fleurir par l'établissement du collége royal. N'ayant pu obtenir qu'Erasme en acceptât la direction, il cherchoit à remplir ce vide en formant une institution si bien réglée, qu'elle pût se soutenir sans le concours de cet homme célèbre. Il vouloit faire construire sur le terrain de l'hôtel de Nesle, où se trouve aujourd'hui le palais de l'Institut, un édifice capable de contenir six cents étudians, et donner à ce grand établissement une dotation de cinquante mille écus de rente. Des professeurs d'hébreu, de grec et de latin devoient y être attachés; et dans la suite le haut enseignement devoit être complété par des chaires de mathématiques, de médecine et de philosophie.

Mais plusieurs obstacles s'opposèrent à l'exécution de ce magnifique projet. L'université de Paris, jouissant depuis plusieurs siècles du privilége exclusif de l'enseignement public, et privée des moyens de le rendre gratuit [1], ne put voir sans effroi une institution dont les professeurs seroient dotés, et n'exigeroient aucun salaire de leurs élèves. D'un autre côté, sous le prétexte que les sectateurs de Luther abusoient trop souvent de la connoissance qu'ils avoient des langues hébraïque et grecque pour donner des sens nouveaux

[1] L'université de Paris ne donna l'enseignement gratuit qu'au commencement du dix-huitième siècle, à l'époque de la régence du duc d'Orléans; cette innovation fut le résultat d'un arrangement qu'elle contracta avec le gouvernement.

aux passages de l'Ecriture, quelques hommes très-recommandables, s'étoient prévenus contre ces deux langues, sans considérer qu'il étoit indispensable de devenir aussi savant que les hérétiques, afin d'être en état de les réfuter avec succès.

Ces obstacles, auxquels se joignit le motif plus fondé de réserver pour l'entretien des armées les fonds dont on pouvoit disposer, empêchèrent le Roi d'exécuter entièrement son plan. Il se borna pour le moment à nommer deux professeurs d'hébreu et deux professeurs de grec, qui dépendirent d'abord de l'université, et qui ouvrirent leurs cours dans divers colléges : leurs appointemens furent de quatre cent cinquante livres, somme considérable pour le temps; et ils prirent plus tard le titre de *lecteurs du roi*. L'établissement de la chaire de langue latine fut ajourné, parce que l'université craignit que cet enseignement ne nuisît aux cours de ses colléges, dont l'étude de cette langue étoit le principal fondement. En peu de temps les nouvelles chaires acquirent dans l'Europe une grande réputation. L'enseignement de l'hébreu, qui fut confié à François Vatable, et celui du grec, dont fut chargé Pierre Danès, tous deux amis d'Erasme, et dignes de lui être comparés par la justesse de leur goût comme par l'étendue de leurs connoissances, répandirent beaucoup d'éclat sur un établissement qui attira bientôt à Paris une multitude d'étrangers, empressés d'y venir chercher une solide instruction.

Le Roi ne croyant pas que cet établissement pût suffire pour ranimer l'étude du grec, qui, malgré les encouragemens qu'avoit donnés Louis XII, étoit presque entièrement négligé dans l'université de Paris, imagina un moyen d'arriver plus promptement à ce but. Il avoit appelé depuis peu en France Jean de Lascaris, descendant des empereurs de Constantinople, littérateur très-célèbre, précédemment attaché aux Médicis, et l'avoit adjoint à Budée pour former à Fontainebleau, qu'il faisoit alors bâtir, une bibliothèque de choix. Profitant des relations que ce Grec illustre avoit conservées dans sa patrie, il l'envoya à Venise, chargé d'une mission à laquelle il attachoit beaucoup d'importance, et qui consistoit à faire venir de la Grèce un certain nombre de jeunes gens destinés à être élevés avec la jeunesse française. Le Roi espéroit que ces élèves inspireroient à leurs camarades le goût du grec, leur en aplaniroient les difficultés, et les disposeroient à en faire leur étude de prédilection. On ignore quel fut le résultat de cette mission, si différente de celles que les souverains confioient alors à leurs ministres.

Ces soins, auxquels François se livroit pour propager l'étude des langues anciennes, ne l'empêchoient pas de s'occuper des moyens de perfectionner la langue française, qui, sous la plume de Clément Marot, manquoit encore, il est vrai, d'élévation et de dignité, mais déployoit tous les trésors de la naïveté, de la délicatesse et de l'élégance. Il chargea ce poëte célèbre, qui lui étoit attaché comme valet de chambre, de retoucher le roman de la Rose et quelques productions moins anciennes, regardées alors comme des chefs-d'œuvre.

Brion et Montmorency acquirent à cette époque un crédit égal à celui de Bonnivet : l'un et l'autre étoient, comme le monarque, à la fleur de l'âge ; le premier, plein de grâce et d'amabilité, n'avoit encore aucun titre de gloire; le second venoit d'obtenir le bâton de maréchal [6 avril 1522], pour avoir servi comme volontaire, sous Bayard, dans la fameuse défense de Mézières.

[1523] Le Roi étant parvenu, par des emprunts, des ventes de charges, et la fonte de la grille d'argent de Saint-Martin de Tours, à se procurer des fonds considérables, préparoit une grande expédition en Italie, et vouloit reconquérir lui-même le Milanais. Ces préparatifs menaçans n'empêchoient pas la cour de se livrer à toute sorte de plaisirs, comme dans les temps les plus calmes.

Plusieurs intrigues de galanterie occupoient, comme on l'a vu, cette cour, composée des hommes les plus aimables et des plus belles femmes de la France. Tandis que la Reine, déjà mère de plusieurs enfans, se consoloit, par des actes de piété et de bienfaisance, des infidélités de son époux, la mère du Roi, encore séduisante, quoique âgée de quarante-sept ans, se flattoit d'épouser le connétable de Bourbon, qui n'en avoit que trente-deux, et qui l'avoit captivée par les avantages réunis de la naissance, des qualités extérieures, de la gloire et de la fortune. Ce prince, peu disposé à une alliance qui l'auroit élevé au comble de la puissance et des honneurs, adressoit ses vœux à madame de Châteaubriand (ce qui excitoit contre lui la jalousie et la haine du Roi, ainsi que les fureurs de sa mère), et ne réussissoit pas dans cette poursuite, puisque la comtesse lui préféroit Bonnivet, qui n'inspiroit aucun ombrage à son amant. Bonnivet, objet de la faveur du monarque et de sa maîtresse, gâté par ses succès dans la galanterie, succès qu'il avoit dus surtout à une grande hardiesse, conservoit l'espoir de réussir auprès de la duchesse d'Alençon, sœur de son maître, princesse dont l'enjouement et les propos quelquefois un peu libres lui donnoient une idée très-opposée à celle qu'il auroit dû concevoir. Il crut avoir trouvé une occasion favorable pour exécuter ses desseins insensés.

La cour étoit allée passer quelques jours dans le château de ce favori. Il s'étoit efforcé, par les fêtes les plus dispendieuses et les plus brillantes, de fixer l'attention de la duchesse. Trompé par quelques expressions obligeantes qu'elle n'avoit pu refuser au soin qu'il prenoit de lui plaire, il eut une nuit l'audace de s'introduire dans sa chambre, l'éveilla au milieu de son premier sommeil, et essaya d'obtenir par surprise ce qu'il n'auroit osé demander dans un tout autre moment. La princesse, puisant des forces dans son indignation, repoussa vivement cette attaque imprévue; et Bonnivet, portant sur son visage les marques de la lutte qu'il avoit eue à soutenir, feignit une maladie, pour se dispenser de paroître devant le Roi. Marguerite, ne considérant pas qu'elle avoit peut-être aussi quelques reproches à se faire, puisqu'elle n'avoit pas su inspirer le respect dû à son rang et à son sexe, eut d'abord l'intention de perdre Bonnivet, en se plaignant au Roi son frère : elle en fut détournée par madame de Châtillon, sa dame d'honneur, qui lui fit observer que la réputation d'une femme souffre toujours par la révélation d'une tentative de ce genre.

Le penchant de la mère du Roi pour le connétable de Bourbon devoit avoir des suites bien plus graves. Cette princesse, voyant qu'il étoit déterminé à rejeter les offres qu'elle lui avoit fait faire, conçut pour lui la haine la plus violente, et résolut de consommer sa ruine. On a vu, dans le Tableau du règne de Louis XII, qu'il avoit épousé Suzanne, fille unique de madame de Beaujeu, qui lui avoit apporté des biens considérables; et que cet excellent monarque, au lieu de les réunir à la couronne comme il en avoit le droit, les avoit assurés à l'héritière de celle qui avoit été son ennemie. Suzanne étant morte en 1521, le connétable croyoit pouvoir jouir avec sécurité de sa succession, tant en vertu des clauses de leur contrat de mariage, que parce qu'il étoit un de ses plus proches parens. La duchesse d'Angoulême, qui par sa mère étoit aussi parente de Suzanne, prétendit que la succession lui appartenoit, et soutint que si ses droits sur cette succession n'étoient pas fondés, elle devoit du moins revenir au domaine de la couronne. Ne se bornant pas à cet acte d'hostilité, elle fit en même temps priver le connétable de toutes ses pensions.

Ce procès, dans lequel la mère du Roi eut pour avocat Guillaume Poyet, qui devint depuis chancelier, fit beaucoup de bruit, et envenima les ressentimens des parties. L'attaque fut vive et passionnée, la défense aigre et opiniâtre : mais l'influence de Duprat, qui s'étoit déclaré pour la princesse, détermina le parlement à ordonner par provision que le séquestre seroit mis sur tous les biens.

Charles-Quint, instruit des mécontentemens du connétable, et convaincu qu'au milieu d'une guerre malheureuse pour la France sa défection pourroit avoir les suites les plus importantes, entama aussitôt une négociation avec lui, et en chargea Adrien de Croy, comte de Beaurin, fils d'un de ses chambellans.

Les offres les plus séduisantes lui furent faites; on lui promit la main d'Eléonore, veuve du roi de Portugal, sœur de l'Empereur : on ne lui demanda que de faire soulever les provinces dans lesquelles il avoit des partisans, et à ce prix on lui assura une principauté indépendante.

Le connétable, emporté par son ressentiment, accepta ces offres, et prit des mesures pour remplir ses nouveaux engagemens. Tous les seigneurs qui jusqu'alors lui avoient été attachés entrèrent dans cette conspiration : il n'y eut que Jean de Poitiers, comte de Saint-Vallier, l'un de ses amis les plus intimes, qui osa lui représenter l'énormité de cette entreprise, et les suites funestes qu'elle pouvoit avoir; mais qui, incapable de le trahir, repoussa l'idée de faire échouer le projet en en donnant avis au Roi.

François, ignorant l'horrible danger qui le menaçoit, se préparoit à passer en Italie, et alloit partir pour Lyon, où devoient se réunir ses troupes : déjà Bonnivet, à la tête de l'avant-garde, avoit forcé le pas de Suze, et avoit été joint près de Turin par le maréchal de Montmorency. Jusqu'alors tous ceux qui entroient dans la conjuration avoient gardé le secret; mais, ainsi qu'il arrive ordinairement à l'approche des événemens qui doivent bouleverser les Etats, des bruits sourds et inquiétans se répandoient, sans paroître appuyés sur aucun fondement. Le Roi, plein de générosité et de franchise, incapable de soupçonner un homme dont il admiroit les talens et le grand caractère, ne s'inquiétoit pas de ces rumeurs; et, pour les faire tomber, il formoit le projet de réconcilier le connétable avec sa mère. Il eut même un moment le dessein de nommer

Bourbon lieutenant général du royaume, et de lui confier la défense de cette princesse, à laquelle il vouloit donner la régence: dessein dont l'exécution auroit merveilleusement servi les conjurés.

Il étoit dans cette intention, lorsqu'il partit de Paris pour aller à Lyon joindre son armée. S'étant arrêté à Pierre-le-Moutier, il y reçut des lettres de sa mère, qui ne lui laissèrent aucun doute sur les complots dont il étoit menacé. Lurcy, secrétaire de Bourbon, venoit de parcourir la Normandie pour disposer cette province à recevoir les Anglais; et il s'étoit adressé à deux gentilshommes, qui avoient sur-le-champ averti la duchesse d'Angoulême. Le monarque, convaincu de la trahison du connétable, résolut de n'écouter que la clémence, et de tenter un dernier moyen de le ramener. Décidé, s'il réussissoit, à l'emmener avec lui en Italie, il alla le trouver à Moulins, où depuis quelque temps il feignoit d'être malade, afin d'écarter les soupçons. Ces dispositions, si propres à exciter le repentir dans un cœur tel que celui de Bourbon, ne firent qu'augmenter le désir qu'il avoit de se venger. Il ne répondit aux avances du Roi, qui lui promettoit de tout oublier s'il vouloit révéler le secret de ses trames et promettre d'y renoncer, que par une demi-confidence, et en avouant qu'à la vérité l'Empereur lui avoit fait des propositions, mais qu'il les avoit rejetées. Il promit en outre d'aller joindre l'armée aussitôt qu'il seroit rétabli. François, qui auroit pu le faire arrêter, fut ébranlé par la justification d'un homme qui passoit pour avoir la franchise d'un chevalier. Le croyant innocent, ou entièrement ramené au devoir, il partit pour Lyon dans l'intention de l'y attendre.

Des délais prolongés firent bientôt renaître ses soupçons. Enfin le connétable, ayant épuisé les prétextes, eut l'air d'obéir, et s'avança lentement vers La Palice. Mais à peine arrivé dans ce lieu, où il feignit d'être à l'extrémité, il monta à cheval, et partit en toute diligence pour le château de Chantelle, dont sa belle-mère Anne de Beaujeu lui avoit fait don en mourant [1]. Il essaya d'abord de s'y fortifier ; mais, craignant d'y être enfermé, il prit la fuite, déguisé en simple gendarme, tandis qu'un de ses serviteurs, Montagnac Tauzannes, revêtu des habits de connétable, suivoit une route opposée. Ses espérances furent entièrement trompées : aucune province ne se souleva en sa faveur ; et il put dès-lors prévoir le sort qui l'attendoit dans les pays étrangers, où il n'auroit plus à porter que les prétentions odieuses d'un transfuge et d'un proscrit. Le détail des dangers qu'il courut avant de pouvoir passer en Franche-Comté se trouve dans les Mémoires de Du Bellay.

La découverte de cette grande conspiration répandit l'effroi dans la France, qui fut presque en même temps envahie du côté de la Picardie et de la Champagne. Le duc de Vendôme, proche parent du connétable, demeura fidèle, et, de concert avec La Trémouille, repoussa les ennemis, qui s'étoient avancés jusqu'à onze lieues de Paris. L'invasion de la Champagne n'eut pas plus de succès ; et le Roi, retenu en France par les dangers publics, chargea Bonnivet du commandement de l'armée d'Italie. Le pape Adrien étoit mort [24 septembre], après avoir fait de vains efforts pour rétablir la paix ; et la vacance du Saint-

---

[1] Elle y étoit morte l'année précédente.

Siége ranimant les espérances de Volsey, l'avoit rapproché de l'Empereur. Son ambition fut encore trompée; et le cardinal de Médicis, son concurrent, obtint la tiare. Dévoué alors à Charles-Quint, Médicis prit le nom de Clément VII, et, moins modéré qu'Adrien, il suivit entièrement le système de Léon x.

Aussitôt que le premier effroi fut calmé en France, le Roi nomma des commissaires pour juger les complices du connétable de Bourbon; puis, afin que cette affaire fût plus solennelle, il la renvoya au parlement de Paris. On arrêta deux prélats, les évêques du Puy et d'Autun, et quelques gentilshommes, parmi lesquels on remarque le seigneur d'Escars, qui avoit épousé Isabelle de Bourbon-Carency, parente du connétable; et Jean de Poitiers, comte de Saint-Vallier, qui avoit été intimement lié avec lui. D'Escars, interrogé avec rigueur, parvint à pallier ses torts, et en fut quitte pour un exil de deux ans. Il n'en fut pas ainsi de Saint-Vallier, quoiqu'il protestât qu'il avoit fait tous ses efforts pour détourner Bourbon de ses projets. Son procès dura jusqu'au commencement de l'année suivante, et il fut condamné à mort. Heureusement pour lui il avoit une fille charmante nommée Diane, mariée depuis peu à Brézé, l'un des gentilshommes qui avoient découvert la conspiration. Cette jeune dame, qui n'avoit point encore paru à la cour, et qui devoit par la suite y jouer un si grand rôle, vint avec son époux solliciter la grâce du condamné; et ils ne l'obtinrent qu'avec beaucoup de peine. Ce fut sur l'échafaud que cet infortuné, consumé par une maladie de langueur, apprit qu'on lui conservoit la vie.

On a répandu beaucoup de fables sur cet événement,

qui offroit pour la première fois aux regards de la cour, la célèbre Diane de Poitiers. On a prétendu que le Roi, frappé de sa beauté, n'avoit cédé à ses prières qu'à des conditions déshonorantes pour elle, et que son père n'avoit pas survécu au pardon qu'elle lui avoit fait obtenir. Cet indigne abus de la puissance paroît contraire au caractère noble de François I, qui d'ailleurs fut loin d'accorder une grâce entière à Saint-Vallier, puisqu'il le fit monter sur l'échafaud, et le confina ensuite dans une prison, où il vécut encore quelques années. Il est plus naturel de penser que cette commutation de peine fut principalement due à l'époux de Diane, qui, ayant un des premiers éclairé le Roi sur les desseins du connétable, sembloit pouvoir exiger la récompense d'un si grand service. Cependant, si l'on s'en rapporte à des lettres manuscrites qui existent à la bibliothèque du Roi, il paroît que Diane fut éblouie de la cour de François, et qu'elle ne retourna pas sans regret dans le château de son mari. Après la mort de Brezé, elle y reparut; et ce fut alors qu'âgée de trente-quatre ans, elle inspira au fils du Roi, qui n'en avoit que quinze, une passion aussi forte que durable.

[1524] Cependant Bonnivet, chargé du commandement de l'armée d'Italie, obtint d'abord des succès, et essaya de bloquer Milan; mais, ne recevant pas de secours de la France, il vit bientôt son armée consumée par la famine et les maladies, et fut obligé de se retirer à Biagrasso pour attendre des renforts qui n'arrivèrent pas. Le connétable de Bourbon s'étant joint au marquis de Pescaire, général de l'armée espagnole, attaqua les Français dans ce poste désavantageux, les contraignit à fuir, les poursuivit avec fureur; et ce fut dans une de ces affaires, où chaque armée se disputoit opiniâtrément le terrein, que périt le chevalier Bayard, qui, à la tête de l'arrière-garde, protégeoit la retraite.

Les Français étant rentrés en désordre dans leur pays, Bourbon et Pescaire résolurent de les y suivre. D'accord sur cet unique point, ils différèrent sur les moyens d'exécution. Le général espagnol vouloit que l'invasion eût lieu en Provence, et qu'on s'emparât de Marseille, afin d'avoir une retraite assurée en cas de revers : le connétable insistoit pour qu'on pénétrât dans l'intérieur, assurant qu'à son approche le Bourbonnais, le Beaujolais et l'Auvergne, qui lui avoient appartenu, se souleveroient. L'opinion de Pescaire prévalut : l'armée espagnole n'éprouva presque aucun obstacle sur les frontières de la Provence, et mit le siége devant Marseille. Cette ville opposa une résistance opiniâtre : les femmes surtout déployèrent le plus grand courage, et montrèrent le patriotisme le plus ardent : elles firent du côté de l'attaque une contre-mine qu'on nomma *la tranchée des dames*.

François courut au secours de cette ville fidèle : il fit lever le siége, harcela l'ennemi dans sa retraite, et se crut assez fort pour reporter la guerre en Italie. Les représentations de sa mère, qui le conjuroit de ne pas abandonner la France dans le moment où elle venoit de sortir de la crise la plus dangereuse; l'état de son épouse, qui étoit attaquée d'une maladie mortelle, rien ne put l'arrêter. Espérant retrouver les triomphes de la première année de son règne, brûlant de se venger du connétable de Bourbon, qui avoit osé venir l'attaquer dans ses Etats, il entreprit une expédition qui devoit avoir les suites les plus funestes, et ne répondit à la duchesse d'Angoulême qu'en lui donnant la régence.

A la tête d'une armée victorieuse, il ne s'attacha point d'abord à des siéges : il marcha droit à Milan, et entra sans difficulté dans cette malheureuse ville, presque dépeuplée par la peste. Les débris de l'armée espagnole s'étoient réfugiés à Lodi, et il eût été facile de les y exterminer. Le Roi aima mieux faire le siége de Pavie, place très-forte, dont la possession lui eût assuré le Milanais.

Ces succès inattendus effrayèrent Clément VII, et parurent le détacher du parti de l'Empereur. Il traita avec François, lui promit des secours, et obtint que le monarque prendroit sous sa protection l'Etat ecclésiastique et les Médicis. Un changement si subit de fortune aveugla le Roi : persuadé qu'il n'avoit pas besoin d'une armée nombreuse pour soumettre Pavie, il divisa imprudemment ses forces. Un détachement nombreux, sous les ordres du duc d'Albanie, prince écossais, fut envoyé dans le royaume de Naples ; le marquis de Saluces, avec un autre détachement, marcha sur Gênes ; et presque dans le même moment un corps de Grisons à la solde de la France quitta l'armée pour aller défendre son pays contre un aventurier qui le ravageoit. Pendant que François s'affoiblissoit ainsi, sans que le siége de Pavie fît des progrès, l'armée de Charles-Quint se reformoit à Lodi ; et le connétable de Bourbon, de retour d'un voyage en Allemagne, ramenoit à sa suite douze mille lansquenets, à la tête desquels étoit un luthérien fanatique, appelé Georges Frönsberg, qui portoit à son cou une chaîne d'or dont il vouloit, disoit-il, se servir pour étrangler le Pape.

La cour de la Régente, qui ne partageoit pas les illusions du monarque, étoit alors plongée dans la désolation par la mort prématurée de la Reine, âgée seulement de vingt-cinq ans, et qui, en dix ans de mariage, avoit donné à son époux trois princes et quatre princesses. Négligée par son mari, maltraitée quelquefois par sa belle-mère, contrariée dans ses affections les plus chères par l'ascendant qu'avoit pris la comtesse de Châteaubriand, cette princesse, digne fille de Louis XII, fut un modèle de vertu, de douceur et de piété. Pendant sa vie, on ne l'appeloit que *la bonne Reine;* après sa mort, on la révéra comme une sainte. Pleurée des pauvres, dans le soulagement desquels elle trouvoit sa consolation, regrettée par les femmes que sa conduite condamnoit, on peut croire que la mort fut pour elle un bonheur, puisqu'elle l'empêcha de voir les désastres et la captivité d'un époux que, malgré ses torts, elle ne cessa jamais de chérir.

[1525] L'armée de Charles-Quint, renforcée par les lansquenets qu'avoit amenés le connétable de Bourbon, quitta ses cantonnemens, et vint présenter la bataille aux troupes françaises, extrêmement diminuées par les détachemens qui avoient été envoyés à Naples et à Gênes. La Trémouille et tous les anciens capitaines étoient d'avis qu'on évitât le combat, et qu'on se retirât à Binasco, où l'on pourroit attendre des renforts. Bonnivet, Montmorency et les jeunes guerriers, ennuyés d'un long siége, et persuadés que rien ne pourroit résister à l'impétuosité française, soutenoient au contraire qu'il falloit sur-le-champ terminer la guerre par une bataille, dont le succès leur paroissoit assuré.

Ils s'écrioient que ce seroit une honte ineffaçable de se retirer devant l'ennemi. Ce conseil, qui s'accordoit trop avec l'ardeur et l'impatience du Roi, fut malheureusement suivi. Les Français, plus propres à l'attaque qu'à la défense, furent assaillis dans un parc voisin de la ville [24 février 1525] : ils combattirent avec fureur, mais ils ne purent résister aux savantes dispositions prises par le marquis de Pescaire et le connétable de Bourbon. Le Roi, demeuré presque seul, blessé au front et à la jambe, ayant son cheval tué, obligé de lutter à pied contre une multitude d'ennemis, ne voulut se rendre qu'à Lannoy, vice-roi de Naples, qui reçut à genoux son épée.

Cette défaite complète fit perdre à la France une grande partie de ses généraux. Bonnivet, qui avoit voulu qu'on livrât la bataille, et La Trémouille, qui s'y étoit opposé, furent trouvés parmi les morts. Montmorency fut fait prisonnier avec le jeune roi de Navarre Henri d'Albret, qui étoit venu partager les dangers de son protecteur. Le maréchal Théodore de Trivulce, qui étoit à Milan avec deux mille hommes, quitta précipitamment cette ville, et se retira en Piémont. Le duc d'Alençon, beau-frère du Roi, chargé du commandement de l'aile gauche, ayant fait sonner la retraite avant la fin du combat, fut accusé d'avoir causé la perte de la bataille : couvert de honte, humilié par les reproches que lui adressa son épouse, il revint à Lyon, où il mourut de chagrin au bout de quelques semaines [11 avril 1525].

Le Roi, prisonnier, fut conduit au château de Pizzightone, d'où il écrivit à sa mère ce fameux billet : « Madame, tout est perdu, fors l'honneur. » Cette princesse, qui n'avoit pas du moins à se reprocher d'avoir conseillé cette expédition, s'écria en le recevant : « Hélas ! il ne m'a voulu escouter. Ho, que je lui avois tant dit ! S'il eust voulu croire aussi monsieur de La Trémouille, qui lui conseilloit de ne s'amuser à nul siege, il s'en fust mieux trouvé (1). »

François fut traité par le vice-roi de Naples avec les égards dus à son rang. Sa maison ayant été dispersée pendant le combat, il ne trouva le soir aucun de ses gens pour l'aider à se déshabiller. Antoine de Lettes de Montpezat, gentilhomme de Quercy, enfermé dans le même château, s'offrit pour servir son malheureux maître, qui le prit en amitié, et le fit depuis maréchal de France. Bourbon et Pescaire vinrent le lendemain visiter le Roi : il reçut le connétable avec une froideur mêlée de mépris, et combla le marquis de louanges sur ses talens et sa valeur.

Ces deux généraux étoient jaloux de ce que le vice-

(1) Voici la lettre que la Régente s'empressa d'écrire à Charles-Quint

« Monsieur mon bon filz, depuis que j'ay ouy et sceu par ce gentilhomme la fortune advenue au Roy monsieur et filz, je loue et rends gloire à Dieu de ce qu'il est tombé entre les mains d'un prince du monde que j'aime le mieulx, esperant que vostre magnificence nous doit ayder, au moyen du sang, alliance et lignage qui est entre vous et luy ; et au cas que en soit ainsy, je tiens pour certain un grand bien, et le principal à l'avenir à toute la chrestienté, pour l'amitié et union de vous deux. Et à ceste cause humblement vous supplie, monsieur et filz, que pensez en luy, et cependant commandez qu'il soit traicté ainsy que vostre honnesteté et la sienne le requierent ; et mandez et permettez qu'il soit servy en sorte que souvent je puisse avoir nouvelles de sa santé. En ce faisant obligerez une mere, laquelle avez tousjours ainsy appellée, et qui une autre fois vous prie que à ceste heure, par affection, vous moutriez pere.

« Vostre tres-humble mere, LOUYSE. »

roi de Naples se trouvoit seul chargé de la garde d'un prisonnier aussi précieux : ils auroient voulu s'en emparer ; et leurs murmures inspiroient à Lannoy des inquiétudes qui furent augmentées par un événement auquel on étoit loin de s'attendre. Le jeune roi de Navarre, dont la prison eût été probablement perpétuelle, étoit enfermé dans le château de Pavie, et surveillé avec la plus grande rigueur. Un de ses pages, nommé Vivès, lui donna ses habits, prit les siens, le fit ainsi échapper, et resta exposé aux vengeances du vice-roi, qui, frappé de ce dévouement héroïque, fut assez généreux pour lui pardonner. Cette délivrance presque miraculeuse fit croire à Lannoy qu'il ne pourroit compter sur la conservation de son prisonnier tant qu'il seroit dans le Milanais, où la France conservoit un grand nombre de partisans. Il résolut donc de le faire passer en Espagne : mais ce voyage offroit de grandes difficultés, tant parce qu'on craignoit que le monarque ne s'échappât en allant gagner un port de mer, que parce qu'il pouvoit être enlevé pendant la traversée par la flotte française que commandoient André Doria et La Fayette.

Il fallut obtenir du Roi qu'il favorisât cette translation. Déjà des négociations avoient été entamées avec Charles-Quint ; et l'archevêque d'Embrun, depuis cardinal de Tournon, en avoit été chargé par la Régente. Les conditions imposées par le vainqueur étoient si dures, que le Roi n'auroit pu les accepter sans déshonneur. On parvint à persuader à François qu'il aplaniroit bientôt toutes les difficultés s'il conféroit lui-même avec l'Empereur. On lui représenta que le connétable étoit sur le point de partir pour l'Espagne, afin d'épouser la sœur de Charles-Quint, qui lui avoit été promise; et on lui fit sentir qu'il étoit de son intérêt de rompre ce mariage, en demandant pour lui-même la main de cette princesse. On le flatta que cette union dissiperoit tous les nuages, et lui vaudroit le traité le plus avantageux. Il est si naturel qu'un prisonnier désire un changement quelconque de position, qu'il ne faut pas s'étonner si François consentit à un arrangement qui devoit lui ôter tout espoir d'une délivrance semblable à celle du roi de Navarre.

Il envoya donc Montmorency vers la Régente, avec l'ordre de faire partir pour Gênes six galères qui seroient à la disposition des Espagnols, et de désarmer la flotte qui auroit pu, dans la Méditerranée, l'enlever à son passage. Profitant de cette occasion pour éclairer ses sujets sur sa situation et ses desseins, il écrivit aux différens ordres de l'Etat la lettre suivante, qui montre l'effet que produisoit le malheur sur cette ame noble et généreuse :

« Mes amis et bons sujets, sous couleur d'autres let-
« tres, j'ai eu le moyen et la liberté de vous escrire,
« estant sûr de vous faire un grand plaisir en vous fai-
« sant sçavoir de mes nouvelles, lesquelles, selon mes
« infortunes, sont bonnes, car la santé et honneur,
« Dieu merci, me sont demeurés sains; et entre tant
« d'infidélités, n'ai reçu plus grand plaisir que de sça-
« voir l'obeissance que portez à Madame, en vous
« monstrant estre vrays, loyaux et bons François. Je
« vous la recommande tousjours, et mes petits enfans,
« qui sont les vostres, et de la chose publique; vous
« asseurant que, en continuant en la diligence et de-
« monstration que vous avez faite jusques icy, don-

« nerez plus grande envie à nos ennemis de me deli-
« vrer que de vous faire la guerre. L'Empereur m'a
« offert quelque parti pour ma delivrance, et ai espé-
« rance qu'il sera raisonnable, et que toutes choses
« sortiront bientost leur effet. Et soyez sûrs que, pour
« mon honneur et celui de ma nation, j'ay plustost
« esleu honneste prison que honteuse fuite; et que si je
« n'ay esté si heureux de faire du bien à mon royaume,
« que, pour envie d'estre délivré, je n'y feray jamais
« de mal, estimant bien heureux, pour l'heur de son
« pays, toute sa vie demeurer en prison vostre roy
« François. »

Le vice-roi conduisit son prisonnier à Gênes, où devoient arriver les six galères françaises qu'on étoit convenu de mettre à sa disposition. Ne les trouvant pas, et ayant l'air de céder aux murmures de Bourbon et de Pescaire, il ordonna de cingler vers Naples; ce qui redoubla les angoisses du monarque, dont toutes les espérances s'évanouissoient. Montmorency, par un excès de zèle, avoit pris sur lui de retarder le départ des galères, ne voulant pas les livrer aux Espagnols sans un ordre réitéré de son maître. Instruit de ce qui venoit de se passer, il les conduisit en toute hâte à la suite du vice-roi, qu'il rejoignit à Porto-Venere. Alors on se remit en route pour l'Espagne. François, regardant ce changement comme le plus grand bonheur qui pût lui arriver, reprit courage, se montra fort gai pendant la traversée, et ne sentit renaître ses regrets qu'en relâchant aux îles d'Hyères, d'où il put voir les côtes de France, où il laissoit tout ce qu'il avoit de plus cher.

La flotte arriva sans accident à Barcelone : l'ordre y

étoit donné de rendre à François les honneurs dus à son rang. Après lui avoir laissé prendre quelque repos, on le fit partir pour Valence, que l'Empereur paroissoit lui avoir assigné pour séjour. Cette disposition lui rendit toutes ses inquiétudes, et elles s'augmentèrent par les ordres qui furent transmis au vice-roi peu de jours après. Ils prescrivoient d'enfermer le monarque dans la forteresse de Sciativa, où les rois d'Arragon avoient autrefois coutume de faire garder les prisonniers d'Etat. Lannoy, convaincu que l'exécution de ces ordres porteroit le désespoir dans l'ame de François, prit sur lui de le conduire dans une maison de campagne voisine, où il le laissa jouir du plaisir de la chasse; mais il ne cessa point de le faire garder à vue.

Les désirs du prisonnier avoient toujours pour unique but d'obtenir qu'on le conduisît à Madrid. Jugeant de l'Empereur par lui-même, il croyoit que s'il pouvoit s'entretenir avec lui, tous les obstacles qui s'opposoient à sa délivrance s'aplaniroient bientôt. Charles, ayant l'air de céder à ses instances, mais craignant en effet qu'on ne fît des tentatives pour l'enlever dans un lieu voisin de la mer, ordonna enfin qu'on l'amenât dans la capitale...

Le Roi, en y arrivant, apprit avec chagrin que l'Empereur venoit de s'en éloigner. On l'enferma dans le château de Madrid, et pendant les premiers jours il lui fut permis de voir du monde. Sa réputation de valeur, de générosité, de galanterie l'avoit précédé. Les femmes du plus haut rang, encouragées par Éléonore, sœur de Charles-Quint, qui frémissoit à la seule idée d'être le prix de la trahison du connétable, s'empressèrent de dissiper les ennuis de l'illustre prisonnier, et parurent moins guidées par une vaine curiosité que par un véritable intérêt. Elles cherchoient, par des attentions délicates, et par de petites fêtes qu'elles donnoient dans sa prison, à en adoucir la rigueur. Leurs époux partageoient cette disposition généreuse. Indignés des traitemens rigoureux qu'on faisoit éprouver à celui qu'ils regardoient comme le modèle de la chevalerie, ils demandèrent qu'il fût prisonnier sur parole, et quatre d'entre eux offrirent de lui servir de caution. La reconnoissance portoit le Roi à recevoir d'un air satisfait ces témoignages de respect et d'affection; mais l'éloignement affecté de l'Empereur, et la certitude que ce prince ne vouloit lui accorder la liberté qu'au prix de son déshonneur, le faisoient, lorsqu'il étoit seul, tomber dans une sombre mélancolie. Bientôt il fut privé de cette foible consolation qu'il pouvoit trouver dans l'expression des sentimens de la noblesse espagnole. L'Empereur, jaloux de l'enthousiasme qu'inspiroit son rival, se flattant d'obtenir par l'ennui d'une captivité rigoureuse tous les sacrifices qu'il exigeroit, défendit que personne ne fût désormais admis dans le château, et ne laissa d'autre distraction au prisonnier que celle de se promener quelquefois dans le parc, monté sur une mule, et entouré de gardes à pied.

Charles avoit résolu d'abuser du malheur de son rival pour lui arracher un traité qui entraînât la ruine entière de la France, parce que, après une victoire en apparence décisive, il voyoit les plus grands orages se former contre lui. L'Espagne étoit à peine tranquille, après des troubles qui avoient pensé ébranler le trône. L'Italie étoit en proie à la plus horrible anarchie; les troupes espagnoles, n'étant pas payées, n'y subsistoient que de rapines, se livroient à toutes sortes d'excès; et une grande conspiration, à laquelle le Pape n'étoit pas étranger, se formoit pour donner à ce pays désolé l'indépendance qui avoit été l'objet des vœux de Jules II et de Léon X. La régente de France venoit de détacher entièrement Volsey de l'alliance de l'Empereur; et Henri VIII, pressé par elle, avoit pris l'engagement de travailler à la délivrance du Roi. Cette princesse, résolue d'employer tous les moyens de sauver son fils, s'étoit même adressée à Soliman, l'ennemi mortel des chrétiens; démarche dont notre histoire n'offroit encore aucun exemple. Quoiqu'elle eût mis le plus grand mystère dans cette négociation, dont fut chargé un Italien nommé Frangipani, le bruit s'en étoit répandu; et l'on savoit que le Grand-Seigneur, touché des vertus et des malheurs de François I, avoit promis de le secourir [1]. Mais l'état de l'Allemagne inquiétoit encore plus Charles-Quint que la fermentation de ses peuples d'Espagne et d'Italie, et les dispositions des souverains étrangers.

Luther, devenu puissant, et soutenu par plusieurs princes, venoit de donner un grand scandale, en rompant les vœux monastiques qui l'attachoient au célibat, et en épousant une religieuse. Cette action avoit paru d'autant plus déplacée, que dans ce mo-

---

[1] Quelques lettres de Soliman existent à la bibliothèque du Roi. On y remarque ce passage : « J'ai appris qu'un ennemi s'est emparé de vos « terres, et vous tient dans une dure prison; ce sont là les accidens « de la guerre, et il n'est point rare de voir des rois enchaînés ou es- « claves. Usez de votre courage, et ne vous laissez point abattre par « le malheur. »

ment les conséquences de sa doctrine se révéloient en Allemagne par des massacres, et que les flammes des incendies avoient été en quelque sorte les flambeaux de son hymen. Une troupe innombrable de paysans, après avoir entendu les sermons de ses disciples, appliquoient à la puissance civile leurs déclamations contre la puissance ecclésiastique. Enivrés des idées d'égalité évangélique qui étoient la base de la réforme, ils prétendoient que l'égalité absolue étoit l'essence de la foi, que toute autorité étoit impie, et que les hommes, tous enfans de Dieu, tous rachetés par Jésus-Christ, ne devoient être soumis à aucun pouvoir humain. *Ils marchoient*, dit un auteur moderne, *dans la voie que Luther avoit tracée, mais ils l'élargissoient beaucoup* (1).

Guidés par Muncer, ces fanatiques attaquoient leurs seigneurs, les massacroient ainsi que leurs familles, brûloient les châteaux, ravageoient les campagnes, et portoient partout le désordre et la désolation. Luther, après avoir fait quelques vains efforts pour calmer ses disciples égarés, craignit enfin que leurs excès ne jetassent de la défaveur sur sa doctrine. Il n'eut alors aucune pitié pour ces malheureux, dont le délire avoit été causé par ses discours et par ses exemples. Il conseilla aux souverains de les exterminer, leur en fit un devoir, et ne voulut pas même qu'on épargnât ceux qui sembloient disposés à revenir de leurs erreurs. Cette guerre civile étoit dans toute sa force pendant la captivité de François I. L'Empereur, dont les troupes étoient nécessaires en Italie, ne pouvoit apporter aucun remède à cet horrible fléau. Il

(1) Gaillard, Histoire de François I.

craignoit que la France ne fomentât par la suite cet esprit de révolte, et il vouloit profiter de l'événement qui avoit mis François entre ses mains pour abaisser tellement cette monarchie, qu'elle ne pût à l'avenir exercer en Allemagne aucune influence.

La France, privée de son Roi, étoit en proie aux troubles qui éclatent presque toujours sous une régence peu considérée. Le luthéranisme y faisoit des progrès; et ce germe funeste, qui s'y développoit lentement pour produire ensuite les plus terribles commotions, excitoit peu l'attention du gouvernement, occupé d'objets qui lui sembloient d'une plus haute importance. Les premiers sectaires français parurent des disciples zélés d'Erasme, attaquant comme lui les abus qui s'étoient glissés dans l'Eglise, mais ayant l'air de respecter à son exemple les bases fondamentales de la religion. Tel fut d'abord Louis Berquin, gentilhomme artésien, qui, faisant en secret son étude des écrits de Luther, de Melanchton et de Carlostadt, étoit en général fort réservé en public, mais qui, ayant commis quelques indiscrétions dans la société, auroit été poursuivi par l'autorité ecclésiastique et séculière, s'il n'eût trouvé un protecteur dans François 1, auquel il dut deux fois la liberté [1523 et 1524].

Quelques savans, séduits par l'esprit d'indépendance qu'affectoit Luther, épris d'une doctrine qui sembloit ouvrir à la raison humaine la plus vaste carrière, suivoient, mais avec prudence, l'exemple de Berquin. Ils réussissoient surtout auprès des femmes de la cour, qui, partageant le goût du Roi pour la littérature, étoient avides de nouveautés, et accueilloient avec empressement tout ce qui portoit le caractère d'une recherche scientifique. La duchesse d'Alençon, sœur du Roi, aimoit leur commerce, assaisonnoit leurs déclamations contre les moines des traits les plus malins et les plus piquans; mais elle ne soupçonnoit point qu'ils voulussent aller plus loin qu'Erasme, qui dans ce moment attaquoit vivement Luther, et n'épargnoit pas les plaisanteries sur son mariage (1). Ces savans, parmi lesquels on remarquoit Jacques Le Febvre d'Etaples, Gérard Roussel et Guillaume Farel, craignant la surveillance de la Sorbonne, s'étoient presque tous retirés auprès de Guillaume Briçonnet, évêque de Meaux, qui, trompé par eux comme la duchesse d'Alençon, prenoit plaisir à leurs entretiens, et faisoit sans le savoir, de sa ville épiscopale, le berceau de la réforme. Les désordres qu'entraîna la captivité du Roi les rendirent plus hardis, sans les porter encore à diriger des attaques directes contre les fondemens de la religion.

La mère du Roi, à qui le gouvernement étoit confié, avoit à lutter contre des dangers plus pressans. A la nouvelle de la prise du monarque, l'alarme s'étoit répandue partout, et les troubles les plus inquiétans en avoient été la suite. Dans les grandes villes, et surtout à Paris, on se croyoit trahi, on s'armoit en tumulte, on se choisissoit des chefs, et l'on travailloit à la hâte à des fortifications. Les brigands et les malfaiteurs, profitant de cette émotion générale, s'emparoient des

---

(1) Erasme comparoit, dans une lettre, l'entreprise de Luther à une pièce de théâtre, qui devoit finir par un mariage. *Solent comici tumultus ferè in matrimonium exire, atque hinc subita rerum omnium tranquillitas. Similem exitum habitura videtur Lutherana tragœdia : duxit uxorem monachus monacham.*

grands chemins, empêchoient les communications, dévastoient les campagnes, et pénétroient même quelquefois de nuit jusque dans l'enceinte des cités. A ces fléaux, qui menaçoient l'Etat d'une dissolution complète, se joignoient, dans les hautes classes de la société, des mécontentemens, dont les suites pouvoient être encore plus funestes.

La Régente étoit haïe : on ne lui pardonnoit pas d'avoir causé la défaite de Lautrec, et d'avoir poussé le connétable de Bourbon à une résolution désespérée. Plusieurs seigneurs, plusieurs prélats, qui jusqu'alors avoient caché leur attachement pour ce malheureux prince, l'avouoient hautement, et jetoient les yeux sur le duc de Vendôme son cousin, qu'ils croyoient disposé à le venger. Le parlement, n'ayant pas oublié la violence qui avoit été employée pour lui faire accepter le concordat, et irrité de la vénalité des charges, s'en prenoit au chancelier, principal ministre, auquel il attribuoit ces innovations, et portoit même la hardiesse jusqu'à le décréter d'ajournement personnel.

Tout dépendoit de la conduite qu'alloit tenir le duc de Vendôme, sur qui tous les regards étoient fixés. On lui représentoit qu'il devoit agir comme premier prince du sang en l'absence du connétable, et on le pressoit de s'emparer des rênes de l'Etat. Ce vertueux prince, qui devoit être l'aïeul de Henri IV, répondit à une députation chargée de lui faire ces propositions séduisantes : « Messieurs, je vais à Lyon recevoir les ordres « de madame la Régente, qui m'appelle avec tous les « grands du royaume pour travailler à la liberté du « Roi. » Ayant peu de jours après rejoint cette princesse, il fut mis par elle à la tête du conseil. La Régente calma en même temps les préventions trop fondées qui s'élevoient contre son administration, en admettant à y prendre part la duchesse d'Alençon, sa fille, sœur chérie du Roi, qui étoit généralement aimée.

Forte de l'appui d'un prince tel que le duc de Vendôme, et des sentimens qu'inspiroit Marguerite, elle calma insensiblement une fermentation qui avoit paru si dangereuse : tous les mécontens rentrèrent successivement dans le devoir, et elle n'eut plus qu'à s'occuper de la délivrance de son fils.

Jusqu'alors les négociations n'avoient eu aucun succès, et Charles-Quint persistoit à imposer à son prisonnier des conditions auxquelles il ne pouvoit souscrire sans se déshonorer. La Régente conçut un dessein qui tendoit à rapprocher les deux rivaux de la manière la plus intime, s'il coïncidoit avec le mariage projeté de François et de la princesse Eléonore. La duchesse d'Alençon étoit veuve depuis quelques mois; par son esprit plein de finesse et d'agrément, elle pouvoit captiver l'homme le plus indifférent à ce genre de séduction : n'ayant que trente-trois ans, elle avoit conservé tous les charmes de sa première jeunesse. On espéra qu'en allant en Espagne elle pourroit prendre de l'ascendant sur l'Empereur, contribuer puissamment à la délivrance du Roi, et en payer le prix par le don de sa main. Marguerite, disposée à se sacrifier pour un frère, unique objet de sa tendresse, accepta cette mission délicate. On lui adjoignit Jean de Selve, premier président; Gabriel de Grammont, évêque de Tarbes; et l'archevêque d'Embrun, depuis cardinal de Tournon. Seule elle eut des pleins pouvoirs, afin que Charles-Quint ne pût se dispenser de la voir et de l'entretenir. Après quelques difficultés, elle obtint de ce prince un sauf-conduit de trois mois, et partit en septembre avec ceux qui devoient l'aider dans sa mission.

En arrivant à Madrid, elle trouva François dangereusement malade, et sembla n'être venue que pour recevoir son dernier soupir. Ce malheureux monarque, après s'être livré quelque temps à de vaines illusions sur la générosité de son rival, qui n'avoit pas même daigné le visiter depuis qu'il étoit en Espagne, étoit près de succomber à ses chagrins. L'arrivée inattendue de sa sœur parut le ranimer; elle lui prodigua ses soins, et, connoissant mieux que les médecins la cause de son mal, elle employa toutes les ressources de son esprit pour lui procurer quelques distractions. Mais comme elle ne pouvoit lui rendre un espoir qu'elle ne concevoit plus depuis qu'elle avoit observé l'esprit qui dirigeoit la cour d'Espagne, il retomba bientôt dans un état plus dangereux qu'auparavant, et l'on crut sa mort prochaine.

Alors Marguerite, cherchant des consolations dans cette religion qu'on l'accusoit injustement d'avoir abandonnée, prouva qu'elle ne partageoit pas les sentimens des novateurs qu'elle avoit admis dans son intimité. Par un effort de courage que la foi seule peut donner, elle voulut présider elle-même aux derniers momens du frère qu'elle chérissoit. Un autel fut dressé dans la chambre du Roi : sa sœur et tous ses serviteurs, disposés à recevoir leur Dieu, se mirent à genoux autour du lit, et l'archevêque d'Embrun commença la messe. Au moment de la communion, le prélat s'approcha du Roi, et le pressa de fixer ses regards sur l'hostie : le mourant, qui jusqu'à ce moment avoit été plongé dans une sorte de léthargie, se réveilla aussitôt : « Mon Dieu, dit-il, me guérira l'ame et le corps; « je vous prie, que je le reçoive ! » Ce retour à la vie, qui sembloit avoir quelque chose d'extraordinaire, redoubla la ferveur des assistans, et fit renaître l'espoir dans le cœur de Marguerite. Dès-lors François cessa d'être en danger, et son désespoir fut remplacé par la plus courageuse résignation.

La duchesse d'Alençon vit l'Empereur, et, sans lui inspirer les sentimens sur lesquels on avoit compté pour le succès de sa mission, elle parvint à lui faire momentanément entrevoir les suites de sa conduite avec le Roi : elle parut aussi devant le conseil d'Espagne, et, suivant Brantôme, elle harangua si bien, qu'elle frappa d'étonnement des hommes vieillis dans les calculs d'une politique habituée à tout sacrifier à l'ambition. D'après leurs conseils, Charles se décida enfin à faire une visite au Roi : « Monsieur, lui dit « François, vous venez donc voir mourir votre prison-« nier ? — Vous n'êtes point mon prisonnier, répondit « Charles, mais mon frère et mon ami; je n'ai d'autre « désir que de vous donner la liberté, et toute la satis- « faction que vous désirez. »

Ces paroles consolantes étoient bien faites pour rassurer le Roi et sa sœur, si elles n'eussent été sur-le-champ démenties par la conduite que tint l'Empereur. Il partit dès le jour suivant pour Tolède, afin d'aller au devant du connétable de Bourbon, qui venoit d'arriver en Espagne. Les témoignages d'amitié et de reconnoissance qu'il lui prodigua indignèrent la noblesse espagnole, qui le considéroit comme un traître, et fit renaître tout l'intérêt qu'elle avoit pris d'abord au monarque captif. Le marquis de Villana, dont le palais de Madrid avoit été assigné au connétable, osa dire à l'Empereur : « Je ne puis rien refuser à Votre « Majesté; mais je lui déclare qu'aussitôt que Bourbon « sera sorti de ma maison, j'y mettrai le feu comme à « un lieu souillé par la présence d'un traître, et in- « digne d'être habité par des gens d'honneur. » La princesse Eléonore, sœur de Charles, montra la même aversion pour le transfuge qu'on vouloit lui faire épouser. Partageant l'enthousiasme que les qualités chevaleresques de François avoient inspiré aux dames de Madrid, ne perdant pas l'espoir d'être un jour le gage de la paix entre les deux rivaux, elle rejeta hautement toutes les propositions qui lui furent faites pour l'exécution du traité conclu avec le connétable.

Ce vœu général, qui se manifestoit en faveur du Roi, loin d'ébranler l'Empereur, le fit revenir à ses anciennes prétentions; il résolut même de faire arrêter Marguerite aussitôt après l'expiration du sauf-conduit qu'il lui avoit accordé. Il paroît que cet acte de violence, qui l'eût déshonoré, fut détourné par celui même dans les intérêts duquel il auroit été fait; et l'on prétend que le connétable, autrefois épris des charmes de Marguerite, la fit avertir du danger qui la menaçoit. Elle partit aussitôt pour la France, et n'échappa à ceux qui étoient chargés de l'arrêter près de la frontière qu'en faisant une marche forcée. Elle avoit par ses tendres soins, et par des consolations puisées dans les vues impénétrables de la Providence, contribué beaucoup au rétablissement de son frère : « Aussy, dit

« Brantôme, le Roy répetoit souvent que, sans elle, il
« estoit mort; dont il lui avoit ceste obligation qu'il
« reconnoistroit à jamais, et l'en aymeroit, comme il a
« faict, jusques à la mort. »

Ce prince, voyant qu'il étoit désormais inutile de prolonger des négociations dont le résultat ne seroit que son humiliation et sa honte, ne retomba point dans le désespoir qui, quelque temps auparavant, avoit mis ses jours en danger. Décidé à donner à son peuple le plus grand témoignage d'amour qu'il pût attendre de lui, il aima mieux renoncer à la couronne que de la déshonorer. Ce fut dans ces sentimens héroïques qu'il rédigea un acte d'abdication fait pour détruire toutes les espérances que son rival pouvoit fonder sur sa captivité. Nous transcrirons cet édit; l'un des monumens les plus précieux de notre histoire, dans lequel se déploie le grand caractère de François I.

« François, par la grace de Dieu roi de France,
« duc de Milan et seigneur de Genes, à tous ceux qui
« ces présentes verront, salut :

« Comme le roy eternel, regnant par puissance in-
« vincible sur le ciel et la terre, nostre sauveur et
« nostre redempteur Jesus-Christ, chef de toute puis-
« sance céleste et terrestre, au nom duquel chascun
« doit baisser la teste et flechir le genou, a donné
« l'exemple d'humilité à tous les princes chrestiens
« à soy humilier devant Dieu;

« Desirant de tout nostre pouvoir, en toutes choses,
« suivre nostre chef, seul guide, protecteur et patron
« de nous et de nostre royaume de France, et recog-
« noissant les grandes graces qu'il nous a generalement
« et particulierement faictes en nous mettant en ce

« monde, et appellant au titre de roy tres chrestien,
« pour conduire, regir et gouverner le tres noble et en
« toutes choses excellent peuple françois, pour la paix
« et la tranquillité duquel nous avons voué et dedié à
« Dieu nostre personne, vie, fortune et volonté; et tout
« ainsy que nous avons reçu de luy, à nostre avene-
« ment à la couronne, les victoires et conquestes qu'il
« luy a plu nous donner, estant tout ainsy resolus,
« moyennant sa grace, prendre à gré sa discipline pa-
« ternelle, puisqu'il luy a plu la nous envoyer;

« Apres avoir perdu une bataille où nous avons mis
« nostre personne en grand danger de mort, plus pour
« vouloir jeter la guerre hors de nostre royaume, pour
« apres parvenir à une bonne paix, que pour intention
« seule de conquerir les terres qui nous appartiennent,
« et desquelles nous avons esté injustement deposse-
« dé; et apres avoir esté en icelle bataille nostre che-
« val tué sous nous, et avoir plusieurs de nos ennemis
« converti leurs armes sur nostre personne, les uns
« pour nous tuer, les autres pour nous faire proie et
« butin, et qu'il lui a plu nous sauver la vie et l'hon-
« neur, que nous estimons benefice à nous et à nos
« sujets; encores avons nous, depuis nostre prison et
« captivité, apres avoir esté mené et conduict en divers
« lieux, mis et reduict ez mains de l'elu Empereur [1],
« roy d'Espagne, duquel, comme de prince chrestien
« et catholique, nous avions jusqu'à present esperé
« humanité, clemence et honnesteté, attendu mesme-
« ment que sommes à luy prochain en consanguinité
« et lignage, et d'autant plus la dicte humanité atten-

[1] On donnoit ce titre aux empereurs jusqu'à ce qu'ils eussent été couronnés à Rome. Maximilien, aïeul de Charles, l'avoit eu toute sa vie.

« dions nous, que nous avons porté dans la prison une
« grieve maladie; et telle que nostre santé et guerison
« estant du tout desesperées, Dieu, continuant envers
« nous ses bienfaits, nous a remis sus et ressuscité, en
« laquelle extremité n'avons connu le cœur de l'Em-
« pereur estre aucunement emu à nostre delivrance;

« Apres lui avoir monstré les querelles qu'il pretend
« avoir contre nous n'estre en aucune maniere fondées
« en justice, luy ayant esté faictes plusieurs grandes
« offres, et nostre chere sœur la duchesse d'Alençon
« ayant pris peine et travail de venir vers ledict Em-
« pereur, et lui ayant faict inutilement les plus hon-
« nestes et gracieuses remonstrances pour l'engager
« à faire cet acte d'honneur et d'humanité, requerant
« amitié et alliance, outre par dessus les autres offres
« a offert derechef plusieurs grandes choses, et plus
« que ne doit porter et monter la rançon du plus
« grand prince du monde, neantmoins ledict Em-
« pereur n'a voulu accorder nostre delivrance, jus-
« ques à ce qu'il eust en ses mains le duché de Bour-
« gogne, comté de Mascon et d'Auxerre, avec plusieurs
« autres aussi grandes et deraisonnables demandes,
« desquelles apres estre en possession estoit content
« de nous delivrer et bailler ostage, et remettre la
« querelle qu'il pretend en ce duché au jugement des
« arbitres : lesquelles conditions n'avons voulu accep-
« ter, ains plutost deliberé y mettre nostre vie cor-
« porelle, ainsy que celle de nos enfans, qui sont
« ceux de la chose publique de France, laquelle a
« esté plusieurs fois bien regie et gouvernée par au-
« cuns rois encore en aage d'innocence, par le conseil
« de bons personnages et assistance divine :

« A ces causes, et autres considerations à la « louange de Dieu, voyant ne nous estre permis de « sortir de prison, ni administrer la justice à nos su- « jets, sçavoir faisons que, par bonne et mure delibe- « ration, nous avons conclu, ordonné et consenti, et, « par cest edict perpetuel et irrevocable, voulons, or- « donnons et consentons, et tel est nostre plaisir, que « nostre tres cher et tres amé fils aisné François, dau- « phin, nostre vrai et indubitable successeur, soit dès « à present declaré, reclamé et reputé roi tres-chres- « tien, et comme roy oinct et sacré, en gardant les so- « lennités requises et accoustumées, et qu'il goüverné « sous la regence et auctorité de nostre tres chere et « tres amée mere la duchesse d'Angoulesme, jusqu'à « ce qu'il soit en aage de gouverner par luy mesme, et « que toutes les expéditions soient faictes sous le nom « et le sceau de nostre fils aisné, comme roy; voulons « que tous ceux qui nous doivent foy et hommage « soient quittes et absous de leurs sermens, en repor- « tant le mesme serment à nostre fils aisné. Donné à « Madrid, au mois de novembre 1525 [1]. »

Cet acte d'abdication fut remis à l'Empereur trois jours après le départ de Marguerite, et ensuite répandu dans la France et dans l'Europe. Il redoubla l'intérêt qu'on prenoit à l'illustre prisonnier. Les gens de lettres, qui regardoient François comme leur père, déplorèrent son sort de la manière la plus pathétique; et Erasme, sujet de Charles-Quint, eut la noble hardiesse de lui écrire une lettre éloquente, où il plaidoit

[1] Amelot de La Houssaye (notes sur Tacite) prétend que François I mit à cet acte une restriction : savoir, que s'il parvenoit à s'échapper de sa prison, il remonteroit aussitôt sur le trône.

la cause de la magnanimité et du malheur. « Si j'étois
« le vainqueur, disoit ce grand homme, je parlerois
« ainsi au vaincu : Mon frère, le sort vous a fait mon
« prisonnier; pareil malheur pouvoit m'arriver, et
« votre défaite me montre la fragilité des grandeurs
« humaines. Soyez libre, aimez-moi, et n'ayons d'au-
« tre rivalité que celle des vertus. En vous délivrant,
« j'acquiers plus de gloire que si j'avois conquis la
« France : en acceptant ce bienfait avec reconnois-
« sance, vous gagnerez plus que si vous m'aviez chassé
« d'Italie. »

[1526] L'état des affaires, plus que les réclamations des gens de lettres, détermina enfin l'Empereur à traiter sérieusement avec le Roi. Il craignit que son abdication ne rendît inutiles les avantages dont il étoit redevable à la victoire, et que toutes les puissances, indignées contre lui, ne se liguassent avec Henri VIII pour attaquer ses possessions d'Allemagne et d'Italie. Les conditions qu'il imposa furent moins intolérables que celles qu'il avoit jusqu'alors mises en avant : François dut abandonner tous ses alliés, rétablir Bourbon dans ses biens, renoncer à ses prétentions sur Naples et Milan; céder la Bourgogne; et, pour rendre ces sacrifices moins pénibles, Eléonore, sœur de Charles-Quint, cette princesse qui avoit pris à lui un intérêt si tendre, lui fut accordée, quoiqu'elle eût été promise au connétable pour prix de sa trahison. Il falloit ou accepter ces conditions, ou se condamner à une prison perpétuelle. La situation terrible du Roi lui arracha une résolution peu conforme à son caractère : il crut qu'il pouvoit être permis de manquer à des engagemens pris dans les fers; et, après avoir fait une protestation secrète, il signa le traité [14 janvier 1526]. Les historiens modernes qui ont blâmé cette action n'ont peut-être pas assez remarqué toutes les circonstances propres, sinon à la justifier entièrement, du moins à la faire paroître excusable.

La manière dont l'Empereur exécuta ce traité fut encore plus rigoureuse que le traité même : il fallut que les deux fils aînés du Roi fussent donnés en otage de sa fidélité à tenir ses promesses; et toujours entouré de gardes, à peine lui permit-on de voir quelques momens sa nouvelle épouse, dans le château d'Illescas. Il fut convenu qu'elle resteroit en Espagne jusqu'à ce que la Bourgogne fût livrée; et François, qui lui étoit attaché plus par l'estime et la reconnoissance que par l'amour, y consentit volontiers, dans l'espoir qu'elle accorderoit à ses malheureux enfans une protection semblable à celle dont il avoit été l'objet.

La France, sous la régence de la mère du Roi, étoit pacifiée par l'ascendant qu'avoit pris le généreux duc de Vendôme, et par les sentimens d'admiration qu'inspiroit la conduite courageuse que la duchesse d'Alençon venoit de tenir en Espagne : mais la cour étoit plus divisée que jamais. La Régente ne pardonnoit pas à madame de Châteaubriand l'empire qu'elle avoit eu sur le Roi : elle lui attribuoit bien injustement tous les malheurs qu'on avoit éprouvés, et ne perdoit aucune occasion de l'humilier. La comtesse, ainsi que ses partisans, comptant sur la passion du monarque, se soumettoient aux persécutions, bien sûrs que sa délivrance leur feroit bientôt recouvrer tout leur crédit. Ils ne soupçonnoient pas que leurs ennemis leur préparoient le piége le plus dangereux. Mademoiselle d'Heilly, fille d'honneur de la duchesse d'Angoulême, âgée de dix-huit ans, distinguée par son esprit et par sa beauté, étoit destinée par eux à succéder à la faveur de madame de Châteaubriand. Elle montroit une adresse et une habileté peu communes dans la première jeunesse : douée du goût des lettres, elle n'en avoit pris que ce qui peut contribuer à rendre une femme plus aimable; par l'enjouement de son caractère, elle étoit très-propre à égayer une cour que les malheurs publics ne pouvoient arracher aux plaisirs : enfin elle réunissoit toutes les qualités séduisantes qui pouvoient captiver François I. Cette jeune personne suivit la cour, qui partit pour Bayonne afin de recevoir le Roi, et de livrer les otages précieux sans lesquels il ne pouvoit obtenir sa liberté.

L'échange eut lieu sur un bateau fixé au milieu de la Bidassoa [20 mars]; et l'on employa, par l'ordre de l'Empereur, les précautions les plus rigoureuses. Les deux princes passèrent sur la rive espagnole, tandis que leur père, qui n'eut pas même la consolation de les embrasser, étoit conduit du côté de la France. Dès ce moment Éléonore tint lieu de mère à ces orphelins : elle veilla, dans un pays étranger pour eux, à leur éducation et à leur santé; et, pendant cinq ans que dura leur prison, ses soins ne se ralentirent pas. François, qui avoit douté de sa délivrance jusqu'au moment où il mit le pied dans son royaume, étonné en quelque sorte de voir ses fers brisés, se jeta sur un cheval arabe qu'on lui avoit préparé, et partit au galop pour Saint-Jean-de-Luz. S'y étant reposé un moment, il poussa jusqu'à Bayonne, où il fut accueilli par les plus vives acclamations, et où il étoit attendu avec impatience par la duchesse d'Angoulême et par la cour.

Après qu'il eut rendu à sa mère et à sa sœur ce que la reconnoissance et la nature exigeoient d'un cœur tel que le sien, la cour observa curieusement l'accueil qu'il feroit à madame de Châteaubriand. L'absence et de longues douleurs avoient étouffé son penchant pour cette dame; et il ne lui montra que ces égards qui, dans les ames généreuses, survivent à une passion éteinte. Elle dissimula son dépit, sans perdre l'espoir d'enchaîner de nouveau un prince dont elle connoissoit toutes les foiblesses; mais elle ne put lutter avec avantage contre une rivale plus jeune, plus adroite et surtout moins sensible qu'elle. Mademoiselle d'Heilly captiva bientôt le Roi, qui, à peine sorti de sa prison, accablé des affaires les plus importantes, oublia près d'elle les sages résolutions qu'il avoit prises dans le malheur, et lui accorda un empire qui devoit être plus durable que celui de madame de Châteaubriand.

Cette dame, malgré sa disgrâce, resta quelque temps à la cour, exposée aux humiliations que lui faisoit éprouver la mère du Roi : elle ne pouvoit se persuader que François l'eût entièrement abandonnée, et elle espéroit toujours qu'il reviendroit à des liens qui avoient fait son bonheur pendant les plus belles années de sa vie. La nouvelle maîtresse, à qui elle portoit ombrage, écarta bientôt cet obstacle à son ambition : elle exigea de son amant qu'il demandât à madame de Châteaubriand des bijoux qu'il lui avoit autrefois donnés, et qui, moins précieux pour elle par la valeur que par des devises pleines de passion et de sentiment, étoient son unique consolation. La comtesse reçut ce message avec une fermeté qu'on n'auroit pas attendue : elle feignit d'être malade, et, trois jours

après, elle renvoya les bijoux convertis en lingots:
« Portez cela au Roi, dit-elle au gentilhomme chargé
« de cette commission, et dites luy que puisqu'il luy
» a plu revoquer ce qu'il m'avoit donné si liberale-
« ment, je le lui rends, et je le lui renvoie en lingots.
« Quant aux devises, je les ai si bien empreintes et
« colloquées en ma pensée, et les y tiens si cheres,
« que je n'ai pu souffrir que personne en disposast,
« en jouist et en eust du plaisir que moy mesme. » Le
Roi, à qui l'on rapporta cette réponse, fut touché
d'une conduite si noble. « Elle a montré en cela,
« dit-il, plus de courage et de générosité que je n'eusse
« pensé provenir d'une femme. »

Madame de Châteaubriand devoit payer par de longs
chagrins le bonheur apparent dont elle avoit joui à la
cour. Elle survécut douze ans à sa disgrâce, et, retirée dans ses terres, elle eut, dit-on, beaucoup à souffrir de l'humeur de son mari, qui fut même accusé d'a-
voir avancé sa mort [1]. Marot, qu'elle avoit protégé
pendant sa faveur, fit pour son tombeau une épitaphe
très-philosophique, dont nous citerons les derniers
vers :

> De grand! beauté, de grace qui attire,
> De bon sçavoir, d'intelligence prompte,
> De biens, d'honneurs, et mieux que ne raccompte,
> Dieu éternel richement l'étoffa.
> O viateur, pour t'abréger le compte,
> Cy gist un rien, là où tout triompha.

Cependant les ambassadeurs de l'Empereur pressè-

---

[1] Il donna, dit Le Laboureur, sa terre de Châteaubriand au connétable de Montmorency, pour se tirer de la poursuite qu'on faisoit
contre lui pour la mort de sa femme, dont il étoit accusé.

rent le Roi d'exécuter le principal article du traité de Madrid, qui consistoit à livrer l'une de ses plus importantes provinces. Il leur donna rendez-vous à Cognac, lieu de sa naissance, où étoient appelés les députés des Etats de Bourgogne, dont le consentement étoit nécessaire. Les peuples de ce duché, qui, comme on l'a vu dans l'Introduction des Mémoires de La Marche, fut réuni à la France par Louis XI, après la mort de Charles le Téméraire, s'étoient d'abord soulevés contre cet acte de violence; mais habitués depuis près d'un demi-siècle à la domination française, ayant conservé de grands privilèges, ils n'entrevoyoient qu'avec effroi la possibilité de tomber sous le joug de l'Autriche. Leurs députés furent l'organe de ce sentiment unanime: ils soutinrent, en présence des ambassadeurs, que le Roi n'avoit pas eu le droit de démembrer son royaume. « Combien, ajoutèrent-ils, qu'il ait beaucoup de pou- « voir, toutefois cela n'est en son seul vouloir. »

Le Roi offrit alors aux ambassadeurs de payer deux millions pour la rançon de ses fils, et crut les effrayer en ne leur cachant pas qu'il reporteroit bientôt ses armes en Italie, appuyé par une ligue où figureroient le Pape et le roi d'Angleterre. Charles, ayant reçu cette réponse, fit sommer François de retourner dans sa prison; et cette proposition, fondée sur un engagement que le Roi ne vouloit pas remplir, ranima entre les deux rivaux une haine qu'ils ne craignirent pas d'exhaler par des discours qui compromettoient la dignité de leur rang. Tous deux auroient voulu se faire une guerre mortelle : mais François, ayant trouvé la France épuisée d'hommes et d'argent, ne pouvoit que défendre ses frontières; et Charles, inquiet sur les affaires d'Allemagne, privé de l'appui de l'Angleterre, étoit hors d'état de payer son armée d'Italie.

Le connétable de Bourbon en avoit le commandement. Trompé dans son espoir d'épouser Eléonore, et ayant obtenu pour dédommagement la promesse de l'investiture du duché de Milan, dont François Sforce, accusé de trahison, devoit être dépouillé, il étoit repassé en Italie, où il avoit retrouvé ses lansquenets luthériens; et ce malheureux pays alloit encore devenir le théâtre d'une guerre d'extermination. Ne recevant point de secours de l'Empereur, Bourbon avoit ravagé le Milanais, et menaçoit Rome, que ses soldats brûloient de saccager.

[1527] Clément VII croyoit détourner l'orage par des négociations avec le vice-roi de Naples : mais il ignoroit que le connétable avoit promis à ses soldats le pillage de Florence, ou celui de la capitale du monde chrétien, et qu'il n'étoit plus en son pouvoir de manquer à ses engagemens. Pendant quelque temps il put croire que Florence seule étoit menacée; et il ne connut son danger que lorsqu'il vit les troupes allemandes inonder la campagne de Rome. Quelques préparatifs de défense furent faits à la hâte; mais Bourbon ne laissant pas le temps de les achever, ordonna l'assaut dès le lendemain de son arrivée : il fut frappé d'un coup mortel en montant sur le mur, ce qui, loin de décourager ses soldats, les anima d'une fureur à laquelle rien ne put résister [6 mai]. La ville fut prise de vive force; et Clément VII se retira au château Saint-Ange, d'où il vit exercer toutes les horreurs auxquelles peut se porter une armée indisciplinée, avide de sang et de pillage, et joignant à ces passions cruelles un fanatisme qui lui faisoit considérer le Pape comme l'Antechrist, et sa capitale comme la Babylone moderne. Telle fut la fin du connétable de Bourbon, qui, après n'avoir éprouvé depuis sa défection que des humiliations et des disgrâces, réduit à n'être plus qu'un chef d'aventuriers et de brigands, attacha en mourant son nom à un événement qui rappela toutes les atrocités commises autrefois dans Rome par les Barbares, sous les ordres des Alaric, des Genséric et des Totila. Ces excès, où l'on profana indignement tout ce que les hommes ont de plus sacré, de plus respectable et de plus cher, durèrent près d'une année, et firent disparoître pour quelque temps l'éclat répandu sur cette ville célèbre par le pontificat de Léon x.

François, hors d'état d'agir au dehors, n'oublioit pas, quoiqu'il fût livré à une passion nouvelle, ce qu'il devoit à la duchesse d'Alençon sa sœur, qui étoit allée le consoler dans sa prison, lui avoit sacrifié ses goûts en consentant à devenir l'épouse de Charles-Quint, et s'étoit exposée pour lui aux plus grands dangers. Un an après avoir obtenu sa liberté, il la maria au jeune Henri d'Albret, roi de Navarre [24 juin], lui donna en dot le duché de Berri et le comté d'Armagnac, et promit aux deux époux de leur faire recouvrer leur royaume. Marguerite, alors âgée de trente-cinq ans, trouva dans cette union un bonheur dont elle n'avoit pas joui pendant son premier mariage : toujours tendrement attachée à son frère, elle vécut tantôt à la cour, tantôt dans le Béarn ; et partout où elle s'arrêtoit, la gaieté et les plaisirs sembloient s'attacher à ses pas. Avide d'instruction, voulant tout apprendre, elle continuoit d'accueillir les novateurs, qui lui cachoient avec soin leurs sentimens, et qui, depuis qu'elle étoit devenue une princesse indépendante, espéroient trouver, en cas de persécution, un asyle dans ses Etats. Marot, dont le talent plein de finesse et de naturel étoit apprécié par un goût aussi délicat que le sien, et qui joignoit, à ce titre qui lui eût suffi, l'honneur de s'être trouvé à la bataille de Pavie et d'y avoir été blessé, quitta le service de son frère pour s'attacher à elle, et fut comblé de ses bienfaits. Il lui témoigna sa reconnoissance en la célébrant dans ses vers, et en l'appelant la *Marguerite des Marguerites*; hommages à l'abri desquels il put se permettre, pendant quelque temps, une conduite peu circonspecte et des opinions très-hardies.

Les désastres récens qu'avoit éprouvés la France n'empêchoient pas que les lettres, protégées par le monarque, qui y trouvoit ses plus douces consolations, et par une princesse qu'on regardoit comme le prodige de son sexe, ne fissent de nouveaux progrès. On vit alors un exemple frappant du goût pour les ouvrages d'esprit, qui commençoit à devenir général. Le célèbre imprimeur Coline réimprima en petit format les dialogues d'Erasme, qui avoient paru quelque temps auparavant à Bâle, et osa les tirer à vingt-quatre mille exemplaires. Cet ouvrage, où, suivant les règles de la comédie, l'auteur mettoit dans la bouche des personnages des opinions qui n'étoient pas les siennes, et où les ridicules des moines n'étoient pas épargnés, eut le débit le plus rapide, moins parce qu'il offroit le meilleur ton de critique et de plaisanterie, que parce que, dans ces temps de controverse, chaque lecteur croyoit y retrouver ses idées. On employa en outre le moyen le plus propre à lui procurer une grande vogue, en répandant le bruit qu'il seroit défendu, ce qui n'arriva pas; et Erasme, qui eut le bon esprit de ne pas s'enorgueillir d'un si grand succès, fut le premier à se moquer du charlatanisme de son éditeur (1).

Ce penchant pour les idées nouvelles, qui s'étoit augmenté depuis le mariage de Marguerite, et auquel le gouvernement ne donnoit pas encore une attention sérieuse, produisit un scandale dont la publicité répandit l'effroi parmi tous les catholiques. Une image de la sainte Vierge, placée au coin de la rue des Juifs et de la rue des Rosiers, fut indignement mutilée pendant la nuit. Le Roi témoigna son indignation; le parlement et la Sorbonne redoublèrent de vigilance; et l'on fit le procès à Louis Berquin, qui s'étoit fait arrêter pour la troisième fois. Douze commissaires tirés du parlement, et parmi lesquels se trouvoit le célèbre Guillaume Budée, furent chargés d'examiner sa doctrine. Ils traînèrent l'affaire en longueur, afin de le sauver. Elle dura plus de dix-huit mois; mais l'accusé devenant plus audacieux, ils le condamnèrent à voir brûler ses ouvrages, à faire amende honorable, à avoir la langue percée d'un fer chaud, et à être enfermé

---

(1) *Colineus quidam excuderat, ut aiunt, ad viginti quatuor millia Colloquiorum in modum Enchiridii, sed eleganter. Id fecerat non studio mei, sed amore quæstûs. Quid multis? Nihil erat in manibus præter Colloquia. Præcesserat nescio quis rumor, forte a typographo studiose sparsus, fore ut opus interdiceretur : ea res acuit emptorum aviditatem.*

17.

pour sa vie. Ayant refusé obstinément de faire l'amende honorable, il fut brûlé le 22 avril 1529.

Cependant François crut avoir besoin de proclamer hautement devant ses sujets et devant l'Europe les motifs qui l'empêchoient d'exécuter le traité de Madrid. Il avoit en outre besoin d'un secours extraordinaire pour soutenir une armée qu'il venoit d'envoyer en Italie, conformément à ses engagemens avec ses alliés, et dont, suivant leurs désirs, il avoit donné le commandement à Lautrec, quoiqu'il n'aimât plus sa sœur. Il convoqua donc à Paris, le 12 décembre 1527, une grande assemblée, composée des princes, des évêques, des chevaliers de l'Ordre, de plusieurs seigneurs, du parlement de Paris, de députés des parlemens de Toulouse, de Bordeaux, de Rouen, de Dijon, de Grenoble, d'Aix, et des prevôt et échevins de la capitale.

Il y parut avec beaucoup de pompe; et ayant pris la parole du haut du trône, il s'étendit sur l'ambition insatiable de Charles-Quint, fit une peinture énergique du sac de Rome, déplora la situation du Pape, rappela ses propres souffrances pendant sa prison, soutint qu'il n'avoit adhéré que par contrainte au traité qui lui avoit été imposé, demanda des secours, soit pour continuer la guerre, soit pour racheter ses fils; et déclara que si un refus lui faisoit entendre que sa conscience l'obligeoit à tenir ses engagemens, il étoit prêt à retourner à Madrid, à renouveler son abdication, et à renoncer pour jamais au trône.

Ce discours répandit l'attendrissement dans toute l'assemblée; et le duc de Vendôme, dont la magnanimité avoit sauvé la France pendant la captivité du Roi, prit aussitôt la parole pour la noblesse. « Sire, dit-il, « la noblesse vous offre la moitié de ses biens ; si la « moitié ne suffit pas, la totalité, avec nos épées, et « tout notre sang jusqu'à la dernière goutte. Cependant « je ne puis m'engager que pour les gentilshommes « qui sont ici, et qui environnent votre trône. Qu'il « plaise donc à Votre Majesté d'ordonner aux baillis « d'assembler la noblesse de leurs districts ; et j'ose lui « répondre qu'il n'y a pas un seul Français, honoré « du titre de gentilhomme, qui ne se fasse un devoir « de suivre notre exemple. » Le clergé et le tiers-état témoignèrent le même dévouement; et le premier président de Selves fut chargé par l'assemblée de lever les scrupules qui pouvoient rester au Roi [6 décembre]. Il déclara que le monarque étoit relevé de ses engagemens, et qu'il n'étoit obligé ni de retourner en Espagne, ni d'exécuter le traité de Madrid.

Bientôt on apprit les succès de Lautrec, et la délivrance du Pape. Charles-Quint et François I se firent des défis remplis d'amertume ; et les affaires de la France se relevant en Italie, Lautrec eut ordre d'entreprendre la conquête du royaume de Naples.

[1528] Les poursuites faites contre Berquin avoient donné aux partisans des idées nouvelles des inquiétudes fondées. Presque tous se retirèrent dans le Béarn, auprès de la reine de Navarre, qui, les croyant injustement soupçonnés, leur accorda la protection la plus généreuse. Marot, déjà emprisonné une fois pour s'être exprimé avec trop de hardiesse sur des points de doctrine, compromis de nouveau par une satire peu mesurée, vint reprendre son service auprès d'elle, et contribua beaucoup à égayer sa cour (1). Trouvant dans les entretiens de ces novateurs les instructions dont elle étoit avide; aimant à discuter avec eux des questions de théologie qui jusqu'alors avoient été inaccessibles aux femmes; n'apercevant aucun inconvénient à ce que les livres saints fussent mis à la portée de tout le monde; prévenue par les ouvrages d'Erasme contre les moines, dont elle se plaisoit à relever les ridicules et les travers, elle ne concevoit aucune défiance sur des hommes qui, lui cachant leurs sentimens secrets, adoptoient ses idées avec complaisance, partageoient ses ingénieux divertissemens, l'aidoient dans ses études, et sembloient lui ouvrir toutes les sources de la science. Elle mettoit aussi quelque orgueil à secourir des opprimés. Ce noble sentiment la portoit à prendre hardiment leur défense quand on vouloit les poursuivre : elle entretenoit des relations avec leurs amis des pays étrangers, et favorisoit les écoles qu'ils ouvroient clandestinement pour préparer les peuples à recevoir leur doctrine.

Le Roi, instruit de cette conduite, voulut avoir une explication avec elle. Il la fit venir à sa cour, et lui reprocha son imprudence. Elle se justifia facilement auprès d'un frère dont elle étoit chérie ; et,

---

(1) Marguerite dut être singulièrement flattée des vers suivans, dans lesquels Marot essaya de la peindre :

>Entre autres dons de graces immortelles,
>Madame escrit si hault et doulcement,
>Que je m'estonne, en voyant choses telles,
>Qu'on n'en reçoit plus d'esbahissement;
>Puis, quand je l'oy parler si sagement,
>Et que je voy sa plume travailler,
>Je tourne bride, et m'esbahis comment
>On est si sot de s'en émerveiller.

joignant aux charmes de la conversation l'ascendant qu'elle avoit pris sur lui, elle n'eut pas de peine à dissiper les nuages qui s'étoient élevés pendant son absence. Elle persuada au monarque qu'il avoit légèrement ajouté foi à des calomnies, et, trompée elle-même, elle parvint à le tromper. « Ainsy, dit un con-
« temporain, cette princesse fut cause, sans y penser
« à mal, de la conservation des lutheriens françois,
« et que l'Église qui depuis s'est attribué le nom de
« reformée n'eust pas esté estouffée dans son ber-
« ceau (1). »

Une autre princesse, moins spirituelle, mais aussi aimable que Marguerite, alloit devenir une protectrice encore plus zélée des nouveaux sectaires. Madame Renée, seconde fille de Louis XII, belle-sœur du Roi, après avoir été promise à plusieurs princes, fut mariée cette année [28 juin] à Hercule, fils d'Alphonse, duc de Ferrare. Le besoin qu'on avoit en Italie de cet allié puissant détermina seul cette alliance. Renée, d'un caractère entièrement opposé à celui de la bonne reine Claude sa sœur, avoit de l'ambition, une grande opiniâtreté dans ses sentimens, et oublioit difficilement les injures. Outrée de la conduite de Jules II avec son père, elle avoit pris pour les successeurs de ce pontife la plus aveugle aversion, et cette disposition l'avoit naturellement conduite à adopter les opinions nouvelles. N'osant les avouer à la cour de son beau-frère, elle y vivoit dans la retraite, ayant l'air de se livrer uniquement à l'étude des mathématiques; de

---

(1) Histoire de la naissance et des progrès de l'hérésie, par Florimond de Raymond, liv. 7, chap. 3.

l'astronomie et de la philosophie. Mariée au jeune prince de Ferrare, et bientôt adorée dans ce pays, où, malgré les désastres de la guerre, on s'occupoit beaucoup de littérature, elle devint plus indépendante; mais elle fut encore obligée de s'imposer une certaine contrainte jusqu'à la mort du duc Alphonse, père de son époux.

La guerre d'Italie, pour le succès de laquelle ce mariage avoit été conclu, continuoit d'être favorable à la France : Lautrec, après avoir délivré le Pape, étoit entré dans le royaume de Naples, en avoit soumis presque toutes les places fortes, et assiégeoit la capitale, qui étoit bloquée du côté de la mer par la flotte de Doria. Mais les revers les plus inattendus détruisirent bientôt les espérances qu'on avoit fondées sur ce retour de fortune : la contagion consuma l'armée française, et Lautrec y succomba [15 août]. D'un autre côté, Doria ayant à se plaindre de quelques injustices, traita avec l'Empereur, et sa défection fit reprendre à ce prince tout son ascendant en Italie. Le comte de Saint-Paul, de la maison de Lorraine, soutint encore quelque temps dans le Milanais la cause de François 1; mais, au commencement de l'année suivante, il fut surpris et défait par Antoine de Lèves à Landriano près de Milan; et, comme après les désastres qui avoient suivi la prise du Roi, la France n'eut plus d'armée au-delà des monts.

[1529] Charles-Quint auroit sans doute profité de ces avantages pour réaliser ses projets gigantesques, si l'état de ses affaires en Allemagne ne l'eût porté à désirer la paix. Les partisans de Luther, accrus en nombre et en puissance, lui inspiroient des inquiétudes;

la révolte des paysans n'étoit pas entièrement réprimée, et Soliman venoit de faire une invasion en Hongrie : pour étouffer les discordes religieuses et se procurer des secours contre les Turcs, il convoqua une diète à Spire, où il obtint qu'on défendît de recevoir et d'enseigner les dogmes de Luther. Mais les sectaires, animés par leur chef, publièrent, au lieu de se soumettre, une protestation solennelle [19 avril] qui augmenta les désordres, et qui leur fit donner le nom de *protestans*. Ces dissensions intestines, et la guerre terrible dont l'Autriche étoit menacée, déterminèrent donc l'Empereur à se relâcher sur quelques conditions imposées par le traité de Madrid. Il remit des pleins pouvoirs à Marguerite d'Autriche sa tante, gouvernante des Pays-Bas; et la duchesse d'Angoulême, qui, d'accord avec la nouvelle maîtresse du Roi, avoit conservé une grande influence dans le gouvernement, fut chargée de traiter avec cette princesse.

Ces deux femmes, qui avoient joué un rôle important dans la politique, également dévouées aux princes dont elles devoient soutenir les intérêts, l'une et l'autre distinguées par leur esprit, se réunirent à Cambray, où elles habitèrent des maisons contiguës, afin de pouvoir conférer ensemble à toutes les heures du jour et de la nuit, sans être assujetties à l'étiquette. Elles convinrent que Charles cesseroit d'insister pour qu'on lui remît la Bourgogne; que François renonceroit à exiger de ce prince l'hommage de la Flandre et de l'Artois; que la rançon des deux fils de France seroit de deux millions d'écus d'or; qu'enfin Eléonore, sœur de l'Empereur, mariée au Roi trois ans auparavant dans le château d'Illescas, séparée de lui presque immédiatement après la cérémonie, viendroit joindre un époux auquel elle avoit pris tant d'intérêt pendant sa captivité. Le Pape, qui devoit sa liberté aux rois de France et d'Angleterre, traita presque à la même époque avec Charles-Quint [26 juin] : dans l'espoir que ce prince poursuivroit sérieusement les luthériens, et procureroit de grands établissemens à la maison de Médicis, il lui sacrifia les intérêts de ces deux monarques, euxquels il avoit promis une reconnoissance à l'épreuve de tous les événemens.

[1530] François alla sur les frontières d'Espagne pour recevoir son épouse et ses enfans. Des difficultés qu'élevèrent les officiers de l'Empereur lui inspirèrent les plus vives inquiétudes, et retardèrent pendant quelques jours sa réunion à sa famille. Enfin il put embrasser ses enfans, et témoigner sa reconnoissance à celle qui pendant quatre ans leur avoit tenu lieu de mère. Mais il lui fut impossible d'offrir d'autres sentimens à cette vertueuse princesse : mademoiselle d'Heilly étoit entièrement maîtresse de son cœur. Cependant Éléonore étoit belle : elle joignoit à un esprit distingué les qualités aimables de son sexe ; et lorsqu'elle parut à la cour, tout le monde crut qu'elle arracheroit son époux à une liaison qu'on avoit jusqu'alors traitée avec indulgence. On lui témoignoit d'autant plus d'enthousiasme, qu'on la regardoit comme le gage d'une paix solide : son caractère plein de douceur et de bonté faisoit présumer qu'elle inspireroit au Roi de la tolérance pour les nouvelles opinions, et leurs partisans fondoient sur elle les plus grandes espérances. Théodore de Bèze, qui devoit prendre tant de part au schisme dont on étoit menacé, fit pour elle un distique ingénieux, où il comparoit sa destinée à celle de la fameuse Hélène.

*Utraque formosa est, sed re tamen altera major :*
*Illa serit lites, Helionora fugat* (1).

La Reine observa la cour de France, et elle fut bientôt convaincue que ce seroit en vain qu'elle chercheroit à inspirer au Roi des sentimens qu'il lui devoit à tant de titres. Veuve d'Emmanuel, roi de Portugal, dont elle avoit eu une fille; ayant les manières graves de son pays, âgée de trente-deux ans, elle sentit qu'elle ne pouvoit offrir à son époux l'attrait d'une maîtresse qui n'en avoit que vingt-trois, et dont le caractère libre et enjoué appeloit autour d'elle tous les plaisirs. Elle résolut donc de chercher dans la pratique des devoirs d'épouse et de sœur des consolations qui convenoient à sa situation. Prenant pour modèle la bonne reine Claude, dont la mémoire étoit en vénération, elle traita les enfans de cette princesse comme s'ils eussent été les siens ; et ne se mêlant de la politique que lorsqu'il s'élevoit des nuages entre l'Empereur et le Roi, elle fut toujours la médiatrice de la paix entre ces deux rivaux. Elle souffrit cruellement de leurs discordes, mais sans jamais perdre l'espoir de les rapprocher.

François, rempli d'égards pour elle, étoit cependant épris plus que jamais de mademoiselle d'Heilly, qui, ayant eu quelque inquiétude à l'époque de l'arrivée de cette princesse, avoit redoublé de soins pour

(1) Elle égale en beauté l'épouse de Ménélas; mais combien ne lui est-elle pas supérieure? Hélène semoit les discordes, Eléonore les fait disparoître.

s'assurer du cœur de son amant. Partageant tous ses goûts, elle présidoit aux tournois qu'il donnoit, le suivoit à cheval dans ses longues parties de chasse, où elle se distinguoit par sa légèreté et par son adresse, et rassembloit autour d'elle les gens de lettres, qui, charmés de son goût délicat et sûr, et comblés de ses bienfaits, l'appeloient dans leur enthousiasme *la plus belle des savantes, et la plus savante des belles*. Ses conversations ingénieuses et divertissantes pouvoient seules remplacer auprès du Roi celles de Marguerite, qui étoit alors dans le Béarn : enfin ses charmes et son esprit inspiroient à ce prince des vers que Marot n'eût pas désavoués. Un jour, à Fontainebleau, dans une belle matinée du printemps, ayant jeté les yeux sur l'appartement de cette jeune personne, et ayant été témoin de sa toilette, il lui adressa la pièce suivante :

> Estant seulet auprès d'une fenestre,
> Pour un matin, comme le jour poignoit,
> Je regarday Aurore à main senestre,
> Qui à Phœbus le chemin enseignoit ;
> Et d'autre part, m'amie qui peignoit
> Son chef doré ; et vis ses luisans yeux,
> Dont ung gecta un traict si gracieux,
> Qu'à haute voix je fus contrainct de dire :
> « Dieux immortels, rentrez dedans vos cieulx,
> « Car la beauté de ceste vous empire. »

Le Roi, entièrement livré aux séductions de mademoiselle d'Heilly, résolut de lui donner un grand établissement. Il la maria à Jean de Brosses, auquel il rendit ses biens, qui avoient été confisqués parce que son père avoit pris part à la conspiration du connétable de Bourbon ; et il donna aux deux époux le duché d'Etampes. Cet homme, qui recouvroit sa fortune par la plus lâche complaisance, fut ensuite accablé de faveurs : mais le mépris dont on le couvrit dans une cour qui ne portoit pas cependant très-loin ses scrupules empoisonna toutes ses jouissances. La nouvelle duchesse, célébrée par les poëtes, dont elle étoit l'idole, flattée par les novateurs, qui s'empressèrent d'obtenir sa protection, adopta secrètement des opinions qui lui promettoient de l'indulgence pour sa conduite, et qui lui faisoient espérer d'être soutenue par un parti dont l'influence s'augmentoit tous les jours. Marot, que la tolérance obtenue par Marguerite avoit rappelé à la cour, et qui étoit admis dans l'intimité de la favorite, fit, à l'occasion du duché d'Etampes dont elle venoit d'être mise en possession, une allégorie très-ingénieuse :

> Ce plaisant val que l'on nommoit Tempé,
> Dont mainte histoire est encore embellie,
> Arrousé d'eau, si doux, si attrempé,
> Sachez que plus il n'est en Thessalie :
> Jupiter roy, qui les cœurs gagne et lie,
> L'a de Thessale en France remué,
> Et quelque peu son propre nom mué,
> Car pour Tempé veut qu'Estampes s'appelle.
> Ainsy lui plaist, ainsy l'a situé,
> Pour y loger de France la plus belle.

[1531] Le Roi, trouvant dans la duchesse d'Etampes une si grande conformité à ses goûts, n'en avoit que plus de penchant à cultiver les lettres. Il profitoit d'une paix qui ne devoit pas être longue, pour orner son esprit de toutes les connoissances qu'il regrettoit de n'avoir pas acquises dans sa première jeunesse. Doué d'une grande facilité, il savoit, comme nous l'avons déjà observé, s'approprier, par la conversation, des idées positives sur les sciences et sur les arts. C'étoit ainsi que, lié à une femme qui n'étoit pas indigne de prendre part à ces nobles exercices, il se délassoit des soins du gouvernement en s'entretenant avec des gens de lettres, dont il aimoit à se faire suivre partout. Il les admettoit à sa table et à ses promenades, en avoit toujours quelques-uns avec lui dans ses voyages, et sembloit ainsi réaliser le tableau enchanteur que fait l'orateur romain des délices que procure l'étude dans toutes les situations de la vie (1). Son intérieur reproduisoit ces réunions académiques des philosophes de l'ancienne Grèce, et l'on y retrouvoit en quelque sorte un Périclès et une Aspasie (2).

François avoit surtout un goût décidé pour l'histoire naturelle, science qui étoit alors dans son enfance, et à laquelle il contribua beaucoup à donner une bonne direction. Il ordonnoit qu'on recueillît partout les objets rares, en ornoit des cabinets où les savans étoient admis, et faisoit par ce moyen abandonner de vaines théories pour des études pratiques, les seules qui dans ce genre puissent être de quelque utilité. Il paroît étonnant, d'après ce penchant, qu'il n'ait pas fondé au collége royal une chaire d'histoire naturelle : mais il ne regardoit cette science que comme un amusement, et croyoit beaucoup plus important de com-

---

(1) *Pro Archiâ poetâ.* — (2) *Nulla illi unquam cœna, nullum prandium, nulla statio aut ambulatio sine colloquiis et disputationibus litterariis peracta est, ut quicumque mensam ejus frequentarent doctissimi et diligentissimi philosophi scholam frequentare arbitrarentur.* (Pierre Galand, oraison funèbre de François 1.

mencer par fortifier des études qui avoient pour objet de faire revivre la belle littérature de l'antiquité.

Ce ne fut qu'alors que cet important établissement prit quelque consistance. Au milieu des désastres publics, les cours avoient été souvent interrompus; et les professeurs, tantôt soumis à l'université, tantôt affranchis de sa surveillance, s'étoient trouvés exposés aux plus fortes préventions. Elles commençoient à s'affoiblir, lorsque le Roi, pour les détruire entièrement, mit son grand aumônier à la tête du nouveau collége; ce qui n'empêcha pas que, l'année suivante, l'université ne traduisît les professeurs au parlement : procès qui fit beaucoup de bruit, et dans lequel ils furent défendus avec succès par le célèbre avocat Marillac, oncle du maréchal de ce nom qui fut décapité sous le ministère du cardinal de Richelieu.

Afin de seconder Vatable et Danès, qui, chargés des cours les plus importans, s'efforçoient de répandre le goût des langues anciennes, François ne négligea rien pour procurer de bonnes éditions des auteurs grecs et latins. Plusieurs hommes instruits allèrent par son ordre chercher des manuscrits en Italie, en Grèce et en Asie : des fonds considérables étoient mis à leur disposition pour les acheter; et si l'on refusoit de les vendre, ils devoient les copier. Guillaume Pélissier, Jean de Lascaris, Pierre Gilles, Guillaume Postel, furent chargés de faire ces conquêtes littéraires; et s'acquittèrent avec zèle de leur mission. Ces précautions prises pour épurer le texte des auteurs anciens n'auroient pas contenté le Roi; s'ils n'eussent été imprimés de manière à flatter les regards, soit par la netteté, soit par l'élégance des caractères. Amateur passionné des beaux ouvrages, il encouragea les travaux de Robert Etienne, qu'il mit quelques années après à la tête de l'imprimerie royale (1), et fit de grandes dépenses pour les progrès de cet art, qui prit sous son règne les plus heureux développemens (2). Grâce à ses soins, suivant les expressions d'un auteur du temps, les éditions étoient si belles que non-seulement les livres attiroient le lecteur par ce qu'ils contenoient, mais sembloient en quelque sorte l'enlever par la perfection jusqu'alors inconnue de l'impression.(3).

A la même époque, l'écrivain le plus original du règne de François I commençoit à se faire connoître. Rabelais, après avoir été bénédictin et cordelier, avoit pris l'état de médecin, et venoit d'obtenir une chaire à la Faculté de Montpellier. S'étant, malgré la légèreté de son caractère et la licence de son esprit, occupé long-temps d'études sérieuses, il possédoit l'hébreu et le grec; et Jean Du Bellay, depuis cardinal, l'un des hommes les plus distingués de la cour, lui accordoit sa protection, moins pour quelques saillies singulières qui avoient pu l'amuser, que pour les qualités estimables qu'il croyoit découvrir sous une enveloppe grossière et burlesque.

Les plaisirs de l'esprit, les petites intrigues de la galanterie occupoient uniquement la cour, lorsqu'on y apprit la mort inattendue de la duchesse d'Angoulême, mère du Roi. Cette princesse, qui avoit conservé sa beauté jusqu'à un âge fort avancé, eut le malheur de

---

(1) En 1539. — (2) *Studuit, magnis præmiis propositis, ut admodum formæ litterarum et græcarum et latinarum fingerentur.* (Pierre Victor.) — (3) *Libri non invitant tantum, sed etiam aliquo modo rapiunt, ad se legendos.* (Idem.)

ne point trouver dans de sérieuses méditations un aliment à son caractère ardent et passionné. Elle ne pouvoit, quoiqu'elle eût d'ailleurs beaucoup de fermeté, supporter l'idée de la vieillesse et de la mort. Livrée sur la fragilité de la vie humaine à cette insouciance qui procure une sécurité trompeuse, elle souffroit lorsque les prédicateurs en parloient dans leurs sermons, et elle soutenoit que c'étoit un lieu commun dont ils se servoient quand ils n'avoient rien de mieux à dire. Se trouvant à Fontainebleau, où une maladie épidémique venoit de se déclarer, elle s'en éloigna aussitôt, et partit pour Romorantin. Elle fut frappée en route de cette maladie, et ne put aller plus loin que Grès en Gatinais, où elle mourut le 29 septembre, à l'âge de cinquante-quatre ans. Elle n'avoit rien perdu de son crédit; et la duchesse d'Etampes, qui, la regardant comme sa bienfaitrice, redoutoit en même temps le sort de madame de Châteaubriand, ne s'étoit servie de son ascendant que pour entretenir entre la mère et le fils la meilleure intelligence.

La dernière action importante de cette princesse avoit été la négociation de Cambray, terminée l'année précédente par un traité sinon glorieux, du moins beaucoup plus avantageux qu'on n'auroit osé l'attendre. Marguerite d'Autriche, gouvernante des Pays-Bas, tante de Charles-Quint, qui avoit adhéré en son nom à ce traité, étoit morte quelque temps auparavant, laissant une réputation aussi éclatante, mais plus pure, que celle de la duchesse d'Angoulême. Ainsi les deux femmes auxquelles on devoit la paix de l'Europe n'existoient plus, et l'on avoit lieu de craindre, comme l'événement le prouva, que Charles et François, cessant d'être contenus par elle, ne se livrassent de nouveau à leurs sanglantes inimitiés.

L'Empereur remit alors le gouvernement des Pays-Bas à sa sœur Marie, reine de Hongrie, qui lui étoit aussi attachée que Marguerite l'étoit à François 1. Les principales fonctions de cette reine furent de surveiller de près ce qui se passoit en France, comme celles de la reine de Navarre étoient d'entretenir des intelligences en Espagne. Mais ces deux princesses, l'une et l'autre dévouées à leurs frères, avoient des caractères bien différens : Marie montroit autant d'emportement et de violence que Marguerite de tolérance et de modération. « L'une, observe très-bien Brantôme, servoit son frere « par les effets de la guerre et de la force ; l'autre ser- « voit le sien par l'industrie de son gentil esprit, et par « douceur. »

[1532] Tandis que la nouvelle gouvernante des Pays-Bas étouffoit par des supplices les restes de la faction de Muncer, Marguerite continuoit de protéger en Béarn ceux qui étoient persécutés pour leurs opinions. Marot, qui à la suite de quelques imprudences s'étoit fait décréter de prise de corps par l'officialité de Chartres, revint auprès d'elle, et éprouva de nouveau ses bontés. Ce poëte, qui n'avoit point de système fixe, et ne penchoit vers le luthéranisme que par libertinage d'esprit, étoit peu à craindre : mais on vit paroître à la cour de Navarre un homme moins connu alors, et qui devoit bientôt acquérir une influence aussi éclatante que funeste.

Jean Calvin, d'une naissance obscure, destiné d'abord à l'état ecclésiastique, puis livré à l'étude du droit, avoit embrassé les nouvelles opinions avec une ardeur opiniâtre qui se cachoit sous les dehors les plus froids. En apparence moins violent que Luther, mais poussant l'audace beaucoup plus loin, il vouloit tirer toutes les conséquences des principes de celui qu'il dédaignoit de regarder comme son maître, détruire entièrement le culte extérieur, et établir une religion toute métaphysique. Savant distingué, raisonneur subtil et adroit, doué d'une grande facilité d'élocution, il avoit déjà un grand nombre de disciples lorsque la cour soupçonnoit à peine son existence. Effrayé des poursuites qui avoient été faites à la suite des profanations de l'année 1527, et du supplice affreux de Berquin, il s'étoit avisé de composer un commentaire sur le Traité de la Clémence, espérant que cet ouvrage seroit lu par un roi ami des lettres, et le disposeroit à épargner les protestans. Trompé dans cet espoir, et averti que sa sûreté étoit menacée, il alla retrouver en Béarn ceux de ses partisans secrets qui y avoient été recueillis; et Marguerite, toujours indulgente envers les sectateurs secrets du luthéranisme, lui assigna pour séjour la ville de Nérac.

Cette princesse, entourée d'hommes qui, cachant leur véritable doctrine, s'efforçoient de la lui faire adopter sous prétexte qu'elle ne tendoit qu'au perfectionnement du christianisme, se livroit involontairement à leurs systèmes. Son esprit plein de vivacité embrassoit avec ardeur des théories séduisantes dont elle ignoroit les conséquences : elle se plaisoit à étudier les livres saints dans l'esprit des nouvelles sectes; elle composoit et faisoit représenter devant elle des comédies où les moines n'étoient pas épargnés; et elle souffroit que dans son cercle on se permît des déclamations contre le Pape et la cour de Rome. Cette conduite d'une princesse chérie du Roi rassuroit les protestans de Paris et des provinces: ils se persuadoient que, pouvant compter sur un tel appui, il étoit impossible qu'on entreprît contre eux une persécution générale et sérieuse; et ils pensoient qu'avec une conduite prudente ils auroient le temps de s'accroître assez pour former dans l'Etat un parti capable, sinon d'abolir l'ancienne religion, du moins de se maintenir par la force des armes. Tel étoit l'esprit des instructions que leur transmettoit Calvin.

Leurs espérances furent augmentées par un livre que fit alors paroître la reine de Navarre. Ce livre, intitulé *le Miroir de l'ame pécheresse* (1), étoit écrit en vers : on y trouvoit cette sorte de mysticisme affecté par les novateurs, et qui plaisoit singulièrement aux femmes; il n'offroit aucune proposition hérétique, mais l'auteur n'y parloit ni des saints ni du purgatoire : omission qu'on pouvoit alors considérer comme fort répréhensible, puisque c'étoient les points de doctrine qui, aux yeux du vulgaire, marquoient le plus la différence des opinions religieuses. On voit dans cet ouvrage que la princesse, presque honteuse d'être devenue théologienne, remplit avec timidité la carrière qu'elle s'est proposée, et évite adroitement les questions délicates. Sa modestie et son défaut de con-

---

(1) Le vrai titre de ce livre est : *Le Miroir de l'ame pécheresse, ou le Miroir de très-chrestienne princesse Marguerite de France, royne de Navarre, duchesse d'Alençon et de Berry, auquel elle voit son neant et son tout.*

fiance en elle-même se montrent dès le commencement de son prologue :

> Si vous lisez ceste œuvre toute entiere,
> Arrestez vous sans plus à la matiere,
> En excusant la rhyme et le langage,
> Voyant que c'est d'une femme l'ouvrage
> Qui n'a en soy science ne sçavoir,
> Fors ung desir que chascun puisse voir
> Que faict le don de Dieu le createur,
> Quand il lui plaict justifier un cœur.

Ce livre, auquel la singularité de la matière et le nom de l'auteur donnèrent une grande vogue, fut reçu avec enthousiasme par les protestans, dont il servoit merveilleusement les desseins. « La Sorbonne, disoient-« ils, osera-t-elle accuser la sœur du Roi? Si elle a cette « hardiesse, il est à peu près sûr qu'elle échouera; si « au contraire elle garde le silence, nous pourrons « désormais écrire librement. On ne condamnera pas « en nous ce qu'on aura excusé dans une personne « dont l'opinion est d'un si grand poids, et bientôt le « triomphe de notre cause ne sera plus douteux. »

Les choses ne tournèrent pas tout-à-fait comme l'avoient espéré les protestans. Noël Béda, syndic de la Sorbonne, condamna le livre sans attaquer l'auteur. Marguerite se plaignit, et obtint du recteur Nicolas Cop une sorte de désaveu. L'ouvrage ne fut ni approuvé ni défendu; cette tolérance en affoiblit l'effet. On remarqua, par la manière dont s'exprima le Roi, qu'il ne pardonneroit pas à d'autres ce qu'il vouloit bien passer à sa sœur; et les suites de cette affaire ne devinrent funestes qu'à Béda, qui, poursuivi par les partisans de la princesse, et montrant peut-être un zèle trop ardent, fut enfermé quelque temps après au mont Saint-Michel, où il mourut en 1537.

[1533] La cour, livrée aux plaisirs que pouvoient procurer pendant la paix le goût des lettres, la galanterie et les fêtes chevaleresques, commençoit à fixer ses regards sur les trois fils du Roi, qui entroient dans l'adolescence. Deux de ces jeunes princes ayant passé près de quatre années en Espagne, comme otages de leur père, n'avoient pu, malgré les soins maternels d'Eléonore, y recevoir l'éducation que François I leur avoit destinée. Peu instruits, n'aimant que les exercices du corps, vivant au milieu d'une cour brillante, mais corrompue, étant parvenus à se dérober à la surveillance que leur belle-mère vouloit exercer sur eux, ils n'imitoient le Roi que dans ses foiblesses.

Le dauphin François, doué d'un courage précoce, faisoit des vœux pour que la guerre se rallumât, et se flattoit de pouvoir laver l'affront que les armes françaises avoient reçu à la bataille de Pavie. En attendant il s'étoit attaché à mademoiselle de L'Estranges, dont Marot avoit célébré l'extrême beauté; et cette jeune personne, voyant l'empire dont jouissoit la duchesse d'Etampes, formoit déjà des projets ambitieux.

Henri, duc d'Orléans, annonçoit autant de valeur que son frère; mais son caractère étoit plus réservé : il montroit dans ses goûts une ténacité et une constance très-rares dans un jeune homme. N'étant âgé que de quinze ans, il étoit devenu éperdument amoureux d'une femme de trente-quatre, qui remplaçoit, par une beauté parfaite, un caractère plein d'agrément et un esprit supérieur, ce qui pouvoit lui manquer du côté de la jeunesse. Cette femme étoit Diane de Poitiers, qui, comme nous l'avons observé, avoit ébloui la cour, lorsque, dix ans auparavant, elle y étoit venue solliciter la grâce de son père, qui ne s'en étoit éloignée qu'à regret, et qui, ayant perdu son mari en 1531, s'étoit empressée d'y reparoître. Diane, sûre de son ascendant sur le prince, voulut dès-lors lui faire jouer un rôle important dans la politique. S'étant aperçue que la duchesse d'Etampes favorisoit secrètement les protestans, elle se déclara zélée catholique, et réunit ainsi autour d'elle et de son amant tous ceux qui craignoient un schisme.

Charles, duc d'Angoulême, troisième fils du Roi, portoit encore plus loin que ses deux aînés ce courage bouillant qui se distingue peu de la témérité. Sa figure douce et charmante faisoit le contraste le plus frappant avec ses inclinations guerrières. Il avoit tant de délicatesse dans les traits, que Marot assure qu'on l'auroit pris pour une femme; et c'est à quoi il fait allusion dans des vers où il badine sur ce contraste. Après avoir vanté la beauté du prince, il ajoute:

> Mais s'il avoit à son commandement
> Quelque fillette autant comme lui belle,
> Il y auroit à craindre grandement
> Que trouvé fust plus masle que femelle.

Le Roi avoit une tendresse particulière pour le premier et le dernier de ses fils, qui devoient bientôt lui être enlevés à la fleur de l'âge. Leurs caractères présentoient plus de rapports avec le sien que celui de Henri, contre qui d'ailleurs la duchesse d'Etampes, devinant très-bien les desseins de Diane, lui inspiroit des préventions. La politique le détermina cependant à marier ce prince avant ses deux frères.

Clément VII, qui avoit dû sa liberté à François I. et à Henri VIII, s'étoit, comme on l'a vu, attaché de nouveau à l'Empereur, dans le double espoir d'étouffer les discordes religieuses d'Allemagne, et d'agrandir sa famille. Mais ayant vu que Charles-Quint, effrayé de la ligue de Smalcalde, s'étoit déterminé à leur accorder, par le traité de Nuremberg, la liberté de conscience jusqu'à l'ouverture d'un concile général, et ayant remarqué que les engagemens pris pour l'agrandissement des Médicis se réduisoient à des propositions peu sincères, il sentit la nécessité de se rapprocher de la France et de l'Angleterre, sans se brouiller cependant avec l'Empereur. De grands obstacles s'opposoient à ce nouveau système. François I entretenoit des relations avec les protestans d'Allemagne, afin de diviser les forces de Charles-Quint; et Henri VIII, alors zélé défenseur de l'Eglise romaine, étoit en proie à une inclination qui devoit la lui faire abandonner. Il falloit faire renoncer l'un à des liaisons politiques contraires aux intérêts de la religion, et décider l'autre à rompre avec une femme qui, maîtresse absolue de son cœur, ne vouloit l'écouter que s'il faisoit divorce avec son épouse, qui étoit tante de l'Empereur. Ces deux résultats étoient également impossibles à obtenir.

La politique conseilloit à François de protéger les princes protestans, et de maintenir l'ancienne constitution de l'Empire, menacée par l'ambition démesurée de Charles-Quint. Les défenseurs de cette constitution profitoient du schisme pour secouer le joug, et l'Empereur, pour l'imposer, affectoit un grand zèle religieux : situation qui explique pourquoi le roi de France soutenoit en Allemagne une secte qu'il réprimoit dans ses Etats. D'un autre côté, une passion bien plus puissante que la politique poussoit le roi d'Angleterre, non pas à former des liaisons avec les ennemis de l'Empereur, mais à lui faire le plus sanglant des outrages, en répudiant Catherine d'Arragon, sa tante. Anne de Boulen, que nous avons vue successivement fille d'honneur de la reine Claude et de la duchesse d'Alençon, après avoir fait les délices de la cour de France, où l'on croit qu'elle avoit eu une intrigue avec François I, étoit retournée en Angleterre, et avoit inspiré à Henri VIII le plus violent amour. Instruite par l'expérience, dévorée d'ambition, dédaignant d'être encore l'objet d'une inclination passagère, et beaucoup plus réservée qu'elle ne l'avoit paru en France, elle avoit augmenté par des refus le délire de son amant, qui s'étoit déterminé à l'épouser. Le caractère violent et emporté de ce prince faisoit présumer qu'il sacrifieroit tout pour exécuter ce projet insensé ; et le Pape ne pouvoit lui en faciliter les moyens sans rompre entièrement avec l'Empereur.

Telle étoit la situation de Clément VII avec les rois de France et d'Angleterre, lorsque la nécessité et l'intérêt le rapprochèrent d'eux. Après plusieurs négociations, il toléra dans l'un des liaisons politiques qu'il étoit impossible de rompre, et fit concevoir à l'autre des espérances qu'il se promit bien de ne jamais réaliser. Mais s'il échoua dans les deux projets que la religion et la politique lui avoient inspirés, il obtint pour sa famille le plus utile résultat qu'il pût attendre : ce fut le mariage de Catherine de Médicis, sa nièce, avec l'un des fils de France. François, en consentant à cette alliance, se flatta de faire revivre ses prétentions en Italie, auxquelles il n'avoit renoncé qu'avec beaucoup de peine par le traité de Cambray. La crainte d'éveiller les soupçons de l'Empereur l'empêcha de jeter les yeux sur le Dauphin pour l'exécution de ses desseins secrets, et lui fit prendre la résolution de demander la main de la princesse pour Henri, son second fils.

Le Pape, empressé de former cette union, se décida, quoique âgé et infirme, à conduire lui-même sa nièce en France. Il vint à Marseille, où François I s'étoit rendu; et le mariage eut lieu le 28 octobre. Catherine, encore très-jeune, n'annonçoit point cet esprit artificieux et cette ambition dévorante qui devoient par la suite la rendre si fameuse : livrée à un époux dont le cœur étoit irrévocablement enchaîné par une femme habile, elle étoit destinée à se trouver long-temps sans influence et sans crédit ; et c'étoit dans l'obscurité qu'elle alloit étudier la science profonde des intrigues politiques.

Le Pape et le Roi s'entretinrent des affaires de Henri VIII, qui, aveuglé par sa passion, venoit de faire casser son mariage avec Catherine, et d'épouser sa maîtresse : éclat qui mettoit la cour de Rome dans l'alternative, ou de rompre entièrement avec l'Empereur, ou de risquer un schisme avec l'Angleterre. Vainement François engagea-t-il le pontife à prendre le premier parti : il ne put obtenir que des promesses vagues de délais et de conciliation. Les deux souverains se séparèrent peu satisfaits l'un de l'autre ; et Clément, de retour à Rome, fut obligé, malgré ses efforts pour gagner du temps, de se prononcer sur l'affaire la plus importante de son pontificat.

[1534] Menacé de près par l'Empereur, voyant dans Henri VIII un prince dont la haine ou l'amitié ne pouvoit l'atteindre que de loin, connoissant peu le peuple anglais, qu'il croyoit fortement attaché au Saint-Siége, il préféra un danger incertain à un péril imminent, et prononça en plein consistoire un jugement par lequel il déclaroit que le premier mariage du monarque ne pouvoit être dissous [23 mars]. Cette décision poussa Henri VIII aux dernières extrémités : bientôt on le vit, d'après les conseils de Cramner, cesser de reconnoître le Pape, opérer le schisme, et prendre les rênes de l'Eglise anglicane. Evénement désastreux, auquel Clément VII ne survécut que six mois.

François, pour préparer de loin l'exécution de ses projets, entretenoit des agens secrets près de plusieurs princes d'Italie. A la prière de François Sforce, duc de Milan, qui craignoit que l'Empereur n'eût des vues sur ce pays, il lui avoit envoyé l'écuyer Merveille, gentilhomme milanais, fixé en France dès le règne de Louis XII. Cet agent, qui crut n'avoir pas besoin de se cacher, parce que le désir de revoir sa patrie après une longue absence y justifioit suffisamment son retour, inspira des soupçons à Charles-Quint. Le foible Sforce, menacé par ce prince, prit l'alarme, et, par la plus insigne lâcheté, fit périr Merveille pour un crime supposé : le procès dura à peine vingt-quatre heures, et François fut averti en même temps de l'arrestation et du supplice de son envoyé. Ayant reçu cette nouvelle au moment où il se rendoit à Marseille pour le mariage de son fils, il se plaignit à tous les souverains de cette sanglante violation du droit des gens, et menaça de porter ses armes dans le duché de

Milan, s'il n'obtenoit pas une réparation éclatante. Sforce, engagé irrévocablement avec l'Empereur par le crime qu'il venoit de commettre, refusa la satisfaction ; et le Roi fit aussitôt de grands préparatifs de guerre.

Ces préparatifs, qui exigeoient un délai assez long, ne l'empêchèrent pas de s'occuper du grand établissement littéraire qu'il avoit fondé dès le commencement de son règne. Les cours d'hébreu et de grec du collége royal étoient plus suivis que jamais ; mais on regrettoit que la langue de Virgile et d'Horace n'y eût pas un interprète. L'université, comme on l'a vu, s'étoit opposée à ce que cette chaire fût établie, dans la crainte qu'elle ne fît abandonner ses colléges. L'autorité royale prévalut alors sur de vaines réclamations ; et tout ce que l'université put obtenir fût que la nouvelle chaire portât le nom de chaire d'éloquence latine, pour montrer qu'elle se borneroit à un enseignement élevé, et qu'ainsi elle ne rivaliseroit pas avec l'instruction qui se donnoit dans les classes. Le célèbre Pierre Galand y fut nommé, et il attira beaucoup d'auditeurs par la manière toute nouvelle dont il fit sentir les beautés des poëtes et des prosateurs. Plus tard il joua un grand rôle dans la littérature : admirateur passionné d'Aristote, il eut de longues disputes avec Ramus, le plus terrible adversaire de ce philosophe.

Cependant le Roi, quoiqu'il vînt de marier son fils à la nièce de Clément VII, resserroit les liens qui l'unissoient aux princes protestans d'Allemagne. Près d'entreprendre une guerre où il n'étoit pas douteux que l'Empereur n'intervînt, il croyoit nécessaire de réunir tous les moyens d'attaque et de défense. Ces relations politiques, jointes à sa tendre amitié pour sa sœur, qui protégeoit ouvertement les novateurs, et à l'ascendant de la duchesse d'Etampes, qui avoit adopté en secret leurs opinions, l'empêchoient de les persécuter, et lui faisoient même chercher des moyens de conciliation. Ce fut dans cette vue qu'il chargea Guillaume Du Bellay d'ouvrir une négociation avec Melanchton, l'un des plus célèbres disciples de Luther. Depuis le commencement des troubles religieux, Melanchton, ami d'Erasme, s'étoit constamment distingué par sa modération, sa douceur et sa tolérance : il avoit un génie qui lui faisoit apercevoir toutes les difficultés des controverses; mais la foiblesse et l'incertitude de son caractère l'empêchoient d'en résoudre aucune. Ayant embrassé de bonne foi les nouveaux systèmes, il étoit néanmoins sans cesse tourmenté par le désir de revenir à la religion de ses pères; et si l'espoir d'un rapprochement n'étoit pas une chimère, c'étoit certainement à ce docteur qu'il falloit s'adresser pour en préparer les voies.

Guillaume Du Bellay pria donc Melanchton [1ᵉʳ août 1534] de dresser une profession de foi qui pût être communiquée aux théologiens français : cette pièce arriva peu de temps après, et ne présenta que la doctrine de Luther, rapprochée de la foi romaine sur quelques points peu importans. Cette démarche de François excita dans le royaume une grande fermentation : les catholiques la considérèrent comme un scandale fait pour ébranler la croyance des peuples ; les protestans en triomphèrent; et la cour de Rome en conçut de l'effroi.

Le nonce du Pape se plaignit au Roi de ce qu'une

transaction de ce genre avoit été entreprise sans le consentement du chef de l'Eglise, et s'efforça de lui en faire sentir toutes les conséquences. Le monarque, encore irrité de la conduite que Clément VII venoit de tenir avec le roi d'Angleterre, fit entrevoir dans sa réponse que s'il étoit poussé à bout, il pourroit aller plus loin. « Franchement, sire, répliqua le nonce
« avec vivacité, vous en seriez marri tout le premier,
« et vous en prendroit très-mal, et y perdriez plus que
« le Pape; car une nouvelle religion mise parmi un
« peuple ne demande après que le changement de
« prince. » François sentit toute la force de cette leçon; et un événement qui lui prouva combien les sectaires étoient devenus audacieux et puissans le fit bientôt tomber dans un excès opposé.

Calvin, instruit à Nérac de ce qui se passoit à la cour, et persuadé que la négociation entamée avec Melanchton seroit favorable à son parti, étoit revenu secrètement à Paris. Sa présence y ranima l'enthousiasme de ses sectateurs, et les entraîna, probablement malgré lui, à un attentat qui les perdit pour toujours dans l'esprit du Roi. Pendant la nuit du 18 octobre, ils eurent l'audace d'afficher sur les portes du château de Blois des placards contre l'eucharistie, conçus dans les termes les plus violens et les plus séditieux. Toute la France fut frappée de ce scandale sans exemple, et des monitoires menaçans furent publiés dans toutes les églises. François revint promptement à Paris, et son indignation augmenta lorsqu'il apprit que de semblables placards avoient été placés sur les murs du Louvre le jour même de son arrivée. N'écoutant plus que les conseils de la colère, il devint aussi implacable contre les sectaires qu'il s'étoit montré jusqu'alors tolérant.

[1535] La duchesse d'Etampes craignit de perdre son crédit en l'employant à défendre ceux qu'on brûloit de punir; et Diane de Poitiers, qui, protectrice ardente des catholiques, commençoit à élever à la cour une puissance rivale de celle de la favorite, excita le jeune époux de Catherine de Médicis, dont elle dirigeoit toutes les actions, à presser son père de faire un grand exemple. Le 21 janvier 1535, il y eut une procession générale, en expiation des impiétés qui avoient été commises : le Roi la suivit avec toute sa cour, après avoir déclaré publiquement que si un de ses membres étoit infecté d'hérésie, il ne balanceroit pas à le couper; et que si un de ses fils se souilloit de ce poison, il l'immoleroit de sa propre main. Au retour de cette cérémonie religieuse, qui auroit dû adoucir son cœur, il ne craignit pas d'être témoin des horribles tourmens qu'on fit éprouver aux malheureux fanatiques qu'on croyoit les auteurs des placards. Ils furent brûlés à petit feu, et persistèrent avec opiniâtreté dans leurs erreurs. L'histoire a conservé leurs noms : c'étoient Barthelemy Milan, Nicolas Valeton, Jean Du Bourg, Etienne de La Forge, et une femme encore jeune, nommée La Catelle.

Cette exécution cruelle réprima pour quelque temps l'audace des novateurs; mais, loin de les abattre, elle en augmenta le nombre, et leur inspira non-seulement le désir de se venger, mais une haine implacable contre l'autorité qui les proscrivoit. Calvin, averti à temps, avoit pris la fuite; et n'osant retourner en Béarn, il s'étoit réfugié à Bâle, où il alloit s'occuper d'une apologie qui devoit désormais le faire considérer comme le chef des protestans français.

La duchesse d'Etampes, étant parvenue à cacher au Roi ses sentimens secrets, n'avoit rien perdu de sa faveur, et sembloit à l'abri de toute inquiétude. Il n'en étoit pas ainsi de la reine de Navarre, qui, sans avoir abandonné la religion catholique, s'étoit entourée de ses ennemis, leur avoit donné asyle dans ses Etats, et s'étoit toujours empressée de les soustraire aux persécutions. Aux yeux d'un monarque qui l'auroit moins aimée, elle eût pu paroître coupable, ou du moins suspecte; mais elle trouvoit sa justification dans le cœur d'un frère pour lequel elle s'étoit dévouée, et à qui elle avoit rendu les plus grands services. Cependant les apparences étant contre elle, Montmorency la cita un jour au Roi parmi les personnes puissantes qui avoient adopté les nouvelles doctrines, et dont il falloit se défier. François ne le laissa pas achever. « Ne parlons plus de celle-là, dit-il : elle m'aime trop; « elle ne croira jamais que ce que je croirai, et ne « prendra jamais de religion qui prejudicie à mon Es- « tat. » Brantôme, à qui nous devons cette particularité, ajoute qu'alors tout le monde la soupçonnoit d'être protestante; « mais, observe-t-il en même temps, par le « respect et amour qu'elle portoit au Roy son frere, « qui l'aimoit uniquement, et l'appeloit toujours *sa* « *mignone*, elle n'en fit jamais profession; et si elle « croyoit la religion de Luther, elle la tenoit toujours « dans son ame fort secrete, d'autant que le Roy la « hayssoit fort. » Nous verrons bientôt que ce dernier doute de Brantôme n'avoit aucun fondement.

Quelques jours après le supplice de ceux qu'on accusoit d'avoir composé les placards, le Roi fit publier un édit par lequel il proscrivoit les sectaires [29 janvier 1535]; mais ses relations avec les princes protestans d'Allemagne empêchèrent de l'exécuter à la rigueur. Il fallut permettre aux sujets de ces princes de continuer à parcourir la France pour leurs affaires d'intérêt et de commerce. Leur présence et leur impunité rassurèrent ceux qui partageoient leurs opinions, et leur firent espérer que cette persécution se ralentiroit bientôt. On continua même les négociations entamées avec Melanchton, et il dépendit de ce disciple de Luther de venir à Paris disputer avec les docteurs catholiques; mais la prudence l'empêcha de répondre aux avances qui lui furent faites. Ces contradictions, qui paroissoient fort singulières, résultoient de la situation où se trouvoit François, dont les vues politiques étoient constamment opposées aux intérêts religieux qu'il vouloit défendre.

Le bruit des exécutions qui avoient eu lieu à Paris étant parvenu à la cour de la reine de Navarre, y porta la terreur. Elle se dispersa presque entièrement: Marot, qui depuis trois ans en faisoit les délices, prit la fuite, et se retira en Italie, avec quelques-uns de ses amis, près de madame Renée, qui n'étoit plus obligée de cacher son penchant pour les opinions nouvelles. Cette princesse, comme nous l'avons vu, avoit épousé en 1528 l'héritier du duché de Ferrare, et elle étoit depuis un an devenue souveraine de ce pays, par la mort du duc Alphonse son beau-père. Très-prononcée dans ses sentimens, douée d'un caractère ferme et énergique, regrettant que son sexe l'eût empêchée de régner en France, elle ouvroit un asyle à ses compatriotes persécutés, et sa cour en fut bientôt

remplie. On lui faisoit observer un jour qu'elle se ruinoit par les secours qu'elle ne cessoit de leur prodiguer : « Que voulez-vous que je fasse? répondit-elle.
« Ce sont de pauvres Français de ma nation, lesquels,
« si Dieu m'eust donné barbe au menton, et que je
« feusse homme, seroient maintenant mes sujets : voire
« mesme seroient-ils tels, si cette méchante loy salique
« ne me tenoit trop de rigueur. »

Calvin, qui étoit en relation avec cette princesse, et qui comptoit sur sa protection, fit paroître alors à Bâle l'apologie dont il s'occupoit depuis sa fuite de Paris. Il intitula cette apologie *Institution chrétienne*, et osa la dédier à François 1. Elle renferme des plaintes pathétiques sur le sort des protestans français, exhorte le Roi, dans les termes les plus touchans, à justifier la réputation de clémence dont il a joui jusqu'alors, et contient un système de culte beaucoup plus éloigné de la religion catholique que celui de Luther. Ce livre, écrit en français avec une élégance peu commune dans ce temps, produisit un effet prodigieux. Il fut surtout dévoré en secret par les femmes de la cour, qui, empressées comme le Roi d'acquérir des connoissances nouvelles, se plaignoient depuis long-temps que les ouvrages de théologie fussent écrits dans une langue qui leur étoit inconnue. On peut dater de cette époque les progrès rapides que le calvinisme, favorisé d'ailleurs par la maîtresse du monarque, fit dans les hautes classes de la société, qui jusque là s'étoient montrées assez indifférentes à ces controverses.

Tandis que cette secte prenoit ainsi de la consistance, malgré les arrêts de proscription prononcés contre elle, Ignace de Loyola, que nous avons vu en 1521 assiégé dans Pampelune par Lespare, frère de madame de Châteaubriand, ayant été blessé en combattant sur les murs de cette ville, s'étoit dévoué à la défense de la religion menacée, et venoit de poser à Paris les premiers fondemens d'une institution destinée spécialement à résister aux hérétiques [1534]. Parmi les compagnons qu'il eut d'abord, on ne remarquoit aucun Français : quatre Espagnols, Jacques Lainez, Alphonse Salmeran, Nicolas Babadilla, et François Xavier; un Portugais, Simon Rodriguez, et un sujet du duc de Savoie, Pierre Le Fèvre, formoient le petit troupeau qui devoit donner naissance à une société devenue depuis si célèbre.

Au milieu de la fermentation secrète qui agitoit la cour, et des contradictions auxquelles la politique entraînoit le Roi, ce prince perdit Duprat, son chancelier, qui avoit eu la plus grande influence sur les événemens de son règne, et dont la faveur commençoit à baisser. Ce ministre, auquel on devoit le concordat, la vénalité des charges, et l'établissement des rentes sur l'hôtel-de-ville, revêtu de la pourpre par Léon x, et ne désespérant pas de parvenir à la tiare, s'étoit fait haïr, moins par son avidité et son ambition, que par les changemens importans qu'on l'accusoit d'avoir faits dans la constitution française, changemens dont on n'étoit pas alors à portée de juger les inconvéniens et les avantages. Son zèle contre les protestans lui avoit attiré la haine de la duchesse d'Etampes, qui, sous d'autres prétextes, le desservoit auprès du Roi; et la disgrâce alloit le frapper, lorsque la mort vint le soustraire aux vengeances de ses ennemis [9 juillet 1535]. Il eut pour successeur Antoine Du Bourg, plus tolérant que lui, et qu'on ne connoît que par son neveu le fameux Anne Du Bourg, qui périt, sous le règne de François II, martyr des nouvelles doctrines.

Les préparatifs du Roi pour venger l'injure que lui avoit faite François Sforce en ordonnant la mort d'un de ses envoyés étant terminés, il se disposa sérieusement à commencer les hostilités. Mais la situation de l'Italie lui offroit des difficultés qu'il n'avoit pas éprouvées dans les dernières guerres. Clément VII, dont il avoit fait épouser la nièce à son second fils, étoit mort le 24 septembre 1534, et avoit eu pour successeur Alexandre Farnèse, connu sous le nom de Paul III. Ce pontife, plus modéré que ses prédécesseurs, quoique fort ambitieux, avoit formé le projet de tenir, s'il étoit possible, la balance égale entre François I et Charles-Quint. L'Empereur, tranquille de ce côté, et peu effrayé des préparatifs qu'on faisoit en France pour venger Merveille, avoit conduit une armée à Tunis, afin de réprimer Chérédin, surnommé Barberousse, amiral de Soliman, qui, s'étant emparé de ce pays après en avoir chassé Muley-Assan, dominoit dans la Méditerranée, et ravageoit les côtes de Sicile. Cette expédition avoit pleinement réussi, et Charles venoit de rentrer triomphant dans le port de Naples. Il s'étoit d'autant moins inquiété de l'entreprise de François, qu'avant de partir il s'étoit assuré que ce prince seroit arrêté au passage des Alpes.

En effet, Charles III, dit le Bon, duc de Savoie, oncle maternel du roi de France, et jusqu'alors son allié fidèle, ayant épousé Béatrix, fille d'Emmanuel, roi de Portugal, belle-sœur de l'Empereur, femme aimable et très-adroite, s'étoit entièrement détaché de la France. Lorsque le Roi lui demanda, conformément aux anciens traités, de recevoir ses troupes en Savoie, il éprouva un refus, et il fallut qu'il se préparât à forcer ces passages terribles qui avoient toujours été ouverts aux Français depuis l'expédition de Charles VIII. Cet obstacle imprévu le contraignit à faire, en faveur de protestans étrangers, une démarche dont il étoit loin de prévoir les suites.

Genève, qui devoit acquérir une si grande influence dans les affaires de religion, étoit alors soumise à la Savoie, et gouvernée par son évêque. Les nouvelles opinions y avoient fait de grands progrès : presque toute la population les avoit embrassées, et les chefs du peuple n'attendoient qu'une occasion pour se déclarer. Voyant leur souverain brouillé avec la France, ils chassèrent l'évêque Jean de La Beaume, s'unirent aux cantons suisses, et proclamèrent leur indépendance. François ayant favorisé, quoiqu'à regret, cette insurrection hardie, ils poussèrent plus loin leur entreprise; et les magistrats qu'ils avoient nommés abolirent solennellement la religion catholique le 27 août 1535. Dès-lors cette ville, située entre la Suisse, la France et l'Italie, devint le chef-lieu d'une nouvelle Eglise : Calvin s'y rendit l'année suivante, et en prit la direction spirituelle et temporelle. Aidé par Théodore de Bèze, Farel, Saunier, Viret, Froment et Olivetan, il donna quelque ensemble à la secte dont il étoit le chef, en régla le culte et les cérémonies, se mit en relation avec les protestans français, dont il fut regardé comme l'oracle et le régulateur, et ouvrit un asyle sûr à tous ceux d'entre eux qui étoient persécutés.

En se prêtant à cette révolution, qui devoit être si

funeste pour la France, le Roi fit envahir les Etats du duc de Savoie. L'amiral Brion, l'un de ses favoris, chargé du commandement de l'armée, s'empara de la Bresse et du Bugey, pénétra dans la Savoie, où il se rendit maître de Chambéry et de Montmélian, et menaça bientôt le Piémont. Lorsque ces nouvelles arrivèrent à Milan, François Sforce, qui s'étoit flatté que les Alpes opposeroient aux armées françaises un obstacle invincible, fut frappé de terreur en pensant à l'injure qu'il avoit faite au Roi, et à la vengeance qu'il pourroit en tirer. Les secours que lui promit Charles-Quint ne le rassurèrent point; et il mourut subitement, ne laissant aucun héritier [24 octobre 1535]. Alors François, enivré par ses premiers succès, aspira de nouveau à la possession du duché de Milan, à laquelle il avoit plus de droits que jamais par l'extinction de la maison de Sforce. Ce fut l'objet d'une négociation, dans laquelle l'Empereur amusa son rival par de vaines espérances, lui adressa les propositions les plus spécieuses, et ne se déclara son ennemi que lorsqu'il fut en état de lui faire une guerre terrible.

[1536] Cependant Brion s'étoit emparé de Turin, et avoit établi son camp sur les bords de la Sesia. Une armée impériale, commandée par Antoine de Lève, lui étoit opposée, et il n'osoit poursuivre ses conquêtes, dans la crainte de rompre les négociations ouvertes par Charles-Quint. Ce monarque étoit encore à Naples, où Vely, ambassadeur du Roi, se laissant abuser par des promesses mensongères, attendoit une réponse décisive qu'on lui faisoit espérer tous les jours. Pressé par les sollicitations de ce ministre, l'Empereur s'engagea enfin à donner cette réponse lorsqu'il seroit à Rome. Il partit pour cette ville au commencement d'avril, et y fit une entrée triomphale. Les victoires qu'il venoit de remporter en Afrique excitèrent l'admiration des Romains, rappelèrent au souvenir de ce peuple dégénéré les conquêtes de ses anciens empereurs; et toutes les louanges que peut imaginer la flatterie furent prodiguées au triomphateur, déjà trop disposé à croire qu'aucune puissance n'étoit capable de lui résister.

Piqué de voir les Français maîtres du Piémont, ayant eu le temps de rassembler en Italie une armée assez forte pour lutter contre eux, il crut ne devoir plus garder aucun ménagement. Après avoir déclaré qu'il s'expliqueroit en plein consistoire, il y parut avec tout l'appareil de sa puissance : dans cette assemblée solennelle, où l'on n'attendoit de lui que des paroles de paix, sans être arrêté par la présence du Pape et des cardinaux, il prononça, au grand étonnement de tout le monde, la plus sanglante diatribe contre François I. Ayant récapitulé toutes leurs querelles, il lui donna constamment tort, lui reprocha d'avoir trahi ses engagemens, l'accusa d'être l'allié des Turcs ; et, renouvelant une ancienne fanfaronnade qui ne convenoit plus à l'âge des deux souverains, il annonça le dessein de vider leurs querelles par un combat singulier.

Cette scène, qui ne faisoit honneur ni à la prudence de Charles-Quint ni à la pénétration de Vely, et qui annonçoit à l'Europe qu'une guerre d'extermination alloit recommencer, changea entièrement les plans de François. Instruit par ses derniers revers, il ne voulut plus compromettre l'existence de son royaume dans une expédition lointaine, et il adopta un système défensif, dont ses sujets durent lui savoir d'autant plus de gré, qu'il étoit entièrement contraire à son caractère et à ses inclinations. Il rappela donc Brion et son armée, ne conserva dans le Piémont que Turin et quelques places fortes, et donna tous ses soins à préserver d'une invasion le nord et le midi de la France.

Il crut par cette conduite prouver à l'Europe que ce n'étoit pas lui qui allumoit la guerre : mais sa modération produisit d'abord un effet tout contraire au résultat qu'il avoit attendu. Les princes protestans d'Allemagne, qui connoissoient sa hardiesse et sa valeur, pensèrent qu'il étoit perdu, puisqu'il reculoit en quelque sorte devant son rival; et le marquis de Saluces, qu'il avoit chargé de défendre les places du Piémont, ayant porté le même jugement, s'empressa de le trahir. Ces défections ne le découragèrent pas. Guillaume Du Bellay, envoyé par lui en Allemagne, y détrompa, non sans peine, les alliés de la France. D'Annebaut lui conserva Turin; et les événemens qui suivirent justifièrent pleinement le nouveau système qu'il avoit adopté.

Charles-Quint voyant pour la première fois son rival éviter une action décisive; enivré des succès qu'il avoit obtenus en Afrique; trompé par ses flatteurs, qui lui persuadoient que la conquête de la France étoit facile, n'attendit pas que le Piémont lui fût entièrement soumis pour faire une invasion en Provence, tandis que le comte de Nassau, l'un de ses généraux les plus fameux, attaqueroit la Picardie.

Les mesures du Roi étoient prises pour repousser avec avantage ces deux agressions. Il avoit confié au duc de Vendôme, dont il avoit reçu tant de preuves de fidélité, le commandement de l'armée du Nord; et il s'étoit chargé lui-même de défendre les provinces méridionales, de concert avec le maréchal de Montmorency, qui avoit des vues parfaitement conformes aux siennes. En Picardie, les succès et les revers se balancèrent; les combats furent peu décisifs, et l'on ne remarqua que la délivrance glorieuse de Peronne, dernier service du maréchal de Fleurange. C'étoit en Provence que la guerre devoit être terrible, puisque les deux rivaux, animés l'un contre l'autre par une haine implacable, alloient s'y mesurer.

François, déterminé à ne pas quitter la défensive, ordonna la dévastation entière de ce pays déjà stérile, et voulut que les ennemis y trouvassent leur tombeau. Tous les villages furent abandonnés par leurs habitans, qui obtinrent un asyle et des secours dans les provinces voisines: les villes, à l'exception de Marseille, restèrent ouvertes, et l'on n'y laissa aucune munition de guerre. Les réclamations touchantes de cette malheureuse population sacrifiée au salut public déchirèrent le cœur du Roi, mais ne le firent pas changer de résolution. Tandis qu'il s'établissoit à Valence pour diriger toutes les opérations, Montmorency formoit près d'Avignon, entre le Rhône et la Durance, un camp inexpugnable, où étoit réunie l'élite de l'armée française.

Charles-Quint, étonné d'abord de ne trouver aucune résistance sur les frontières, conçut les plus flatteuses espérances, et s'engagea dans le pays: mais il ne tarda pas à voir que ce qu'il attribuoit à la crainte du Roi n'étoit qu'un effet de son habileté. Les troupes impériales, harcelées sans cesse par des partisans, manquant de tout, furent bientôt en proie à la famine, et aux maladies qui en sont la suite. Elles essayèrent de surprendre Marseille; mais cette ville, glorieuse d'avoir résisté douze ans auparavant à un siége en forme dirigé par Bourbon et Pescaire, fit échouer facilement une tentative désespérée. Enfin Charles-Quint, reconnoissant trop tard son imprudence, ordonna une retraite qui eut l'air d'une fuite. Ce vainqueur de l'Afrique, qui naguère avoit parlé dans Rome en monarque du monde, poursuivi avec fureur dans sa marche rétrograde, livré au dénuement le plus absolu, laissant le pays qu'il abandonnoit jonché des corps de ses soldats, trop heureux d'échapper lui-même à la prison et à la mort, ne repassa en Italie qu'après avoir vu périr presque toute son armée. Honteux de sa défaite, il s'embarqua aussitôt pour l'Espagne, où il alla cacher son humiliation, et se reposer de tant de fatigues.

Ce succès, que le Roi devoit à sa prudence et à son ascendant sur son armée, dont il avoit su réprimer l'impétuosité fougueuse, fut troublé par un accident affreux qui, en déchirant son cœur, lui fit déployer toute la grandeur d'ame qu'il avoit fait paroître dans sa prison de Madrid. Le dauphin François, son fils le plus chéri, étoit accouru à sa voix pour faire sous lui l'apprentissage des armes, et pour partager ses périls : s'étant arrêté à Tournon, il s'y livra à des exercices violens, et, accablé de fatigue, dans un des jours les plus chauds de l'année, il but de l'eau à la glace; imprudence qui lui donna une pleurésie dont il mourut quatre jours après, à l'âge de dix-neuf ans [12 août 1536].

Cette mort, qu'on attribua au poison, causa au Roi le plus profond chagrin : mais si, lorsque la nouvelle lui en fut apportée par le cardinal de Lorraine, il fit éclater la douleur d'un père, il montra bientôt la résignation d'un chrétien, jointe à la noble fermeté d'un monarque qui préfère l'Etat à sa famille; et l'on verra dans Du Bellay les détails de cette scène touchante, qui eut lieu à Valence.

La cour, effrayée des désastres publics, et cependant toujours divisée, apprit cette perte inattendue avec des sentimens conformes à la situation et aux caractères des femmes qui y tenoient le premier rang. La reine Eléonore, sœur de l'ennemi implacable qu'on accusoit d'avoir fait empoisonner le Dauphin, regrettoit vivement un jeune prince auquel elle avoit tenu lieu de mère, et perdoit la plus chère de ses espérances, qui étoit de rapprocher les deux rivaux. La duchesse d'Etampes, à qui mademoiselle de L'Estrange, maîtresse du Dauphin, n'avoit pas donné d'ombrage, voyoit avec effroi l'amant de Diane de Poitiers devenir l'héritier de la couronne; Catherine de Médicis, assurée de parvenir au trône, se flattoit d'amener bientôt son jeune époux aux sentimens qu'il lui devoit; et Diane, ne doutant pas de la constance du nouveau Dauphin, se préparoit à former un parti capable de lutter avec avantage contre celui de la maîtresse du Roi. Au milieu de ces agitations de la cour, on faisoit circuler les bruits les plus injurieux contre l'Empereur : François n'y croyoit pas, et tout porte à croire qu'ils n'avoient aucun fondement.

[1537] Ce prince, après avoir délivré son royaume de l'invasion la plus effrayante, revint à Paris, où il fut reçu en triomphe. Croyant que le moment étoit venu de recouvrer les provinces dont ses prédécesseurs avoient été dépouillés, et auxquelles il avoit renoncé par les traités de Madrid et de Cambray, il tint un lit de justice, dans lequel il se fit déclarer suzerain de la Flandre et de l'Artois. Pressé d'exécuter lui-même cet arrêt, il se mit à la tête de son armée, accompagné du nouveau Dauphin et du maréchal de Montmorency. La reine de Hongrie, sœur de Charles-Quint, à laquelle le gouvernement des Pays-Bas étoit confié, et qui, comme nous l'avons observé, étoit aussi tendrement aimée de ce prince que la reine de Navarre l'étoit de François I, opposa une forte résistance à cette invasion, et parvint à en arrêter l'impétuosité. Après quelques actions dont le résultat n'eut rien de décisif, elle entama des négociations bien différentes de celles qui avoient eu lieu l'année précédente à Rome et à Naples : sentant que l'Empereur avoit absolument besoin de la paix, elle y mit autant de sincérité que de modération, et une trêve de dix mois fut conclue, tant pour les Pays-Bas que pour la Picardie [30 juillet 1537].

La guerre continuoit en Piémont, où l'armée française, commandée par plusieurs chefs qui ne s'accordoient pas, ne faisoit que des progrès très-lents : François résolut de s'y rendre; et son espoir de recouvrer le Milanais fut d'autant plus fondé, que Soliman, fidèle à ses traités avec la France, attaquoit en même temps le royaume de Naples et la Hongrie. Lorsque cette entreprise, dont l'issue pouvoit ne pas répondre aux apparences, fut irrévocablement décidée, la duchesse d'Etampes, redoutant l'empire que Diane de Poitiers avoit sur l'héritier de la couronne, et faisant partager au Roi ses inquiétudes, lui persuada de l'emmener avec lui, et de laisser presque toute la puissance à son second fils, qui, depuis la mort du premier Dauphin, avoit pris le titre de duc d'Orléans. Dès-lors elle contracta la liaison la plus intime avec ce jeune prince, l'opposa constamment au nouveau Dauphin; et la rivalité de ces deux femmes puissantes, entre lesquelles la cour se partagea, troubla le repos du monarque jusqu'à sa mort.

Le Roi s'étant rendu à Lyon au mois d'octobre, fit partir devant lui le Dauphin et le maréchal de Montmorency avec des forces considérables : ils obtinrent de grands succès, forcèrent le pas de Suze; et Turin, qui commençoit à manquer de vivres et de munitions, fut ravitaillé. A ces heureuses nouvelles, François s'empressa de passer les Alpes, ne voulant pas que son fils acquît tout l'honneur de cette expédition. Pendant qu'il se préparoit à faire oublier par des victoires les revers qu'il avoit éprouvés en Italie, la gouvernante des Pays-Bas multiplioit ses démarches pour la paix. Elle obtint avec beaucoup de peine que des conférences eussent lieu à Monçon en Arragon, et elle parvint, malgré l'ardeur dont les Français étoient animés, à y obtenir pour le Piémont une trève de trois mois [27 novembre 1537].

[1538] Marie étant parvenue à ralentir ainsi l'impétuosité du Roi, redoubla d'efforts pour procurer une paix définitive. Elle fut puissamment secondée dans ce dessein par la reine Éléonore sa sœur, qui, exerçant sur son époux l'ascendant que donne la vertu, le conjuroit d'étouffer des ressentimens trop fondés, et d'arrêter l'effusion du sang. Un congrès fut ouvert à Leucate, sur les frontières du Languedoc et du Roussillon, et les prétentions des deux monarques y furent vivement débattues. François, qui étoit revenu en France pendant la trève, vouloit absolument recouvrer le Milanais, sur lequel il avoit des droits incontestables; Charles, qui n'avoit pas quitté l'Espagne, s'obstinoit à conserver ce duché, comme un fief réuni à la couronne impériale. On ne put s'accorder; et Montmorency, l'un des négociateurs, vint rendre compte au Roi de sa mission. Il le joignit à Moulins, où il reçut la digne récompense de la conduite qu'il avoit tenue en Provence et en Italie : la charge de connétable, qui étoit vacante depuis la trahison du connétable de Bourbon, lui fut donnée dans la ville même où cette trahison avoit éclaté par un monarque dont il avoit acquis la faveur, non par des complaisances honteuses, mais par un dévouement sans bornes et des services éminens [10 février 1538].

Le Pape, persistant dans le vœu qu'il avoit formé dès les premiers jours de son pontificat de rétablir la paix en tenant une balance égale entre les deux rivaux, joignit ses efforts à ceux des sœurs de l'Empereur. A force de prières, il obtint que François I et Charles-Quint se rendroient à Nice; qu'ils remettroient leurs intérêts entre ses mains, et le reconnoîtroient pour médiateur. Mais leurs ressentimens étoient trop aigris, les injures qu'ils s'étoient faites trop récentes, pour qu'ils pussent porter dans cette négociation les égards qu'ils se devoient ; et sans l'habileté et le zèle de Paul III, sans les représentations touchantes d'Eléonore, qui avoit accompagné son époux, il est probable que tout eût été rompu dès les premières ouvertures. Ils refusèrent même de se voir : l'Empereur s'établit à Villefranche, et le Roi à Villeneuve, petites villes peu éloignées de Nice, où le Pape fixa sa résidence.

Eléonore sollicita la permission de visiter son frère, espérant qu'elle l'ameneroit à des sentimens de modération et de paix. Charles s'étant mis en marche pour aller au devant d'elle, ils se rencontrèrent au milieu d'un pont, où ils s'embrassèrent ; mais pendant qu'ils se donnoient des témoignages de tendresse, d'autant plus vifs qu'ils ne s'étoient pas vus depuis le traité de Cambray, le pont s'écroula tout-à-coup : ils tombèrent dans un torrent profond et rapide, et ils auroient été engloutis, si leurs serviteurs ne leur eussent porté un prompt secours. Cet accident, dont les suites avoient pu être si terribles, rendit plus affectueux les sentimens que le Roi et l'Empereur portoient à l'intéressante Eléonore : peu s'en étoit fallu que cette vertueuse princesse ne fût devenue victime de son dévouement pour eux. Ils s'adoucirent, sans cependant consentir à s'entretenir ensemble, et sans renoncer à aucune de leurs prétentions ; et tout ce que le Pape et la Reine purent obtenir d'eux fut qu'ils signassent une trève de dix ans, par laquelle ils conservoient les pays dont ils étoient actuellement en possession [18 juin]. Dans ce traité, qui fut avantageux à la France, le duc de Savoie fut sacrifié par l'Empereur, dont il avoit imprudemment pris le parti ; et le Roi, au lieu de recouvrer le Milanais, resta maître de la Savoie et du Piémont.

Les nouvelles que Charles-Quint avoit reçues des Pays-Bas le déterminèrent probablement à consentir à cet arrangement. Une grande fermentation régnoit à Gand, sa ville natale; elle pouvoit se communiquer aux autres villes de Flandre, et cette partie de ses Etats exigeoit toute son attention. Il s'embarqua pour Barcelone; mais à peine fut-il en mer, que, sentant la nécessité de se réconcilier entièrement avec François I, il le fit prier de lui permettre de relâcher à Aigues-Mortes, où il témoigna le désir de le voir. Les instances d'Eléonore, à qui la trève de Nice, négociée en grande partie par elle, avoit donné une influence momentanée dans les conseils de son époux, le décidèrent sans peine à une démarche sollicitée par un rival humilié. La cour se rendit donc à Aigues-Mortes; et dans cette entrevue, qui dura trois jours [depuis le 14 jusqu'au 17 juillet], les deux monarques eurent plusieurs entretiens, où, perdant en apparence le souvenir du passé, ils se traitèrent avec une confiance et une cordialité qui firent concevoir à la Reine les plus flatteuses espérances.

Pendant cette guerre, qui avoit détourné pour quelque temps le Roi des soins qu'il donnoit à la renaissance des lettres, l'Europe eut à regretter l'homme qui y avoit le plus contribué, qu'elle regardoit comme *la lumière du siècle*, et qui, préférant une vie retirée à l'existence brillante que François I et Charles-Quint lui avoient offerte, s'étoit constamment maintenu entre ces deux monarques dans une sorte de neutralité, se bornant à les conjurer de faire une paix solide. Erasme, devenu, jeune encore, un savant universel, n'avoit aucun des défauts qu'on reprochoit alors aux érudits : amateur passionné des chefs-d'œuvre de l'antiquité, et doué d'un goût exquis, il avoit puisé dans ces modèles admirables un ton naturel et vrai, une urbanité mêlée d'atticisme, et un tour de plaisanterie aussi fin que délicat. Eclairé par le flambeau de la plus saine critique, il avoit eu l'occasion de s'élever contre des usages superstitieux, et contre des prétentions de la cour de Rome, fondées sur des titres peu authentiques. Son esprit, observateur et malin, s'étoit en outre exercé aux dépens de quelques riches bénéficiers dont la vie n'étoit pas exemplaire, et de quelques moines ignorans ou corrompus; et c'étoient ces traits piquans, assaisonnés de l'ironie la plus ingénieuse, qui lui avoient fait tant de partisans, soit à la cour de François I, soit à celle de la reine de Navarre.

Ce penchant à l'examen et à la critique, à une époque où l'on remettoit en question toutes les vérités religieuses, lui fit désirer quelque réforme dans l'Eglise, avant qu'il eût aperçu les funestes résultats de l'entreprise de Luther. Mais il ne vouloit pas de schisme; il se moquoit hautement de ces prêtres qui épousoient de jeunes femmes immédiatement après avoir prêché la réformation (1), et il blâmoit surtout leur impétuosité fougueuse : « La sédition, dit-il, me « feroit haïr la vérité même. » *Non amo veritatem seditiosam.* Les catholiques les plus sévères n'eurent donc à lui reprocher que quelques inexactitudes d'expression sur des matières délicates, et un peu d'indécision à l'égard de certains points de doctrine que le concile de Trente n'avoit pas encore fixés. Les papes Adrien VI et Paul III, l'un disposé à réformer l'Eglise, l'autre s'efforçant d'y rétablir la paix, rendirent une pleine justice à la pureté de sa foi, et voulurent lui

---
(1) OEcolampade et Carlostadt s'étoient mariés, ainsi que Luther.

donner la pourpre. Le dernier le pressa de consacrer sa vieillesse à la défense de la religion : « Cet acte de « dévouement, lui écrivoit-il, terminera dignement « une vie passée dans la piété, confondra vos calom- « niateurs, et justifiera vos apologistes. » Retenu par ses infirmités à Bâle, où la nouvelle religion avoit été établie, il auroit voulu profiter de la protection que lui accordoit la gouvernante des Pays-Bas pour aller se fixer, soit en Flandre, soit à Besançon. « Quoique « j'aie ici, disoit-il, beaucoup d'excellens amis, ce- « pendant, à cause de la différence de religion, j'aime- « rois mieux mourir ailleurs. Plût à Dieu que je fusse « plus près du Brabant! ». *Hic enim quanquam sunt apud amicos sincerissimos, tamen, ob dogmatum dissensionem, malim alibi finire vitam. Utinam Brabantia esset vicinior!* (Epist. 74, lib. 30.) Trompé dans ce désir, il mourut à Bâle le 12 juillet 1536.

Il ne faut pas s'étonner si François 1 et Charles-Quint se disputèrent cet homme célèbre, qui, donnant le ton à son siècle, sut éviter les erreurs dont les progrès des connoissances humaines sont trop souvent accompagnés ; et si les sœurs des deux monarques, la reine de Navarre et la reine de Hongrie, l'une et l'autre dignes de l'apprécier, firent, à plusieurs reprises, des tentatives pour le fixer auprès d'elles. François surtout regretta constamment de n'avoir pu le mettre à la tête du collége royal, dont les travaux auroient eu sans doute plus d'éclat, s'il eût consenti à les diriger.

Lorsque la paix fut assurée, la cour reprit ses occupations ordinaires : les plaisirs et l'étude partagèrent de nouveau ses instans, et les deux femmes qui gouvernoient le monarque et son fils s'efforcèrent de multiplier leurs partisans, l'une en favorisant en secret les sectaires, l'autre en embrassant hautement la défense de la religion menacée. La Reine, qui avoit paru un moment avec éclat aux conférences de Nice, et à qui on devoit le repos dont on jouissoit; la jeune dauphine Catherine de Médicis, dont l'esprit et les grâces se faisoient remarquer, n'exerçoient aucun empire sur leurs époux. La duchesse d'Etampes craignant, pour un avenir encore éloigné, l'ascendant que Diane de Poitiers avoit pris sur l'héritier du trône, cherchoit à lui opposer le duc d'Orléans, dont le Roi aimoit le caractère libre et enjoué; et elle nourrissoit autant qu'elle le pouvoit, dans le cœur du monarque, ce sentiment de préférence. Diane, non moins habile, et sûre de confondre un jour l'orgueil de sa rivale, assuroit sa domination sur un amant dont elle auroit pu être la mère; et, malgré la disproportion d'âge, elle savoit l'enchaîner par tous les liens que pouvoient former une prévenance sans affectation, un attachement vrai; et une beauté qui sembloit à l'épreuve du temps.

La position de ces deux femmes entraînoit des scènes où la jalousie et le dépit mettoient de l'aigreur, et qui fournissoient aussitôt un aliment aux conversations malignes des courtisans. La duchesse d'Etampes, encore jeune, se plaisoit à dire qu'elle étoit née le jour même où Diane avoit été mariée; ce qui étoit inexact, puisque entre elles la différence d'âge n'étoit que de neuf ans.[1] Diane ne répondoit à cette observation, qui ne faisoit aucune impression sur son

[1] La duchesse d'Etampes avoit alors vingt-neuf ans; Diane en avoit trente-huit.

amant, qu'en prouvant combien le pouvoir d'une femme aimable et adroite peut être durable, lorsque, ayant subjugué un jeune homme dès les premiers momens de son entrée dans le monde, elle sait profiter de tous les avantages que lui donnent l'expérience et l'habitude de la coquetterie.

Marot, qui, quelques années auparavant, avoit quitté la cour de Marguerite pour se retirer auprès de la duchesse de Ferrare, étoit revenu à Paris en 1536, de l'aveu des deux femmes qui gouvernoient la cour. Il avoit loué en vers charmans la beauté de l'une et de l'autre [1]; et si ses opinions hardies avoient donné quelque ombrage à Diane, elles lui avoient assuré la protection de la duchesse d'Etampes. Dans ce moment d'ailleurs on s'occupoit peu de controverses religieuses : les protestans, sévèrement réprimés, n'osoient professer publiquement leur doctrine : ils s'augmentoient dans l'ombre ; et Calvin, qu'ils regardoient comme leur chef, s'étant fixé à Genève, entretenoit leur zèle et leurs espérances.

Le retour de Marot leur procura l'occasion de faire, sans se compromettre, plusieurs prosélytes à la cour et dans la capitale. Pendant son exil, il avoit

---

[1] On a vu les vers de Marot sur la duchesse d'Etampes : voici ceux par lesquels il célébra Diane de Poitiers :

Estre Phœbus bien souvent je desire,
Non pour cognoistre herbes divinement,
Car la douleur que mon cœur veult occire
Ne se guerit par herbe aulcunement ;
Non pour avoir ma place au firmament,
Non pour son arc encontre Amour saisir,
Car à mon Roy ne veulx estre rebelle :
Estre Phœbus seulement je desir
Pour estre aimé de Diane la belle.

entrepris la traduction des psaumes en vers français : quoique son talent, borné à la grâce et à la naïveté, et dépourvu d'élévation, fût peu propre à reproduire ces chants divins, cette nouveauté obtint d'abord le plus grand succès. Les personnes pieuses, les ames sensibles, les gens du monde, s'empressèrent de graver dans leur mémoire les morceaux qui se rapportoient le plus à leur situation et à leurs sentimens. D'un autre côté, les protestans profitèrent avec habileté de cet engouement pour faire valoir un de leurs systèmes de prédilection, qui consistoit à soutenir qu'on ne devoit prier qu'en langue vulgaire. La Sorbonne, effrayée de cette fermentation, condamna l'ouvrage, en observant avec raison que la traduction n'étoit pas exacte. Cette censure ne fit que lui donner plus de vogue, et bientôt toutes les dames de la cour chantèrent les psaumes sur des airs de romances et de vaudevilles. Chacune adopta le passage qui la touchoit le plus vivement; et l'on dit que la jeune Catherine de Médicis, mécontente de son époux et de Diane de Poitiers, répétoit souvent celui qui commence ainsi :

> Vers l'Eternel, des opprimés l'asyle,
> Je m'en irai.

La verve de Marot ne s'exerça que sur cinquante psaumes : Théodore de Bèze traduisit les cent autres; et ce psautier, adopté par Calvin, fut chanté dans les églises protestantes françaises jusqu'en 1695, époque à laquelle la langue s'étant perfectionnée, Conrart et La Bastide en donnèrent une nouvelle version, qui fut substituée à l'ancienne.

Cette traduction des psaumes, par Marot et Théodore de Bèze, eut sur les affaires religieuses une influence qu'on a peine à se figurer aujourd'hui : c'étoit une nouveauté qui, indifférente dans tout autre temps, servit alors de point de ralliement aux partisans secrets de Calvin, et en augmenta considérablement le nombre. Les prières touchantes de David, adaptées à des airs à la mode, et chantées par des femmes aimables, offroient un attrait que n'avoit pas la liturgie grave et sévère de l'Eglise catholique. Quoique François 1, qui d'abord avoit été séduit, ainsi que sa cour, par cette manœuvre des protestans, eût par la suite interdit les réunions où se donnoient ces espèces de concerts, l'usage s'en perpétua tant qu'il vécut; et sous le règne de son successeur, beaucoup plus rigoureux que lui envers les protestans, il donna lieu à une scène publique, qui prouva combien la nouvelle religion avoit acquis de sectateurs dans la capitale. Théodore de Bèze, témoin oculaire, en fait un récit fort curieux.

« Ainsy donc, dit-il, se multiplioit l'assemblée de
« jour en jour à Paris, où il advint que quelques
« uns estans au Pré aux Clercs (1), lieu public de
« l'université, commencerent à chanter les psaumes :
« ce qu'estant entendu, grand nombre de ceux qui se
« pourmenoient et s'exerçoient à divers jeux se joi-
« gnirent à cette musique, les uns pour la nouveauté,
« les autres pour chanter avec ceux qui avoient com-
« mencé. Combien qu'en grande multitude se trouve
« volontiers confusion, toutefois il y avoit un tel ac-
« cord et telle reverence, que chascun des assistans en

(1) Le Pré aux Clercs étoit une promenade située sur le bord de la Seine, dans le lieu où se trouve aujourd'hui une partie du faubourg Saint-Germain.

« estoit ravi, voire ceux qui ne pouvoient chanter;
« et mesme les plus ignorans estoient montés sur les
« murailles et places d'alentour pour ouïr ce chant,
« rendant temoignage que c'estoit à tort qu'une chose
« si bonne estoit defendue (1). ».

Marot, qui, par sa traduction des psaumes, avoit produit un si grand effet à la cour et à la ville, ne tarda pas à être obligé de fuir de nouveau : il se retira d'abord à Genève, puis il passa en Piémont, où il mourut quelques années après (2). La sévérité qu'on déployoit alors contre les protestans étoit attribuée à un changement qui venoit d'avoir lieu dans le ministère. Le chancelier Antoine Du Bourg, d'un caractère assez tolérant, venoit de mourir, et il avoit été remplacé par Guillaume Poyet, simple avocat qui, quinze ans auparavant, avoit plaidé la cause de la duchesse d'Angoulême, mère du Roi, dans son grand procès avec le connétable de Bourbon. Ce ministre aspiroit à obtenir l'ascendant qu'avoit eu Duprat, et il devoit finir d'une manière encore plus malheureuse que lui.

L'attachement du Roi pour la duchesse d'Etampes ne l'empêchoit pas de former de temps en temps quelques intrigues, où l'inconstance et le caprice avoient plus de part que la passion; et la favorite assuroit son ascendant sur lui en ne le contrariant pas dans ses goûts. Dans un de ces momens où la satiété des jouissances l'entraînoit à chercher hors de sa cour le piquant de la nouveauté, la belle Ferronière, femme d'un avocat, frappa ses regards, et leur liaison eut des suites terribles. Il pa-

(1) Histoire ecclésiastique, livre 2. — (2) En 1544 : il étoit âgé de soixante ans.

roît que le mari de cette femme, ne trouvant aucun moyen de satisfaire publiquement sa fureur jalouse, eut recours à une vengeance monstrueuse. On dit qu'il trouva dans un lieu de débauche une maladie beaucoup plus dangereuse qu'elle ne l'est aujourd'hui, parce qu'on en ignoroit les spécifiques; et qu'il la communiqua à son épouse, qui, sans le savoir, en empoisonna le Roi. Cette infortunée mourut quelques mois après, à la fleur de l'âge : son mari lui ayant survécu eut le temps de jouir de sa vengeance; et le monarque, qui ne put obtenir une guérison complète, n'eut plus qu'à traîner une existence triste et douloureuse : résultat funeste des égaremens dont les vertus de ses deux épouses n'avoient pu le corriger. L'habitude et le besoin des distractions le maintinrent dans les liens de la duchesse d'Etampes, dont l'empire s'accrut par l'indulgence qu'elle lui témoigna, et par les soins qu'elle prit de lui.

La reine de Navarre le sachant souffrant et malheureux, accourut aussitôt pour le consoler. Cette tendre sœur, qui l'avoit sauvé du désespoir lorsqu'il étoit prisonnier en Espagne, s'efforça de dissiper la mélancolie qui le consumoit : son esprit flexible se prêtoit sans peine à tout ce qui pouvoit lui procurer quelque amusement; elle cherchoit à fortifier son goût pour les lettres, qui avoient fait les délices de leur jeunesse, et dans lesquelles il devoit trouver désormais ses délassemens les plus doux. Ce fut alors que, d'après les conseils de Marguerite, il projeta pour le collége royal des augmentations dont nous parlerons plus tard [1], et qu'il admit à sa cour Melin de Saint-

[1] L'année suivante, par des lettres patentes du 19 décembre, il fit

Gelais, poëte très-inférieur à Marot, mais plus circonspect et plus sage, à qui l'on attribue des impromptu fort heureux (¹), et que ses contemporains, trop indulgens, nommèrent *l'Ovide français*. Toutes ces distractions ne dissipoient pas entièrement la tristesse à laquelle le Roi étoit livré : son caractère paroissoit changé. Il étoit toujours aimable et familier avec ceux qui l'entouroient; mais ne pouvant surmonter l'humeur dont il étoit dominé, il s'emportoit quelquefois sans aucune cause, et on l'entendoit souvent médire des femmes, qu'il avoit autrefois tant aimées. C'étoit ordinairement le sujet de ses conversations avec la reine de Navarre, qui ne manquoit pas d'argumens pour défendre son sexe. On raconte qu'un jour, se trouvant l'un et l'autre à Chambord, et la conversation étant tombée sur cet objet, il laissa Marguerite parler long-temps, et ne répondit à son apologie qu'en écrivant avec un diamant, sur une vitre, les deux vers suivans :

> Souvent femme varie:
> Mal habil qui s'y fie.

[1539] Les délassemens nécessaires à la santé du Roi ne l'empêchoient pas de s'occuper sérieusement des fonds pour les constructions qui devoient être exécutées à l'hôtel de Nesle; mais la guerre, qui se ralluma bientôt, empêcha de donner suite à ce magnifique projet.

(¹) François, caressant un cheval qu'il aimoit, lui dit ces deux vers :

> Joli, gentil petit cheval,
> Bon à monter, bon à descendre.....

Saint-Gelais acheva aussitôt le quatrain de la manière la plus heureuse :

> Sans que tu sois un Bucéphal,
> Tu portes plus grand qu'Alexandre.

du gouvernement, et de profiter de la paix pour essayer des innovations dont le temps seul pouvoit constater les inconvéniens ou les avantages. Le chancelier Poyet n'étoit d'ailleurs pas moins jaloux que l'avoit été Duprat d'attacher son nom à quelques grandes mesures d'administration. Ce fut ainsi que le monarque et son ministre établirent les loteries [mai 1539], espèce de contribution volontaire qui, sous l'apparence d'un jeu, excite la cupidité des pauvres, et ne pèse véritablement que sur eux. Ils furent plus heureux dans deux autres mesures, dont l'une contribua puissamment au perfectionnement de la langue française, et l'autre fit naître dans l'état civil un ordre qui n'avoit jamais existé.

Jusqu'alors, d'après un usage qui remontoit aux premiers siècles de la monarchie, les actes des cours souveraines avoient été rédigés en latin; et cette exclusion, donnée à l'idiôme national dans les matières graves, l'avoit empêché d'acquérir de la noblesse et de l'élévation. L'ordonnance de Villers-Cotterets détruisit cet unique obstacle, qui s'opposoit encore aux progrès de notre littérature. Elle voulut que les actes publics fussent désormais écrits en français; et l'on s'appliqua dès-lors à leur donner une précision et une dignité qui montrèrent aux écrivains que cet idiôme, susceptible de se prêter à tous les genres, pouvoit quitter sa candeur naïve, pour s'élever, comme les langues anciennes, aux pensées les plus sublimes.

Si l'ordonnance de Villers-Cotterets fut un éminent service rendu aux lettres françaises, le réglement relatif aux registres de baptême, qui est de la même époque, ne devoit pas être moins utile aux familles, dont il assura la tranquillité. Avant ce réglement, la naissance des grands étoit seule constatée avec quelque exactitude; celle des autres classes n'étoit inscrite sur aucun registre : et de là naissoient, non-seulement une grande incertitude dans l'état des citoyens, mais une multitude de différends et de procès. Pour remédier à cet abus, il fut ordonné aux curés de tenir un registre authentique de tous les enfans qui leur seroient présentés pour le baptême; et les ministres de la religion, devenus sous ce rapport officiers publics, n'en inspirèrent que plus de respect.

Depuis l'entrevue d'Aigues-Mortes, le Roi n'avoit cessé d'entretenir les relations les plus amicales avec Charles-Quint. Fidèle aux engagemens qu'il avoit contractés à Nice, il lui donna une preuve de désintéressement et de magnanimité, à laquelle ce prince ne répondit que par de vaines démonstrations. La gouvernante des Pays-Bas avoit irrité les peuples, en exigeant de nouveaux impôts; et les habitans de Gand, ayant levé l'étendard de la révolte, venoient d'envoyer à François des ambassadeurs pour le prier de se mettre à leur tête. C'étoit une belle occasion de recouvrer les riches domaines de la maison de Bourgogne; mais le Roi, loin d'accepter les offres séduisantes de ces rebelles, s'empressa d'avertir l'Empereur de leurs desseins. Charles parut très-sensible à un procédé si noble. Sentant la nécessité d'aller sur-le-champ en Flandre afin de réprimer ce commencement d'insurrection, et ne pouvant s'y rendre, ni par mer, où Henri VIII, son ennemi, auroit pu le faire enlever, ni par l'Allemagne, où les princes protestans avoient le projet de s'opposer à son passage, il résolut de profiter des bonnes dispositions de son ancien ennemi pour obtenir de lui la permission de traverser la France. En reconnoissance de ce service important, il lui promit l'investiture du duché de Milan, unique objet de leurs querelles, pour lui, ou pour son second fils, le duc d'Orléans. Le Roi, engagé en quelque sorte par la générosité qu'il avoit déjà fait paroître, repoussa les défiances que toute sa cour s'efforça de lui inspirer; ne s'en rapporta qu'à la reine Eléonore, qui lui répondit de la sincérité de son frère; et résolut de recevoir l'Empereur non-seulement avec les honneurs dus au premier souverain de la chrétienté, mais avec la cordialité d'un ami.

Ce voyage de Charles-Quint, qui prouva jusqu'à quel point il comptoit sur la loyauté de son rival, est raconté par Du Bellay. Nous n'en rappellerons que les circonstances qu'il a omises.

L'Empereur, après avoir reçu les hommages de toutes les villes qui s'étoient trouvées sur son passage, fit son entrée à Paris le premier janvier 1540. Les fêtes lui furent prodiguées; le Roi le combla d'attentions et de soins; mais il ne vit pas sans inquiétude que toute la cour, à l'exception du connétable de Montmorency, qui partageoit les nobles sentimens de son maître, désiroit qu'on employât la violence pour lui faire tenir ses promesses. Le peu de sincérité que lui-même avoit mis dans la négociation ne pouvoit que redoubler ses craintes; il les cachoit sous une apparence de confiance et de sécurité, et il prenoit en secret toutes les mesures pour abréger son séjour en France : mais il ne pouvoit se refuser aux instances du Roi, qui lui proposoit sans cesse quelque nouvelle partie de chasse ou de plaisir. Il n'ignoroit pas la plaisanterie échappée peu de temps auparavant à Triboulet, fou de François, et qui avoit fait une grande impression sur les courtisans. Ce baladin, qui ne manquoit pas d'esprit, avoit écrit publiquement sur ses tablettes que l'Empereur étoit plus fou que lui, puisqu'il osoit traverser la France. Interrogé par le Roi sur ce qu'il diroit si ce prince passoit librement : « Alors, sire, avoit répondu Triboulet, « j'effacerai son nom, et je mettrai le vôtre à la place. » Cette répartie, qui avoit fait beaucoup rire François, paroissoit à Charles d'un grand sens; et il ne concevoit pas comment son rival ne la considéroit pas comme un conseil fort sensé.

Ce qui redoubloit la difficulté de sa position, c'est qu'il savoit que les deux factions qui partageoient la cour s'étoient réunies contre lui. Diane de Poitiers et la duchesse d'Etampes, pour la première fois d'accord, excitoient le Dauphin et le duc d'Orléans à faire un coup d'éclat, et les deux jeunes princes y sembloient fort disposés. A chaque instant Charles croyoit que ce complot alloit s'exécuter, et il ne pouvoit dissimuler les défiances dont il étoit tourmenté. Un jour le duc d'Orléans, très-hardi et très-leste, sauta sur la croupe de son cheval; et l'ayant embrassé par derrière : « A ce coup, lui dit-il, vous êtes mon pri- « sonnier. » Ce mot le fit tressaillir, et il lui fallut quelques momens pour tourner en plaisanterie l'étourderie du jeune prince. Le Roi, ne croyant pas qu'il pût douter de sa loyauté, lui faisoit part des conseils qu'il recevoit de toutes parts : il ne craignoit pas même de le mettre en garde contre la duchesse d'Etampes.

« Voyez-vous, mon frère, lui dit-il, cette belle dame ? « elle est d'avis que je ne vous laisse point sortir de « Paris que vous n'ayez révoqué le traité de Madrid. » Charles, fort ému, lui répondit brusquement : « Si l'a- « vis est bon, il faut le suivre. » Mais bientôt, se repentant de son emportement, il fit des efforts pour se concilier la duchesse. Invité avec elle à un grand festin, il laissa tomber à ses pieds un diamant d'un grand prix, au moment où elle lui présentoit la serviette : là dame ramassa le diamant, et voulut le rendre : l'Empereur, du ton le plus pressant et le plus aimable, la contraignit de le garder, en lui disant qu'*il étoit tombé en de trop belles mains pour qu'il pût le reprendre.*

Cette galanterie, qui excita la jalousie de Diane de Poitiers, ne calma pas la duchesse d'Etampes. Le Dauphin et le duc d'Orléans, guidés par ces deux femmes, et assistés du roi de Navarre et du duc de Vendôme, résolurent d'arrêter Charles-Quint à Chantilly, où il devoit aller voir le connétable. Ne pouvant exécuter leur dessein sans le consentement du maître du château, ils chargèrent le Dauphin de lui en parler. « Mon- « sieur, répondit avec fermeté Montmorency, cette mai- « son est à vous, et vous y pouvez tout : mais puisque « vous me demandez mon avis, trouvez bon que je « vous dise qu'on ne prend pas les taureaux par les « cornes, ni les rois par la violence. Le Roi votre père « a donné sa parole à l'Empereur, et ne souffrira pas « que personne dans le royaume le fasse passer dans « l'Europe pour un prince parjure. »

Cette opposition du connétable fit manquer le complot; et l'Empereur put enfin partir pour les Pays-Bas, où il se crut sauvé du plus grand danger qu'il eût jamais couru. A peine se vit-il libre, qu'il révoqua toutes ses promesses; et le Roi, qui sans doute avoit prévu son manque de foi, ne se repentit point d'avoir observé avec lui les lois de l'honneur. C'est presque l'unique fois que, pendant ce long règne, on voit François I repousser l'influence des femmes de sa cour; et sa conduite dans une occasion si délicate dévoile l'un des plus nobles caractères que nous présente l'histoire.

[1541] Non-seulement l'Empereur avoit abusé de la loyauté du Roi en violant les engagemens sacrés qu'il avoit pris avec lui, mais il avoit essayé de le brouiller irrévocablement avec les Vénitiens et Soliman, auxquels il avoit persuadé que cette nouvelle alliance étoit dirigée contre eux. François sentit la nécessité de les détromper; et il leur envoya des ambassadeurs, afin de les instruire de tout ce qui s'étoit passé. César Frégose, seigneur génois, chevalier de son ordre, et Antoine Rincon, gentilhomme de sa chambre, furent chargés par lui de cette mission importante. Ils partirent ensemble pour Venise, où Rincon devoit s'embarquer. Guillaume Du Bellay, gouverneur du Piémont, les reçut à Turin, et leur fit part de ses inquiétudes sur le reste de leur voyage. Il falloit qu'ils passassent dans le Milanais, dont le marquis Du Guast, ennemi mortel de la France, avoit le commandement; et Du Bellay redoutoit quelque attentat semblable à celui dont Merveille avoit été victime. Les ambassadeurs ne partagèrent pas ses craintes; ils consentirent seulement à lui confier leurs instructions, qu'il promit de leur faire tenir à Venise par une voie sûre; et, pressés de remplir leur mission, ils se mirent en route avec une foible escorte. Aucun danger ne parut d'abord les menacer; ils venoient même de franchir les frontières du Milanais, lorsque, près de Cantaloue, sur le territoire vénitien, ils furent lâchement assassinés au milieu de la nuit par une troupe d'hommes déguisés. L'Empereur et le marquis Du Guast, accusés et bientôt convaincus de ce crime, n'en tirèrent aucun profit, puisque les dépêches étoient restées entre les mains du gouverneur de Turin. Ils avoient espéré prouver à l'Europe, en publiant ces pièces, que le Roi entretenoit les relations les plus intimes avec Soliman, et exciter par là contre lui l'indignation des peuples chrétiens. Ils furent trompés dans leur attente; et la seule impression qui resta de cet attentat fut le parallèle qu'on ne manqua pas de faire de la conduite généreuse de François I et de la perfidie de son rival.

Après cet événement, que le Roi étoit loin d'attendre, et qui porta le désespoir dans l'ame de la Reine, la guerre étoit inévitable, et tout portoit à croire qu'elle seroit plus acharnée que jamais. François, affoibli par ses infirmités, devenu circonspect depuis que l'âge et les malheurs lui avoient appris combien les chances des batailles sont incertaines, ne mit pas dans ses préparatifs l'impétuosité qui lui avoit autrefois fait faire tant de fautes : mais il étonna tout le monde par la conduite qu'il tint avec les deux hommes sur lesquels il devoit le plus compter pour l'exécution de ses desseins. Le connétable et l'amiral tombèrent dans sa disgrâce, au moment où les hostilités alloient commencer. Les Mémoires particuliers ont levé le voile dont les causes de ce changement inattendu furent couvertes.

Diane de Poitiers et la duchesse d'Etampes, qui partageoient la cour, cherchoient à s'attacher les hommes les plus puissans : elles s'étoient disputé le connétable de Montmorency, qui, après quelques incertitudes, avoit ouvertement embrassé le parti de la maîtresse du Dauphin : soit par zèle pour la religion, dont Diane affectoit d'embrasser la défense, soit dans l'espoir de jouer un grand rôle sous un nouveau règne, il faisoit assidument la cour à l'héritier du trône, qui ne se dirigeoit que par ses conseils. Cette conduite, envenimée par la duchesse d'Etampes, donna de l'ombrage au Roi, qui, perdant le souvenir des services que le connétable lui avoit rendus dans la dernière guerre, lui ordonna de se retirer à Chantilly. Ce grand homme consacra ses loisirs à embellir sa retraite; et ce fut à cette époque qu'il fit bâtir le superbe château d'Ecouen.

Diane, irritée de la disgrâce de Montmorency, s'en vengea sur l'amiral Brion, et espéra envelopper sa rivale dans la disgrâce de ce favori. Instruite que Brion ne s'étoit refusé à entrer dans son parti que parce qu'il avoit une intrigue secrète avec la duchesse d'Etampes, elle parvint à exciter la jalousie du monarque, qui, trop foible pour punir l'infidélité de sa maîtresse, ne fit tomber son indignation que sur l'amiral. Il l'accusa de concussion, et le renvoya devant une commission présidée par le chancelier Poyet : ce ministre, trop empressé de remplir les intentions de son maître, n'observa aucune forme, mit un acharnement servile dans ses poursuites contre l'accusé, et le fit condamner au bannissement.

[1542] Cependant Brion, qui n'avoit à se reprocher

que quelques irrégularités dans l'exercice de sa charge, obtint, peu de temps après, que son procès fût revisé par le parlement. La colère du Roi étant calmée, il fut acquitté, et put reprendre ses fonctions [23 mars 1542]. Mais le chagrin, les inquiétudes avoient altéré sa santé; et il mourut l'année suivante, regretté par le monarque, qu'il avoit blessé par l'endroit le plus sensible [1er juin 1543].

Poyet fut bientôt puni de la conduite qu'il avoit tenue dans cette affaire. La duchesse d'Etampes, brûlant de venger un homme qu'elle avoit aimé, et ayant repris tout son ascendant sur le Roi, lui inspira facilement des préventions contre le chancelier, qui, dans le même temps, avoit eu l'imprudence de répéter des propos calomnieux contre la reine de Navarre. Pressé par les plaintes de ces deux femmes, qui avoient sur son cœur des droits différens, mais également assurés, François abandonna Poyet à la vengeance des nombreux ennemis qu'il s'étoit faits depuis son élévation. Ce ministre ne justifia pas dans le malheur l'idée qu'on avoit eue de sa fermeté et de ses talens : son procès lui fut fait par le parlement de Paris, et il vit le Roi lui-même au nombre de ses accusateurs. N'opposant que d'humbles prières aux accusations portées contre lui, il subit pendant trois ans la captivité la plus rigoureuse, et ne sortit de prison que pour entendre, debout et tête nue, l'arrêt par lequel il fut destitué de sa charge, déclaré incapable d'exercer aucun office, et condamné à une amende de cent mille livres [24 avril 1545]. Tant que dura son procès, les sceaux furent confiés successivement à Montholon, à Hérault, et à Matthieu de Longue-Joue : après sa condamnation, il eut pour successeur le vertueux Olivier, digne protecteur de L'Hôpital, qui, jeune encore, commençoit sa glorieuse carrière.

Le Roi, agité de soupçons, et disposé par la duchesse d'Etampes à voir partout des partisans secrets du Dauphin, se refroidit dans le même temps pour la maison de Lorraine, qu'il avoit comblée de bienfaits. Claude, premier duc de Guise, continua de le servir dans les armées, mais il n'obtint plus aucune confiance : le cardinal Jean son frère, traité plus rigoureusement, fut éloigné de la cour. Ce prélat préparoit l'élévation de sa famille par les libéralités excessives auxquelles une multitude de bénéfices lui donnoient les moyens de pourvoir : il étoit en même temps archevêque de Lyon, de Reims et de Narbonne, évêque de Metz, de Toul, de Verdun, de Térouane, de Luçon et de Valence, abbé de Gorze, de Fécamp, de Cluny et de Marmoutiers. Cette accumulation de dignités ecclésiastiques sur une seule tête excitoit beaucoup de murmures, et sembloit justifier, sous quelques rapports, les déclamations des protestans. Quand on réfléchissoit qu'en même temps le duc de Guise, époux d'une princesse de la maison royale, père de la reine d'Ecosse (1), gouverneur de Champagne, possesseur d'immenses richesses, soutenu par les partisans nombreux que son zèle pour l'Eglise catholique lui donnoit, ne mettoit aucune borne à son ambition, on prévoyoit avec effroi que cette maison étrangère prendroit une grande part aux troubles que les dissensions re-

(1) Marie de Lorraine avoit épousé Jacques v, roi d'Ecosse, en 1538 : ce prince étoit mort en 1542, ne laissant qu'une fille, la célèbre Marie Stuart.

ligieuses faisoient redouter. Le Roi étoit en proie à ce triste pressentiment, et l'on prétend qu'il annonça dès-lors que les Guise attenteroient à l'autorité de ses successeurs (1).

Ayant donc éloigné, soit par des condamnations, soit par des exils, soit par des disgrâces, tous ceux qui jusqu'alors avoient eu part à sa confiance, il remit la direction de ses affaires au maréchal d'Annebaud, qu'il fit depuis amiral, et au cardinal de Tournon. Le premier, brave et fidèle, mais d'un génie médiocre, fut chargé de tout ce qui concernoit la guerre; l'autre, qui s'étoit distingué dans les négociations, et qui partageoit le goût du monarque pour les lettres, fut mis à la tête de l'administration intérieure. Ces deux ministres, qui cherchèrent en vain à tenir la balance entre la duchesse d'Etampes et Diane de Poitiers, donnèrent d'abord toute leur attention à la campagne qui alloit s'ouvrir.

Les circonstances sembloient très-favorables, parce que l'Empereur, dans l'intention de détourner l'attention de l'Europe de l'assassinat de Frégose et de Rincon, et pour donner lieu de croire qu'il ne s'occupoit que de l'intérêt commun de la chrétienté, venoit de faire une grande expédition contre Alger, où, moins heureux que dans celle de Tunis, il avoit perdu sa flotte et son armée. Il ne s'agissoit plus que de savoir

---

(1) Cette tradition est consacrée par les vers suivans, qui ont été mal à propos attribués à Charles IX :

François premier prédit ce poinct,
Que ceux de la maison de Guise
Mettroient ses enfans au pourpoinct,
Et son pauvre peuple en chemise.

de quel côté on attaqueroit les vastes États de ce prince. Le Roi, dégoûté des guerres d'Italie, où il avoit éprouvé tant de revers, résolut de ne pas s'éloigner des frontières : il mit sur pied deux armées, dont l'une, sous les ordres du duc d'Orléans, marcha sur le Luxembourg, et l'autre, commandée par le Dauphin, se dirigea vers le Roussillon. Il comptoit en Allemagne sur les secours des princes protestans, et sur l'alliance de Guillaume, duc de Clèves, auquel il avoit fait épouser, peu de temps auparavant, sa nièce, la jeune Jeanne d'Albret, qui fut depuis mère de Henri IV. Son but, en faisant une invasion dans le Roussillon, étoit de recouvrer cette province, sur laquelle, depuis Louis XI, les rois de France avoient des prétentions; et si la guerre étoit heureuse, de reconquérir, pour Marguerite et son époux, le royaume de Navarre, usurpé par l'aïeul de Charles-Quint.

Malgré la détresse de l'Empereur, ces deux entreprises ne réussirent pas. Le duc d'Orléans obtint d'abord des succès dans le Luxembourg; mais ayant appris que le Dauphin étoit sur le point de livrer une grande bataille, il quitta son armée pour aller le joindre, ne voulant pas laisser à son aîné tout l'honneur d'une victoire dont il ne doutoit pas. A son arrivée en Roussillon, il vit qu'il avoit été abusé par un faux bruit; et tandis que ses troupes sans chef perdoient en Allemagne les places qu'il avoit conquises, il ne put être que le témoin de la retraite de son frère, obligé par le duc d'Albe à lever le siége de Perpignan.

Le Roi, à qui sa tendresse particulière pour son plus jeune fils fit seule excuser une si grande faute, prit la résolution d'employer cette armée à demie vaincue dans le Piémont, où Guillaume Du Bellay, à la tête d'un corps de cinq mille hommes, luttoit avec peine contre les forces réunies du marquis Du Guast, gouverneur du Milanais.

[1543] Il confia cette expédition à d'Annebaud, qui ne tenta que des entreprises peu importantes, et revint en France au commencement de 1543. Cette campagne n'ayant procuré aucun avantage, on s'efforça de prendre de meilleures mesures. L'assassinat de Rincon n'avoit pas interrompu les relations de la France avec Soliman; et le capitaine Paulin, chargé d'une mission près de cette cour, étoit arrivé sans accident à Constantinople, où il avoit obtenu que Barberousse viendroit croiser sur les côtes d'Italie. Le comte d'Enghien, commandant de la flotte française, avoit fait sa jonction avec la flotte ottomane, et devoit, de concert avec l'amiral turc, attaquer Nice, unique place qui restât au duc de Savoie. Tandis que par cette puissante diversion, on espéroit fixer en Italie toute l'attention de l'Empereur, le Roi avoit l'intention de conduire lui-même une puissante armée dans les Pays-Bas, d'où il comptoit, avec l'aide du duc de Clèves, pénétrer dans le Luxembourg pour y réparer les fautes du duc d'Orléans.

Les combinaisons de ce vaste plan furent un moment troublées par une révolte inattendue, la seule qui ait éclaté sous ce règne, où il existoit cependant tant de germes de fermentation. La ville de La Rochelle, qui devoit peu de temps après devenir le boulevart le plus redoutable des protestans français, et qui en renfermoit déjà un grand nombre, avoit des privilèges dont elle étoit fort jalouse. On voulut y percevoir sur le sel un nouvel impôt, auquel les habitans crurent avoir le droit de se soustraire; et ils repoussèrent par la force les troupes qui furent envoyées pour les contraindre à obéir. Le Roi, inquiet de ce commencement de guerre civile, qui, dans les circonstances, pouvoit avoir les conséquences les plus funestes, partit sur-le-champ pour La Rochelle, avec l'intention apparente de faire un grand exemple. Son approche répandit la terreur parmi les rebelles : ils lui ouvrirent leurs portes, réclamèrent son indulgence, et obtinrent un pardon qui étoit déjà dans son cœur. Tous les détails de cette scène touchante se trouvent dans Du Bellay : il n'a omis qu'une circonstance, qui honore la mémoire du garde des sceaux Montholon. La ville eut pour punition de payer une somme de deux cent mille livres, qui fut allouée à ce magistrat, dont François vouloit récompenser les services. Montholon ne la reçut que pour la remettre aux habitans, en se bornant à exiger d'eux qu'ils l'employassent à fonder un hôpital qui leur manquoit.

Le Roi, n'ayant plus à redouter les troubles intérieurs, partit pour les Pays-Bas. Il étoit accompagné de ses deux fils, et avoit dans son armée la fleur de la noblesse française : on y voyoit figurer des jeunes guerriers destinés à jouer un grand rôle sous les règnes suivans. Parmi eux on distinguoit Antoine de Vendôme, dont le fils devoit commencer avec tant de gloire la dynastie qui règne aujourd'hui; François de Guise, déjà célèbre par de beaux faits d'armes; et Gaspard de Coligny, qui n'avoit pas encore abandonné la religion de ses pères.

L'Empereur jugeant que le fort de la guerre auroit lieu dans les Pays-Bas, s'y étoit transporté, en laissant au marquis Du Guast le soin de défendre ses Etats d'Italie. Il venoit, avec beaucoup d'adresse, de contracter une alliance qu'on n'auroit jamais pu croire possible. Ses griefs contre Henri VIII, qui avoit répudié sa tante, ne l'avoient pas empêché de se rapprocher de lui, et de profiter des mécontentemens de ce prince, qui, ayant autrefois puissamment contribué à la délivrance de François I, l'accusoit d'ingratitude. L'unique tort de ce dernier étoit de n'avoir pas consenti à ce que Marie Stuart, reine d'Ecosse, encore dans sa première enfance, épousât Edouard, fils du roi d'Angleterre. Henri, consultant plus son dépit que ses intérêts, renforça de dix mille hommes l'armée de l'Empereur.

François remplit d'abord le principal objet de son entreprise, qui étoit d'envahir le Luxembourg : mais pendant qu'il s'occupoit imprudemment à réunir cette principauté à son royaume, l'Empereur accabloit l'infortuné duc de Clèves, qui, privé de l'appui sur lequel il avoit compté, se vit dépouillé de ses Etats, et fut obligé de renoncer irrévocablement à l'alliance de la France. Son mariage avec Jeanne d'Albret, qui n'avoit pas été consommé, fut rompu ; et dès-lors cette princesse, qui n'avoit formé ces liens qu'avec beaucoup de répugnance, fut destinée au jeune Antoine de Vendôme, chef de la maison de Bourbon (1).

Charles-Quint, ayant réussi à enlever à son rival le

---

(1) Jeanne épousa ce prince en 1548. Charles de Vendôme, père d'Antoine, dont la conduite avoit été si généreuse pendant la captivité de François I, étoit mort en 1537.

seul allié qui pût l'aider à conserver le Luxembourg ; réunit toutes ses forces, et mit le siége devant Landrecies. Avant que François pût venir au secours de cette place importante, La Lande et d'Essé, qui en commandoient la garnison, opposèrent la résistance la plus opiniâtre : ils inspirèrent aux soldats le courage dont ils étoient animés, et leur firent supporter la famine, les maladies, et toutes les espèces de privations. L'armée du Roi ayant paru, le siége fut levé : les deux monarques se trouvèrent en présence, et l'on crut qu'ils se livreroient une bataille décisive. Mais si Charles, irrité d'avoir manqué Landrecies, étoit disposé à combattre, François devoit à ses malheurs passés une prudence qui lui fit réprimer l'impétuosité de ses soldats. Satisfait d'avoir sauvé une ville qui auroit ouvert à l'ennemi l'entrée de son royaume, il ordonna la retraite, la fit en bon ordre, et mit en déroute quelques détachemens qui osèrent la troubler. L'Empereur ne tarda pas à se retirer aussi ; et le Roi, après avoir fait en personne une campagne glorieuse, n'eut à regretter que la ruine du duc de Clèves. De magnifiques récompenses furent données aux courageux défenseurs de Landrecies : d'Essé fut nommé gentilhomme de la chambre, La Lande eut une charge de maître d'hôtel ordinaire, et les soldats obtinrent pour leur vie les priviléges de la noblesse.

Pendant que ces événemens avoient lieu dans les Pays-Bas, la flotte française et la flotte ottomane s'emparèrent de la ville de Nice, dont elles ne purent forcer le château. Les deux commandans se séparèrent alors : Barberousse retourna dans son pays, en ravageant quelques villes maritimes d'Italie ; et le comte d'Enghien revint à Marseille, d'où il partit précipitamment pour les Pays-Bas, dans l'espoir de se trouver à la bataille qui, selon le bruit général, devoit se livrer sous les murs de Landrecies. Le Roi sut gré à ce jeune prince de son empressement; et, satisfait de la conduite qu'il venoit de tenir à Nice, dont il avoit protégé les habitans, il lui donna le commandement de son armée d'Italie.

[1544] Ce jeune prince, dévoré du désir de rendre un grand service à son pays, voulut reprendre Carignan, position formidable dont les Impériaux s'étoient emparés l'année précédente. Le marquis Du Guast fit de savantes dispositions pour s'opposer à l'exécution de ce dessein, et fut sur le point d'envelopper l'armée française. La retraite étoit périlleuse, et une bataille devenoit presque indispensable. Le prince, qui avoit l'ordre de ne pas engager une action décisive, envoya Montluc représenter au Roi que ses soldats étoient animés du meilleur esprit, et qu'il y auroit du danger à laisser refroidir leur courage. L'éloquence martiale de ce député entraîna le conseil; le Roi regretta que la position de ses affaires ne lui permît pas d'aller partager la gloire de son cousin, et l'autorisation lui fut donnée de livrer bataille. Les deux armées se rencontrèrent le jour de Pâques [13 avril 1544], près de Cerisolles. Malgré les sages mesures prises par Du Guast, les Impériaux furent enfoncés; et rien ne put résister à l'impétuosité du comte d'Enghien, qui, plus heureux que Gaston de Foix ne l'avoit été à Ravenne, non-seulement survécut à sa victoire, mais sut en profiter pour s'emparer de presque tout le Montferrat. Il auroit peut-être reconquis le duché de Milan, si les dangers de la France n'eussent déterminé le Roi à le rappeler.

Charles-Quint, furieux d'avoir manqué Landrecies, et de ne s'être pas mesuré avec son rival sous les murs de cette ville, avoit résolu de faire un dernier effort beaucoup plus terrible que ceux qu'il avoit jusqu'alors tentés. Ses émissaires en Allemagne étoient parvenus à rallier à sa cause tous les princes catholiques et protestans, en exagérant le scandale que François avoit donné par sa réunion ouverte avec l'ennemi du nom chrétien. Il avoit en même temps resserré les liens qui l'attachoient à Henri VIII, et, par un traité du 11 février, il avoit fait avec lui le partage de la France. Il devoit envahir la Champagne pendant que le roi d'Angleterre entreroit en Picardie; et les deux monarques s'étoient donné rendez-vous à Paris.

Cette expédition menaçante, qui devoit faire perdre à François tout le fruit de la bataille de Cerisolles, l'obligea de concentrer ses forces autour de sa capitale, afin de prévenir une surprise qui auroit pu avoir les suites les plus désastreuses; et de rassurer les Parisiens, qui croyoient déjà voir les ennemis à leurs portes. Charles-Quint et Henri VIII entrèrent donc sans obstacle, le premier en Champagne, l'autre en Picardie : quoiqu'ils se fussent promis de ne s'arrêter à aucun siége, la nécessité de se ménager une retraite en cas de revers les fit manquer à cette partie essentielle de leur plan. Le roi d'Angleterre s'arrêta devant Boulogne, et l'Empereur attaqua Saint-Dizier. La conservation de cette dernière ville étoit de la plus haute importance pour François : c'étoit l'unique place forte qu'il possédât de ce côté; et si elle étoit prise, la route de Paris étoit ouverte à l'Empereur. Il en confia la garde au comte de Sancerre, général très-habile; et le Dauphin, à la tête d'un détachement considérable, eut ordre de parcourir la Champagne pour harceler l'ennemi. Ce jeune prince, conseillé par Diane de Poitiers, essaya de faire sentir à son père que, dans les dangers qui menaçoient la France, il pouvoit être utile de remettre le connétable de Montmorency à la tête des armées; mais le Roi, d'après les insinuations de la duchesse d'Etampes, rejeta durement cette proposition imprudente, qui renouvela tous ses anciens soupçons.

Ces deux femmes, au milieu de la désolation publique, faisoient jouer toutes sortes d'intrigues; et l'incertitude des événemens, la santé chancelante du Roi, leur offroient une multitude de chances dont elles vouloient profiter aux dépens l'une de l'autre. Si Diane avoit l'espoir fondé de voir bientôt son amant sur le trône, la duchesse d'Etampes, que cet avenir effrayoit, cherchoit à se ménager un appui dans le duc d'Orléans, à qui elle souhaitoit procurer une principauté indépendante. L'Empereur seul pouvoit réaliser ce désir par l'investiture du Milanais; et la duchesse, trahissant en secret le monarque auquel elle devoit tout, entretenoit des relations avec lui. L'agent dont elle se servoit pour cette correspondance dangereuse étoit le comte de Bossut-Longueval, homme sur le dévouement duquel elle pouvoit compter, et qui passoit pour être plus que son ami. Un revers, qui mit la France à deux doigts de sa perte, fut bientôt le fruit de ces intelligences criminelles.

Sancerre étoit déterminé à se maintenir dans Saint-

Dizier jusqu'à la dernière extrémité : le traitement qu'avoient éprouvé les habitans de Vitry à la suite d'un assaut, l'incendie de cette malheureuse ville, n'effrayoient point ses soldats; et tous vouloient imiter la noble conduite des défenseurs de Landrecies. Mais une perfidie qu'ils étoient loin de soupçonner les força d'ouvrir leurs portes à l'Empereur. Ils avoient envoyé dans le camp de ce monarque un parlementaire qui, à son retour, reçut une lettre cachetée de la part du duc de Guise, gouverneur de la province : on l'ouvrit, et l'on vit que ce prince avertissoit la garnison qu'elle ne seroit point secourue, et lui ordonnoit, de la part du Roi, de rendre sur-le-champ la ville. Sancerre obéit à regret, et son désespoir fut au comble quand il apprit que l'ordre auquel il avoit eu tant de peine à se soumettre étoit faux.

La perte de cette place consterna le Roi, qui, alors malade, étoit obligé de garder la chambre. Un contemporain raconte que lorsqu'on lui apporta cette fatale nouvelle, la reine de Navarre sa sœur se trouvoit auprès de lui : « Ah! mon Dieu, s'écria-t-il, que
« tu me vends cher mon royaume, que je pensois que
« tu m'eusses donné très liberalement! Ta volonté
« pourtant soit faicte! » Puis s'adressant à Marguerite :
« Ma mignonne, lui dit-il, allez vous en à l'eglise à
« complies; et là, pour moi, faites priere à Dieu que
« puisque son vouloir est tel d'aimer et favoriser l'Em-
« pereur plus que moi, qu'il le fasse au moins sans que
« je le voye campé devant ma capitale! Mais pourtant
« je suis resolu d'aller au devant, le prevenir, et lui
« donner bataille, où je prie Dieu qu'il me fasse mou-
« rir plutost que d'endurer une seconde prison. »

Cette consternation du monarque fit bientôt place aux sentimens énergiques qu'exigeoient les circonstances. Il surmonta les maux dont il étoit accablé; et s'il n'alla pas livrer bataille à l'Empereur, il prit toutes les mesures pour préserver Paris d'un siége. La terreur s'étoit répandue dans cette grande ville depuis qu'on y avoit appris la prise de Saint-Dizier : les routes d'Orléans et de Rouen étoient couvertes de fugitifs, qui, s'étant flattés d'échapper aux horreurs de la guerre, tomboient dans les mains des brigands, ardens à profiter du désordre, enrégimentés au nom de l'Empereur, et portant l'écharpe rouge comme ses soldats. Le Roi calma cet effroi général en se montrant souvent aux habitans, et en affectant l'air le plus serein: « Mes « enfans, leur disoit-il, je me charge de vous defendre « de l'ennemi : que Dieu vous defende de la peur! »

Cependant ses affaires prenoient une tournure en apparence très-inquiétante : Charles-Quint s'étoit emparé d'Epernay et de Château-Thierry, et l'on pouvoit craindre qu'il ne fût en deux marches sous les murs de Paris. Mais l'armée du Dauphin, parfaitement approvisionnée, le harceloit sans cesse; il commençoit à manquer de vivres, les paysans soulevés égorgeoient ses soldats isolés, et les désastres qu'il avoit éprouvés autrefois dans la Provence pouvoient se renouveler en Champagne d'une manière aussi funeste. Cette position le rendit accessible aux avances pacifiques que lui faisoit faire le Roi; et il s'y détermina d'autant plus volontiers, que Henri VIII, arrêté devant Boulogne, ne paroissoit nullement disposé à pénétrer dans l'intérieur du royaume. La duchesse d'Etampes, dont François étoit loin de soupçonner la perfidie, présida de sa part à cette négociation. Il fallut renoncer à tous les avantages qu'avoit procurés la victoire de Cerisolles, et l'on n'obtint en échange que la promesse très-incertaine de donner dans huit mois l'investiture du Milanais ou des Pays-Bas au duc d'Orléans, auquel on destina pour épouse la fille ou la nièce de l'Empereur. Telles furent les bases du traité de Crépy, conclu le 18 septembre 1544. Le Dauphin, poussé par Diane de Poitiers, fit tous ses efforts pour rompre une négociation qui lui sembloit honteuse; et il protesta secrètement contre le traité par un acte du 12 décembre suivant.

[1545] Henri VIII, qui avoit pris Boulogne au moment de la signature de ce traité, refusa d'y être compris; et François I réunit toutes ses forces contre lui. L'amiral d'Annebaud, chargé de faire une descente en Angleterre, eut d'abord quelques succès; mais il fut ensuite obligé de rentrer dans les ports de France. Le Roi assiégea vainement Boulogne; et la guerre ayant continué encore quelque temps sans que les deux monarques obtinssent des avantages marqués, elle fut terminée l'année suivante par la paix d'Ardres [7 juin 1546], dont la principale condition fut que Henri VIII rendroit Boulogne, moyennant une somme de deux millions payable en dix-huit ans.

Les protestans, pendant cette guerre, avoient acquis de nouvelles forces : profitant des ménagemens que le Roi se croyoit obligé de garder avec Genève, ils recevoient sans obstacle les instructions de Calvin, qui, regardant la France comme la plus précieuse partie de son domaine spirituel, leur envoyoit ses disciples les plus zélés et les plus éloquens. Mais un orage terrible se formoit contre eux, et il éclata sans que le crédit de la duchesse d'Etampes pût le conjurer.

Les Vaudois, peuple à demi-sauvage, habitoient quelques vallées inaccessibles de la Provence, du comtat Venaissin et du Dauphiné : leurs principaux points de réunion étoient les bourgs de Cabrières et de Merindol. Seuls ils avoient conservé en secret les doctrines des hérétiques connus sous le nom d'Albigeois, jusqu'au moment où Calvin, s'étant établi à Genève, leur envoya Farel, qui leur fit adopter sans peine la nouvelle religion. Ils se tenoient tranquilles; mais l'importance des positions qu'ils occupoient au milieu des Alpes donnoit des inquiétudes au gouvernement. Sadolet, évêque de Carpentras, personnage à qui la culture des lettres inspiroit cette tendre humanité conforme au véritable esprit de la religion, fit tous ses efforts pour les convertir; et, n'ayant pu réussir dans cette charitable entreprise, il retarda autant qu'il le put la persécution qui les menaçoit. Le parlement d'Aix, instruit de l'inutilité des recherches de ce respectable prélat, et s'exagérant les dangers que ces malheureuses peuplades pouvoient faire courir aux cantons voisins, rendit en 1540 un arrêt par lequel il ordonna que les bourgs de Cabrières et de Merindol seroient incendiés. Sadolet, par les réclamations les plus vives et les plus touchantes, en suspendit l'exécution pendant cinq ans : mais le parlement, cédant enfin aux déclamations fougueuses du premier président d'Oppède, le chargea d'aller réprimer les Vaudois, ne s'attendant pas sans doute qu'il outreroit les mesures cruelles prescrites par l'arrêt. D'Oppède se fit accompagner par Guérin, avocat du Roi, d'un caractère aussi violent que le sien, et par un petit corps d'armée dont le commandement fut confié au capitaine Paulin, que nous avons vu chargé par le Roi d'une mission à Constantinople. Ces trois hommes ayant pénétré dans les vallées, mirent en fuite les habitans, les poursuivirent dans leur retraite, les exterminèrent sans aucune pitié, brûlèrent leurs misérables demeures, détruisirent toutes leurs cultures; et il ne resta dans ce pays désolé presque aucun vestige d'un peuple qui, pendant plusieurs siècles, y avoit vécu paisible et heureux.

Cette effroyable exécution, qu'on peut regarder comme la première cause des guerres civiles qui devoient bientôt ensanglanter la France, effraya la cour; et l'on balança quelque temps sur le parti qu'on prendroit à l'égard des coupables. La duchesse d'Etampes, voyant la santé du Roi décliner, n'osa le porter à la rigueur, dans la crainte de faire connoître les liens secrets qui l'unissoient aux protestans, révélation qui auroit pu lui être funeste sous le nouveau règne. Le monarque, de son côté, vivement affligé d'un excès aussi révoltant, ne crut pas devoir en châtier les auteurs, parce qu'il pensa que leur supplice procureroit aux partisans de Calvin un triomphe dont ils ne manqueroient pas d'abuser. D'Oppède et ses complices ne furent donc point inquiétés; et il étoit réservé au successeur du Roi de laver, en les faisant poursuivre, l'opprobre que leur cruauté avoit fait rejaillir sur les catholiques [1]. Leur impunité contint en apparence les protestans, mais laissa dans leur cœur un ressen-

[1] Ce grand procès eut lieu huit ans après, devant le parlement de Paris. D'Oppède et Paulin parvinrent à se justifier, et Guérin fut pendu en 1554.

timent profond : ils n'attendirent plus qu'une occasion favorable pour le faire éclater.

Au moment où cette malheureuse affaire occupoit le Roi, ses afflictions furent augmentées par la perte inattendue de celui de ses fils qu'il chérissoit le plus. Le duc d'Orléans, en le suivant dans une tournée qu'il faisoit en Picardie, mit pied à terre à Forêt-le-Moutier, village voisin d'Abbeville, où régnoit une maladie contagieuse. Voulant y séjourner, il fut mécontent du logement qui lui avoit été assigné, et en prit un autre plus commode, malgré l'observation qu'on lui fit que trois personnes venoient d'y mourir : « Bon! « dit-il en riant, jamais fils de France n'est mort de « la peste. » Cette confiance insensée lui devint funeste : dès le lendemain il fut attaqué d'une fièvre maligne, qui le conduisit au tombeau trois jours après [8 septembre]. A la fleur de l'âge, comptant sur une existence longue et heureuse, il s'enivroit de l'espoir de devenir bientôt un prince indépendant; et il ne s'attendoit pas qu'une carrière commencée sous des auspices si brillans seroit sitôt interrompue. La duchesse d'Etampes, dont cette perte détruisoit tous les plans, eut l'air, en pleurant sur sa destinée future, de partager sincèrement la douleur du Roi, qui l'en aima davantage. Diane de Poitiers, conservant son empire sur le Dauphin, devint plus puissante, parce que la mort du duc d'Orléans rapprocha nécessairement le monarque de l'unique fils qui lui restoit.

[1546] Tant d'afflictions qui accabloient François 1 sur la fin de sa carrière ne trouvèrent de soulagement que dans les occupations qui avoient fait les délices de sa jeunesse. Les lettres, dont l'attrait survit à la perte de toutes les illusions, lui offrirent en quelque sorte un asyle contre la mélancolie qui le consumoit.

Il compléta et perfectionna le grand établissement destiné à faire la gloire de son règne; et le collége royal, où l'on n'avoit jusqu'alors enseigné que les langues anciennes, compta des professeurs de mathématiques, de philosophie et de médecine. Le fameux Ramus, que sa réputation précoce appeloit à la première chaire vacante, se distinguoit, au milieu des nombreux étudians, par une érudition immense, une critique éclairée, et surtout par un penchant pour la dispute, qui devoit par la suite le rendre victime des troubles civils (1). On peut s'étonner que le collége royal, destiné à réunir toutes les branches du haut enseignement, n'ait pas présenté sous ce règne une chaire de droit. Cette science faisoit cependant de grands progrès : Alciat et Arnoul Du Ferrier lui avoient donné une face nouvelle, en joignant, aux connoissances positives de la jurisprudence, des recherches sur l'histoire et les mœurs des peuples. Cujas, leur digne disciple, âgé de vingt-cinq ans, se préparoit à ouvrir ses cours; et L'Hôpital, destiné à jouer un grand rôle dans l'Etat, enrichissoit cette étude aride des trésors de la littérature. Il est à présumer que si François I n'attacha pas au collége royal ces deux jeunes savans, c'est qu'il craignit d'exciter les murmures des universités de Bourges et de Toulouse, renommées depuis des siècles pour l'étude du droit, et qui ne se soutenoient que par cet enseignement.

Ces soins, donnés par le Roi à un établissement où l'on ne s'occupoit que de sciences graves et sérieuses,

---

(1) Il fut indignement massacré dans la nuit de la Saint-Barthelemy.

ne lui faisoient point négliger les lettres françaises, qui sous ce règne avoient été fort cultivées. Marot, le meilleur poëte de cette époque, étoit mort depuis deux ans : mais Joachim Du Bellay, parent éloigné des auteurs des Mémoires; des Perriers, valet de chambre de Marguerite; Saint-Gelais, dont nous avons déjà parlé; les deux Baïf, et Ronsard, à peine âgé de vingt-trois ans, cherchoient à polir la langue poétique par des efforts qui n'étoient pas toujours heureux; et quelques-uns d'entre eux donnoient des traductions ou des imitations propres à préparer les prodiges que notre théâtre devoit produire dans le siècle suivant. Les versions de l'Electre de Sophocle et de l'Hécube d'Euripide, par Lazare Baïf; de l'Andrienne, par des Perriers, offroient les modèles des véritables beautés tragiques et comiques; et la Sophonisbe de Saint-Gelais, calquée sur les tragédies grecques, balançoit le succès des mystères et des facéties de la basoche.

La prose acquéroit en même temps plus de clarté et d'élégance. L'historien de Bayard, connu sous le nom du *loyal Serviteur,* avoit montré quel parti on pouvoit tirer d'un idiôme jusqu'alors grossier, et son talent naïf et flexible avoit su lui faire prendre tous les tons. Amyot, âgé de trente-trois ans, protégé par Coline, lecteur du Roi, occupoit à l'université de Paris une chaire de grec, et travailloit à sa traduction de Plutarque. Marguerite de Navarre laissoit circuler ses Contes, dont le ton trop libre contrastoit avec la pureté de ses mœurs, mais qui présentoient des tours heureux, des plaisanteries remplies de sel, et des scènes fort dramatiques. Enfin Rabelais, devenu, on ne sait comment, curé de Meudon, employoit ses loisirs à composer un roman bizarre, où l'érudition et l'originalité se trouvent mêlées avec l'indécence et la bouffonnerie, et dans lequel on rencontre tous les écarts d'une imagination déréglée, joints à des traits pleins de naturel, d'esprit et de goût, que Molière et La Fontaine ne dédaignèrent pas dans la suite de s'approprier. Cet écrivain, protégé par le cardinal Du Bellay, auroit sans doute été admis dans l'intimité du Roi, si son ton et ses manières ne l'eussent relégué dans les sociétés dont il aimoit à peindre les débauches.

La noble protection de François 1 s'étendoit sur les arts comme sur les lettres. Il combla de bienfaits Léonard de Vinci, qui ne put lui consacrer que quelques années de sa vieillesse. Il ne fut pas moins généreux envers André del Sarto, qui fit un portrait du Dauphin; et il s'efforça, mais en vain, d'attirer en France Jules Romain. Charles-Quint, jaloux des hommages que ce goût pour les grands artistes attiroit à son rival, feignoit quelquefois d'avoir le même enthousiasme; et l'on sait que si le roi de France reçut les derniers soupirs de Léonard de Vinci, l'Empereur ne dédaigna point de relever le pinceau du Titien.

La sculpture, sous ce règne, ne fit pas moins de progrès que la peinture. Des encouragemens furent prodigués à Jean Goujon, qui éleva la fameuse fontaine des Innocens trois ans après la mort du Roi, et auquel on doit les belles cariatides qu'on voit encore dans une des salles du Louvre. Les bâtimens furent aussi l'une des occupations les plus chéries du monarque : dans presque tous les lieux où la cour avoit coutume de s'arrêter, il laissa des monumens de sa magnificence; et, parmi les palais qu'il fit bâtir, on distingue les châteaux de Fontainebleau, de Saint-Germain, de Chambord, de Follembray, de Villers-Cotterets et de Madrid.

Ces délassemens, si dignes d'un grand roi, commençoient à le consoler de la mort du duc d'Orléans, lorsqu'il fit une perte qui lui fut presque aussi sensible. Le comte d'Enghien, vainqueur de Cerisolles, n'ayant encore que vingt-six ans, étoit allé passer quelque temps à La Roche-Guyon, où il se livroit à des jeux qui lui rappeloient ses exploits militaires. Par un beau jour du mois de février, voulant prouver qu'il savoit aussi bien se défendre qu'attaquer, il entreprit de soutenir un siége dans une maison. Les seules armes qu'on put employer furent des pelotes de neige. Dans un moment où les assiégeans reculoient, il essaya de faire une sortie; mais à peine avoit-il franchi le seuil de la porte, qu'un coffre lancé d'une fenêtre tomba sur sa tête, et lui porta un coup mortel [23 février 1546]. Cet accident, auquel il ne survécut que quelques jours, répandit la désolation à la cour, où il étoit également aimé par les partisans de la duchesse d'Etampes et par ceux de Diane de Poitiers.

Une autre mort, qui arriva au commencement de l'année suivante, frappa le Roi des plus sinistres pressentimens. Henri VIII, qui avoit été long-temps son ami, avec lequel il ne s'étoit jamais sérieusement brouillé, et qui avoit à peu près le même âge que lui, succomba, le 28 janvier 1547, à une longue et cruelle maladie. Cet événement lui fit penser que lui-même n'avoit pas long-temps à vivre. Les infirmités qui depuis plusieurs années le consumoient prirent un caractère plus alarmant, et confirmèrent ses inquiétudes. Il essaya de les surmonter, en faisant, dès les premiers beaux jours, de petits voyages dans diverses maisons de plaisance. Il alla successivement à La Muette, à Villepreux, à Dampierre, à Limours, et il ne trouva nulle part de soulagement à ses maux. Il poussa même jusqu'à Loches, où il se sentit plus incommodé, et résolut de revenir à Saint-Germain, sa résidence ordinaire. Il voulut se reposer à Rambouillet, qui n'étoit alors qu'un rendez-vous de chasse, et il y tomba sérieusement malade.

Marguerite sa sœur, qui lui avoit autrefois donné tant de soins dans sa prison de Madrid, étoit malheureusement en Béarn. Ayant appris la nouvelle de sa maladie, elle témoigna beaucoup d'inquiétude, et regretta vivement qu'un grand éloignement ne lui permît pas d'être sur-le-champ auprès de lui. Cependant, comme on lui avoit déguisé le danger, elle ne perdit pas tout espoir : « Quiconque, dit-elle aux personnes qui l'en-
« touroient, quiconque viendra à ma porte m'annoncer
« la guérison du Roy mon frere, tel courrier, fust-il las,
« harassé, fangeux et mal propre, je l'irai baiser et ac-
« coler comme le plus propre prince et gentil homme
« de France ; et qu'il auroit faute de lict, et n'en pour-
« roit trouver pour se délasser, je lui donnerois le mien,
« et coucherois plutost sur la dure, pour telles nou-
« velles qu'il m'apporteroit. » Elle se disposoit à partir, lorsqu'elle apprit que son frere n'existoit plus.

Le Roi, qu'un sentiment naturel de conservation avoit porté à reculer quelque temps devant l'idée de la mort, reçut avec résignation l'avis que son état étoit désespéré. Il demanda les secours de la religion, que ses nombreux égaremens ne lui avoient jamais fait abandonner; et il témoigna le regret le plus sincère des fautes où ses passions l'avoient entraîné. Ayant appelé le Dauphin, il lui conseilla de soulager les peuples; et, paroissant pressentir les fléaux auxquels ses successeurs devoient être en proie, il recommanda surtout au jeune prince d'abaisser les Guise, de ne point trop élever les Montmorency, et de se défier des seigneurs qui montroient du penchant pour les opinions nouvelles. L'espoir trompeur que ses dernières volontés seroient suivies parut lui donner quelque tranquillité, et il mourut le 31 mars 1547, à l'âge de cinquante-deux ans et demi. Conformément à son désir, il fut enterré avec ses deux fils qui l'avoient précédé au tombeau, pour lesquels il avoit eu une tendresse particulière, et dont la perte funeste et prématurée lui avoit causé tant de regrets.

La Reine son épouse, qui, jouissant de son estime, n'avoit pu obtenir son amour, et vivoit depuis long-temps fort isolée, obtint la permission de se retirer près de sa famille. Elle alla d'abord dans les Pays-Bas, où elle fut accueillie par sa sœur la reine de Hongrie; puis elle passa en Espagne, partagea quelque temps la retraite de Charles-Quint dans le monastère de Saint-Just, et se fixa enfin dans la ville de Talavera, où elle mourut en 1558, universellement regrettée.

Marguerite de Navarre ne se consola point de la mort d'un frère dont elle n'avoit pu recueillir les derniers soupirs : « Elle en fit, dit Brantôme, des lamentations si grandes, des regrets si cuisans, qu'onc- « ques puis ne s'en remist, et ne fist jamais plus son « profit. » Renonçant aux illusions qui l'avoient autrefois éblouie, sans cependant l'égarer entièrement, elle se retira dans un couvent en Angoumois, où, se livrant à des pratiques de piété, elle trouva l'unique soulagement qui pût adoucir ses peines. Un contemporain raconte qu'il l'y vit souvent *faire l'office d'abbesse, et chanter avec les religieuses à leurs messes et à leurs vespres* (1). Elle mourut en 1549, deux ans après la mort de son frère.

Le nouveau règne rendit Diane de Poitiers toute puissante. Elle ne fit point, comme on l'avoit présumé, proscrire une rivale contre qui elle avoit eu si long-temps à lutter. La duchesse d'Etampes put aller habiter ses terres, et y disposer librement des immenses richesses qu'elle avoit acquises pendant sa faveur. Elle vécut plus de trente ans dans cet exil, où, pratiquant sans contrainte la nouvelle religion, elle fut la protectrice ardente des protestans persécutés.

L'époque des règnes de François 1 et de Charles-Quint passe avec raison pour la plus intéressante et la plus instructive de l'histoire moderne : elle doit moins attacher par les guerres sanglantes, qui presque toujours furent sans résultat décisif, que par la révolution qui s'opéra dans les opinions, dans les mœurs, et dans les systèmes religieux et politiques. Si d'un côté l'esprit humain acquit d'heureux développemens ; si des génies supérieurs s'élevèrent pour donner à la vérité toutes les ressources du raisonnement et tous les charmes de l'éloquence ; si les lettres et les arts sortirent de la barbarie ; si la société, qu'ils embellirent, offrit plus d'agrémens et de jouissances : d'un autre côté l'orgueil humain, exalté par de prétendues découvertes, ne connut plus de bornes ; il ébranla les fondemens antiques de la civilisation européenne, fit pénétrer dans le sein des vieilles

(1) Du Breuil, Antiquités de Paris.

monarchies un levain qui ne tarda pas à causer une grande fermentation, et produisit bientôt des catastrophes dont le contre-coup se fait encore sentir après trois siècles. La recherche des causes premières de ces événemens désastreux, qui ne prouvent rien contre les progrès des véritables lumières, doit être l'objet principal de ceux qui veulent étudier avec fruit l'histoire de la première moitié du seizième siècle; et c'est ce qui nous a décidés à donner dans cette Introduction beaucoup de détails, tant sur la cour de François I que sur les hommes qui, protégés par lui, par sa maîtresse ou par sa sœur, ont le plus influé sur l'esprit de cette époque aussi brillante que fameuse.

---

*Lettre de François 1 à la duchesse d'Angoulême, sur la bataille de Marignan.*

(Voyez la note de la page 19.)

MADAME, afin que vous soyez bien informée du fait de notre bataille, je vous avise que hier, à heure d'une heure apres-midi, notre guet, qui étoit sur les portes de Milan, nous avertit comme les Suisses se jetoient hors de la ville pour nous venir combattre; laquelle chose entendue, je tâmes nos lansquenets en ordre, c'est à savoir en trois troupes, les deux de neuf mille hommes, et la tierce d'environ quatre mille hommes, que l'on appelle les enfans perdus de Pierre de Navarre, sur le côté des avenues, avec les gens de pied de France et aventuriers; et parce que l'avenue par où venoient lesdits Suisses étoit un peu serrée, et ne fut si bien possible de mettre nos gendarmes de l'avant-garde, comme ce étoit en plain pays, qui nous cuida mettre en grand desordre; et de ma bataille j'étois à un trait d'arc en deux troupes de ma gendarmerie, et à mon dos mon frere d'Alençon avec le demeurant de son arriere-garde, et notre artillerie sur les avenues. Et au regard des Suisses, ils étoient en trois troupes, la premiere de dix mille, la seconde de huit mille hommes, et la tierce de dix mille hommes; vous assurant qu'ils venoient pour châtier un prince, s'il n'eût été bien accompagné; car d'entrée de table qu'ils sentirent notre artillerie tirer, ils prindrent le pays couvert, ainsi que le soleil se commençoit à coucher, de sorte que nous ne leur fismes pas grand mal pour l'heure de notre artillerie; et vous assure qu'il n'est pas possible de venir en plus grande fureur ni plus ardemment. Ils trouverent les gens de cheval de l'avant-garde par le côté; et combien que lesdits hommes d'armes chargeassent bien et gaillardement le connétable, le maréchal de Chabannes, Ymbercourt, Telligny, Pont de Remy et autres qui étoient là, si furent-ils reboutez sur leurs gens de pied, de sorte avec grande poussiere que l'on ne se pouvoit voir, aussi bien que la nuit venoit. Il y eut quelque peu de désordre, mais Dieu me fit la grâce de venir sur le côté de ceux qui les chassoient un peu chaudement : me sembla bon de les charger, et le furent de sorte; et vous promets, madame, si bien accompagnés, et quelques gentils galans qu'ils soient, deux cens hommes d'armes que nous étions en défismes bien quatre mille Suisses, et les repoussâmes assez rudement, leur faisant jeter leurs piques, et crier *France!* Laquelle chose donna haleine à nos gens de la plupart de notre bande; et ceux qui me purent suivre, allâmes trouver une autre bande de huit mille hommes, laquelle à l'approcher cuidions qui fussent lansquenets, car la nuit étoit déjà bien noire. Toutefois, quand ce vint à crier *France!* je vous assure qu'ils nous jetterent cinq à six cens piques au nez, nous montrant qu'ils n'étoient point nos amis. Nonobstant cela, si furent-ils chargés et remis au-dedans de leurs tentes, en telle sorte qu'ils laisserent de suivre les lansquenets : et nous voyant la nuit noire, et n'eût été la lune qui aidoit, nous eussions bien été empéchés à connoître l'un l'autre; et m'en allai jeter dans l'artillerie, et là rallier cinq ou six mille lansquenets et quelques trois cens hommes d'armes, de telle sorte que je tins ferme à la grosse bande des Suisses. Et cependant mon frere le connétable rallia tous les piétons françois et quelque nombre de gendarmerie, leur fit une charge si rude, qu'il en tailla cinq ou six mille en pieces, et jeta cette bande dehors : et nous par l'autre côté leur fismes jeter une volée d'artillerie à l'autre bande, et quand et quand les chargeâmes de sorte que les emportâmes, leur fismes passer un gué qu'ils avoient passé sur nous. Cela fait, ralliâmes tous nos gens, et retournâmes à l'artillerie; et mon frere le connétable sur l'autre coin du camp, car les Suisses se logerent bien près de nous, si près que n'y avoit qu'un fossé entre deux. Toute la nuit demeurâmes le cul sur la selle, la lance au poing, l'armet à la tête, et nos lansquenets en ordre pour combattre; et pour ce que j'étois le plus près de nos ennemis, m'a fallu faire le guet, de sorte qu'ils ne nous ont point surpris au matin : et faut que vous entendiez que le combat du soir dura depuis les trois heures après midi jusques entre onze et douze heures, que la lune nous faillit; et y fut fait une trentaine de belles charges. La nuit nous départit, et même la paille pour recommencer au matin; et croyez, madame, que nous avons été vingt-huit heures à cheval, l'armet à la tête, sans boire ni manger. Au matin, une heure avant jour, prins place autre que la nôtre, laquelle sembla bonne aux capitaines des lansquenets, et l'ai mandé à mon frere le connétable pour soi tenir par l'autre avenue, et pareillement l'ai mandé à mon frere d'Alençon, qui au soir n'étoit pu venir; et dès le point du jour que pûmes voir, me jetai hors du fort avec les deux gentilshommes qui m'étoient demeurés du reste du combat; et ai envoyé quérir le grand-maître, qui se vint joindre avec moi avec environ cent hommes d'armes. Et cela fait, messieurs les Suisses se sont jetés en leurs ordres, et délibérés d'essayer encore la fortune du combat : et comme ils marchoient hors de leur logis, leur fis dresser une douzaine de coups de canon qui prindrent au pied, de sorte que le grand trot retournerent en leur logis, se mirent en deux bandes; et pour ce que leur logis étoit fort et que ne les pouvions chasser, ils me laisserent à mon nez huit mille hommes, et toute leur artillerie; et les autres deux bandes les envoyerent aux deux coins du camp, l'une à mon frere le connétable, et l'autre à mon frere d'Alençon. La premiere fut au connétable, qui fut vertueusement reculée par les aventuriers françois de Petre de Navarre. Ils furent repoussés, et taillés outre grand nombre des leurs; et se rallierent cinq ou six mille, lesquels cinq ou six mille aventuriers défirent avec l'aide du connétable, qui se mêla parmi eux avec quelque nombre de sa gendarmerie. L'autre bande qui vint à mon frere fut tres-bien recueillie, et à cette heure là arriva Barthelemy Delvian avec la bande des Vénitiens, gens de cheval, qui tous ensemble les taillerent en pieces; et moi étois vis-à-vis les lansquenets de la grosse troupe, qui bombardions l'un et l'autre, et étoit à qui se délogeroit; et avons tenu bute huit heures à toute l'artillerie des Suisses, que je vous assure qu'elle a fait baisser beaucoup de têtes. A la fin de cette grosse bande, qui étoit vis-à-vis de moi, envoyerent cinq mille hommes, lesquels renverserent quelque peu de nos gendarmes, qui chassoient ceux que mon frere d'Alençon avoit rompus, lesquels vindrent jusques aux lansquenets, qui furent si bien recueillis de coups de haches, butes, de lances et de canon, qu'il n'en réchappa la queue d'un, car tout le camp vint à la huée sur ceux-là, et se rallierent sur eux; et sur cela fismes semblant de marcher aux autres, lesquels se mirent en désordre, et laisserent leur artillerie, et s'enfuirent à Milan, et de vingt-huit mille hommes qui là étoient venus n'en réchappa que trois mille, qu'ils ne fussent tous morts ou pris; et des nôtres j'ai fait faire revue, et n'en trouve à dire qu'environ quatre mille. Le tout je prends tant d'un côté que d'autre à trente mille hommes. La bataille a été longue, et dura depuis hier les trois heures apres midi jusques aujourd'hui deux heures, sans savoir qui l'avoit perdue ou gagnée, sans cesser de combattre ou de tirer l'artillerie jour et nuit; et vous assure, madame, que j'ai vu les lansquenets mesurer la pique aux Suisses, la lance aux gendarmes; et ne dira-t-on plus que les gendarmes sont lievres armés, car, sans point de faute, ce sont eux qui ont fait l'exécution; et ne penserois point mentir que par cinq cens et par cinq cens il n'ait été fait trente belles charges avant que la bataille fut gagnée. Et tout bien debattu, depuis deux mille ans en çà n'a point été vûe une si fiere ni si cruelle bataille, ainsi que disent ceux de Ravennes, que ce ne fut au prix qu'un tiercelet. Madame, le sénéchal d'Armagnac avec son artillerie ose bien dire qu'il a été cause en partie du gain de la bataille, car jamais homme n'en servit mieux. Et Dieu merci tout fait bonne chere; je commencerai par moi et par mon frere le connétable, par M. de Vendôme, par M. de Saint-Pol, M. de Guise, le maréchal de Chabannes, le grand-maître, M. de Longueville. Il n'est mort de gens de renom qu'Ymbercourt et Bussy, qui est à l'extrémité, et est grand dommage de ces deux personnages. Il est mort quelques gentilshommes de ma maison, que vous saurez bien sans que vous le récrive. Le prince de Talmond est fort blessé, et vous veux encore assurer que mon frere le connetable et M. de Saint-Pol ont aussi bien rompu bois que gentilshommes de la compagnie, quels qu'ils soient; et de ce j'en parle comme celui qui l'a vu, car ils ne s'épargnoient non plus que sangliers échauffés. Au demeurant, madame, faites bien remercier Dieu par tout le royaume de la victoire qu'il lui a plu nous donner. Madame, vous vous moquerez de messieurs de Lautrec et de Lescun, qui ne se sont point trouvés à la bataille, et se sont amusés à l'appointement des Suisses, qui se sont moqués d'eux. Nous faisons ici grand doute du comte de Sanxerre, pour ce que ne le trouvons point.

Madame, je supplie le Créateur vous donner très-bonne vie et longue. Ecrit au camp de Sainte-Brigide, le vendredy quatorzieme jour de septembre mil cinq cent quinze.

# *AU ROY* (1).

Sire, en visitant la librairie que deffunct monsieur de Langey, mon beau-pere, m'a laissée, je fus emerveillé comme un tel personnage, occupé au service des rois voz ayeul et pere, et de son naturel addonné aux armes, contre la coustume de ceux qui sont de pareille inclination, s'estoit garny d'un si grand nombre de livres; comme il les avoit ainsi disposez par ordre, et cottez de marques et additions pour le secours de sa memoire. Toutesfois, me souvenant de ce que j'avois oüy dire de la nourriture qu'il eut avec deffunts messire Guillaume Du Bellay et monsieur le cardinal Du Bellay, ses freres (desquels la memoire durera à jamais, pour avoir esté au reng des plus excellens de leur temps aux armes et aux lettres), je pensay que ceste nourriture pouvoit estre la cause qui l'avoit ainsi rendu amateur des livres, et soigneux d'en fournir si bien cette sienne librairie, en laquelle, recherchant par apres plus curieusement ce qui y estoit de rare et singulier, j'arrivay sur quelques volumes escrits la plus part de la main d'iceluy; lesquels ayant leu à loisir, trouvay estre une belle histoire des choses advenües de son temps en vostre royaume et païs circomvoisins, laquelle toutesfois par modestie il voulut seulement appeller Memoires, estimant ( comme je croy ) que le tiltre d'histoire emportast quelques ornemens d'eloquence plus grans qu'il ne pensoit y estre employez, ou bien qu'il eust proposé ne la faire imprimer, mais la laisser en ceste librairie comme annales privées et particulieres pour nostre maison Du Bellay.

Et de fait le doute que telle fut sa volonté m'a retardé, depuis dix ans qu'il est decedé, de faire imprimer ceste

(1) *Au Roy* : cette dédicace est de 1569; ainsi elle est adressée à Charles ix.

histoire jusques à maintenant, qu'estant, avec le desir que j'en avois, invité, par les honneurs qu'il pleut nagueres à Vostre Majesté me departir, à chercher les moyens de luy faire service, j'ay estimé qu'outre ce que m'y suis tousjours efforcé depuis que je commence à porter les armes, et mesmes aux guerres dernieres sous la charge de Monsieur, encores feroy chose à elle agreable si je tiroy ces livres du tresor de nostre maison, pour les mettre en lumiere sous la protection de Vostre Majesté, parce qu'estant icelle curieuse de toutes choses loüables, mesmement de la lecture des haults faits d'armes, stratagemes et actes des vertueux princes, ce luy seroit un singulier plaisir de cognoistre comme son ayeul le grand roy François s'est maintenu en son Estat, s'est dextrement tiré des dangers où il estoit tombé, s'est magnanimement porté en adversité, et modestement en felicité. J'ay pensé aussi que les anciens capitaines qui vous restent de son temps receveroyent quelque soulagement en leur vieillesse, se voyans nommez aux discours des guerres où ils ont esté, et s'y recognoissans quasi comme feit Aenée (1) en la painture qu'il trouva dans le temple de Junon à Cartage; pareillement que ce seroit un grand aiguillon pour esmouvoir à vertu les jeunes seigneurs de vostre cour, d'y rencontrer souvent le nom de leurs peres, d'autant que les exemples domestiques ont trop plus de force pour encourager la jeunesse à bien faire, que ceux qui sont recueillis des estrangers.

Bien est vray qu'il se treuve plusieurs histoires escrites du mesme temps; mais, outre que ceste cy contient plusieurs discours qui n'estoyent encores divulguez, elle a cest advantage de n'avoir aucune crainte que les gens de guerre en la lisant dient un mot qui leur est familier, c'est que l'autheur en parle comme un clerc d'armes. A la verité il siet bien à chacun de traitter de l'affaire auquel il est versé : c'est

---

(1) *Comme feit Aenée :*

..... *Videt Iliacas ex ordine pugnas,*
*Bellaque jam famâ totum vulgata per orbem.*

ENÉIDE, liv. I.

*pourquoy les histoires de Thucydide ont esté entre les Grecs
en plus grand prix que celles de Theopompe et d'Ephore,
par ce que ceux cy estoyent philosophes ou orateurs; mais
luy avoit eu plusieurs charges en la republique d'Athenes,
en paix et en guerre, dont le jugement qu'on apperçoit par
ses discours porte suffisant tesmoignage. On dit à ce propos
la proprieté et naifveté des Commentaires que Jule Cesar a
faits avoir esté trouvée telle par Ciceron, qu'il estima impossible d'y adjouster ny diminuer, consideré que Cesar
avoit escrit des affaires de guerre en homme qui l'entendoit
fort bien.*

*Il y a eu en nostre nation peu de capitaines qui ayent
daigné mettre la main à la plume pour escrire ce qu'ils
avoyent fait ou veu faire; mais quand il s'en est trouvé,
leurs escrits ont esté preferez à toutes autres chroniques
du mesme temps: tesmoins en sont les livres du seigneur
de Jonville, l'un des barons qui accompagna le roy sainct
Loys aux guerres d'oultremer; celles de messire Olivier de
La Marche, et sur toutes celles de messire Philippes de
Commines, lesquelles depuis leur venüe en lumiere n'ont
manqué sous le chevet ou pour le moins dans le cabinet des
seigneurs et capitaines de ce royaume, qui ont eu le bien de
leur patrie et leur advancement en quelque recommanda-
tion. Je ne feray comparaison de ceste histoire à celle de
messire Philippes de Commines, par ce qu'apartenant de si
pres à l'autheur, seroy estimé juge recusable; bien diray (ce
que chacun m'accordera) que monsieur de Langey n'a eu
moins de charges et honneurs en vostre royaume, et que
son stile, son discours, ses termes, le monstrent bien versé
aux affaires dont il escrit: outre ce qu'en luy on peult remarquer autant de sçavoir et d'eloquence, aussi estoit il nay
en un siecle bien fort lettré, et ne se trouverra au par sus
moins diligent d'escrire la pure verité de ce qu'il a veu et
cogneu.*

*Il me souvient luy avoir ouy dire maintesfois (lors qu'il
detestoit les mensonges et adulations d'aucuns historiogra-
phes de son temps) que ceux qui escrivoyent faux en his-*

toire devoyent estre punis au double des faux tesmoins ; et avoit raison d'ainsi le dire, car, bien que l'histoire ne soit autre chose qu'un tesmoignage de ce qui s'est passé en chacun siecle, la consequence de la fauceté d'icelle est d'autant plus grande, qu'elle ne circonvient un juge au dommage de quelques particuliers, comme le faux tesmoignage, mais abuse ceux du temps present et la posterité, qui receveront par ce moyen le faux pour le vray, estant en ce faisant l'honneur desrobé à qui il appartient, et donné à qui ne le merite. Feu monsieur de Langey s'est bien gadré de tomber en ce péché ; car comme il ne cele les actes loüables d'aucuns, soyent des nostres ou des estrangers, aussi il ne s'espargne à remarquer leurs fautes, parlant neantmoins reveremment des princes et seigneurs qu'il a deu respecter, et descrivant leurs desseins et executions, ne le fait selon le bruit qui couroit à l'heure, bien souvent faux et variable, mais comme il les avoit apris, ou pour s'y estre trouvé, ou par les plus certains advertissemens qu'en recevoit le Roy vostre ayeul, duquel il estoit aimé et favorisé comme il seroit encores de Vostre Majesté, sire, s'il vivoit, selon la coustume d'icelle d'estre bien affectionnée en l'endroit des hommes vertueux qui se sont de bon cœur et heureusement employez à faire service aux predecesseurs d'icelle. Mais puis que Dieu n'a permis qu'il ait vescu jusques au temps qu'il peut estre cogneu à Vostre Majesté, elle le cognoistra par ses escrits ; et ceste faveur que pource luy voudroit faire s'il vivoit la continuera Vostre Majesté, s'il luy plaist, en l'endroit de ceux qui portent le nom et les armes du deffunct, et qui luy sont heritiers, non tant de ce qu'il a laissé, que de la volonté qu'il avoit d'exposer ses biens et sa vie pour le service de Vostre Majesté, que Dieu vueille maintenir en prosperité et félicité.

Votre treshumble serviteur,

RENÉ DU BELLAY, baron de La Lande.

# PREFACE DE L'AUTHEUR.

ENTRE ceux qui ont mis la main à la plume pour consacrer à l'immortalité les choses dignes de memoire, il s'en trouve peu qui n'ayent ou trop adjousté à l'exaltation et magnificence de leurs princes, ou trop diminué de la gloire des estrangers; et y en a beaucoup qui se sont permis telle licence d'escrire à la volée tout ce qui leur tomboit en l'esprit, qu'en maints endroits ils nous ont depaint des fables plus que pueriles, en lieu d'histoire. Et encores au jourd'huy nous voyons quelle foy on doit adjouster à ceux qui n'ont honte d'exposer en lumiere leurs œuvres, où les choses dont nous avons vraye et entiere cognoissance sont autrement par eux descrites qu'elles n'ont esté faittes. Vray est que nous avons assez d'historiens qui, non moins doctement que diligemment, nous ont descrit en general les hazardeuses entreprinses des guerres, les traittez de paix et d'alliances, les gouvernemens des republiques, les mutations des royaumes et empires, la nature et les mœurs des hommes, les situations des lieux et coustumes des villes; et singulierement Paul Emile [1] et Paul Jove [2] ont rapporté

[1] *Paul Emile*: homme de lettres italien, appelé en France sous le règne de Louis XII. On a de lui une Histoire de France en latin. Il étoit né à Vérone: il mourut à Paris en 1529. — [2] *Paul Jove*: célèbre

grande louange, en l'histoire qu'ils nous ont laissée, de ce qui est advenu de nostre temps par tout le monde universel; bien que Paul Jove, en plusieurs endroits de son histoire, s'est monstré plus partial qu'il ne me semble que deveroit faire un bon historien, qui doit escrire la verité sans s'affectionner à l'une ou à l'autre part.

Mais quant aux particularitez de ce royaume, et ce qui concerne les guerres que le feu Roy de treslouable memoire François, premier de ce nom, a esté contraint soustenir et entreprendre, je n'ay veu homme qui se soit employé à les descrire tant amplement et par le menu que feu mon frere messire Guillaume Du Bellay, seigneur de Langey, chevalier de l'ordre du Roy, et son lieutenant general en Italie, homme de telle vertu et erudition que chacun a cogneu; lequel avoit composé sept ogdoades latines [1], par luy mesmes traduittes, du commandement du Roy, en nostre langue vulgaire, où l'on pouvoit veoir comme en un clair miroir, non seulement le pourtrait des occurrences de ce siecle, mais une dexterité d'escrire merveilleuse et à luy peculiere, selon le jugement des plus sçavans. Toutesfois son labeur nous

---

historien italien. Il écrivit en latin l'histoire des cinquante premières années du seizième siècle, et quelques ouvrages biographiques. On lui reproche beaucoup de partialité. Il étoit né à Côme, en Lombardie, en 1483. Il mourut à Florence en 1552.

[1] *Sept ogdoades* : cela veut dire que les divisions de l'ouvrage étoient de huit livres en huit livres.

est demeuré inutil, par la malice de ceux qui ont desrobé ses œuvres, voulans ensevelir l'honneur de leur prince et de leur nation, ou faisans leur compte peult estre qu'à succession de temps ils en pourront faire leur proufit, en changeant l'ordre et deguisant un peu le langage; en quoy la substance pourroit grandement estre alterée, et la reputation d'autruy prejudiciée : à raison dequoy il m'a semblé, estant quelquesfois en repos des armes, et employant mon temps afin de n'estre reputé oisif (car oisiveté est mere et origine de tous vices), ne devoir espargner ma peine et diligence pour faire publier trois livres qui nous restent de sa cinquiesme ogdoade, et les accompagner d'autres sept contenans plusieurs briefs memoires tant de la paix que de la guerre, dont je puis parler en partie comme tesmoing oculaire; car en plusieurs endroits, et deça et delà les monts, me suis trouvé en personne, et des autres ay peu avoir certain advis par ceux qui ont esté presens, gens de foy et de sincere jugement, conformant le dire des uns aux autres, et mesmes de plusieurs estrangers qui en parlent sans affection, ayant esté tousjours soigneux d'entendre en quelle sorte les choses sont passées depuis quarante et deux ans que j'ay commencé à monter à cheval, jusques au trespas dudit feu Roy, protestant que je ne me suis beaucoup arresté à farder mon ouvrage des couleurs de rhetorique : aussi n'est-ce pas ma vacation. Parquoy j'ay dressé mon but à representer et deduire les choses au plus pres de la verité qu'il m'a esté possible, et ne pense avoir aucunement enrichy la besongne, pour vouloir flatter ou taxer autruy. Mais si j'ay d'aventure quelque chose obmise (ainsi qu'il est fort difficile d'avoir l'œil par tout), il me semble que je suis d'autant plus excusable que moins j'ay esté nourry aux lettres, et que j'ay eu assez peu de loisir et de moyen d'employer le temps à escrire, pour avoir toute ma vie ordinairement suivy les armes au service de mon prince; ce que je prie les lecteurs vouloir mettre en consideration; et, recevans pour agreable ce qu'ils pourront trouver digne de leur estre presenté, estimeront, s'il leur plaist, que je ne seray jamais de l'opinion de Lucilius, homme romain, lequel ne vouloit ses escrits tomber és mains des personnes tresdoctes, et moins estre leuz des ignorans, pour autant, disoit-il, que les uns avoyent plus de cognoissance que luy, et les autres n'y entendoient rien; car j'ay seulement voulu en cecy preparer le chemin à ceux qui sont plus sçavans que moy, lesquels pourront doler (1) cy apres ce que j'ay grossement esbauché, pour le rediger en stile et langage plus beau et plus orné, y adjoustant ou diminuant ce qu'ils cognoistront venir mieux à propos, afin de conserver à la posterité les faits vertueux et memorables de nostre temps.

(1) *Doler* : polir.

# PROLOGUE

## DES OGDOADES

### DE MESSIRE GUILLAUME DU BELLAY,

#### SEIGNEUR DE LANGEY,

*De la perte desquelles ne reste que les trois livres qui ensuyvent, avec quelques fragmens espars en cest œuvre ; et les Epitomes de l'antiquité des Gaules, qui sont imprimées à part.*

A tort se plaignent au jourd'huy les historiens françoys, et regrettent sans raison la fortune et condition des temps passez ; comme si, pour avoir esté fleurissante en faitz vertueux et recommandables, elle eust, par abondance de matiere, induitz et comme contraintz les nobles et renommez historiens passez à exerciter leurs esprits en stile, et par escripts magnifier et consacrer leurs noms à perpetuelle memoire, et qu'au temps present ilz ne trouvassent à ce faire un aiguillon semblable. Leur honneur sauve, il semble que s'ilz vouloient considerer et bien peser les choses qui seulement depuis cent ans sont advenuës en ce royaume, ilz cognoistroient clairement que les escrivans ont plus deffailly à la matiere, que la matiere à eulx ; et que ja eust peu un diligent et bon historien, sans rien toucher ne de superflu ne d'inutile, plus mettre en lumiere de livres et decades que Tite Live ou Troge Pompée ne firent en si long temps; lesquelz, s'ilz eussent escrit aussi cruëment et sans artifice qu'aucunesfoys ont fait ceux de France, sans inserer ne debatre les causes et motifz des choses dont ils escrivoient, et sans deduire les deliberations sur ce prises en conseil, avec les concions et oraisons tant militaires que politiques, demonstratives que deliberatives, peu de plaisir auroit-on à lire leur histoire, et ne sembleroient les choses si grandes qu'elles font, qui sont trouvées telles, pour estre ennoblies et enrichies de l'excellence et singularité du stile, avecques l'elegante distribution de la matiere subjecte : si qu'à bon droit Alexandre le Grand jugea estre l'une des plus grandes et principales felicitez d'Achilles d'avoir trouvé Homere tel et si noble recitateur de sa prouësse. Et certes si on me confesse la definition d'histoire estre la vraye et diligente exposition des choses faites, j'en retireray qu'il ne suffist dire, quand-on voudra escrire histoire, *Cecy fut dit, cela fut fait*, sans remonstrer comment, par qui, par quel moyen, à quel tiltre et à quelle fin. J'accorderay bien pour le present que quelqu'un ayt fidelement et veritablement escrit, de maniere que son labeur se puisse dire vraye narration des choses; mais je demande lors en quoy consiste celle diligence qui par la confessée definition est necessaire. On me dira qu'en ordre et en narration des choses bien poursuyvie et continuée.

Si aucuns doncques veulent garder cest ordre prosecutif ou continu, je vueil que premierement ils proposent ce dont ils veulent parler : si d'apointemens ou alliances, fault reciter les causes finales et inductives, et qui ont à ce meu les parties ; fault inserer de l'une et de l'autre les remontrances, griefz, debatz, capitulations et traictez : et si de guerre, fault qu'ils me dient à quelle cause et pour quelle occasion elle s'est meuë; fault reciter les querelles debatuës, les parlemens, les deffiances, les apareilz et entreprises, executions, moyens et conduites d'icelles ; mettre les batailles en ordre, representer la rencontre, le conflit, l'execution de l'artillerie, le traict des haquebutiers, archiers et arbalestiers, poulsiz de picques, chocz d'hommes d'armes, heurtis de chevaulx, coups d'espée, chapliz (1) de masses, haches et halebardes; l'effroy des vaincuz, roupte, fuyte et desolation d'iceux ; le cueur, hardiesse et poursuyte des victorieux : jusques à quelque foys racompter non seulement le maintien de l'une ou de l'autre armée, mais ce que chacun de son costé aura particulierement dit et fait. Par tous ces poinctz, fault parvenir à l'effet et à l'aventure de l'issuë. Ceste aventure fault encores specifier par moult de circonstances : à sçavoir est si par vertu ou par nombre de gens, si par diligence, prudence et bonne conduitte d'une part, si par mauvais ordre et negligence de l'autre, si par temerité, outrecuydance et precipitation des uns, par ruse ou dissimulation des autres, et par cent telles ou semblables circonstances qui en l'histoire ne sont à mespriser, ains à diligemment observer ; en representant, artificieusement tous les mandemens, sommations et responses des uns aux

---

(1) *Chapliz* : bruit des coups donnés sur les armes.

autres, avecques la majesté, audace, desdaing, mesprisement, timidité, sens, astuce, malice ou trayson qu'elles auront esté portées, ouyes et respondues; et ceste est la vraye diligence et le vray ordre prosecutif qui en hystoire sont desirez.

Pour exemple, ce n'eust assez esté si Tite Live eust recité la victoire des Romains contre Perseus, roy de Macedone, s'il n'eust premis les occasions et preparatifz de la guerre; et comment, ayant desja Perseus son armée preste, et les Romains estans encores assez mal esquippez, L. Martius, legat romain, l'amusa souz esperance de paix, et le feit condescendre à demander une courte trefve, pendant laquelle les Romains, au lieu de traiter la paix, se preparerent aux armes, et à la fin le deffirent, et reduirent son royaume à leur obeïssance; laquelle ruse ou astuce du legat romain, comme ayant beaucoup diminué de la gloire et reputation de la victoire, fut fort blasmée et reprouvée par les anciens et plus honorés peres et princes du senat romain, qui vouloient obtenir les victoires, non par malice, mais par vertu. Par cest exemple donques, lequel je metz au lieu d'une infinité d'autres semblables qui se pourroient accumuler, aparoist quel ordre et diligence sont requis en une histoire; et que là où ils ne sont gardez, posés ores que l'historien, comme dit est, n'ayt rien que veritablement escrit, si ne meritera son œuvre, à mon jugement, le juste tiltre et nom d'histoire.

Que pleust à Dieu que par aucun qui bien le sceust et voulust faire, en ensuyvant telle definition et regle, nous peussions veoir descrits tant de faits d'armes; rencontres, batailles, assauls et deffences de villes et chasteaux, tant de querelles, traictez, apointemens et ambassades entreveuës entre les princes depuis seulement le commencement de cestuy regne. Certes les faits, combien qu'ils soient d'eux mesmes si hauls et magnifiques qu'ilz peuvent assez nourrir et eslever une basse et affamée oraison, si se monstreroient ils au jugement des hommes assez plus dignes et recommendables qu'ils ne se monstrent; et lors pourroient les diligens estimateurs des choses juger et cognoistre par celle monstre que si en France nous eussions eu un Tite Live, il n'y eust, entre les histoires romaines, exemple ou vertueux fait auquel n'eussions un respondant; car, ne desplaise aux autres nations ( desquelles je ne vueil en rien diminuer la reputation ), je n'en sache aucune en laquelle, ou plus souvent ou plus long temps, se soit fortune monstrée amye ou ennemie alternativement; et proprement semble qu'en ceste seule nation françoyse elle ayt voulu esprouver l'une et l'autre sienne puissance, pour à toutes autres donner exemple et mirouer tant de supporter en magnanimité et avecques force et constance les infortunes et aversitez, comme de soy gouverner en prosperité, avecques modestie et atrempance. Laquelle chose, comme ainsi elle soit, à mon avis à donné à plusieurs ocasion de grande merveille, considerant que bien mil ans ou plus France a eu bruyt et reputation, avant que nul, au moins qui soit à estimer, ayt mis la main à l'œuvre pour escrire tant de faits memorables qui en icelle sont avenuz.

Mais nos ancestres et fondateurs du royaume, naturellement (et comme par aventure alors estoit besoing) furent tousjours trop plus inclins à faire qu'à escrire; lequel vouloir certes je ne blasme, ains tresfort loue. Deslors estoient survenues les mutations universelles des royaumes, destructions des païs, et abolissement des lettres et arts, qui par long temps ont esté comme ensevelies et endormies; ce que je pense avoir esté cause que nous n'ayons hystoriens de l'origine, progres et accroissement de nostre royaume. Et neantmoins par cy par là s'en trouve quelque chose escrite au style et narration telle qu'alors, plus digne toutesfoys, à mon jugement, de commiseration que de moquerie; car ils ont fait, en tant que possible leur a esté, que des choses de leur temps la memoire n'est entierement ensevelie, et qu'en eux trouveront matiere ceux qui, apres les voudront celebrer en plus elegant et orné langage. Mais depuis le temps que les sciences ont commencé à se ressouldre, et que, par la benignité de nostre souverain tres chrestien, tresmagnanime et tresliberal prince, elles ont presque recouvert leur ancien regne et dignité, je voy neantmoins que tant plus elles fleurissent de jour en jour, tant moins nous trouvons d'hystoriens qui, entre tant de hautes et louables entreprises, ayent apliqué leur estude à les escrire, et consacrer à eternité le nom et loz des vertueux; dont au contraire, de ceux qui sur faute de matiere acusent et blament à tort le temps present, je, non sans cause, me voudroye plaindre et lamenter de la fortune et condition du mesme temps, auquel je voy que nul autre art ou science est si abjecte et contemnée, que ceste seule, qui par raison deust estre plus exaltée, ainsi qu'elle est entré les autres tresdigne et profitable. Et certes jamais aux humains n'avint si bien, comme du temps que toutes choses, dignes ou de louange ou de reprehension, estoient transmises à la posterité par vraye escriture; car tout ainsi que par louange, nourrice de vertu, sont les cueurs nobles aiguillonez et resveillez, ainsi n'est chose qui plus destourne de vice les fresles et tendres esprits que la reprochée memoire des vicieux, dont par hystoire nous sont les exemples proposez, pour ensuyvre les uns et fuyr les autres.

Doncques d'hystoire tous ces biens viennent. Premierement, le prince ou privé qui devant soy a ceste consideration que tout le bien ou mal qu'il puisse faire sera un jour representé par vraye hystoire, ainsi que sur un theatre, en jeu public et à la veuë et jugement de tout le monde, mettra peine et travaillera de laisser de soy plus tost recommendable que reprehensible memoire. Pour ceste cause l'empereur Caligula, combien qu'en autres plusieurs choses il soit grandement blasmé, est toutesfoys loué de ce qu'il premist les hystoires escrites par Labienus et Cassius, ja condamnées et mises au feu par auctorité du senat, en complaisant, à ceux qui se sentoient en icelles veritablement taxez, estre toutesfoys remises en lumiere, disant qu'il touche à l'interestz de la chose publicque les faits d'un chacun estre escritz et leuz, quelzconques ils soyent, recommendables ou reprehensibles. Secondement, quand il adviendroit (comme souvent il est advenu) qu'à un loyal et bon serviteur son bon service n'auroit est remuneré, ou par prevention de mort, ou par oportunité non escheuë, ou par encombre de trop d'affaires, le prince ou son successeur, auquel par hystoire est ramenteu ledict bon service, en temps et lieu le recognoist, sinon envers le mesme serviteur, à tout le moins envers les successeurs et descendans de luy.

Et à ceste cause, entre les plus dignes offices es maisons des empereurs de Grece, estoient anciennement les interpretes de memoire, desquels estoit la charge d'escrire et puis reciter devant l'Empereur ceux qui es affaires de paix ou de guerre s'estoient noblement portez au profit et honneur de la chose publicque, afin que l'Empereur en eust la cognoissance, tant pour en temps et lieu le recognoistre, comme pour autre-foys les employer es affaires publicques. Et toutesfoys et quand ainsi se fera, comme vrayement il a souvent esté fait de ce regne, nul ne craindra d'exposer et corps et biens au service de son seigneur, pourtant qu'alors n'aura plus lieu es cueurs humains la crainte naturelle que plusieurs ont euë qu'en avançant leur mort, par trop souvent s'abandonner aux hazardz, il advienne que leurs enfans en demeurent indigens de biens et d'amys, et despourveuz de recognoissant seigneur. Au demourant, de ceux qui tant vertueusement auront exposé leurs biens et vie pour le service de la republicque et de leur prince, quand leurs enfans et successeurs viendront à lire leurs loz et recommendation, sans nul doute ce leur sera un esperon à gloire pour ensuyvre les meurs et la vertu de leurs ancestres; et au contraire s'il advenoit en quelque race (comme l'on a autresfoys veu) que par mauvaise institution ou compagnie il se trouvast aucun seduit et forlignant de la vertu de ses progeniteurs, ses successeurs, qui parmy plusieurs nobles et honorables tiltres rencontreront celle reproche, s'efforceront à leur pouvoir d'icelle tache effacer et reparer par entreprises hautes et en vertu recommandables : à quoy heureusement mener à chef ne peult aucun recouvrer meilleur guide que l'hystoire.

Par ceste nous avons cognoissance de toute civile et militaire discipline : en elle nous avons les droictz, les loix, les ordonnances, les artz, vertuz et moyens par lesquelles nouvelles principaultez sont eslevées et entretenuës, les vices et fautes par lesquelles sont aucunes tombées en ruïne et decadence. Ceste mesmes est la maistresse qui Luculle, imperateur romain, au paravant non usité aux armes, rendit en peu de temps un des meilleurs capitaines et chefz de guerre qui ayt de son temps esté à Rome. C'est ceste cy par laquelle Cyneas acquist, par remonstrances et persuasifz exemples mis en avant par luy, tant de païs et provinces au roy Pyrrhus son maistre, que, par confession d'amys et ennemys, il feit plus grans choses par luy que par sa force et puissance. C'est celle, en somme, sans laquelle nul est recevable à l'administration de la chose publique, mais à dechasser comme inutile.

Et, pour exemple, si aux consultations des affaires nous apellons les anciens capitaines qui en leurs temps ont veu l'experience de plusieurs choses, par moult plus forte raison y pourront entrer ceux qui, outre les adventures de leurs temps, peuvent racompter, de miliers d'ans en arriere, les entreprises et executions, et les rusés, simulations et dissimulations d'icelles. Et, à vray dire, je ne voy autre difference entre l'hystoire bien descrite et l'homme ancien qui a moult veu, consideré et retenu, sinon que l'un est histoire parlante et vive, mais mortelle; l'autre est hystoire morte et mute, mais à perpetuité ressuscitable, et apte à recouvrer la parole par le moyen d'un lecteur studieux et diligent. Encores oseray-je dire davantage que tout ainsi que le vieil homme qui a moult veu, mais peu consideré et moins retenu, n'est en rien à preferer à un enfant, ainsi l'homme ignorant d'hystoire, et mesment de celle de son païs, se peult aussi estimer non seulement enfant, mais estranger en sa propre maison. Dont bien souvent je m'esbahis, et de rechef accuse la condition des temps, que sur la chose qui, entre les humaines inventions, requiert à mon opinion plus grande celerité d'ayde et secours, nous commettons la plus notable nonchallance et tardiveté.

Je ne vueil en rien reculer l'avancement des autres artz qui se resveillent; mais tout à temps on leur pourra donner secours, à cause que les bons aucteurs nous ont laissé telz livres, preceptions et reigles, que pour en icelles profiter ne restera qu'estude et diligence: mais en hystoire de tant plus est la tardiveté perilleuse, que la vie des mortelz est courte; et si par ceux qui ont cognoissance et memoire des choses de leur temps il n'en est rien mis par escrit, ceux qui viendront apres, tant puissent ils avoir bon stile, bon vouloir et diligence, si n'en pourront ils escrire certainement et à la verité : ce que desja nous pouvons voir d'aucunes prochaines precedantes années, desquelles parler au long et veritablement est chose difficile, en partie par la negligence, en partie aussi par la temerité des mesmes historiens, qui ce pendant se plaignent de n'avoir assez digne matiere pour bien employer leur estude et labeur; lesquels neantmoins eussent beaucoup mieux fait, et pour eux et pour nous, de se tenir en repoz et à leur ayse, que de semer souz nom d'hystoire un incogneu recueil de fabuleuses et mensongeres narrations, dont au jourd'huy nous avons trop plus que d'hystoire.

J'ay leu en quelque cronique (ce que je crains que l'on m'estime avoir songé) d'un roy de France qui, en une apres disnée, vint de Compiegne, courant un cerf, jusques à Lodun : ce sont cent lieuës ou environ. Chacun sçayt que le tant vertueux prince et de si louable memoire Charles, duc d'Orleans, apres avoir esté pres de trente ans prisonnier en Angleterre pour le service de la couronne de France, à la fin en retourna, et mourut plein d'ans et d'honneur en ce royaume : et toutesfois on list (mais c'est en plus de vingt divers aucteurs) qu'il fut à Paris decapité pour crime de lezemajesté. Le roy d'Escosse dernier mourut-il pas en la bataille qu'il donna contre les Angloys, en l'an mil cinq cens quatorze? si ay-je leu que de celle bataille il retourna en ses païs victorieux et triumphant. Je me deporte, pour eviter prolixité, de plus avant nombrer telles mensonges, lesquelles certes ne sont semées, sinon par la temerité, indiligence et indiscretion d'iceux hystoriens et croniqueurs, qui plus souvent escrivent pour chose seure ce que leur aura dit le premier venu, sans faire election ou choix de la personne qui le leur raporte, ou bien en disant, selon le bruyt qui aura couru parmy le peuple, auquel à peine peult avoir mot de verité : dont vient aucunesfoys que les liseurs, informez du contraire, plus envyz, ne croyent aux autres bons et anciens aucteurs, les estimans avoir escrit de mesmes. Et en avient, ainsi que tresbien dit en autre cas le cardinal Bessarion, voyant à Rome tant eslever et canoniser de sainctz nouveaux, desquelz il avoit cogneue et peu aprouvée la vie, encores moins la façon de proceder à leur canonisation : « Ces nouveaux « sainctz, dist-il, me jettent grandement en doute et « scrupule de ce qu'on list des anciens. » Et au mien vouloir que telz authéurs et croniqueurs se reposassent, ou qu'à leurs livres ilz imposassent nom convenable au contenu ; et que ceux qui bien pourroient et sçauroient à la verité en parler aymassent tant l'honneur et gloire de leur nation, que d'en escrire en tel langage qu'ilz sçavent, selon les choses veues par eux, ou entendues par fidelle et bien certain raport d'autruy.

Alors seroient les gens de lettre, qui par après voudroient les enrichir de style et diction plus elegante, hors de la peine et ennuyeux travail de rechercher la verité entre tant de mensonges, contrarietez et repugnances qui sont divulgées par les dessusditz croniqueurs, soy confians temerairement à l'ouyr dire du premier trouvé. Non que je vueille maintenir ou dire que nul doyve escrire des choses, sinon celuy qui les aura veuës ; car, non obstant qu'en un tesmoing de veuë a plus de foy qu'en dix d'ouye, et que saint Jean, pour estre creu, asseure qu'il parle des choses veuës, si est-ce qu'un homme seul ne peut estre par tout où les affaires sont demenées, et y estant ne peult ensemble faire son devoir, et s'amuser à voir ce qu'autruy fait : mais un hystorien, s'il est possible, doit avoir veu où cogneu une bonne partie de ce qu'il dit, et au demourant avoir une extreme et merveilleuse discretion de s'en enquerir à ceux qui mieux au vray le pourront dire, jusques à en entendre par le rapport des ennemis, et non seulement de ceux de son party.

Ainsi lisons nous de Thucydide, lequel, encores qu'il fust present es guerres d'entre les Atheniens et Lacedemoniens, et au nombre des principaux capitaines, pour toutefois avoir plus grande certaineté de tout ce qui se faisoit en l'un et en l'autre exercite, y tenoit à ses despenses (comme puissant et riche qu'il estoit, extrait des ducz Miliciades et Cymon d'Athenes, de la ligne d'Aeacus, filz de Jupiter) gens d'esprit et de sçavoir, autant lacedemoniens qu'atheniens, ne se voulant fier en ce que les uns seulement luy en diroient, favorisans par avanture chacun à sa patrie. Apres sa mort, et à l'endroit où il fina son hystoire, Tymagenes de Miléte, et apres luy Xenophon, athenien, la reprindrent et continuerent, y adjoustant chacun ce qu'il avoit veu ou entendu. D'iceux l'un fut des princes du senat de sa cité; l'autre, apres la mort de Cyrus, en l'expedition duquel à l'encontre du roy de Perse son frere il eut charge et conduite de gens, demoura chef et capitaine general de toute l'armée des Grecs, pour iceux retirer et reconduire en Grece. Et qui voudra diligemment considerer la condition et qualité des anciens hystoriens, estimez et receuz pour telz, et non pour fabuleux et mensongers, lesquelz ayent escrit les aventures de leur temps, on trouvera qu'ilz ont esté presque tous ou chefz d'entreprise, ou capitaines particuliers, ou à tout le moins personnages de credit et authorité, qui, es choses dont ilz ne parloient de veuë, avoient moyen de s'en informer au vray.

Dares de Phrige et Dictis de Crete sont plus creuz es guerres de Troye que ne sont Dion et quelques autres; car ces deux là y mirent la main et à la plume et à l'espée. Corinnus, aussi de Phrige, né d'Ilion, pour s'estre trouvé ausdites guerres, en a esté receu à vray tesmoin; et de luy a pris Homere toute la matiere de son Iliade. Marsias de Pelle, frere du roy Antigone, et nourry d'enfance avecques Alexandre le Grand; Onesicritus d'Aegine, Calisthenes d'Olinthe, disciple et parent d'Aristote; Aristobulus de Judée, Diognetus, et Menedomus de Sicyone, tous compagnons en l'expédition et peregrination dudit Alexandre, ont escrit, les uns depuis sa nativité, autres depuis qu'il commença porter les armes, aucuns depuis le commencement de son regne, et autres depuis seulement qu'il eust dressé son armée pour entreprendre ses conquestes : à tous ceux cy est adjoustée foy en ce qu'ilz disent dudict Alexandre, et à ceux qui apres eux en ont escrit, comme sont Quinte Curse; Arrian, poëte domestique et familier de l'empereur Tybere; Arrian, hystorien qui, au temps de l'empereur Adrian, parvint à la dignité du consulat; et Plutarche, qui, au temps de Trajan, usa pareillement de puissance consulaire en Illyrie, commandant à tous les magistrats de la province. De tous les autres qui n'ont parlé de veuë, ne suivy l'hystoire de ceux qui avoient veu, on ne reçoit que le langage.

Et à ceste cause Palephatus, quand il a voulu parler de la statue de Niobé, a preallablement protesté de l'avoir veuë ; en autre lieu il escrit que, pour fidellement deduyre les choses, il a visité plusieurs regions, ne s'en rapportant à ce que par autres en estoit escrit. Aussi Lucian, quand il a voulu comparer les sacrifices des Ebrieux aux Egyptiens, il afferme premierement avoir hanté avecques les uns et les autres. Agathiarsides de Gnide, en deduisant les choses d'Asie, donne à cognoistre en plusieurs endroitz qu'il y a hanté long-temps es guerres, cherchant par ce moyen d'en estre creu. Pour mesme raison a esté creu Philistus de Syracuse en l'hystoire qu'il a escrite de son temps, parce qu'il avoit l'un des principaux manimens d'iceluy royaume, duquel il fut dejetté par Denys le Tyran l'aisné, mais depuis restably par le jeune, et appellé à la societé du royaume. Eratosthenes, cyrenien, n'est desmenty en son hystoire de Ptolemeus Evergetes jusques au temps, du cinquiesme Ptolemée, car il eut charge de leurs affaires : es autres choses n'a foy semblable. Hieronyme, rhodien, pour avoir eu souz le roy Demetrius Poliorcetes administration de son Estat et le gouvernement du royaume de Beotie, est advoué pour veritable es annales qu'il a laissez de la vie, faitz et gestes de son maistre.

Aux hystoires de Herodote, halycarnassien, et de Helanicus de Metelin, on a plus facilement adjousté foy, d'autant qu'ilz avoient le principal et premier credit autour du roy Amyntas de Macedone, par le moyen duquel ilz eurent cognoissance de plusieurs et grandes choses. Pareille foy a trouvé Symonides, magnesien, pour ce que, conversant familierement avecques Antioche le Grand, il a peu veritablement entendre les causes mouvantes, les deliberations et les exploitz de ses guerres, et principalement de celle qu'il eut contre les Galathes, en laquelle se trouva ledit Symonides en sa compagnie. Les dix livres des Portz et Plages de Mer, mis en lumiere par Demosthenes, ont esté recueilliz sans contradiction, par ce qu'il les avoit veuz et hantez estant admiral et capitaine general de l'armée du roy Ptolemée Philadelphe d'Egypte. Semblablement est avenu à Damis en ses livres de la Peregrination et miraculeux Faitz d'Apollonius Tyanæus, pour autant qu'il luy avoit par tout fait compagnie; et à Philostratus pareillement, pour ce qu'il suyt le tesmoignage dudit Damis. Aussi Ennius, poëte, a peu veritablement escrire l'expedition de Marcus Fulvius en Aetholie et contre les Ambraciens; car il feit le voyage avecques luy. Aussi feit L. Lucullus avecques L. Sylla, en la victoire par luy escrite, et par ledict Sylla obtenuë contre les Marsiens; et peu apres fut ledit Lucullus chef d'entreprise, et adjousta le royaume de Ponte à la seigneurie romaine.

Valerius, Antias et Polybe sont par tous autres hystoriens ensuyvis en la description des guerres puniques, pource que l'un fut precepteur de Scipion African, et depuis l'accompagna toute sa vie; l'autre, au voyage par luy celebré de Valerius Levinus, consul, alors qu'il vainquit Hanno de Carthage et prist Agrigente par force, avoit soubz luy conduicte de gens. Mesme foy a esté adjoustée aux annales de Q. Fabius Pictor, d'autant plus qu'il estoit homme de maison et d'auctorité, et avecques Q. Fabius Labeo avoit esté preteur de Rome. Chacun a receu ce que Theophanes, lesbien, a escrit des faitz de Pompée; aussi Pomponius Atticus du consulat de Cicero : d'autant qu'avecques ceulx dont ils parlerent ils avoient l'acces et familiarité plus que nulz autres, pour entendre d'eux mesmes la verité des choses. De l'un est la familiarité assez cogneuë par les epistres de Cicero à luy; de l'autre, par l'association du nom à laquelle fut son filz appellé par Pompée, lequel voulut qu'il fust nommé Marcus Pompeius; et fut celuy que Auguste, empereur, institua depuis gouverneur au païs d'Asie.

Crispe Salluste a peu parler au vray de la conjuration catilinaire, car il ne fut exempt de la meslée; et, pour bien descrire la guerre jugurtine, il passa et fist long temps sejour en Afrique. Nous recevons pour verité ce que Jules Cesar et apres luy Hircius et Oppius escrivirent des guerres de Gaule et des civiles, car ils faisoient et escrivoient. A Diodore, sicilien, nous donnons foy es choses d'Aegypte; car il escrit de veuë, et fut tresfamilier de Jules et Auguste Cesar, ainsi que furent Fenestella, romain, Denys, halycarnassien, et Nicolas Damascene dudit Auguste; dont leurs hystoires en sont trouvées plus auctorisées. Arthemidore aussi est creu des conquestes faictes en Arabie par Aelius Gallus, car il luy feit compagnie en tout le voyage. Qui donne en pareil cas auctorité, reputation et foy à Joseph es guerres judaïques, à Tacite es germaniques, sinon que l'un fut participant des miseres et calamitez de la destruction et ruine de sa cité, l'autre fut gouverneur de la Gaule belgique s'estendant en la Germanie inferieure, esquelles provinces furent principalement icelles guerres?

Par quel moyen l'ont aussi trouvé Suetonius Tranquillus, Dion Cassius, Gargilius Martialis, Callistus Benarchius, Julius Frontinus, Favorinus Arelatensis, Dionysius Milesius, Ephorus Cumeus, Aelius Spartianus, Julius Capitolinus, Aelius Lampridius, Volcatius Gallicanus, Trebellius Pollio, Flavius Vopiscus, Herodianus, Festus, Aurelius Victor, Ammianus Marcellinus, Apianus Alexandrinus, Eustathius Epiphaneus, Eusebius Cesariensis, et autres semblables, sinon pour avoir eu moyen et credit autour des princes, pour entendre et sçavoir en grande partie les secretz de leurs affaires? Dion Prussius a si avant esté familier de l'empereur Trajan, qu'ilz alloient ensemble, par païs et par la ville, en un mesme chariot, et avant qu'iceluy Trajan fust empereur avoit esté avecques luy es expeditions germanique et getique, lesquelles il a escrites; l'autre Dion et Suetone furent des principaulx secretaires du conseil, et Favorinus, homme ayant charge des affaires de l'empereur Adrian : et soubz le mesme empereur a esté Dionysius Milesius l'un des satrapes d'Orient. Julius Frontinus, homme consulaire, fut precepteur d'Alexandre, empereur; Gargilius Martialis, qui a escrit la vie dudit Alexandre, fut l'un de ses plus intimes familiers : aussi fut Julius Capitolinus de Dioclitian, Ephorus Cumeus de Galien, Benarchius et Eusebius de Constantin, Eustathius de Anastase, Calistus de Julian; lequel Julian est aussi receu en ce qu'il a escrit des Gaules, pour y avoir hanté devant et apres qu'il fut empereur. Lampridius et les autres dessus nommez en cas pareil ont esté, chacun en son temps, de la maison des empereurs et princes dont ils ont escrit; et apres eux Procopius, Agathias et Theodotus ne sont contreditz en l'hystoire des Gotz, car ilz se sont trouvez ou à la deliberation ou à l'execution des affaires.

Eusebe, dont j'ay cy devant parlé, a eu moyen d'escrire au vray les choses non veuës par luy et d'autruy temps; car Constantin le Grand luy feit aporter et mettre en main tout ce que par les autres avoit esté mis en memoire par plusieurs ans. Telle estoit lors et au paravant la diligence et curiosité d'escrire ou faire escrire les hystoires au vray; et en bailloient les roys et princes eulx mesmes, ou de bouche ou par escrit, amples memoires et instructions. Cesar escrivit ses Commentaires à ceste intention; mais il les escrivit tels, qu'il ne trouva homme qui entreprint de le passer : de maniere que, comme dit Hircius, voulant se faire prebiteur, il se feit precepteur de la matiere d'escrire ses faitz. Cicero, sachant que L. Luceius, patrice romain, homme de sçavoir et auctorité, s'estoit adonné à escrire l'hystoire de son temps, luy envoya memoires de tout ce qu'il avoit fait durant son consulat, et par une longue epistre le pria tresaffectueusement de l'inserer et deduyre en son hystoire. Agrippine, fille de Germanicus, laissa pareillement des memoires de la vie et gestes de son pere, avec les succes et infortunes de sa maison. Zenobia, royne des Palmiriens, laquelle, apres la mort de son mary, mania l'empire romain en Surie, escrivit aussi en abbregé, pour aux autres bailler matiere de la deduire et amplifier, l'histoire de son temps, et au paravant des affaires d'Alexandrie et d'Orient.

Le jour me fauldroit en somme avant que j'eusse recité tous ceux qui en ont usé de ceste sorte, et lesquelz à ce faire ont esté meuz par bonne et honneste raison, car princes et personnages de supreme excellence peuvent de toutes autres choses abunder jusques à satieté ; de ceste seule (c'est de laisser de soy heureuse et recommandable memoire) ils ne peuvent estre trop insatiables, car homme ne peult estre amoureux de vertu, qui n'est songneux et curieux de sa renommée : et est mon avis que le serviteur en nulle ou peu de chose se peult monstrer plus studieux et affectionné envers son prince et seigneur qu'en escrivant ses faictz et actes vertueux, et, à son povoir, le garentir de l'injure du temps et de l'obscurité de tenebreuse oubliance.

De memoire de noz peres, Æneas Sylvius, qui depuis a esté pape Pie second, Jovian Pontan, Leonard Aretin, Anthoine Panormitan et autres, ont imité les dessusnommez ; et de fresche memoire le sire d'Argenton (1) en France louablement s'en est aquité. Au paravant de luy, Jan Froissart et Enguerrant de Monstrelet mirent par escrit ce que par investigation diligente ils peurent entendre : investigation diligente, ay-je dit, car, apres ceux qui parlent de veuë, les plus croyables sont ceux qui avecques jugement et discretion se sont enquis et informez, comme Juba, roy de Numidie, qui par escrit a baillé la science de cosmo-

---

(1) *Le sire d'Argenton* : Philippe de Comines.

graphie, laquelle, par investigation, telle il avoit cogneuë; et Claudius Ptolemeus d'Egypte, qui en partie a veu et escrit, en partie a eu par toutes provinces seurs messagers dignes de foy pour luy en raporter certaines et veritables nouvelles : je ne dis sans cause dignes de foy, car en ce gist la discretion. Strabo reprend Eratosthenes, qui s'est fié au tesmoignage de viles personnes; mesme reproche est mise sus à Patrocles par Hipparchus, son emulateur; Quintilian reprouve en son precepteur Seneque, pource que, desirant avoir cognoissance de plusieurs choses, y employa trop legerement en son ayde gens negligens qui le deceurent. Et ceste crainte par adventure aura destourné puis n'agueres aucuns sçavans hommes qui volontiers eussent entrepris d'escrire les hystoires de France, s'ils eussent eu le moyen de fidellement et à la verité s'en informer.

Et certes jà par long temps me faisoit mal que je ne veoye aucun les vouloir secourir en ceste part : et nonobstant que plusieurs suyvent le jugement de celuy qui, jadis interrogué, meit, entre l'hystorien et celuy qui fait chose digne d'hystoire, pareille difference qu'entre le herault ou trompette, et le tournoyant en la lice, je toutesfoys, meu, à l'exemple des personnages dessus nommez qui en faisant n'ont desdaigné d'escrire, apres mon adolescence et ma premiere jeunesse, que je commençay à suyvre les armes, ainsi qu'est la coustume et ordinaire vaccation de la noblesse de France, et par laquelle mes progeniteurs et ancestres au temps passé sont parvenuz en reputation et hault degrez, n'ay point estimé de faire chose indigne et mal seante à l'estat de noblesse (encores que je sache l'opinion d'aucuns estre contraire) quand je m'apliqueroy à un estude auquel non seulement se soyent employez tant de grandz et notables personnages dessus nommez, mais lequel ne se trouve avoir jamais esté traité, sinon par gens de noble maison, jusques à ce que L. Octacilius, precepteur de Pompée, qui fut le premier homme non noble qui escrivit hystoire, fut par ledit Pompée authorisé de ce faire; et pour ce me suis-je delecté souvent, pour en aucune maniere laisser memoire des choses en mon temps advenuës, à en escrire dyalogues, epigrammes, elegies, sylves, epistres et panegeriques, selon que la matiere subjecte estoit à l'une ou à l'autre forme d'escrire, à mon jugement, plus convenable et propice, sans espargner peines, voyages ne despens pour retirer de divers lieux ce qui faisoit à m'esclarcir la chose dont je vouloye escrire.

La mesme affection et desir de voir aucunefoys les dicts faicts et choses memorables de Gaule et de France estre mis en lumiere, et à la cognoissance des autres nations (qui pour la bonté des escrivans nous surpassent esdites choses, et ne seroient à comparer à nous si escrivans ne nous eussent failly) m'avoit meu pieça de travailler, et d'essayer, en remuant tiltres, livres, chartres, epitaphes, fondations et autres choses antiques, si on pourroit deduire l'ancienneté d'icelles deux nations en forme d'hystoire prosecutive et continente; chose que je sache jamais au paravant entreprise, et par moy souvent desesperée, laquelle toutesfoys j'espere mettre en avant et au hazard du jugement divers et correction, aprobation ou reprobation de tous lecteurs : ensemble un mien recueil et vocabulaire en ordre alphabetique de toutes les provinces, citez, villes, chasteaux, montagnes, vallées, forestz, rivieres, et autres lieux de ce royaume; avecques exposition des denominations d'iceux, et des batailles, rencontres, sieges, et autres choses dignes de memoire, qui se trouvent y estre advenuës : aussi, à l'imitation de Valere le Grand, autre recueil d'exemples d'iceux faits et dits memorables; et autre, à l'exemple de Plutarche, de la conference des vies et gestes d'aucuns roys, princes et capitaines de ce royaume, avecques celles d'aucuns autres Grecz, Latins et Barbares. En quoy ayant esté meu à l'intention que dessus, je me tiendray pour bien satisfait si, par ce mien labeur, j'excite et semons à entreprendre de mesmes ceux qui trop mieux le pourront faire que moy.

Or, m'ayant le desir de plus cognoistre atiré en ceste court, puisqu'il a pleu au Roy mondit seigneur non seulement m'y retenir à son service en si honorable estat qu'auprès de sa personne, mais bien souvent m'employer en et dehors son royaume, en plusieurs et principaulx de ses affaires d'Estat, si que non seulement je puis parler au vray de l'execution et yssuë des guerres depuis iceluy temps advenuës, et ausquelles presque tousjours me suis trouvé, autant par mer que par terre, et eu moyen et occasion d'entendre et sçavoir les causes, fins et deliberations d'icelles, non seulement de nostre costé, mais du costé aussi des ennemis, il m'a semblé que, durant le repoz des armes, je ne pourroy mieux ne plus honorablement employer et convertir mon estude qu'à rapporter en ceste partie aucun secours aux erudits et doctes hystoriens qui apres moy en plus elegant et poly langage en voudront escrire. Bien sçay-je combien il m'estoit moins sujet à calumnie de m'arrester à ce que j'avoye entrepris, sans m'adonner à si perilleuse chose que d'escrire les vertuz ou vices des vivans; car de l'un on acquiert hayne et malveillance, de l'autre on est tenu pour blandisseur et flatteur : mais en tout ce ma conscience me juge, et avecques elle je me reconforté, me sentant net de toute maligne simulation ou dissimulation. Et tout ainsi (que vueille ou non) il m'est force de m'en raporter au jugement des liseurs, auquel je ne puis ne dois reculler : ainsi je souhaite les avoir telz et aussi purement jugeans comme j'ay voulu purement escrire.

Car tant y a qu'en ceste mienne entreprise, qui est d'escrire ou commentaires ou memoires des choses, je ne me vueil attribuer la perfection de stile, ne presumer qu'en suyvant autre vacation ou quotidien exercice je puisse escrire ce qu'au jugement des sçavans hommes puisse satisfaire, veu qu'à grand'peine y arrivent ceux qui ont ceste seule ou propre vacation; mais je vueil bien toutesfoys, et oze affermer certainement, que tout y sera fidelement escrit et sans alterer la verité, pour grace, ambition, hayne ou faveur d'aucun; ains est et sera ma principale intention fournir aux plus sçavans, experts et doctes hystoriens, matiere de veritablement escrire, et leur representer, en tant que possible me sera, ce que pour leur estude domestique ilz ne peuvent à la verité cognoistre : en quoy si je puis obtenir d'estre receu à fidele et vray tesmoing, ou d'inciter autres à mieux faire que moy, j'auray (comme je disoye n'agueres) en ceste partie suffisante cause de m'esjouïr et paistre du fruit de mon labeur : ainsi, comme entre les statuaires et entailleurs d'images ceulx qui se trouvent insuffisans à bien parfaire et polir une ymage, et sont toutesfoys expertz à bien choisir et esbaucher la pierre ou le boys, et à compasser les traitz et membres, pour relever de ceste peine les plus subtilz et diligens entailleurs, se contentent assez quand iceulx excellens et singuliers maistres les employent et reçoivent en societé de l'ouvrage, ne les fraudant de leur honneur. Et pourroit estre paraventure (ainsi que le mareschal en forgeant se fait) que, par continuation d'escrire, j'amenderoye aussi et meuriroye mon stile, pour apres reformer de moy-mesmes tout l'œuvre en meilleur et plus suffisant langage ; car, à vray dire, ce me seroit bien estude perdu, si je ne pensoye en continuant tousjours apprendre.

Si sera, quant à present, le commencement de ces Memoires dés la premiere adolescence du Roy mondict souverain, prince et seigneur ; lesquelz Memoires si on veult mettre au parangon des hystoires qui ont esté puis n'agueres escrites, si tres au bref et cruement que tous les faits de vingt ou trente ans ne montent tant que d'une année d'iceulx, et que toutesfoys on trouve que plutost j'y aye obmis aucunes choses memorables que deduyt choses non necessaires ou inutiles, on cognoistra lors qu'il fault necessairement que les autres ayent obmis prou d'entreprises assez recommendables, et dignes d'estre par vraye histoire rememorées. Or avoys-je, avant qu'entrer en matiere, premis un recueil sommaire et abregé recit de la premiere origine et du premier nom et descente tant des Gauloys que des Françoys, et des alliances et union d'icelles deux nations gauloyse et françoyse unies et reduites en un corps de republique, pour soy vindiquer et retraire en leur ancienne franchise et liberté naturelle, hors de la contrainte submission paravant faite aux Romains, en laquelle liberté par eux recouverte ils ont jusques à huy perseveré, et au vouloir de Dieu persevereront à jamais.

Lequel abregé recit, pour ce qu'il sembloit à aucuns mes amys estre alieñe en cest endroit, et non servant à mon propos, j'ay resequé depuis et totalement osté, non pas qu'il fust à mon advis reprehensible, si par un mesmes moyen on ne vouloit taxer Thucydide, Saluste et Tite Live : car l'un d'iceux, pour tomber à la guerre des Atheniens et Lacedemoniens, n'a estimé à vice de premettre l'origine et progres non seulement d'icelles deux citez, mais universellement de toute la Grece et isles voysines; le second, avant qu'entrer à la conjuration de Catilina, privé citoyen de Rome, a commancé dés la fondation d'icelle, avecques recit des artz et moyens par lesquelz Rome de si extreme petitesse parvint à extreme domination, et d'icelle retomba en decadence et ruïne; le tiers, pour escrire les faictz des Romains, a preposé, comme chose necessaire, l'origine et succession des roys latins et albains, progeniteurs de ceux de Rome. Ce nonobstant, j'ay bien voulu satisfaire au jugement d'autruy, et ce principalement à cause qu'en iceluy abregé recueil je deduisoye les dessusdites choses sommairement et sans allegation de mes aucteurs, dont à plusieurs elles sembloient estre controuvées et fabuleuses; et si, pour y obvier, j'eusse en chacun article voulu alleguer mon tesmoing, la nomenclature seule des aucteurs eust plus monté que la narration entiere : si que, pour eviter un vice, je fusse tombé en un plus grand.

A ceste cause, et pour avoir moyen de reciter les choses au long, et, allegant mon aucteur en chacun poinct, les rendre croyables ainsi qu'elles m'aparoissent estre veritables; à fin aussi, quand je viendray à la narration des affaires, il ne me faille la interrompre, et m'amuser à faire entendre la variation des noms des provinces, citez, montagnes, rivieres, aussi des offices, estatz, charges et magistratz, desquelles choses declarer occasion où besoing s'offrira incidemment ; et à ce qu'il ne m'y advienne comme aux paresseux et negligens mariniers, lesquelz, à l'heure de la plus forte tourmente et plus dangereux fortunal, sont contraints de s'embarasser et empescher à recouldre et rapiecer les vieilles voyles, et à renouer et trenchefiller leurs cables et cordages (chose qu'ilz avoyent peu et devoient faire avant la main, au temps du sejour, et quand ils estoient surgis en port ou plage de seureté); et pource donques ay-je bien voulu, de ce que paravant, ainsi que j'ay dit, j'avoye de divers lieux recueilly des choses que dessus, faire une ogdoade à part (celuy est le tiltre que j'ay imposé aux tomes ou particuliers nombres des livres de mes Memoires), en laquelle ogdoade j'ay recueilly et compris en huit livres premierement l'antiquité des Gauloys et Françoys, des uns depuis la destruction de Troye, et des autres de plus loing en arriere; le tout jusques à l'union des deux nations, et conjonction des noms de Gaule et France, avecques la supputation des ans et succession des princes qui ce pendant y ont régné. Secondement, j'ay inseré la division et description des Gaules tant cisalpine que transalpine, et de la France tant cisrhenane que transrhenane, ensemble la concordance des noms antiques avecques les modernes, autant qu'il m'a esté possible d'y arriver. Tiercement, j'ay recueilly les uz, coustumes et loix tant militaires que politiques, et les noms des charges, estatz, dignitez et magistratz, en apropriant le temps passé au present au mieux et au plus pres que j'ay peu faire, suivant l'interpretation et proprieté des vocables. Lesquelles choses offrant et soubzmettant au jugement et amendement d'autruy, je descens à mon instituée narration.

# PREMIER LIVRE

## DES MEMOIRES

### DE MESSIRE MARTIN DU BELLAY,

SEIGNEUR DE LANGEY, CHEVALIER DE L'ORDRE DU ROY, CAPITAINE DE CINQUANTE HOMMES D'ARMES DE SES ORDONNANCES, ET SON LIEUTENANT GENERAL EN SES PAIS ET DUCHÉ DE NORMANDIE, EN L'ABSENCE DE MONSEIGNEUR LE DAUPHIN.

## SOMMAIRE DU LIVRE PREMIER.

Le roy Loys douziesme, s'efforçant recouvrer son duché de Milan, qu'il avoit n'agueres perdu, y envoye monsieur de La Trimouille avec armée, qui est deffaicte à Novare par les Suisses; lesquels, poursuyvans leur victoire, passent les monts et viennent assieger Dijon, pendant que d'autre costé l'empereur Maximilian et le roy Henry d'Angleterre gaignent la bataille surnommée des Esperons, prennent Terouenne et Tournay. Puis le Roy se pacifie avec les Suisses et Anglois, espouse la sœur du roy d'Angleterre, marie sa fille au duc François d'Angoulesme, puis meurt, preparant une grosse armée pour le recouvrement de Milan. Le roy François, duc auparavant d'Angoulesme, luy succede, poursuit ceste entreprise et en vient à chef, ayant vaincu les Suisses à Marignan. Par apres les guerres se commencent entre luy et l'empereur Charles le Quint, à l'occasion de Henry d'Allebret et de Robert de La Marche, pretendans l'un le royaume de Navarre, l'autre le duché de Bouillon. Le sieur d'Asparault, pour Henry d'Allebret, gaigne et pert en peu de temps le royaume de Navarre; pareille fortune advient à Robert de La Marche au duché de Bouillon : l'Empereur envahit ce royaume par le païs de Champagne, prent Mouson, et assiege Mesieres en vain. Le Roy, pour revanche l'assault en Artoys et Haynault, luy presente la bataille pres Vallanciennes, et prent Hesdin : l'Anglois moyenne la paix entre eux, qui ne se peult conclure pour les nouvelles de la prinse de Fontarabie, que feit pour le Roy le sieur de Bonnivet; peu apres les Flamens prennent Tournay par un long siege. L'Estat de Milan, dont le Roy estoit paisible, se trouble à la suscitation du pape Leon.

# PREMIER LIVRE.

[1512-1513] Ayant le roy Louis douziesme, apres l'heureuse journée de Ravenne, esprouvé l'inconstance des choses du monde en la perte qu'il feit de son duché de Milan, il se delibera de chercher tous moyens pour le recouvrer et remettre en ses mains; et, comme prince non moins prudent que magnanime, y voulut user de la diligence requise et necessaire en toutes entreprises haultes et de grande consequence, afin mesmement d'y pouvoir donner ordre avant que l'ennemy se peust impatroniser des chasteaux de Milan et de Cremone, qui estoient encores demourez en la puissance des François, estant capitaine dedans le chasteau de Milan le chevalier de Louvain, et dedans le chasteau de Cremone Janot de Herbouville, seigneur de Bunou. A ceste occasion, pour secourir lesdictes places et reconquerir son duché de Milan, il voulut pourveoir d'un bon chef à la conduite de son armée, et entre autres choisit messire Louis de La Trimouille, comme digne de tenir ce lieu en l'armée qu'il dressa l'an 1513 apres Pasques, environ le temps que je vin jeune à la cour. Et pour l'accompagner de chefs de guerre bien experimentez et vertueux, depescha avecques luy le seigneur Jean Jacques Trevoulse, mareschal de France, et messire Robert de La Marche, seigneur de Sedan, avecques sept ou huict cens hommes d'armes, huict mille avanturiers françois, et six mille lansquenets soubs la conduite du seigneur de Florenges, fils aisné dudit messire Robert. Et avoit le seigneur de Sedan inventé un camp de charpenterie qui se trainoit par chariots pour clorre l'armée, si la necessité d'avanture leur survenoit de soustenir une bataille en endroit peu avantageux : toutesfois son invention ( ainsi qu'entendrez cy apres) fut de grande despense, et apporta peu de prouffit. Surquoy, pour une parenthese, je ne vueil oublier que, les feries de Pentecouste l'année mesme, fut espouzé à Chasteaudun monseigneur Charles, comte de Vendosmois et de Marle, avecques madame Françoise d'Alançon, vefve du duc François de Longueville, qui deceda au retour du voyage de Guienne; duquel voyage je doys faire mention avant que passer plus outre, car la cognoissance des choses passées donne grande lumiere à l'histoire du present.

Or est-il que, peu apres la victoire de Ravenne, soubs couleur de l'interdit jetté par le pape Jules deuxiesme sur tous les rois qui avoient assisté par leurs ambassadeurs au concille de Pise; donnant en proye toutes leurs terres et seigneuries, le roy Ferrand d'Arragon, feignant d'assaillir la France, entra au royaume de Navarre; et avant que le roy Jean eust loisir de penser à se deffendre et fortifier, il se trouva dessaisy des principales villes qu'il eust en obeissance, et mesmes de Pampelune, et fut quasi du tout spolié. A raison dequoy le roy Louis, desirant d'entretenir l'alliance et confederation qu'il avoit avec luy, envoya promptement le duc François de Longueville, gouverneur et son lieutenant general en Guienne, avec une armée, pour le secourir et restablir en ce qui avoit esté perdu, et avec luy le duc Charles de Bourbon : mais estant adverty que lesdits de Bourbon et de Longueville ne s'accordoient gueres bien ensemble, cognoissant que telles divisions peuvent estre cause de grand desordre et confusion en un camp, et bien souvent de faire perdre les batailles, depescha monseigneur François, duc de Valois et comte d'Angoulesme, qui estoit le plus proche heritier de la couronne, et lequel depuis a esté roy, afin de les accorder, et assopir la jalousie qu'ils pouvoient avoir l'un de l'autre. Et lors estant arrivé avec eux, encores que tousjours la principale authorité demourast au duc de Longueville, à raison qu'il estoit, comme dit est, gouverneur du païs, il marcha neantmoins jusques au Mont Jaloux, où la bataille fut presentée aux Espagnols qui estoient à Sainct Jean de Pied de Porc; laquelle ils refuserent, disans leur estre deffendu du roy Ferrand de rien hasarder par une seule bataille. Puis, apres avoir faict passer Roncevaulx au duc d'Albe, lieutenant general dudit roy Ferrand, le duc d'Angoulesme et ladicte armée furent contremandez du Roy pour retourner tout court, à l'occasion que le roy d'Angleterre Henry, huictiesme de ce nom, et l'esleu empereur Maximilian, à l'instigation et par la pratique du pape Jules susdit, faisoient grands preparatifs pour assaillir la Picardie. Et de faict ils y firent un merveilleux effort; car iceluy roy Henry descendit avecques une armée de vingt-cinq ou trente mille hommes de pied et bon nombre de cavalerie, et le plus grand nombre d'artillerie qui avoit passé cent ans au precedant d'Angleterre deça la mer pour entrer en France; avecques lequel roy d'Angleterre se vint joindre ledit esleu empereur Maximilian et son armée : de sorte que les deux ensemble estoient nombrez à sept ou huit mille chevaux, et quarante-cinq mille hommes de pied, tant Anglois, Allemans, que Hennuyers; car de Flamans et autres subjets du prince d'Espagne, Charles d'Autriche n'y en avoit aucuns, par-ce que ledit prince et ses païs estoient en amitié avecques le Roy, à cause que le roy dom Philippe son pere, en sa mort, voyant qu'il laissoit son fils Charles, dont nous ferons cy apres mention en ces Memoires, aagé seulement de onze ans, et que le Roy, devant qu'il fust en aage (veu la legereté des Flamans), se pourroit investir des Païs-Bas; pour obvier à ce, il ordonna par testament (1) le roy Louis douziésme son curateur; et le Roy, par le consentement des païs, y ordonna le sieur de Chievres, de la maison de Croï.

L'armée mise ensemble, passant près d'Ardre et de Sainct Omer, vint assieger Terouenne; mais en chemin quelque nombre des leur, qui estoient demourez derriere pour conduire l'artillerie, furent rencontrez, auprès de Tournehan, de trois ou quatre cens hommes d'armes des nostres, qui estoient partis de Montreul et Boulongne, où fut gaigné sur eux une double

---

(1) *Il ordonna par testament :* Martin Du Bellay tombe ici dans une erreur qui a été adoptée par presque tous les historiens français. Il paroît, d'après les récits des historiens flamands beaucoup mieux instruits, que Philippe-le-Beau, dans ses dernières années, étoit brouillé avec Louis XII, parce que ce dernier avoit consenti au mariage de Germaine de Foix avec Ferdinand, et parce qu'il avoit fiancé au comte d'Angoulême, son héritier présomptif, madame Claude sa fille, promise à Charles d'Autriche. On ne peut donc croire que Philippe ait nommé Louis curateur de son fils. Le fait est qu'en partant pour l'Espagne il confia l'éducation du jeune prince à Chièvres, qui eut depuis pour collègue Adrien d'Utrecht.

grande coulevrine nommée Saint Jean; et en avoit l'Anglois douze de ce calibre, portans le boulet de canon, et nommées du nom des douze apostres : et y furent deffaits quelques gens de pied qui estoient en ladite conduite. A l'heure de ceste deffaicte estoit le roy d'Angleterre sur son passage à venir de Calaiz trouver son camp devant Terouenne, lequel faillit d'estre rencontré; mais il se retira dedans Sainct Omer, auquel lieu le vint trouver l'empereur Maximilian, et allerent de compagnie au camp. Peu de temps apres les garnisons de Montreul et autres voisines, et entre autres la compagnie de monseigneur de Vendosme, conduite par le seigneur de Moui; celle du duc d'Alançon par François de Silly, le seigneur d'Imbercourt; celle du seigneur Du Plessis Dassé et autres, jusques à quatre cens hommes d'armes, advertis qu'il devoit partir un grand envitaillement de Guines pour mener au camp devant Teroüenne, l'allerent attendre pres d'Ardres; et ayans rencontré les coureurs des Anglois, les chargerent et defeirent. Mais la trouppe ne se sentant assez forte, se ferma du charroy, ayant farcy toutes les advenues d'archers : de sorte que nostre gendarmerie les ayant chargez par plusieurs fois, ne les sceut enfoncer à cause dudit charroy; tellement qu'apres avoir long temps combattu, ils se retirerent tousjours fermez de leurdit charroy jusques dedans Ardres, qui estoit par nous abandonnée; et nous retirasmes à Boulongne; ayans perdu beaucoup de gens de bien, et entre autres le sieur Du Plessis, qui fut frappé d'une fleche par le gousset, en levant le bras pour combattre; et y eut grande perte de chevaux de coups de fleches.

Dedans Terouenne le Roy avoit ordonné pour ses

lieutenans generaux, de mesme puissance et authorité, deux gentils capitaines, sçavoir est le seigneur de Telligny, seneschal de Rouargues, avecques cent hommes d'armes de la compagnie de Charles, duc de Gueldres, dont il estoit lieutenant, et messire Anthoine de Crequy, seigneur du Pontdormy, frere puisné du seigneur de Crequy, avec autre cent hommes d'armes de monsieur de La Gruture, nouvellement decedé, estant lors de son trespas gouverneur de Picardie; et avoit ledit Du Pontdormy ladite compagnie en garde : aussi y estoit le seigneur de Sercu, ayant charge de cinq cens hommes de pied; le seigneur de Heilly, cinq cens; le seigneur de Bournonville, cinq cens; le capitaine Brandhec, aleman, cinq cens lansquenets.

En ce temps, environ la Feste Dieu, fut espouzé à Paris (estant le Roy logé aux Tournelles) Claude de Lorraine, comte de Guise (1) et d'Aumalle, avecques Anthoinette de Bourbon, sœur de Charles, comte de Vendosme; et se feit le banquet en la maison d'Estampes, devant les Tournelles. L'apresdinée desdites nopces, furent apportées nouvelles au Roy comme le seigneur de La Trimouille avoit esté rompu devant Novare, et son armée mise à vau de roupte.

Il ne sera, ce me semble, impertinent si je dy un mot en passant des occasions et comment l'armée du Roy avoit esté mise hors d'Italie, pour le recouvrement de laquelle s'estoit faicte ceste entreprise. L'an 1508, le Roy, le pape Jules et l'empereur Maximi-

---

(1) *Claude de Lorraine, comte de Guise* : Cette maison commençoit à prendre une grande influence, qui s'augmenta encore par ce mariage. Claude de Guise, fait duc quelques années après, fut le père de François de Guise, qui joua un si grand rôle sous les règnes suivans.

lian feirent trouver à Cambray leurs deputez, auquel lieu se feit une ligue entre eux, et fut conclu qu'à frais communs ils devoient chasser les Venitiens hors de la terre ferme d'Italie, les disans usurpateurs de ce qu'ils y tenoient, tant sur l'Empire que sur le patrimoine de l'Eglise et sur le duché de Milan. Et pour executer ladite entreprise, fut conclu que le Roy avecques son armée, et l'Empereur avecques la sienne, et l'armée du Pape, se joindroient ensemble à un jour dit, l'an 1509, pour ladite execution, sur les limites des terres des Venitiens. Le Roy s'y trouva en personne au jour prefix avecques son armée, accompagné des princes de son sang; mais le Pape et l'Empereur faillirent de leur promesse, car nul ne s'y trouva pour eux, ains au contraire se trouva l'armée de la seigneurie en tel equipage, que, entre Cassan et Pandin, le Roy seul, n'ayant nouvelles de ceux de la ligue, leur donna la bataille; laquelle ayant gaignée et pris tous leurs chefs, et vingt mille des leurs ayans esté tuez en ladite bataille, et le chasteau de Pesquaire pris d'assaut, se rendirent entre ses mains toutes les places des Venitiens, sçavoir est Veronne, Vincence, Cremone, Cresme, Padoüe, Bresse, Bergame, et toutes les villes de la Giradade, et aussi les autres places que tenoient lesdits Venitiens en la terre ferme, hors mis deux ou trois.

Or, pour-ce que par ledit traitté de Cambray estoit dit qu'il seroit rendu à l'Empereur ce qui estoit de l'Empire, et pareillement au Pape ce qui estoit de l'Eglise, le Roy remit entre les mains de l'Empereur Veronne, Vincence, Padoüe et les autres places; et entre les mains du Pape Rimini, Faence, Cervie, Ravene, et les autres terres du patrimoine de l'Eglise.

Mais l'année mesme l'Empereur laissa perdre Padoüe, que les Venitiens reprindrent sur luy par faute d'y avoir bien pourveu; à la reconqueste de laquelle le Roy feit assister à l'Empereur le seigneur de La Palisse avecques quatre cens hommes d'armes françois: mais il n'y feit pas bien son proufit, ou pour sa negligence, ou autrement. Le Pape et ledit seigneur Empereur se banderent contre le Roy, et, dressans leurs armées à frais communs, feirent assaillir le duché de Milan, où ils ne prouffiterent gueres; car Gaston de Foix, duc de Nemours, lieutenant general en Italie l'an 1512, leur donna la bataille à Ravenne le jour de Pasques, en laquelle bataille ils furent rompus et deffaicts, et Ravenne prise d'assaut. Mais le duc de Nemours, poursuivant sa victoire, et n'estant suivy, pour n'estre apperceu des siens, fut tué. Parquoy demoura le seigneur de La Palisse Jacques de Chabannes, qui estoit grand maistre de France depuis n'agueres par le trespas de messire Charles d'Amboise, decedé l'an precedant, gouverneur et lieutenant general pour le Roy audit duché de Milan et d'Italie.

Ledit an 1512, le Pape et l'Empereur, encores animez contre le Roy, qui estoit leur bien-facteur, voyans ledit seigneur Roy avoir separé son armée, susciterent les Suisses soubs le tiltre du seigneur Maximilian Sforce, fils du seigneur Ludovic Sforce qui avoit esté usurpateur du duché de Milan, mais depuis pris prisonnier par le roy Loüis, à qui ledit duché appartenoit à cause de madame Valentine sa grande mere; et icelui Ludovic Sforce estoit mort captif dedans le chasteau de Loches : lesquels à l'improviste descendirent audit duché de Milan, où, devant que noz gens eussent le moyen de pourveoir à leurs affaires, les spolierent dudit duché, et en meirent en possession Maximilian Sforce, fils dudit Ludovic; lequel les Suisses prindrent en leur protection, qui estoit cause que le Roy avoit depesché le seigneur de La Trimouille pour reconquerir ledit duché.

Estant le seigneur de La Trimouille party, et les Suisses advertis de l'armée, laquelle en toute diligence marchoit, envoyerent à messieurs des ligues querir dix mille hommes de secours, attendans lequel, et sçachans bien que nostre armée desja estoit entrée en Dauphiné, partirent de Milan environ de sept à huict mille hommes pour nous empescher de passer le pas de Suze; mais, advertis que desja avions faict telle diligence que nostre armée estoit en la plaine, se fermerent à Novare pour là attendre leur secours; lequel par le val d'Oste venoit descendre à Ivrée. Le seigneur de La Trimouille de ce adverty, les vint assieger dedans ladite ville de Novare, sans attendre le reste de son armée, qui estoit encores dedans les montaignes, ayant seulement en sa compagnie six mille lansquenets et quatre mille hommes de pied françois; de gendarmerie, sa compagnie de cent hommes d'armes; celle de monsieur de Bourbon de pareil nombre, conduitte par le bastard de Cliette, son lieutenant; messire Robert de La Marche, cent hommes d'armes; le duc d'Albanie, cinquante; le seigneur de Saint André, cinquante; monsieur de Bussy de Bourgongne, cinquante; Jacques le jeune, dit Malherbe, cinquante de la compagnie du marquis de Montferrat, dont il avoit esté nouvellement lieutenant par le trespas du seigneur de La Crotte, frere du seigneur Du Lude. Avecques ladite armée le seigneur de La Trimouïlle vint loger pres la ville, où, ayant fait furieuse batterie, feit breche raisonnable pour assaillir; mais il ne fut conseillé d'y donner l'assault pour deux occasions : l'une, pour le grand nombre de Suisses qui estoient dedans, lesquels il ne pouvoit forcer sans grande perte d'hommes; l'autre, qu'il avoit advertissement que le secours qui venoit de Suisse par le val d'Oste approchoit d'Ivré, lequel, arrivant apres un sanglant combat, et estant frais, eussent peu deffaire nostre armée ruinée audit combat, encores qu'elle feust victorieuse. A ces causes leva son camp, et marchea pour aller combatre ledit secours avant qu'ils fussent joincts ensemble; et pour cest effect alla loger à deux mille de Novare, sur le chemin de Trecas. Dequoy le secours des Suisses adverty, laissans nostre armée à main gauche, la nuict subsequente sans rencontre entrerent dedans ledit Novare; auquel lieu estant assemblez, delibererent de sortir pour aller combatre le seigneur de La Trimouïlle, lequel estoit logé mal à propos, d'autant que la gendarmerie ne pouvoit secourir les gens de pied, à cause des canaulx et grans fossez qu'il y avoit entre deux : aussi le lieu ordonné où la gendarmerie devoit combatre estoit en un maraiz, où les chevaux estoient enfangez jusques au genoil. Et si ne fut faict diligence de fermer le camp qui avoit tant cousté à charier (chose qui eust bien servy pour arrester la fureur des Suisses, attendant le reste de l'armée qui estoit à venir); et disoit on que ceste faute advint pour sauver une cassine estant au seigneur Jean Jacques Trevoulse. Qui eust temporisé, le capitaine Tavannes, qui estoit ja arrivé à Sainct Ambroise au val de Suze avec six mille lansquenets qu'il amenoit, que le duc Charles de Gueldres avoit envoyé au Roy pour son secours, y fust arrivé à temps.

Les Suisses doncques ayans beu chacun un coup, sans autre sejour sortirent en campagne : une partie print le chemin à la teste de nostre camp; l'autre partie, prenant le chemin à la main gauche, et laissans nostre armée à droite, vindrent assaillir noz lansquenets par le costé qui tire vers Trecas; lesquels ne pouvans estre secourus de nostre gendarmerie, et estans en lieu où eux mesmes n'avoient moyen de combatre, furent rompus, et une partie taillée en pieces; et mesmes entre autres le seigneur de Fleuranges leur general, et le seigneur de Jamets son second frere, demourerent parmy les morts : dequoy messire Robert de La Marche leur pere, adverty avec cent hommes d'armes dont il avoit la charge, tourna la teste droict à l'ennemy, et feit une si furieuse charge, qu'en bien combatant vint jusques aux lieux où estoient couchez ses enfans parmy les morts, et chargea l'aisné sur son cheval, et l'autre sur celuy d'un sien homme d'armes; et en despit des ennemis les tira hors du danger, non sans qu'ils eussent des coups infinis tant au visage, à la gorge, qu'autres lieux : mais, à l'ayde de Dieu et des bons chirurgiens, la vie leur fut sauvée. Le seigneur de La Trimouïlle voyant le desastre tourné sur luy, et estant hors d'esperance par ce qu'il avoit perdu la force de ses gens de pied, et estoit blessé en une jambe, se retira le chemin de Vercel, et de là à Suze (chose qu'il feit aisément, par-ce que les Suisses n'avoient aucune cavalerie) : autres des nostres se retirerent par le val d'Oste.

Ce mesme temps, ayant le Roy faict passer par le

destroict de Gibaltar quatre galeres soubs la charge du capitaine Prégent, pour resister aux incursions que faisoient les Anglois sur la mer de Ponant, le long des costes de Normandie et Bretaigne, l'amiral d'Angleterre, lequel avoit donné la chasse aux galeres dudit Pregent, jusques près de Brest, fut combatu par lesdites galeres, et fut blessé ledit amiral, qui mourut peu de jours apres. De rechef, devant Sainct Mahieu en Bretaigne, le jour de Sainct Laurens, fut combatu par quatre vingts navires angloises contre vingt bretonnes et normandes; et estant le vent pour nous et contraire aux Anglois, fut combatu en pareille force : et entre autres le capitaine Primauguet, breton, capitaine de la Cordeliere, navire surpassant les autres en grandeur, que la royne Anne avoit fait construire et equipper, se voyant investy de dix ou douze navires d'Angleterre, et ne voyant moyen de se developper, voulut vendre sa mort; car ayant attaché la Regente d'Angleterre, qui estoit là principale nef des Anglois, jetta feu; de sorte que la Cordeliere et la Regente furent bruslées, et tous les hommes perdus, tant d'une part que d'autre.

Quelque temps après, le Roy ayant entendu la necessité des vivres en laquelle se commençoient à trouver ceux de Teroüenne, pour desja avoir esté assiegez six ou sept sepmaines, délibéra de leur faire bailler quelque refreschissement, attendant que son armée fust assemblée, pour du tout les aller secourir. Et desja avoit eu nouvelles que le duc de Suffolc de la Blanche Roze, lequel de long temps avoit esté fugitif d'Angleterre, luy amenoit six mille lansquenets. A ceste cause, le Roy avoit mandé au seigneur de Piennes, gouverneur de Picardie, et son lieutenant général en l'armée qu'il assembloit à Blangy en Ternois, près de Hedin, de trouver le moyen de faire ledit refreschissement. Le seigneur de Piennes, avecques l'opinion des capitaines estant avec luy, tels que le duc Louis de Longueville, capitaine de cent gentils-hommes de la maison du Roy; le seigneur de La Palice, grand maistre de France; le seigneur d'Imbercourt, le capitaine Bayard, le baron de Beard, messire Emar de Prye, le seigneur de Bonnivet, le seigneur de Bonneval, le seigneur de La Fayette, lieutenant de la compagnie de l'amiral de Graville; la compagnie du seigneur Jules de Sainct Severin, le seigneur de Malebert, lieutenant du comte de Guise de Lorraine; le seigneur de Clermont d'Anjou, lieutenant du duc d'Angoulesme; Nicolas, seigneur de Mouy, lieutenant de monseigneur de Vendosme; François de Silly, baillif de Caën, lieutenant du duc d'Alançon, et autres capitaines de gens d'armes, avecques le seigneur de Foutrailles, capitaine general des Albanois, conclud d'envoyer ledit Foutrailles avecques ses Albanois, portant chacun Albanois, sur le col de son cheval, un costé de lard et de la poudre à canon; lesquels devoient donner jusques au bord des fossez de la ville, et jetter ledit lard et pouldre en lieu où noz gens à la garde de leur arquebouzerie et artillerie le peussent seurement retirer dedans la ville, et que ce temps pendant ledit seigneur de Piennes et de La Palisse, avecques quatorze cens hommes d'armes, les suivroient jusques sur le hault de Guigneguatte, pour les soustenir : chose qui fut executée par lesdits Albanois bien et dextrement. Et estoient allez plusieurs jeunes hommes pour leur plaisir quand et eux, qui entrerent dedans pour visiter leurs amis en esperance de ressortir; mais ils n'eurent le moyen. Entre autres y estoient le seigneur d'Anton, seul fils de monseigneur Du Boschage, le seigneur de La Rochedumaine, Jean de Mouï, seigneur de La Meilleraye; l'escuyer Boucar, La Roche, Hesmon La Roche Sendry, et plusieurs autres.

Ayans executé ce qu'ils avoient entreprins, le seigneur de Piennes fut d'advis de se retirer; mais quelques jeunes hommes eurent envie d'aller recognoistre le camp de l'ennemy; autres, pour la grande chaleur qu'il faisoit (car c'estoit la my aoust), se voulurent refreschir, ostans leurs habillemens de teste, montans sur leurs haquenées et buvans à la bouteille, n'ayans esgard à ce que pouvoit faire l'ennemy, et monstrans peu d'obeïssance à leur chef. Mais ce pendant qu'ils s'amusoient à leur plaisir, l'ennemy ne dormit pas, car il feit partir de son camp quatre ou cinq mille chevaux, et le nombre de dix à douze mille hommes de pied, tant lansquenets qu'anglois, et sept ou huict pieces d'artillerie de campagne, lesquels passans la riviere du Lis pres de Dellette, vindrent attendre noz gens au passage de la riviere qui passe à Huchin; auquel lieu trouvans nostre cavalerie en desordre, devant qu'ils eussent loisir de monter sur leurs grands chevaux et prendre leurs habillemens de teste, furent mis en tel desordre, qu'il se trouva peu des nostres qui eussent le moyen de combattre; et par-ce que les esperons servirent plus que l'espée, fut nommée la journée des Esperons. En ladite roupte furent pris le duc Louïs de Longueville, le seigneur de La Palisse (mais ils furent recous), le capitaine Bayard, le seigneur de Clermont d'Anjou, lieutenant de monsieur d'Angoulesme ; le seigneur de Bussy d'Amboise, et plusieurs autres, tant capitaines que soldats.

Le Roy, estant à Paris, eut nouvelles de ladite roupte; et, par-ce qu'il estoit fort tourmenté des gouttes, se feit porter en une littiere jusques à Amiens, et envoya monsieur d'Angoulesme, qui depuis a esté roy, son lieutenant general en Picardie, trouver le camp à Blangy, par-ce qu'il fut bien adverty que ladite deffaicte estoit advenue pour les partialitez qui estoient entre les chefs de son armée, luy commandant expressement de ne rien faire sans l'advis des vieils capitaines; lequel prenant l'armée en main, delogeant de Blangy, alla loger à Ancre, de là la riviere de Somme, qui est lieu propre pour faire teste à l'ennemy, quelque part qu'il vueille marcher, car c'est au milieu de la frontiere. Puis le Roy se voyant hors d'esperance de pouvoir assembler son armée à temps pour secourir Teroüenne (car desja vivres deffailloient), feit entendre aux assiegez qu'ils trouvassent moyen de faire composition honnorable : ce qu'ils feirent; car apres avoir tenu neuf sepmaines, et estans en extremité de vivres, sortirent leurs bagues sauves, enseignes desployées, armet en teste, et la lance sur la cuisse; et les gens de pied marchans en bataille, enseignes desployées, et tabourin sonnant, et les habitans de la ville leurs bagues sauves. Ayant ledit roy d'Angleterre la ville de Teroüenne entre ses mains, à la suscitation des Flamans, la feit demolir, remplir les fossez, et brusler toutes les maisons, hormis l'eglise et les maisons des chanoines.

Au mesme temps que ces choses se faisoient à Te-

roüenne, estant, comme j'ay predit, le seigneur de
La Trimoüille retiré d'Italie, il fut suivy par quatorze
ou quinze mille Suisses, incitez par le pape Jules (1)
et l'empereur Maximilian, accompagnez de la gendarmerie de la Franche Comté, et de quelques chevaux
allemans conduits par Ulrich, duc de Wittemberg;
lesquels le vindrent assieger dedans Dijon, principale
ville de Bourgongne, qui n'estoit remparée ny fortifiée
en sorte du monde : mais la vertu des hommes servit
de murailles (2). Lesdits Suisses ayans esté cinq ou six
sepmaines audit siege; et le seigneur de La Trimoüille
se voyant hors d'esperance de secours, pour estre l'Empereur et le roy d'Angleterre en Picardie, estant aussi
la guerre en Guienne, du costé de Fontarabie et de
Navarre, chercha moyen de les pouvoir renvoyer; et
enfin tant pratiqua envers eux, qu'en leur promettant quatre cens mille escus qu'ils disoient leur estre
deüs pour les services qu'ils avoient faicts au Roy
aux guerres precedentes en Italie, les renvoya en leur
païs, leur fournissant vingt mille escus comptant; et
pour le reste de ladite somme leur bailla pour hostages le seigneur de Mezieres son nepveu, le baillif
de Dijon, nommé de Rochefort, et quatre bourgeois
de ladite ville : et par ce moyen furent apaisez lesdits
Suisses, et se retirerent en leur païs, et ceux de Bourgongne demourerent en leur liberté. Vray est qu'il y
avoit des conditions audit traitté qui n'estoient honno-
rables pour un tel prince que le Roy; mais la necessité

(1) *Incitez par le pape Jules* : L'auteur veut dire par Léon x; Jules II
étoit mort quelques mois auparavant. — (2) *La vertu des hommes servit
de murailles* : cette expression est un peu exagérée. *Voyez* les détails
du siége de Dijon dans les Mémoires de La Trémouille.

n'a point de loy pour sauver une province : aussi le Roy les ayant entendues, ne voulut ratifier lesdites conditions, mais les reprouva comme indignes de Sa Majesté.

Le roy d'Angleterre ayant faict raser Teroüenne, comme cy devant est dit, et voyant l'armée du Roy se preparer, et desja la saison estre tardifve, delibera de laisser la Picardie; et, à l'instigation de Maximilian, print le chemin de Tournay, ville de toute ancienneté de l'obeïssance du Roy. Mais pour l'heure estoit sans garnison, et n'y avoit autres gens pour la garde, sinon les citadins, par-ce que jamais le Roy n'eust presumé que l'Anglois eust laissé son entreprise de Picardie pour aller attaquer une place, laquelle ayant prise, luy estoit de peu de commodité, pour estre enclavée dedans tout les Païs Bas, ayant d'un costé Henault et d'autre le comté de Flandres, et loing de la mer : toutesfois, à la persuasion dudit esleu Empereur, il y alla. Et fault entendre que l'armée dudit Maximilian estoit souldoyée aux despens du roy d'Angleterre, et mesmes ledit esleu Empereur avoit cent escus par jour pour son plat : et pour ledit voyage print son chemin par L'Isle en Flandres, qui est à cinq lieuës dudit Tournay. Arrivée que fut ceste grosse armée devant Tournay, et les habitans se voyans sans chef et hors d'esperance de secours, par ce que le Roy n'y pouvoit aller sans passer le comté de Henault et deux ou trois grosses rivieres, et entre autres celle de l'Escault et celle de Carpes, apres avoir enduré quelque batterie, se rendirent au roy d'Angleterre, lequel, apres y avoir fait faire une citadelle, et laissé bonne provision de munitions et d'hommes pour la garde d'icelle, et se voyant l'hyver à doz, se retira en Angleterre, ayant aussi eu une tres grande victoire contre Jacques, le quart roy d'Escosse, lequel estoit mort en la bataille, estant le duc de Norfolc, de la maison de Havart, lieutenant general de l'armée d'Angleterre.

[1514] Environ Noel (1) subsequent, audit an 1513, mourut à Bloys la royne Anne de Bretaigne, femme du roy Louis, laissant du Roy et d'elle deux filles, l'aisnée nommée madame Claude, la puisnée madame Renée. Estant doncques le Roy en viduité, le duc Louis de Longueville, qui estoit prisonnier en Angleterre, meist en avant le mariage dudit roy Louis et de madame Marie, sœur du roy Henry d'Angleterre, huictiesme de ce nom, afin que par ce moyen on feist une bonne paix entr'eux et leurs royaumes : chose qui se paracheva ainsi qu'il sera dit cy apres. Et desiroit le Roy ledit appoinctement afin qu'il peust dresser son armée pour la reconqueste du duché de Milan, sans estre empesché du roy d'Angleterre.

Au mois de may ensuivant 1514, François, duc de Valois et comte d'Angoulesme, apparant heritier de la couronne de France, espouza à Saint Germain en Laye madame Claude, fille aisnée du Roy, duchesse de Bretaigne par la succession de la royne Anne sa mere; lequel mariage ne s'estoit sceu faire du vivant de ladicte royne Anne, par ce qu'elle aspiroit plustost au mariage de Charles d'Autriche, pour ceste heure empereur, dont avoit esté pourparlé long temps avant qu'à celuy dudict duc d'Angoulesme; et disoit on que l'occasion qui à ce la mouvoit estoit pour la haine qu'elle portoit à madame Louise de Savoye, mere du-

---

(1) *Environ Noel*: Anne de Bretagne mourut le 9 janvier 1514.

dit duc d'Angoulesme : et aussi quelque temps devant, estant le Roy fort malade à Bloys, ladite Royne, craignant son decez, avoit fait charger sur la riviere de Loire ses meubles plus precieux pour porter à son chasteau de Nantes, lesquels furent arrestez pres de Saumur par le mareschal de Gyé; dont elle print telle haine contre luy, qu'elle le fist chasser hors de la cour.

Environ le commencement d'octobre ensuivant, fut le traitté de mariage, ja commencé par le duc de Longueville, conclu entre le Roy et madame Marie d'Angleterre, par lequel, entre autres articles, le roy d'Angleterre insista fort à ce que le duc de Suffolc, qui estoit au service du Roy, luy fust mis entre les mains, ainsi que le roy dom Philippe avoit rendu son frere aisné; chose que jamais le Roy ne voulut accorder : bien fut content de ne le tenir en son royaume, et le feit retirer à Mets, auquel lieu pour son estat luy donna six mille livres de pension par an.

Encores que ce ne soit la matiere que j'ay deliberé de traitter des affaires d'Angleterre, ayant entreprins seulement de deduire en ces Memoires ce qui est advenu en nostre royaume ou aux guerres qu'avons eues dehors, si est-ce qu'il m'a semblé bon de dire incidentement et en brief qui estoit ledit duc de Suffolc, et la cause pour laquelle il estoit fugitif d'Angleterre, et venu au service de nostre Roy. Le roy d'Angleterre Edouart le quart (duquel messire Philippes de Commines faict mention en ses Memoires, qui descendit en Picardie du temps du roy Louis unziesme de ce nom, et qui traitta avec ledit roy Louis à Piquigny) avoit deux freres, l'un nommé Georges, duc de Clarance;

l'autre, Richard, duc de Glaucestre. Or est-il qu'il eut opinion de veoir les propheties de Merlin, pour sçavoir ce qu'il devoit advenir à sa posterité; qui est une superstition laquelle regne en Angleterre dez le temps du roy Arthus. Voyant lesdites propheties, par l'interpretation qui luy en fut faicte (car ce sont comme les oracles d'Apollo, où il y a tousjours double intelligence), fut trouvé que l'un de ses freres, duquel le nom se commenceroit par un G, osteroit la couronne hors des mains de ses enfans. Or est-il qu'il avoit deux fils et deux filles : le duc de Clarence, comme j'ay dit, se nommoit Georges, parquoy il eut opinion que de luy parloit la prophetie; à ceste occasion le feit prendre, et, sans forme de justice, le feit mourir en une pippe de Malvoisie, se persuadant que par sa mort la prophetie ne sortiroit son effect, n'ayant esgard que son autre frere estoit duc de Glaucestre, duquel la premiere lettre du nom de son duché commençoit par G.

Dudit duc de Clarance demeura une fille, laquelle fut mariée à un gentilhomme du païs, nommé Pole en son surnom, dont descendit le millord Montagu, lequel le feu roy Henry huictiesme feit decapiter; aussi en sortit Regnauld Pole, lequel, estant fugitif à Romme pour eviter la fureur du Roy, a esté faict cardinal, et de ceste heure vit encores; et un autre frere, nommé Geoffroy Pole. Le roy Edouart cy dessus nommé, pensant, par la mort de son frere le duc de Clarence, avoir expié la prophetie de Merlin, venant à la fin de ses jours, laissa ses enfans mineurs en la garde de son frere le duc de Glaucestre; lequel, par ambition de regner apres le decez du Roy son frere, feit mourir les deux fils dedans la tour de Londres, donnant à entendre au peuple qu'ils estoient morts par accident, s'estans precipitez du hault du pont lequel entre dedans la tour; les deux filles meit en religion, les declarant bastardes, disant que la Royne leur mere estoit mariée à un gentilhomme du païs; et par ce moyen, ayant les forces en main, se feit couronner roy d'Angleterre. Estant couronné, tous ceux qu'il sentit qui en avoient murmuré les feit mourir de diverses morts. Le comte de Richemont, nommé Henry, qui avoit grand credit au païs, craignant la fureur du Roy, s'embarqua pour se sauver en France; mais la tourmente et le vent contraire le jetta dedans les havres de Bretaigne, où le duc de Bretaigne François l'arresta prisonnier pour complaire au roy d'Angleterre, duquel il estoit allié. Auquel lieu il fut detenu (1) jusques au trespas dudit duc François, lors que le roy Charles, huictiesme de ce nom, espousa madame Anne, duchesse de Bretaigne, sa fille; lequel le meit en liberté, luy donnant pension pour son entretenement.

Le roy Richard continuant tousjours sa tyrannie, les seigneurs du païs d'Angleterre, et mesmes le frere aisné du duc de Suffolc (duquel est mention, qui estoit de la maison de Pole, descendu de la maison de Lanclastre, lesquels portoient la roze blanche, au contraire de ceux de la maison d'Yor, dont estoit descendu le roy Richard, qui portoient la rouge); pour mettre le royaume en repos, manderent secrettement

---

(1) *Auquel lieu il fut detenu*: Il y a ici confusion de dates. Le duc de Richemont, secouru par Anne de Beaujeu, fit une descente en Angleterre au mois d'août 1485, vainquit Richard III le 22 du même mois, et devint roi d'Angleterre sous le nom de Henri VII. Charles VIII n'épousa Anne de Bretagne qu'en 1491.

audit comte de Richemont que s'il pouvoit trouver moyen que le roy de France luy armast quelques navires, et le voulut secourir de cent hommes d'armes et deux mille hommes de pied pour descendre en Angleterre, la pluspart du païs se tourneroit de sa part pour expulser ce roy Richard, à cause de sa tyrannie. Sa requeste luy fut accordée par le Roy et par madame Anne de France sa sœur, duchesse de Bourbon, regente en France, à cause de la minorité du Roy son frere. L'equippage fut dressé à Dieppe; et fut chef de l'armée, pour le Roy, le seigneur de Chandec, de Dauphiné, lieutenant du comte François de Vendosme; et maistre du navire (1) un Dieppois, nommé Le Poullain de Dieppe. La fortune leur fut bonne; car s'ils eussent faict descente au lieu où ils avoient deliberé, ils eussent trouvé en teste le roy Richard, accompagné de quarante mille hommes : mais le vent leur fut si à propos, qu'il les jetta à l'opposite au païs de Galles, où tout à leur aise ils feirent leur descente.

Deux jours apres, estant publié par le pays que le comte de Richemont avoit pris terre en Galles, ceux qui l'avoient mandé et plusieurs autres se vindrent joindre avec luy : estans assemblez, fut conclu de marcher droit à Londres, car qui est maistre de Londres commande à tout le royaume. Le roy Richard, lequel, comme j'ay dit, estoit en campagne avec quarante ou cinquante mille hommes, marcha droit à son ennemy, qu'il rencontra sur le chemin de Londres, où estans leurs batailles rengées l'une devant l'autre, la pluspart de ceux qui estoient avec le Roy l'abandonnerent, et se retirerent du costé du comte de Richemont. Ce

---

(1) Le mot *navire* est ici pour *flotte*.

nonobstant, le Roy, qui estoit courageux, ne laissa de marcher la teste droitte à son ennemy; mais le petit nombre d'hommes qu'il avoit ne peut soustenir l'effort du grand nombre qu'avoit le comte de Richemont : si est-ce qu'il combatit avecques telle vertu, qu'il fut tué sans jamais avoir reculé un seul pas. La bataille gaignée, ledit Henry, comte de Richemont, marcha à Londres; auquel lieu estant arrivé, assembla un parlement, et feit retirer de religion les deux filles du roy Edouard le quart, dont il espousa l'aisnée par le consentement du parlement, et à cause d'elle se feit couronner roy; la puisnée donna en mariage au comte Devonshir, depuis marquis d'Excestre, nommé de Courtenay.

Estant paisible possesseur du royaume et de la couronne, encores que le duc de Suffolc eust esté l'un des principaux autheurs de le faire passer en Angleterre, si est-ce qu'il l'eut en souspeçon, par-ce qu'il estoit descendu de la maison de Lanclastre; et delibera d'en faire exterminer la race. Ledit duc de Suffolc avoit deux freres, l'un dont cy dessus est faicte mention, qui estoit lieutenant du Roy en Irlande; l'autre estoit jeune de sept ou huict ans. L'aisné, ayant quelque advertissement de la mauvaise volonté que le Roy luy portoit, s'embarqua, et s'en vint à refuge en Flandres devers le roy dom Philippe, fils de l'empereur Maximilian et de madame Marie, fille du duc Charles de Bourgongne. Et son frere, qui estoit en Irlande, adverty de la fuitte de sondit frere, se sauva par mer au païs des Ostrelins, et de là en Allemagne. Le jeune fut mis prisonnier en la tour de Londres, où je l'ay encores veu en l'an 1518; mais depuis il est decedé. Quelque temps apres, le roy dom

Philippe allant par mer de Flandres en Espagne, la tourmente le contraignit de descendre en Angleterre, où il fut recueilly du roy Henry septiesme honorablement, et mesmes luy presta cinquante mille escus sur une fleur de lis, laquelle a esté depuis rendue par le traitté de Cambray à l'empereur Charles le Quint, pour la rançon de messieurs les enfans de France. Si est-ce que ledit roy d'Angleterre ne voulut permettre audit roy dom Philippe de sortir hors de son royaume, que premierement il n'eust remis en ses mains le duc de Suffolc cy dessus mentionné, qui estoit en sa puissance dedans ses Païs Bas. Vray est qu'il promist audit roy dom Philippe de ne le faire mourir, ce qu'il ne feit; mais à son trespas et derniere volonté ordonna à son fils le roy Henry huictiesme, qu'incontinent luy decedé, il luy fist trencher la teste; chose qui fut executée.

Or est-il que ledit roy Henry, apres avoir obtenu le royaume d'Angleterre par le moyen du roy de France, ainsi qu'avez entendu, descendit avecques une armée en France, et vint assieger Boulongne. Le duc de Suffolc, qui estoit, comme dit est, fugitif en Alemagne, sçachant la guerre declarée entre le Roy et le roy d'Angleterre, vint au service du Roy avec bon nombre de lansquenets; mais ce pendant fut faict un traitté entre le Roy et le roy d'Angleterre devant Boulongne; auquel traitté le roy d'Angleterre persista fort à ce que le Roy luy remist entre ses mains ledit duc de Suffolc; chose qu'il ne luy voulut accorder, voulant garder sa foy et sa parolle : bien consentit qu'il s'en iroit habiter hors de ce royaume. Et depuis ce temps là, par tous les traittez de paix qui ont esté entre les rois de France et d'Angleterre, cest article y a tousjours esté couché :

de sorte que, dez que la paix estoit entre les deux royaumes, il s'absentoit, et dez que la guerre commençoit il revenoit au service du Roy, où il a tousjours continué jusques à la bataille de Pavie, qui fut l'an 1524, où il mourut, ainsi qu'il sera dit cy apres.

Maintenant fault retourner au traitté de mariage d'entre le roy Louis et madame Marie d'Angleterre. Apres que les choses furent ainsi accordées, le Roy s'approcha de la Picardie, pour recevoir sa femme future; et arrivé qu'il fut à Abbeville, qui estoit environ le dixiesme jour d'octobre 1514, envoya monsieur d'Angoulesme à Boulongne, pour recueillir ladite dame Marie; et avecques luy le duc d'Alançon, le duc de Bourbon, le comte de Vendosme, le comte de Sainct Pol et le comte de Guise, et la plus part des princes et noblesse qui estoient pres de luy. Auquel lieu de Boulongne estant arrivé madite dame Marie, fut par lesdits seigneurs recueillie magnifiquement, et conduite en grand triomphe jusques à Abbeville, où le Roy alla au devant d'elle; puis, le lendemain, l'espousa en grande solennité en une eglise qui est sur la place où l'on vent les denrées. Ce faict, se retira vers Paris, pour faire couronner ladite Royne à Sainct Denis, et faire son entrée à Paris. Et estoient venus pour accompagner madite dame Marie plusieurs princes et grands seigneurs d'Angleterre, et entre autres le millor marquis d'Orset, et le duc de Suffolc, qui n'estoit pas homme de grande maison, mais favory et avancé du roy Henry d'Angleterre pour ses vertus; de sorte qu'il luy avoit donné le duché de Suffolc, l'ayant osté à ceux de la maison de Pole, ainsi que j'ay cy devant declaré.

Le Roy, se voyant en patience avec l'Anglois, deliberade dresser une armée pour au printemps reconquerir son duché de Milan, dont il donna la charge au duc de Bourbon, laquelle il avoit refusée quand le seigneur de La Trimouille y alla, par-ce que l'armée luy sembloit trop foible pour une telle conqueste, ainsi qu'il apparut à la roupte dudit seigneur de La Trimouille. Et pour executer ladite entreprise, feit tirer d'Allemagne quinze ou seize mille lansquenets soubs la charge de plusieurs capitaines, et entre autres du comte Wolf et du capitaine Brandhec; puis envoya mondit seigneur de Bourbon devant à Moulins, pour tousjours faire acheminer la gendarmerie. Mais le temps ne luy donna loisir de parachever sadite entreprise; car le premier jour de janvier, environ minuict, 1514 (1), il rendit l'ame à Dieu en sa maison des Tournelles à Paris: dont le corps fut porté en l'église Nostre Dame, et de là à Sainct Denis, auquel lieu, accompagné de tous les princes de son sang, fut en grandes pompes funebres inhumé, ainsi qu'avoient accoustumé ses predecesseurs. Apres sa mort, on eut quelque souspeçon que la royne Marie fust grosse; mais soudain on fut asseuré du contraire par le raport d'elle mesme.

Il eut de grandes adversitez en ses jeunes ans : estant duc d'Orleans, il perdit la bataille en Bretaigne à Sainct Aulbin, et fut emprisonné en la grosse tour de Bourges long temps; puis le roy Charles huictiesme estant allé à Naples, il fut assiegé devant Novare en telle extremité, qu'il fut contraint de manger chiens et rats, et moururent beaucoup de ses sol-

---

(1) 1514 : suivant le nouveau style, 1515.

dats de faim et pauvreté, jusques à ce que ledit roy Charles, retournant de Naples, le mist en liberté. Quand il vint à la couronne, ceux qui l'avoient suivy en son adversité luy voulurent persuader de se venger de ceux qui, du vivant dudit roy Charles, luy avoient faict la guerre au nom du Roy; mesmes de messire Louis de La Trimouille, qui le deffeit et print prisonnier à Sainct Aulbin, estant lieutenant du Roy. Il feit response que ce n'estoit à un roy de France de venger les injures faictes à un duc d'Orleans; et que s'ils avoient servy le Roy contre luy, ils feroient le semblable pour luy estant roy.

## Advenement du roy François à la couronne.

[1515] A ce bon roy, lequel fut appellé *pere du peuple*, succeda François, duc de Valois et comte d'Angoulesme, lequel, ayant receu telle succession, voulut user du conseil des princes de son sang et autres serviteurs du feu Roy, et n'en desapointa un seul, mais les maintint en leurs estats; et pour cest effect les manda venir devers luy, et par leur opinion fut conclu qu'il partiroit pour aller à Reims se faire sacrer : ce qu'il feit, et fut sacré environ le vingt-cinquiesme dudit mois de janvier 1514 [1]. Puis estant de retour à Paris, ayant fait son entrée et le tournoy en la rue de Sainct Antoine, ainsi qu'ont accoustumé faire les autres rois, auquel tournoy menoient les tenans le duc d'Alançon, le duc de Bourbon et le comte de Vendosme, il voulut mettre ordre aux estats et affaires de son royaume. Premierement, feit Antoine Du Prat,

---

[1] 1514 : suivant le nouveau style, 1515.

pour lors premier president en la cour de parlement de Paris, son chancelier, par ce que au decez du roy Louis il n'y avoit qu'un garde des saulx, nommé maistre Estienne Poncher, evesque de Paris, et depuis archevesque de Sens. Puis apres feit le duc de Bourbon son connestable, le comte de Vendosme gouverneur de l'Isle de France, monsieur de Lautrec gouverneur de Guienne; le seigneur de La Palisse, qui estoit grand maistre, le feit mareschal de France; et monsieur de Boisy, qui avoit esté son gouverneur en sa jeunesse, le feit grand maistre, luy baillant la principale superintendance de ses affaires; et avecques luy Fleurimond Robertet, principal secretaire. Et avoit ledit seigneur Roy deux jeunes hommes fort ses favoris, à sçavoir Anne, seigneur de Montmorency, et Philippe Chabot, seigneur de Brion, qui depuis ont eu grand credit en ce royaume.

Pendant ces choses, le Roy, desirant faire le voyage qu'avoit entrepris le feu Roy, de la conqueste du duché de Milan°, delibera de renouveler les alliances qu'il avoit aux princes et potentats ses voisins. Et premierement renouvela la paix faicte entre le feu Roy et le roy d'Angleterre, moyennant laquelle luy renvoya madame Marie, vefve du feu roy Louis, avecques un douaire de soixante mille escus tous les ans; laquelle Marie le roy d'Angleterre donna en mariage au duc de Suffolc, pour l'amitié qu'il luy portoit. Or avoit ledit roy Louis, par accord faict avecques les Venitiens, renvoyé messire Barthelemy d'Alvienne, leur general, pris à la bataille de Pandin (1), et messire

---

(1) *A la bataille de Pandin :* à la bataille d'Aignadel.

André Grity, leur providadour, pris à Bresse, avecques certaines conditions, lesquelles le Roy confirma. Et furent les conditions telles : les Venitiens estoient tenus de secourir le Roy à la conqueste et conservation de son duché de Milan, et aussi le Roy les devoit secourir et assister à conquerir les terres que l'empereur Maximilian leur usurpoit, comme Bresse, Veronne, et autres places.

Durant que ces choses se traittoient, vint à Paris devers le Roy le comte de Nansau, ambassadeur de la part de Charles d'Autriche, pour luy faire les foy et hommages des comtez de Flandres et Artois, et autres terres tenues de la couronne de France; ce qu'il feit. Et quand et quand, pour plus grande seureté d'amitié entre les deux princes, fut pourparlé du mariage dudit Charles d'Autriche avecques madame Renée, fille du feu roy Louis, et sœur de la Royne; et pour la conclusion de cest effect fut envoyé monseigneur de Vendosme ambassadeur devers ledit prince Charles d'Autriche, accompagné de maistre Estienne Poncher, evesque de Paris et depuis archevesque de Sens, du seigneur de Jenlis, et du seigneur Descheney. Lequel comte de Vendosme, prenant son chemin par le païs de Henault, traversant le païs de Breban, arriva environ la Sainct Jean, qui estoit l'an 1515, à La Haye en Hollande, où il trouva ledit prince, auquel lieu fut conclu le mariage (1); et outre, pource que le prince tenoit le comte de Nansau fort son familier, fut aussi conclu le mariage dudit comte de Nansau

(1) *Fut conclu le mariage :* ce traité fut signé le 31 mars 1515. Il fut en outre convenu que la succession future de l'Espagne seroit assurée à Charles; et que la Navarre seroit restituée à la maison d'Albret.

avecques la sœur du prince d'Orenge, laquelle estoit à la cour de France. Et vint le comte de Nansau accompagner monsieur de Vendosme, depuis La Haye en Hollande jusques à La Fere sur Oize; auquel lieu fut amenée ladite princesse d'Orenge par le seigneur de Givery et madame de Mailly de Picardie, et là fut consommé le mariage.

Pour vous dire ce que j'apris en ce voyage que feit monseigneur de Vendosme, et de la façon dont estoit instruit ledit prince d'Espagne, le seigneur de Chievres, que je vous ay dit cy devant avoir esté par le roy Louis ordonné gouverneur dudit prince, approuvé par les bonnes villes de Flandres, le nourrissoit alors, encores qu'il n'eust attaint le quinziesme an de son aage; en telle sorte que tous les pacquets qui venoient de toutes provinces luy estoient presentez, encores qu'il fust la nuict : lesquels apres avoir veus, les rapportoit luy mesmes en son conseil, où toutes choses estoyent deliberées en sa presence. Et un jour estant le seigneur de Jenlis demouré ambassadeur pres la personne dudit prince de par le Roy, et moy demouré par commandement de mondit sieur de Vendosme avec ledit sieur de Jenlis, le seigneur de Chievres donnoit à souper audit de Jenlis, où, estans entrez en propos, monsieur de Jenlis dist audit de Chievres qu'il estoit estonné de quoy il donnoit tant de travail à l'esprit de ce jeune prince, veu qu'il avoit le moyen de l'en soulager. Le seigneur de Chievres luy respondit : « Mon
« cousin, je suis tuteur et curateur de sa jeunesse; je
« vueil, quand je mourray, qu'il demoure en liberté;
« car s'il n'entendoit ses affaires, il faudroit apres mon
« decez qu'il eust un autre curateur, pour n'avoir en-

« tendu ses affaires et n'avoir esté nourry au travail, « se reposant tousjours sur autruy. »

Alors que ces choses se faisoient, le Roy estoit à Amboise, qui faisoit en toute diligence marcher son armée à Lion, auquel lieu de Lion il se trouva environ la fin de juillet, que mondit seigneur de Vendosme le vint trouver pour lui faire rapport de sa negotiation. Aussi le roy Ferrand d'Arragon traitta avecques le Roy, craignant que les forces que le Roy preparoit pour Italie ne tournassent sur luy, pour reconquerir le royaume de Navarre par luy nouvellement usurpé. Estant le Roy à Lion, ordonna de la forme que marcheroit son armée : à monseigneur de Bourbon bailla son avantgarde à mener, et avecques luy François monsieur de Bourbon son frere, nouvellement duc de Chastellerault; le mareschal de Chabannes; le prince de Tallemont, fils de messire Louis de La Trimouille ; le seigneur Jean Jacques Trevoulce, mareschal de France; le seigneur de Bonnivet, le seigneur d'Imbercourt, le seigneur de Telligny, seneschal de Rouargues; le baron de Beard, le comte de Sanxerre, et plusieurs autres capitaines de gensdarmes. Quant aux gens de pied, y estoit le seigneur Petre de Navarre, que le Roy avoit mis en liberté, ayant esté pris prisonnier à la bataille de Ravenne, estant general de l'infanterie espagnolle; et le delivra le Roy sans rançon, luy baillant charge de six mille Gascons. Outre, le Roy y ordonna quatre mille François, soubs la charge de huict capitaines ayant chacun cinq cens hommes : c'est à sçavoir le seigneur de Lorges, Pirault de Maugeron, Richebourg, Lorteil, le petit Lainet, Onatilleu, Hercules de Dauphiné, et le capitaine Commarque, avec le nombre de huict à neuf mille lansquenets. Le Roy menoit la bataille, accompagné du duc de Lorraine, du duc de Vendosme, du comte de Sainct Pol, du seigneur d'Orval, de messire Louis, seigneur de La Trimouille, du duc d'Albanie, du bastard de Savoye, de messire Odet de Foix, seigneur de Lautrec; du capitaine Bayart, auquel le Roy fist cest honneur de vouloir recevoir de sa main l'ordre de chevalerie le jour de la bataille, et de plusieurs autres capitaines de gendarmerie : et Charles, duc de Gueldres, capitaine general de tous les lansquenets, et le comte de Guise son neveu, et frere de monseigneur de Lorraine, devoient estre à pied avecques ledit duc de Gueldres son oncle. L'arrieregarde fut baillée à monseigneur d'Alançon, avecques bon nombre de gendarmerie et gens de pied.

A l'heure que le Roy arriva à Grenoble, estoit desja monseigneur de Bourbon entré dedans les estappes tirant le chemin d'Ambrun : parquoy, apres qu'il eut laissé l'administration et gouvernement de son royaume à madame Louise de Savoye sa mere, il suivit mondit seigneur de Bourbon jusques à Ambrun, où, arrivé qu'il fut, eut advertissement comme Prospere Colonne, grand capitaine romain, qui estoit venu avecques quinze cens chevaux envoyez par le pape Leon au secours des Suisses, estoit logé au pied des montagnes dedans le Piedmont, ne se doubtant de rien, parce-que les Suisses tenoient tous les destroits et passages des montagnes. Mais il fut rapporté, par quelques bonnes guides qui estoient à messire Charles de Soliers, seigneur de Morette, qu'il y avoit un passage pres de Rocque Esperviere, auquel les Suisses ne faisoient point de garde, par-ce qu'on n'y avoit jamais veu passer gens de cheval, et que par là on pourroit surprendre ledit Prospere Colonne. Ledit rapport faict, le Roy despescha le mareschal de Chabannes, le seigneur d'Imbercourt, le seigneur d'Aubigny, le seigneur de Bayard, le seigneur de Bussy d'Amboise, et le seigneur de Montmorency, pour lors lieutenant de la compagnie du grand maistre de Boisy, pour executer ladite entreprise soubs la conduite dudit seigneur de Morette et de ses guides. Ledit seigneur de Morette mettoit en avant que, au cas qu'ils faillissent à leur entreprise, ils avoient moyen d'eux retirer à Fossan ou à Savillan, attendans que nostre armée passeroit.

Estans noz gens descendus à la plaine sans allarme, furent advertis que ledit Prospere et sa cavalerie estoient à Villeneufve de Soliers, parquoy prindrent ledit chemin. Auquel lieu arrivez, trouverent qu'ils estoient deslogez, et estoient allez à Villefranche, qui est une petite ville assise sur le Pau, à deux mille de là : mais il estoit jour, et falloit passer la riviere du Pau, et n'y avoit pont pres de là qu'audit lieu de Villefranche. Sur ces difficultez, un guide se feit fort de les faire passer à gué un mille au dessoubs de Villefranche ; ce qu'il feit. Le seigneur d'Imbercourt, qui avoit charge des coureurs, arriva à la porte de Villefranche sur l'heure du disner. Quelques uns estans dedans la ville, voyans approcher lesdits gens de cheval, coururent pour fermer les portes ; mais deux hommes d'armes dudit d'Imbercourt, l'un nommé Beauvais le Brave, normant, et l'autre Hallancour, picard, donnerent contre la porte à bride abbatue, de cul et de teste; de sorte que iceluy Hallancour, du choq de son cheval, tomba dedans les fossez : si est-ce qu'il esbranla ceux qui vouloient fermer la porte, tellement que Beauvais eut loysir de jetter sa lance dedans la porte, et empescha qu'elle ne peust soudain estre fermée, car incontinent arriva le seigneur d'Imbercourt, lequel, mettant pied à terre, força la porte. Pendant ce temps arriva le mareschal de Chabannes et tout le reste, qui entrerent tous à cheval dedans la ville, où fut surpris ledit Prospere Colonne estant à table; lequel, pour sauver sa vie, bailla sa foy audit seigneur d'Aubigny. Finablement ils furent tous pris en disnant, et se trouverent des chevaulx du royaume de Naples gaignez de mille à douze cens. Ce faict, noz gens, craignans les Suisses qui estoient à Cosny, avec leurs prisonniers et chevaulx se retirerent à Fossan, attendans le passage de nostre armée.

Les Suisses, advertis que les François estoient passez en la plaine et leur cavalerie deffaicte, et que le Roy avoit deja gaigné le hault de la montagne au dessus de Sainct Pol, par un lieu où jamais armée n'avoit passé, abandonnerent Cosny et tous les passages pour se retirer vers Milan, se venant joindre avecques eux le cardinal de Sion, qui estoit à Pignerol avec une partie des forces, estant en ladite armée legat du Pape, et deputé de Maximilian, esleu empereur. Parquoy le Roy sans empeschement paracheva son passage, et vint loger audit lieu de Cosny, dont les Suisses estoient delogez le jour precedant. Pendant ce temps, messire Emar de Prie, envoyé du Roy par autre costé, avec l'ayde des Genevois print la ville d'Alexandrie, et la mist en l'obeïssance du Roy, par le moyen d'aucuns de la part guelfe qui estoient dedans. Le Roy, voyant toutes choses prosperer en son entreprise, marcha de Cosny droit à Carmagnolles, de Carmagnolles à Moncallier, auquel lieu il passa le Pau, où vint au devant de luy le duc de Savoye son oncle, frere de madame Louise de Savoye sa mere, qui estoit demeurée regente en France; lequel le conduisit à Thurin, où il fut receu en grande magnificence. Puis, sans faire sejour, marcha droit à Chivas; dont les Suisses ne faisoient que de desloger, ayans saccagé la ville et bruslé le chasteau; et de là à Vercel, qui estoit le chemin que prenoient les Suisses pour leur retraitte, ne leur donnant le loisir de reprendre leurs esprits, jusques à ce qu'il les eust remis dedans la ville de Milan. Le Roy, partant de Vercel, s'en alla à Novare, dont luy furent presentées les clefs et l'obeïssance; et d'icelle fut fait gouverneur le mareschal de Chabannes. Auquel lieu arriverent les bandes noires, qui estoient six mille Allemans nourris et aguerris ensemble depuis vingt ans, que le duc de Gueldres avoit amenés au service du Roy: dequoy avoit la charge soubs ledit duc le seigneur de Tavannes, son lieutenant. Ayant doncques le Roy recueilly toutes ses forces ensemble, print le chemin de Marignan.

Durant ce temps, par le moyen du duc de Savoye et du bastard de Savoye (1), se brassoit un appoinctement entre le Roy et lesdits Suisses, lequel fut tellement demené qu'il fut conclu. Et estoit tel, que le Roy leur fournissoit comptant une grosse somme de deniers qu'ils disoient leur estre deüs, tant par le feu Roy

(1) *Du bastard de Savoye*: René, frère naturel de la mère du Roi. Il étoit fils de Philippe, duc de Savoie, et de Bonne de Romagne.

que ses prédécesseurs, pour les services qu'ils leur avoient faicts, et mesmes par le traitté de Dijon faict par le seigneur de La Trimouille; moyennant lesquels deniers ils remetteroient entre les mains du Roy le duché de Milan : et le Roy donnoit soixante mille ducats de pension à Maximilian Sforce, pour lors usurpateur dudit duché. Et pour trouver lesdits deniers, fut prise toute la vaisselle, tant des princes que des gentilshommes particuliers, avec tout l'argent qu'ils pouvoient avoir, leur laissant seulement de quoy faire leur despense de huict jours. Le duc de Gueldres voyant la paix conclue, et ayant nouvelles que les Brabançons estoient entrez en ses païs, prenant congé du Roy, laissa sa charge au comte de Guise son nepveu; et print la poste pour aller secourir ses subjets; mais, arrivé à Lion, estant adverty que la bataille se donnoit, en print tel ennuy, qu'il en tomba en fievre continue, dont il fut en danger de mort (1). Estant ledit traitté conclu et les deniers mis ensemble, furent ordonnez le seigneur de Lautrec et le bastard de Savoye, avec quatre cens hommes d'armes, pour porter lesdits deniers à Bufferolle, auquel lieu se devoient trouver les députez de par les ligues pour recevoir lesdits deniers. Et le Roy, pensant que, suivant le traitté, luy deust

---

(1) *Dont il fut en danger de mort* : Lautrec et Lescun eurent aussi le malheur de ne pas se trouver à la bataille. « Madame, écrivit le Roi à « sa mère, vous vous moquerez de messieurs de Lautrec et de Lescun, « qui ne se sont trouvés à la bataille, et se sont amusés à l'appointe- « ment des Suisses, qui se sont moqués d'eux. » Gaillard remarque que ce passage, extrait de la relation que François fit lui-même de la bataille de Marignan, a beaucoup de rapport avec le billet que Henri IV écrivit à Crillon : « Pends-toi, brave Crillon! nous avons combattu à « Arques, et tu n'y étois pas. »

estre livrée la ville et le chasteau de Milan, marcha jusques auprès de Saincte Brigide, sur la grande estrade milanoise, auquel lieu il se logea, esperant le lendemain aller loger à deux mille pres de Milan. Or estoit l'armée du Pape conduitte par le magnifique Laurens de Medicis, nepveu dudit Pape, à Plaisance; et l'armée du roy d'Espagne conduitte par dom Raimon de Cardone, qui est celuy qui estoit chef de l'armée espagnolle à la journée de Ravenne, pres dudit lieu de Plaisance, sur la riviere du Pau : lesquels, encores qu'ils fussent fort sollicitez, tant du duc Maximilian que du cardinal de Sion, de se venir joindre avec les Suisses, n'y voulurent jamais consentir, pour deux occasions : l'une, que l'un ne se fioit de l'autre, car le seigneur Laurens craignoit que dom Raimon, attendu les dissimulations dont il usoit, eust commandement du Roy son maistre d'ainsi le faire, ayant quelque traitté secret avecques le Roy : aussi dom Raimon avoit doubté dudit Laurens de Medicis, à cause que plusieurs ambassadeurs estoient allez devers le Roy de la part du Pape; et tous deux aussi en general craignoient d'entrer entre l'armée du Roy tant gaillarde, et celle des Venitiens qu'amenoit le seigneur Barthelemy d'Alvienne, qui nous donna grand avantage.

Les Suisses estans prests à depescher leurs deputez pour aller à Bufferolle, furent par le cardinal de Sion dissuadez de ce faire, et persuadez de rompre et faulser leur foy, leur remonstrant qu'estant le Roy asseuré du traitté de la paix, auroit laissé son armée en nonchalloir, et mesmes que le Roy, sur ladite asseurance, avoit contremandé Barthelemy d'Alvienne, qui estoit à Laudes avec l'armée venitienne, de ne passer outre; parquoy, partans à l'improviste, feroient deux effects : l'un passant audit Bufferolle, pourroient ravir l'argent que monsieur de Lautrec y avoit porté, et quand et quand venir donner la bataille au Roy, luy ne se doubtant d'aucun ennemy, ayant separé d'avecques luy ses forces, comme l'armée venitienne et les quatre cens hommes d'armes qu'avoit mené mondit seigneur de Lautrec. Mais ledit seigneur de Lautrec, adverty par ses espies de la deliberation faicte par les Suisses, se meit hors du chemin avec les deniers, et se retira à Galleras; parquoy les Suisses, ne trouvans ce qu'ils cherchoient, passerent outre pour executer leur entreprise sur le Roy.

Le jeudy, treziesme de septembre, jour de Saincte Croix, 1515, environ deux heures apres midy, vindrent donner sur nostre avantgarde, de laquelle avoit la conduitte le duc de Bourbon, connestable de France; mais ils trouverent ledit connestable en armes, lequel à ceste premiere abordée les recueillit vigoureusement, mais non sans perte; car il entra un effroy en un des bataillons de noz lansquenets tel, qu'ils s'esbranlerent pour se mettre à vau de roupte, ayant mis en leur opinion que le traitté que le Roy avoit faict avecques les Suisses estoit demouré en son entier, et que ce qui se faisoit estoit une fainte pour les vouloir livrer entre les mains des Suisses, leurs anciens ennemis : mais voyant la gendarmerie qui soustint l'effort des ennemis, reprindrent asseurance telle, qu'ils retournerent au combat, voyans aussi le Roy qui marchoit avec les bandes noires, coste à coste de son artillerie. A ladite charge fut tué François monsieur de Bourbon, le seigneur d'Imbercourt, le comte de Sanxerre, et plusieurs autres gens de bien. Et dura le combat jusques à la nuict, qui fut si obscure, mesmes à cause de la grande poulciere que faisoient les deux armées, que nul ne cognoissoit l'autre, et mesmes que les Suisses portoient pour leur signal la croix blanche aussi bien que les François, ne portans pour difference sinon une clef de drap blanc chacun en l'espaule ou en l'estomac; et, pour mieux surprendre nostre armée, n'avoient porté aucuns tabourins, mais seulement des cornets pour se rallier; et fut la chose en tel desordre, pour l'obscurité de la nuict, qu'en plusieurs lieux se trouverent les François et les Suisses couchez aupres les uns des autres, des nostres dedans leur camp, et des leur dedans le nostre; et coucha le Roy toute la nuict, armé de toutes ses pieces (hors mis son habillement de teste), sur l'affust d'un canon.

Le jour venu, qu'on se recognut, chacun se retira soubs son enseigne, et commença le combat plus furieux que le soir; de sorte que je vey un des principaux bataillons de noz lansquenets estre reculé plus de cent pas, et un Suisse, passant toutes les batailles, vint toucher de la main sur l'artillerie du Roy, où il fut tué; et sans la gendarmerie, qui soustint le faix, on estoit en hazard. A ladite bataille fut tué messire François de La Trimouille, prince de Tallemont, seul fils du seigneur de La Trimouille; le seigneur de Bussy d'Amboise, et le sieur de Roye, et plusieurs autres. Aussi fut blessé en deux ou trois endroits, de coups de picque, le cheval de monseigneur de Vendosme : le comte de Guise, qui estoit demeuré general de tous les Allemans, estant au premier rang, fut porté par terre; mais un sien escuyer de service, nommé l'escuyer Adam, natif d'Allemagne, voyant son maistre de tous costez battu à coups de picques et de hallebardes, se jetta sur sondit maistre, portant les coups que son maistre eust portés; pendant lequel temps les Suisses furent reboutez et ledit de Guise secouru, et par un gentilhomme de la maison du Roy, nommé le capitaine Jamais, escossois, fut porté hors de la presse; dequoy il avoit grand besoing, tant pour les coups qu'il avoit receus que pour le nombre d'hommes qui avoient passé par dessus luy : tellement que à grande peine avoit il la puissance de respirer. Environ les neuf heures du matin, les Suisses, pour divertir nostre armée, jetterent une trouppe d'hommes à leur main gauche, pour par une vallée venir donner par derriere sur nostre bagage, esperans nous faire tourner la teste, et par ce moyen nous deffaire; mais ils furent rencontrez par monsieur le duc d'Alençon avecques nostre arrieregarde, lequel les deffit, desquels une partie, s'estant retirée dedans un bois, fut toute tuée par les Gascons, desquels avoit la charge le seigneur Petre de Navarre, et les arbalestriers à cheval, desquels avoit le petit Cossé cent soubs sa charge, et le legat Maugeron cent.

Le seigneur Barthelemy d'Alvienne, le jour precedent, estant adverty de l'entreprise des Suisses, qui avoient rompu leur foy, partit de Laudes avecques son armée, venant toute nuict, en esperance d'arriver d'heure à la bataille; lequel fit telle diligence, qu'environ les dix heures du matin arriva au combat avecques la cavalerie, estant suivy de loing de ses gens de pied : mais le fils du comte de Petillane, jeune homme desirant de long temps se trouver au combat pour le service du

Roy, fit une charge sur les Suisses, qui estoient sur leur retraitte, où il fut tué, et plusieurs avec luy. Les Suisses, qui pouvoient estre au commencement en nombre trente cinq mille hommes, ne pouvans plus soustenir le faix du combat, ayans perdu la pluspart de leurs capitaines, et le combat ayant duré deux jours, perdirent le cueur et se mirent en roupte : un bon nombre d'iceux se retira dedans le logis de monsieur de Bourbon, où, ne se voulans mettre à la mercy du Roy, le feu fut mis, et furent tous bruslez, et de noz gens parmy, qui estoient entrez pesle-mesle pour les deffaire; et entre autres Jean de Mouy, seigneur de La Milleraye, qui portoit la cornette du Roy, y mourut : autres se retirerent au chasteau de Milan; autres droit en Suisse, par-ce que le Roy, se voyant avoir eu la victoire, se contenta de les laisser aller. Et y mourut des Suisses de quatorze à quinze mille, et des meilleurs capitaines et hommes qu'ils eussent, et plus aguerris. Vous avez entendu comme le cardinal de Sion avoit amené les Suisses au combat : or les avoit il accompagnez, avecques cinq ou six cens chevaux, jusques à la premiere charge; mais ayant trouvé nostre armée en estat (chose qu'il n'avoit esperé), s'enfuit dez le soir avecques toute sa cavalerie, prenant le chemin de Milan, où, arrivé qu'il fut, voyant la ville mutinée et les Suisses pareillement, tant pour la perte qu'ils avoient faicte que pour le payement de trois mois qui leur estoit deu, s'enfuit en Allemagne devers l'empereur Maximilian.

Ayant le Roy obtenu une si glorieuse victoire en son aage de vingt et un an, après avoir remercié Dieu, delibera d'aller loger le lendemain à deux mille de Milan, auquel lieu luy furent apportées les clefs de la ville; mais il ne fut d'advis de si tost y entrer, par-ce que Maximilian Sforce, avecques quatre mille Suisses, estoit dedans le chasteau. Parquoy fut conclu que le Roy n'entreroit dedans la ville que le chasteau ne fust en son obeïssance; et fut envoyé monsieur de Bourbon, avecques l'avantgarde, loger dedans Milan et assieger ledit chasteau; puis, ayant mis ordre au siege, y fut laissé le sieur d'Aubigny, et se retira ledit Bourbon devers le Roy; et le Roy, avecques le reste de son armée, s'en alla à Pavie, où luy fut faicte toute obeïssance. Pendant qu'il fut audit lieu de Pavie, le comte Petre de Navarre, auquel le Roy et monsieur de Bourbon avoient donné la principale charge de l'assiegement, en peu de jours tira l'eau hors des fossez, et les mist à sec, entreprenant de le miner, car il estoit fort expert; et en peu de temps fit voller une casemate qui estoit à main droicte en entrant à la porte dudict chasteau, devers la place de la ville, vers la porte Comoise. Ayant doncques levé le flanc que faisoit ladite casemate, commença avecques taudis à miner soubs la muraille: faisant lesdites mines et estant dedans le fossé, ledit Petre de Navarre sortit de dessoubs les taudis qui estoient le long du mur, pour recognoistre quelque chose: lors ceux qui estoient à nostre artillerie, voyans un peu de l'avantmur encores debout, tirerent une vollée d'artillerie; ledit avantmur, de cas fortuit, tomba sur ledit Petre de Navarre, et accabla ledit Petre soubs les ruines, dont il fut rapporté en son logis estant en danger de mort.

Le duc Maximilian et les Suisses, qui dedans estoient assiegez, se voyans hors d'esperance de secours, et mesmes que le Roy estoit sur le traitté d'appointement (1) avec messieurs des ligues, se desespererent de pouvoir tenir ladite place, encores que l'empereur Maximilian leur promist les secourir : mais en fin, apres plusieurs parlemens entre eux et monsieur de Bourbon, par le commandement du Roy, les traittez se porterent de sorte que les Suisses s'en iroient en leur païs, leurs bagues sauves, et le duc Maximilian remettroit entre les mains du Roy ledit chasteau avecques celui de Cremone et toutes les autres places qu'il tenoit, luy cedant le droict par luy pretendu audit duché, et qu'il s'en iroit en France (2); et le Roy lui feroit, sa vie durant, soixante mille ducats de pension, et feroit sa demeure au royaume de France, au lieu qui luy seroit le plus aggreable. Toutes les choses susdites furent parachevées, et fut envoyé ledit Maximilian en France; et pour l'accompagner luy furent baillez le seigneur de Mauleon, frere du seigneur de La Trimouille, l'escuyer Francisque, comte de Pontreme, et plusieurs autres gentilshommes.

Ce fait, le Roy feit son entrée en armes à Milan, ayant en sa compagnie les princes de son sang, tels

---

(1) *Sur le traitté d'appointement :* Peu de temps après, le Roi fit la paix avec les Suisses, aux mêmes conditions qu'il avoit proposées avant la bataille de Marignan. Les Suisses le reconnurent pour duc de Milan et seigneur de Gênes; ils s'engagèrent à lui fournir des troupes. François, de son côté, promit de leur payer un million d'écus, en exécution du traité de Dijon : ils conservèrent la citadelle de Bellinzone. Cette paix, qui fut signée le 29 novembre 1516, fut appelée *paix perpétuelle.* — (2) *Qu'il s'en iroit en France :* Maximilien Sforce renonça entièrement à ses prétentions sur le duché de Milan. Il mourut à Paris le 10 juin 1530.

que monseigneur le duc d'Alançon, le duc Charles de Bourbon, connestable de France; Charles de Bourbon, comte de Vendosme; François de Bourbon, comte de Sainct Pol, et le duc de Lorreine; et Claude de Lorreine, comte de Guise, et toute la noblesse qu'il avoit amenée de France (hormis ceux qui estoient demourez à la bataille), et dix-huit cens hommes d'armes, et sa maison, l'armet en teste; et tous les pentionnaires, dont avoit la charge Louis de Bourbon, prince de La Roche-sur-Ion, oncle de monseigneur de Vendosme; avecques vingt-quatre mille hommes de pied, tant françois qu'allemans, marchans en bataille, tous en armes, jusques au dome, où le Roy descendit pour faire son oraison, et de là fut conduit par ladite compagnie jusques en son logis. Ayant le Roy en son obeissance tout l'Estat de Milan, se retira à Vigeve, où luy vint faire la reverence le marquis de Montferrat et madame la marquise sa femme, sœur du duc d'Alançon. Et audit lieu envoyerent devers luy tous les princes et potentats d'Italie, et mesme le pape Leon, qui luy avoit esté ennemy, pour faire alliance. Et furent traittées les choses entre le Pape et le Roy, en sorte qu'il fut pris jour de se trouver à Boulongne la Grasse pour là vuider tous leurs differends, et faire une bonne paix; car tous les potentats et princes d'Italie s'estoient mis en ligne avecques le Roy, fors ledit Pape.

Durant que ces choses advindrent, le seigneur Barthelemy d'Alvienne, general de l'armée venitienne, marcha avec son armée, pensant surprendre Bresse, ville que les Venitiens avoient perdue les années precedentes; mais ceux de la garde, estans advertis de leur venue, envoyerent à Veronne devers Marc Antoine Colonne pour avoir secours, qui leur envoya cinq ou six enseignes, tant espagnols que lansquenets; dequoy ledit Barthelemy d'Alvienne adverty, changea son dessein, voulant tanter Veronne; mais par les chemins fut surpris d'un flux de ventre, duquel, pour l'aage qu'il avoit et les grands labeurs qu'il avoit portez, ne peut longuement supporter le mal qu'il ne rendit l'ame à Dieu; qui fut un grand dommage, d'autant qu'il fut en son temps un grand homme de guerre et bon capitaine.

Au commencement de decembre se trouverent à Boulongne le Pape et le Roy, où en fin furent d'accord; et demeurerent au Roy Parme et Plaisance, que desja il avoit entre ses mains : aussi le Roy devoit donner secours au Pape pour conquerir le duché d'Urbin, usurpé ( à ce qu'il disoit ) par Francisque Marie sur l'Eglise de Rome; lequel duché le Pape avoit donné à son nepveu Laurens de Medicis. Aussi s'y trouva le magnifique Julian, frere du Pape, qui avoit espousé madame de Nemours, sœur de madame la Regente et du duc de Savoye : et se firent plusieurs autres traittez, et mesmes de l'abolition de la pragmatique sanction; et y fut faict cardinal le frere du grand maistre de Boisy, qui estoit evesque de Constances.

Partant le Roy de Boulongne, vint à Milan, auquel lieu, apres avoir mis ordre aux affaires du païs, comme d'avoir rendu aux Milanois leur senat, leur baillant Jean de Selva, homme de bonnes lettres et de bonnes mœurs, pour premier president et vicechancelier, et avoir ordonné le duc de Bourbon, connestable de

France, son lieutenant general en tout l'Estat de Milan, s'en retourna en France à grandes journées, trouver madame sa mere et la Royne à Lion, où il arriva environ la Chandeleur. Pendant que le Roy revint de Boulongne à Milan, et qu'il meit ordre aux affaires dudit duché, le comte de Vendosme, le comte de Guise et l'evesque de Laon, depuis cardinal de Bourbon, et plusieurs autres grands seigneurs en leur compagnie, allerent à Venise, où ils feurent receus autant magnifiquement qu'on sçauroit escrire, et comme si c'eust esté la propre personne du Roy; puis revindrent trouver le Roy à Milan sur son partement pour retourner en France.

Après le partement du Roy, fut faict un tournoy en la place du chasteau, où fut blessé monsieur de Sainct Pol d'un coup de lance dedans la veuë.

Une des occasions qui hasta le Roy de retourner en France estoit que le roy d'Angleterre, estant mal content que le Roy avoit pris en protection le jeune roy d'Escosse, et pour cest effect avoit envoyé en Escosse Jean Stuard, duc d'Albanie, pour gouverner le jeune Roy et le royaume, lequel avoit faict mourir ou avoit banny tous ceux qu'il avoit cogneu porter faveur au roy d'Angleterre, et mesmes la Roine mere du Roy, sœur dudit Roy. A ceste occasion, le Roy, craignant qu'en son absence ne se remuast quelque chose à son prejudice de ce costé là, fut conseillé de se retirer en son royaume ; aussi il ne s'asseuroit gueres de la foy du roy Ferrand, lequel legerement changeoit d'opinion quand il cognoissoit son advantage.

[1516] Sejournant le Roy au duché de Milan, apres le trespas du seigneur Barthelemy d'Alvienne, fut envoyé le seigneur Jean Jacques Trevoulce, avec l'armée du Roy et celle de la Seigneurie, assieger Bresse; puis, apres quelque venue qu'eurent les Venitiens à leur desavantage, par une saillie que firent ceux de la ville, le Roy leur renvoya de renfort le bastard de Savoye, son oncle maternel, avec trois cens hommes d'armes, et le seigneur Petre de Navarre avec six mille Gascons. En fin les assiegez conclurent que si dedans vingt jours ils n'estoient secourus, ils s'en iroient leurs bagues sauves et enseignes desployées. Estant le bastard de Savoye adverty que le comte Guillaume de Roquendolf approchoit avec une grosse armée, ayant passé les destroits des Grisons, fut conseillé de se retirer, n'ayant armée suffisante pour le soutenir : parquoy entrerent dedans la ville six mille Allemans de secours. Puis, avant Pasques 1515, monsieur de Bourbon envoya messire Odet de Foix, seigneur de Lautrec, devant Bresse, avec nostre armée et celle des Venitiens, où, apres avoir esté long temps logé aux environs, esperant affamer la ville, l'empereur Maximilian passa à Trente avec seize mille haults Allemans et quatorze mille Suisses et quelque cavallerie; qui fut cause que ledit seigneur de Lautrec se retira par Cremone, avecques l'armée venitienne et celle du Roy. Puis, cuidant garder le passage de la riviere d'Adde, le jour de Pasques fut contraint de se retirer à Milan, où estoit monsieur de Bourbon; lequel, voyant la diligence que faisoit l'Empereur de suivre mondit seigneur de Lautrec et son armée, se ferma à Milan, avecques l'armée venitienne, attendant secours de Suisse; et craignant n'avoir loisir de fortifier les faulxbourgs, pour la soudaine arrivée de l'Empereur et de son armée, fut resolu de ne garder que la ville, et de mettre le feu aux faulxbourgs, à ce que l'armée imperialle ne s'en peust prevaloir. Mais l'Empereur, temporisant en chemin quelque peu de temps, fut changé d'opinion, et fut baillé à chacun son quartier pour remparer; de sorte que tous lesdits fauxbourgs furent incontinant en estat pour attendre les forces de l'Empereur. Ce pendant arriva à Milan Albert de La Pierre avecques treze mille Suisses, lesquels, apres avoir touché la paye, s'en allerent : en maniere que ledit Albert demoura accompagné seulement de deux ou trois cens hommes.

Or avoit ledit Empereur suivy monsieur de Lautrec, pensant qu'à son arrivée nostre armée se retireroit en France, ainsi que par cy devant estoit advenu, n'ayant les forces pour tenir la campagne; et que des deniers qu'il pourroit lever à Milan il payeroit son armée. Mais apres avoir séjourné quelques jours, et se voyant frustré de son intention, par-ce que ceux avec lesquels il avoit intelligence n'avoient moyen (pour l'ordre qu'y avoit donné monseigneur de Bourbon) d'executer leur mauvaise volonté, une nuict, au desceu de son armée, avecques deux cens chevaux, abandonna ses gens; de sorte que, devant que son camp en eust la cognoissance, il estoit à vingt mille de là. Son armée, se voyant sans chef et sans argent, se retira en grande diligence apres ledit Empereur : à la suitte de laquelle sortirent le comte de Sainct Pol, et le sieur de Montmorency, et le sieur de L'Escut, lesquels en deffirent quelque nombre. Ce faict, partit ledit duc de Bourbon pour s'en retourner en France devers le Roy, laissant messire Odet de Foix, sieur de Lautrec, gouverneur du duché de Milan, et lieutenant general dudit seigneur en Italie.

Le seigneur de Lautrec, ayant pris l'armée en main, delibera de parachever les choses promises aux Venitiens, et, se joignant avec leur armée, alla assieger Bresse, où il fut faict deux batteries, l'une par les François, l'autre par les Venitiens; lesquelles furent si bien continuées, que ceux de la ville parlementerent, à la charge que, s'ils n'estoient secourus dedans six jours, ils devoient bailler la place, s'en allans leurs bagues sauves, avecques leurs armes et enseignes; et furent baillez pour hostages, de la part des assiegez, Maldonade et dom Johan de Servillon. Le jour venu, fut quelque peu temporisé par ceux de la ville, tellement que mondit seigneur de Lautrec menaça lesdits hostages de les faire pendre; mais en fin la ville fut rendue au Roy, suivant la capitulation, laquelle ledit seigneur de Lautrec mist entre les mains des Venitiens, selon le traitté. Ce faict, nostre armée s'en alla hyverner au Mantouan, et l'esté subsequant alla devant Veronne; mais apres que nous eusmes faict batteries, l'une par nous, du costé du Mantouan, l'autre par les Venitiens, du costé de Vincence, celle du costé du seigneur de Lautrec fut fort combatue, mesmes par deux assaulx, l'un du costé de la porte, l'autre à un pan de mur que mondit-seigneur de Lautrec avoit faict sapper, où fut blessé d'une arquebouzade le seigneur Marc Antoine Colonne, qui estoit chef dedans la ville pour l'Empereur : ce nonobstant, et qu'il y eust faulte de toutes choses, jamais ne voulut parler. Aussi sur le mois d'octobre y entra secours, amené par le comte de Roquendolfe, de huict mille hommes qui vindrent du costé de Trente. A ceste cause, retirasmes nostre armée à Villefranche, qui est sur le bord de la muraille qui separe le Mantouan du Veronois, pour les affamer; et là nous faisoient les Venitiens fournir de vivres par commissaires durant tout l'hyver : de sorte qu'environ Noel, les Espagnols, par necessité de vivres, nous rendirent la ville, laquelle fut pareillement mise entre les mains des Venitiens. Ce faict, et ledit seigneur de Lautrec de retour à Milan, fut solicité par l'ambassadeur du pape Leon d'envoyer (suivant le traitté faict à Boulongne) secours pour jetter hors du duché d'Urbin Francisque Marie, usurpateur dudit duché; à quoy ledit seigneur de Lautrec ne voulut faillir, et y envoya le seigneur de Chissey avec quelque nombre de gens. Puis apres y envoya pour lieutenant general du Roy messire Thomas de Foix, seigneur de L'Escun, son frere, et bon nombre de gendarmerie et de gens de pied françois, et ceux qui avoient la conduitte desdits gens de pied, entre autres le chevalier d'Ambres, le seigneur d'Aussun, le seigneur de Saint Blimond, picard, et plusieurs autres capitaines. Arrivé que fut ledit seigneur de L'Escun au duché d'Urbin, feit telle diligence, qu'en peu de jours il meit ledit duché en son obeïssance; puis en mist en possession le seigneur Laurens de Medicis, nepveu du Pape.

En ce temps, estant le Roy à Tours, vint devers luy Philippe de Cleves, seigneur de Ravastain, ambassadeur de la part de Charles d'Autriche, prince d'Espagne et comte de Flandres, pour adviser un lieu commode où les deputez de leur deux Majestez pourroient convenir ensemble pour faire une fin à tous leurs differens et ceux de leurs alliez. Le lieu fut ordonné à Noyon, où, de la part du Roy, se trouva le seigneur de Boisy, Arthus Gouffier, grand maistre de France, et, de la part du prince d'Espagne, Antoine de Crouy, seigneur de Chievres, lesquels avoient gouverné leurs maistres en leurs jeunes aages; et tous deux accompagnez du conseil de leursdits maistres, et de plusieurs notables personnages. Audit lieu de Noyon furent faictes plusieurs conclusions entre eux, tant pour le differend du royaume de Navarre, nouvellement usurpé par le roy d'Arragon, que du differend du royaume de Naples. En fin il fut traitté que dedans six mois le roy Catholique devoit rendre le royaume de Navarre à monseigneur Henry d'Alebret, lequel avoit esté usurpé sur son pere par le roy d'Arragon, grand pere maternel dudit roy Catholique, ou bien recompenser ledit roy de Navarre dedans ledit temps, à son contentement. Quant au royaume de Naples, ledit Charles d'Autriche en devoit faire une pention (ce me semble) de cent cinquante mille ducats; mais il ne s'est rien faict ny de l'un ny de l'autre. Et là fut conclu le mariage entre ledit Charles d'Autriche et Louise, fille aisnée du Roy, encores que par cy devant eust esté traitté le mariage de luy et de madame Renée de France, sœur de la Roine. Et pour jurer lesdits traittez faits à Noyon, fut envoyé de la part dudit Charles d'Autriche le comte Du Reu, grand-maistre d'Espagne, lequel trouva le Roy à Paris, qui envoya son ordre audit prince Charles d'Autriche, et ledit prince le sien au Roy, pour signe d'amitié. Et fut conclu une veuë entre les deux princes à Cambray.

[1517] Au mesme temps mourut (1) Ferdinand, roy d'Arragon, qu'on appeloit Jean Gippon (2), ayeul maternel de Charles d'Autriche; parquoy ledit Charles, pour recueillir la succession, s'embarqua pour aller en Espagne; qui fut cause de rompre l'entrevuë des deux princes. A ceste occasion, le Roy, qui se preparoit pour aller à Cambray, changea son dessein, et reprint son chemin à Blois, et de Blois à Amboise; auquel lieu, peu de temps après, accoucha la roine Claude de son fils aisné, au mois de fevrier 1517; lequel le seigneur Laurens de Medicis, nepveu du pape Leon, au nom dudit pape, tint sur les fons, et fut nommé François. Audit baptesme, furent faictes les plus grandes magnificences, tant en joustes, escarmouches, batailles faintes, qu'assiegemens de places, qu'on eust veu du vivant des hommes. Le Roy, pour confirmer l'amitié entre ledit pape et luy, donna à Laurens de Medicis, duc d'Urbin, en mariage une sienne cousine, fille et heritiere du feu comte de Boulongne et de la sœur de feu François de Bourbon, comte de Vendosme, qui estoit mort à Vercel, au retour du roy Charles de Naples. Audit baptesme, vint presenter son service au Roy le prince d'Orenge, en grand equippage; lequel s'en alla mal content, et se retira au service de Charles d'Autriche, roy d'Espagne. Peu de temps devant, le Roy fit reedifier la ville de Terouenne, et en fit gou-

---

(1) *Au mesme temps mourut* : Ferdinand étoit mort le 22 février 1516; le traité de Noyon fut signé le 13 août de la même année. — (2) *Jean Gippon* : c'étoit un sobriquet injurieux que les Français avoient donné à Ferdinand.

verneur le bastard de Moreul, seigneur du Fresnoy.

En ce mesme temps, ou peu apres, le Roy depescha messire Gaston de Brezé, prince de Fouquarmont, frere du grand seneschal de Normandie, avecques deux mille hommes de pied françois, desquels avoient la charge soubs luy le capitaine Piefou et le baron de Gondrin, gascon, et le capitaine Sainct Blimont, picard, et le capitaine La Lalande, au secours du roy de Dannemarc (1) contre le roy de Suede : lesquels, apres avoir gaigné une bataille au prouffit dudit Roy, estans en fin abandonnez des Dannemarquois en un combat faict sur la glace, furent deffaits, et y en demeura la plus grande part, pour des arbres abatus en une forest qui empeschoient noz gens de s'aider de leurs picques, apres s'estre retirez de dessus les glaces aux forests. Et entre autres y mourut le capitaine Sainct Blimont, qui estoit vaillant homme; et n'en revint en France la moitié, qui estoient tous nuds, ayans perdu leurs armes et ruiné leurs habillemens : encores, estans abandonnez du roy de Dannemarc, pour lequel ils avoient combatu, trouverent moyen de trouver quelques navires passageres, par le moyen desquelles ils prindrent terre en Escosse, et de là en France.

L'an 1518, fut nay à Sainct Germain en Laye Henry, second fils du Roy (2); duquel fut parrain, et le nomma par procureur, Henry huictiesme, roy d'Angleterre, de son nom Henry.

(1) *Au secours du roy de Dannemarc :* ce roi étoit Christiern II, surnommé le *Néron du Nord*. Louis XII avoit fait cette alliance afin d'opposer le Danemarck à l'Empire. — (2) *Henry, second fils du Roy :* ce prince régna depuis sous le nom de Henri II; il étoit né le 31 mars 1518.

[1519] Peu de temps apres mourut l'empereur Maximilian (¹), à l'occasion de-quoy y eut de grandes menées et pratiques pour faire election d'un empereur : aucuns desiroient le roy de France; autres, Charles d'Autriche, fils du roy dom Philippe, qui avoit esté fils de l'empereur Maximilian decedé. Pour ceste occasion alla l'amiral de Bonnivet, en habit dissimulé, en Allemagne, ayant promesse de plusieurs des electeurs qu'ils seroient à la devotion du Roy son maistre; mais, par la conduitte de Federic, comte palatin, et du cardinal de Liege, frere de messire Robert de La Marche, fut ledit Charles d'Autriche, roy d'Espagne, esleu empereur à Francfort, et couronné à Aix la Chappelle. Ceste mesme année, messire Arthus Gouffier, seigneur de Boisy, grand maistre de France, et monsieur de Chievres, s'assemblerent à Montpellier; l'un pour la part de l'esleu Empereur, l'autre pour la part du Roy, pour par-ensemble adviser une paix finale entre leurs deux Majestez, et vuider tous leurs differens d'entr'eux et leurs alliez. Mais, apres avoir convenu ensemble quelques jours, et avoir si bien acheminé les affaires que l'on esperoit en avoir bonne issue, ledit grand maistre de Boisy tomba en une fievre continue de laquelle il mourut, qui fut cause que les choses encommencées ne prindrent point de fin; et s'en retourna le seigneur de Chievres en Espagne. Ladite mort fut cause de grandes guerres, ainsi qu'entendrez cy apres; car s'ils eussent achevé leur parlement, il est tout certain que la chrestienté fust demourée en repos pour l'heure : mais ceux qui par apres

---

(¹) *Mourut l'empereur Maximilian :* Maximilien mourut le 15 février 1519.

manierent les affaires n'aimerent pas le repos de la chrestienté comme faisoient lesdits de Chievres et le grand maistre.

Ladite année, mourut le seigneur de Piennes, surnommé de Halluin, qui estoit gouverneur et lieutenant general du Roy en Picardie; et en son lieu le Roy bailla le gouvernement à Charles, duc de Vendosmois, et le gouvernement de l'Isle de France qu'avoit ledit duc à François de Bourbon, comte de Sainct Pol, son frere.

Ledit an, au mois de septembre ensuivant, le Roy, estant à Angiers, delibera de faire plus estroittes alliances avec le roy d'Angleterre, voyant avoir failly de conclure avec l'esleu Empereur; et pour cest effect despescha messire Guillaume Gouffier, seigneur de Bonnivet, amiral de France, accompagné de grand nombre de seigneurs et gens de conseil, pour aller devers ledit roy d'Angleterre, lequel il trouva à Grenuïch, maison de plaisir qu'il a sur la Tamise, trois mille au dessous de Londres. Auquel lieu fut pourparlé du mariage de François, dauphin de France, et de madame Marie, fille unique dudit roy d'Angleterre, encores que la fille eut quatre ans plus que ledit dauphin. Et apres avoir sejourné audit lieu six sepmaines, et avoir esté grandement festoyé dudit seigneur Roy, tant en chasses, festins, tournois, qu'autres deduits, s'en retourna en France, ayant arresté une estroitte alliance entre leurs deux Majestez, pour la confirmation de laquelle, et dudit mariage futur, peu de temps apres le millor chamberlan et le prieur de Sainct Jean de Hierusalem de Londres vindrent trouver le Roy à Paris, où ils furent honnorablement recueillis et festoyez, tant du Roy que des princes de son sang ; et là fut conclu la restitution de la ville de Tournay entre les mains du Roy, laquelle avoit esté conquise par l'Anglois sur le feu roy Louis XII, dequoy desja les propos avoient esté mis en avant par l'amiral de Bonnivet, luy estant en Angleterre. Pour le rachapt de ladite ville, le Roy luy devoit fournir quatre cens mille escus, sçavoir est deux cens mille, tant pour la despense faicte à la construction de la citadelle, que pour l'artillerie, poudres et autres munitions que ledit roy d'Angleterre devoit laisser en la place; les autres deux cens mille pour les frais par ledit Roy faits à la conqueste de ladite ville, et pour le reste des pentions qui lui estoient deuës. Et par ce que l'argent n'estoit baillé comptant, fut baillé audit roy d'Angleterre huict gentilshommes pour tenir hostages jusques au paiement de ladite somme, à sçavoir quatre gentilshommes de la chambre du Roy, et quatre enfans d'honneur. Les quatre gentilshommes estoient François de Montmorency, seigneur de La Rochepot ; Charles de Mouy, seigneur de La Milleraye ; Antoine des Prez, seigneur de Montpesat ; et Charles de Soliers, seigneur de Morette en Piemont. Les quatre enfans d'honneur estoient le fils aisné du seigneur de Hugueville, le puisné de Mortemar, et Melun et Grimault. Aussi fut accordé que, jusques à ce que lesdits hostagiers seroient renduz à Calaiz en la puissance du roy d'Angleterre, ne seroit faite delivrance de ladite ville de Tournay ; mais qu'estans audit lieu de Calaiz, seroit despesché messire Gaspart de Colligny, seigneur de Chastillon, mareschal de France, accompagné de deux cens hommes d'armes, pour aller prendre possession de ladite ville :

chose qui fut executée; car, arrivant ledit mareschal de Chastillon à Tournay, luy furent livrées par les deputez du roy d'Angleterre la ville et citadelle, avec toutes les choses contenues audit traitté; et fut receu ledit mareschal, par les habitans, en la plus grande joye que l'on eust sceu recevoir la propre personne du Roy; et mesmes les citadins, pour monstrer l'affection qu'ils portoient au Roy, firent les feux de joye, par les cantons de la ville, des bans et scabelles sur lesquelles s'estoient assis les Anglois, donnans par là à entendre qu'ils ne desiroient jamais retomber soubs leur authorité.

L'an subsequent 1520, par le moyen de l'amiral de Bonnivet, lequel avoit le maniement des affaires du Roy depuis le trespas du grand maistre de Boisy son frere, et du cardinal d'Iorc [1], qui avoit la superintendence des affaires du roy d'Angleterre, fut accordée une entrevuë entre leurs deux Majestez, à celle fin qu'en personne ils peussent confirmer l'amitié faicte entre eux par leurs deputez. Et fut pris jour auquel le Roy se trouveroit à Ardres et le roy d'Angleterre à Guines; puis par leurs deputez fut ordonné un lieu, my chemin d'Ardres et Guines, où les deux princes se devoient rencontrer. Ledit jour de la Feste Dieu, au lieu ordonné, le Roy et le roy d'Angleterre, montez sur chacun un cheval d'Espagne, s'entre-aborderent, accompagnez, chacun de sa part, de la plus grande noblesse que l'on eust veu cent ans auparavant ensemble, estans en la fleur de leurs aages, et estimez les deux plus beaux princes du monde, et autant

[1] *Le cardinal d'Iorc* : on appeloit ainsi le cardinal Volsey. L'entrevue des deux rois eut lieu au mois de juin 1520.

adroits en toutes armes, tant à pied qu'à cheval. Je n'ay que faire de dire la magnificence de leurs accoustremens, puis que leurs serviteurs en avoient en si grande superfluité, qu'on nomma ladite assemblée *le camp de drap d'or*. Ayans faict leurs accollades à cheval, descendirent en un pavillon ordonné pour cest effect, ayant le Roy seulement avecques luy l'amiral de Bonnivet et le chancelier Du Prat, et quelque autre de son conseil; et le roy d'Angleterre, le cardinal d'Iorc, le duc de Norfolc et le duc de Suffolc; où, apres avoir devisé de leurs affaires particulieres, conclurent que audit lieu se feroient lisses et eschaffaulx où se feroit un tournoy, estans deliberez de passer leur temps en deduit et choses de plaisir, laissans negocier leurs affaires à ceux de leur conseil, lesquels de jour en autre leur faisoient rapport de ce qui avoit esté accordé. Par douze ou quinze jours coururent les deux princes l'un contre l'autre : et se trouva audit tournoy grand nombre de bons hommes d'armes, ainsi que vous pouvez estimer; car il est à presumer qu'ils n'amenerent pas des pires.

Ce faict, le roy d'Angleterre festoya le Roy pres de Guines, en un logis de bois où y avoit quatre corps de maison qu'il avoit faict charpenter en Angleterre, et amener par mer toute faicte; et estoit couverte de toille peinte en forme de pierre de taille, puis tendue par dedans des plus riches tapisseries qui se peurent trouver, en sorte qu'on ne l'eust peu juger autre sinon un des beaux bastimens du monde : et estoit le dessein pris sur la maison des Marchands à Calaiz. La maison, estant apres desassemblée, fut renvoyée en Angleterre, sans y perdre que la voiture.

Le lendemain, le Roy devoit festoyer le roy d'Angleterre pres Ardres, où il avoit fait dresser un pavillon ayant soixante pieds en quarré, le dessus de drap d'or frizé, et le dedans doublé de veloux bleu, tout semé de fleurs de lis de broderie d'or de Chypre, et quatre autres pavillons aux quatre coings, de pareille despence; et estoit le cordage de fil d'or de Chypre et de soye bleue turquine, chose fort riche. Mais le vent et la tourmente vint telle, que tous les cables et cordages rompirent, et furent lesdites tentes et pavillons portez par terre; de sorte que le Roy fut contrainct de changer d'opinion, et feit faire en grande diligence un lieu pour faire le festin, où de present y a un boullevert nommé le boullevert du Festin. Je ne m'arresteray à dire les grands triomphes et festins qui se firent là, ny la grande despence superflue, car il ne se peult estimer : tellement que plusieurs y porterent leurs moulins, leurs forests et leurs prez sur leurs espaules.

Apres lesquels festins et tournois, le Roy se retira à Boulongne, et le roy d'Angleterre à Calaiz. Toutes gens de bon jugement ne pouvoient penser de veoir jamais inimitié entre ces deux princes; mais estant le roy d'Angleterre de retour à Calaiz, adverty comme l'esleu Empereur estoit arrivé en Angleterre, venant d'Espagne, s'embarqua, et le fut trouver à Cantorbery, puis s'en vint à Calaiz et à Gravelines, en telle fraternité comme il avoit faict avec le Roy, où fut accordé entre-eux que là où le Roy et l'Empereur tomberoient en quelque differend, il seroit arbitre; et celuy qui ne voudroit tenir son arbitrage, il se pourroit declarer contre luy : chose contraire aux accords qu'il avoit fait avec nostre Roy. Puis s'en retourna l'Empereur en Flandres, et le roy d'Angleterre en Angleterre.

[1521] Durant ce temps, le Roy print son chemin à Amboise; puis d'Amboise, sur la fin de decembre, s'en alla à Romorantin, auquel lieu estant, vint la feste des Rois. Le Roy, sçachant que monsieur de Sainct Pol avoit faict un roy de la febve en son logis, deliberà avecques ses supposts d'envoyer deffier ledit roy de mondit-seigneur de Sainct Pol; ce qui fut fait. Et par-ce qu'il faisoit grandes neges, mondit-sieur de Sainct Pol feit grande munition de pelottes de neige, de pommes et d'œufs, pour soustenir l'effort. Estans en fin toutes armes faillies pour la deffence de ceux de dedans, ceux de dehors forçans la porte, quelque mal-advisé jetta un tison de bois par la fenestre, et tomba ledit tison sur la teste du Roy; dequoy il fut fort blessé, de maniere qu'il fut quelques jours que les chirurgiens ne pouvoient asseurer de sa santé : mais le gentil prince ne voulut jamais qu'on informast qui estoit celui qui avoit jetté ledit tison, disant que s'il avoit faict la folie, il falloit qu'il en beust sa part. Soudain les choses ainsi advenues, fut publié, par tout le païs de Flandres, Arthois et Espagne, que le Roy estoit mort dudit coup; autres, qui vouloient moins mentir, disoient qu'il n'estoit pas mort, mais aveuglé. Parquoy le Roy, comme bien advisé, advertit tous ses ambassadeurs qui estoient aux païs estranges qu'ils eussent à publier la verité du faict; et mesme manda querir tous les ambassadeurs estrangiers qui estoient suivans sa cour, à ce qu'ils cogneussent l'estat auquel il estoit.

L'an 1521, au commencement du printemps, Henry, roy de Navarre, duquel le pere avoit depuis peu de temps esté spolié de son royaume par le roy d'Arragon, grand pere maternel de l'Empereur, adverty qu'en Espagne y avoit grande division entre la noblesse et le peuple, et qu'ils estoient en armes les uns contre les autres, chercha moyen, par intelligences, de rentrer en sondit royaume. Et pour cest effect le seigneur d'Asparrot [1], frere du seigneur de Lautrec (pour la jeunesse dudit Henry, qui ne pouvoit faire ladite entreprise), ayant levé jusques au nombre de cinq ou six mille Gascons, tant de ses païs qu'autres circonvoisins, et deux ou trois cens hommes d'armes des ordonnances du Roy, entra dedans ledit royaume de Navarre, lequel en moins de quinze jours fut remis en son obeïssance. Mais ledit seigneur d'Asparrot, par le conseil du seigneur de Saincte Colombe, lieutenant de la compagnie du seigneur de Lautrec, ne se voulut contenter de ladite conqueste, ains voulut entrer en Espagne, soubs esperance de conquerir les Espagnes aussi aiséement que le royaume de Navarre, où, pour esperance de butin, donna jusques à La Grongne. Auquel lieu, arrivé qu'il fut, ne trouvant aucune resistance, ledit de Saincte Colombe, pour son avarice (à ce qu'on disoit), luy persuada de renvoyer une partie de ses gens de pied ; ce qui fut faict, et eut iceluy de Saincte Colombe la charge de ce faire : et par ce que les gens de pied avoient receu leur mois depuis peu de jours, feit que tous ceux qui s'en vou-

---

[1] *Le seigneur d'Asparrot* : André de Foix, seigneur de Lespare, l'un des freres de madame de Châteaubriand.

droient aller, lui rendans demie paye, auroient congé de se retirer; et mist cest argent en ses bouges : je ne sçay au prouffit de qui il revint. Les Espagnols, lesquels (comme dit est) estoient en armes les uns contre les autres, voyant les François ne s'estre contentez de ravoir ce qui estoit de leur appartenance, mais vouloient venir conquerir leur païs, s'accorderent la noblesse et la commune, et trouvans ledit seigneur d'Asparrot, son armée desja separée, le defirent et toute sa trouppe : et y fut pris prisonnier ledit seigneur d'Asparrot, et tant battu qu'il y perdit la veuë; aussi fut pris le seigneur de Tournon, et autres plusieurs gens de bien; le reste se sauva par les montagnes. Les Espagnols suivirent leur victoire : lesquels, trouvans le royaume de Navarre entierement despourveu de gens de guerre, reprindrent Pampelune et tout le reste du royaume aussi aiséement qu'il avoit esté perdu.

Or, messieurs, pour vous faire entendre la source et origine de la guerre d'entre deux si grands princes que l'Empereur et le Roy, par laquelle sont advenues tant d'eversions de villes, oppressions de peuples, ruines de provinces, et la mort de tant de gens de bien et vertu, je le vous diray sommairement; et jugerez, par adventure, que le commencement fut pour peu d'occasion : mais Dieu, qui est là hault, l'avoit (comme j'estime) ainsi deliberé, soit pour punir les pechez des subjets, et les attirer à le recognoistre, ou se venger des grands de la terre, qui peu souvent le recognoissent comme ils doivent. Et l'on a maintesfois veu, tant de nostre temps que du passé, d'une petite estincelle s'allumer un grand feu, d'autant qu'il n'est rien plus facile que de provoquer les princes les uns contre les autres; puis, quand ils sont une fois esbranlez, il est merveilleusement difficile de les arrester. Et en cest endroict, veu que de messire Robert de La Marche est sorty le commencement de leurs differends, il ne sera pas impertinent de laisser couler un mot en passant des causes qui alienerent son cœur de la part imperiale, veu que depuis peu de temps il l'avoit suivie si affectionneement que rien plus: par ainsi il sera aisé à juger lequel desdits deux princes premier a rompu les conditions de la paix.

Mais, avant qu'entrer plus avant en ce propos, fault noter qu'iceluy messire Robert de La Marche, seigneur de Sedan, estoit duc de Bouillon, par la vendition faicte de long temps à messire Guillaume de La Marche par l'evesque du Liege, à condition toutesfois de rachapt, ayant d'ancienneté iceluy duché esté vendu à un evesque du Liege nommé Eusisprand, et à ses successeurs, par Geoffroy, fils d'Eustache, comte de Boulongne sur la mer, pour faire son voyage en la Terre Saincte; et estoient des dependences dudit duché la ville de Loignes et le chasteau de Musancourt. Et fault entendre que ledit messire Robert de La Marche, quelques années au precedant, par un malcontentement qu'il avoit eu du Roy, d'autant qu'on luy avoit cassé sa compagnie de cent hommes d'armes, pour les pilleries qu'ils faisoient sur le peuple tant en Italie qu'ailleurs, s'estoit retiré de son service, et aussi par la persuasion (à ce qu'on disoit) de son frere l'evesque du Liege, lequel evesque avoit receu du feu roy Louis, douziesme de ce nom, tous les biens qu'il avoit, mesmes l'evesché du Liege et l'evesché de Chartres.

Or n'est-il rien plus certain que, de la controverse et differend meu entre le seigneur d'Emery et le prince de Simay, qui estoit de la maison de Crouy, pour la ville de Hierge en Ardane, sentence avoit esté long temps a donnée contre ledit seigneur d'Emery par les pairs du duché de Bouillon, qui jugent en souveraineté, de sorte qu'il n'y a nul appel de leurs jugemens : toutesfois, pour l'authorité et credit qu'avoit vers Charles d'Autriche et les plus grands de sa cour iceluy seigneur d'Emery, se persuada que facilement il seroit relevé de n'avoir appellé en temps, si appeller pouvoit, fondant les causes de son relievement sur les empeschemens qu'il avoit eus durant les guerres, pour y avoir tousjours esté en personne (comme il disoit), combien que ce fust une couleur palliée plustost que vive raison. Encores se voulut il aider d'une finesse pour parvenir à son intention ; car lors qu'iceluy Charles d'Autriche pratiquoit les Allemans pour monter à ceste dignité imperiale, cherchant de tous costez deniers, il en emprunta grosse somme dudit d'Emery, à la caution du marquis d'Ascot ; auquel d'Ascot s'adressa iceluy d'Emery pour attaindre au but où il pretendoit, luy remonstrant qu'il estoit en grande necessité d'argent, et que le terme de payer estoit expiré ; parquoy estoit contraint de s'adresser à luy, qui estoit plege, en luy faisant toutesfois sonner à l'oreille, par personnes interposées, qu'il auroit patience tant qu'il luy plairoit de son payement, pourveu que, suivant le droit qu'il y pretendoit, il luy aidast à estre relevé de la sentence donnée contre luy pour la ville d'Hierge : chose qui fut facile à impetrer, pour la grande authorité et credit que ledit seigneur d'Ascot avoit autour de son prince, duquel l'oncle, qui estoit le seigneur de Chievres, estoit gouverneur de la jeunesse dudit empereur. Tellement qu'à sa persuasion et instance commission fut decernée par devant le grand chancelier de Braban, et jour assigné aux heritiers dudit prince de Simay, pour venir ouir les raisons dudit d'Emery, et veoir casser (si besoing estoit) l'arrest donné à leur prouffit pour la ville d'Hierge, de laquelle leur pere et eux estoient en longue et paisible possession, sans jamais en avoir esté aucunement inquietez par force d'armes ny par justice de loy; joinct aussi que ceux du duché de Bouillon de tout temps ne recognoissent roy ne seigneur que leur duc, auquel lors ils s'adresserent comme à leur seigneur et protecteur, afin qu'il deffendist les libertez et privileges de son duché; à quoy il n'estoit pour deffaillir, estant de bon cœur et bon entendement. Et y avoit d'avantage une autre occasion fort suffisante pour l'induire à y mettre la main : c'est qu'il estoit tuteur des enfans de Simay, ayant espouzé leur tante, fille du prince de Simay. A ces causes, il n'obmist un seul poinct de diligence ny de solicitation, tant envers Charles d'Autriche et ceux qui le gouvernoient, qu'envers iceluy d'Emery, pour obtenir d'eux, par prieres et requestes, ce que d'eux-mesmes par raison ils devoient consentir et accorder, tant pour le droict particulier des enfans mineurs dudit de Simay, que pour le bien commun des franchises et facultez du duché de Bouillon, sans empescher (comme ils faisoient) que les choses decidées et jugées par juges irrefragables et souverains ne fussent permanentes et stables, comme procedées de la volonté de Dieu, qui a estably et ordonné les magistrats, les sentences desquels ne doivent estre enfrainctes ne violées par les faveurs des hommes.

Finalement, quelque poursuite que sceut faire ledit messire Robert de La Marche, il n'en peut jamais avoir fin; tellement que voyant que justice luy estoit deniée, et qu'il estoit bien loing d'estre recompensé et favorisé, il se retira devers le Roy, estant mesmement à cela sollicité par sa femme, fille de Simay, et par celle de monseigneur de Florenges son fils, laquelle estoit fille du comte de Brenne, de la maison de Sallebruche, lesquelles, par une gentille invention, avoient au paravant trouvé moyen de venir en France et preparer les choses envers Madame, mere du Roy; de sorte que toutes vieilles querelles furent assopies et mises soubs le pied, et iceluy seigneur de Sedan bien recueilly lors qu'il vint trouver le Roy à Romorantin, où il estoit blessé, comme j'ay dit, d'un coup de tison sur la teste, auquel il meit entre les mains et sa personne et ses places, luy suppliant de luy donner ayde, faveur et secours pour avoir justice du grand tort et injure qu'on luy faisoit, nonobstant que Charles d'Autriche, le voyant en ces termes, eust fort essayé de le regaigner et induire par les moyens et conditions de son frere l'evesque du Liege, luy faisant entendre que ce qui avoit esté faict ne procedoit de luy, et luy promettant que s'il y avoit eu rien de gasté, il le feroit rabiller, de sorte qu'il en demoureroit satisfaict et content: mais il estoit trop tard, car il avoit desja le cœur trop ulceré, et se delibera, quoy qu'il en deust advenir, d'avoir par force ce qu'il n'avoit sceu obtenir par raison.

Messire Robert de La Marche ayant asseuré ses affaires avecques le Roy, et sçachant l'Empereur à Worme, ville imperiale, auquel lieu avoit assemblé une diette des princes et villes franches de la Germanie, pour remedier aux tumultes nouvellement excitez par Martin Luther, l'envoya ledit messire Robert deffier en plaine diette : chose qui fut trouvée et prise, tant par l'Empereur qu'autres princes, en grand dedaing, qu'un simple seigneur comme messire Robert envoyast deffier un empereur, seigneur de tant de païs et d'hommes belliqueux. Apres ladite deffiance, le seigneur de Florenges, fils aisné dudit messire Robert, leva, tant en France qu'autres lieux circonvoisins, jusques au nombre de trois mille hommes de pied et quatre ou cinq cens chevaux, contre la volonté du Roy et ses deffences expresses. Toutesfois, ayant assemblé sesdites forces, s'en alla assieger Vireton, petite ville de Luxembourg aux confins de Lorreine, et des terres communes entre le duc de Luxembourg et de Lorreine.

Au mesme temps estant le Roy à Sanxerre, vint devers luy un gentilhomme de la part du roy d'Angleterre, pour le persuader de ne point entrer en guerre avecques l'Empereur, disant que s'il y avoit quelque differend, ledit roy d'Angleterre en seroit mediateur pour le vuider, comme neutre. Le differend duquel lors estoit question estoit tel : que le roy de Navarre avoit esté par le roy Catholique spolié de son royaume pour la querelle de France; et pourtant ledit Roy avoit esté long temps à la cour de France, poursuivant et demandant secours afin de reconquerir sondit royaume. Or s'estoit-il faict un parlement à Noyon par les deputez de la part de l'esleu Empereur et du Roy, ainsi qu'avez ouy, et depuis un autre à Montpellier, lequel n'eut point de resolution, obstant l'entrevenue de la mort de messire Arthus Gouffier, seigneur de Boisy, grand maistre de France; mais par celuy de Noyon, entre autres choses, avoit esté dit que dedans six mois le roy Catholique rendroit le royaume de Navarre, ou bien contenteroit le Roy d'iceluy à son gré et commodité, d'autant vallant que ledit royaume : aussi l'esleu Empereur devoit satisfaire au Roy d'une pension tous les ans, pour le droit par luy pretendu au royaume de Naples : à toutes lesquelles choses ledit Empereur ne satisfeit en façon du monde. Le roy de France estoit tenu, par chapitres des traittez faits avecques ledit roy de Navarre, de le secourir à recouvrer sondit royaume, au cas que l'esleu Empereur faillist de sa dessusdite promesse. Le Roy, apres avoir plusieurs fois intimé ledit esleu Empereur, sans en sortir effet, avoit donné secours (ainsi que pouvez avoir entendu cy devant) audit roy de Navarre pour le remettre en ses païs. Voila sommairement, quant à ce poinct, ce qui amenoit ledit gentilhomme du roy d'Angleterre devers le Roy pour y pourveoir.

L'autre occasion estoit pour le deffiement qu'avoit faict messire Robert de La Marche, apres lequel il estoit entré en païs, et avoit assiegé Vireton, petite ville de Luxembourg, sise, comme dit-est, entre les terres communes dudit Luxembourg et Lorreine, appartenant à l'Empereur. A toutes lesquelles choses cy dessus dites le Roy feit response par le seigneur de Montpesat, lequel il envoya devers ledit roy d'Angleterre, que quant à messire Robert de La Marche, il luy commanderoit, s'il avoit querelle avec le seigneur d'Emery, qu'il eust à la vuider contre luy, et qu'il n'eust à faire la guerre à l'Empereur; et mesmes envoiroit faire deffences à tous ses subjets qu'ils n'eussent en ce cas à porter faveur ny ayde audit messire Robert : ce qu'il feit, qui fut cause que le vingt-deuxiesme du mois de mars l'an 1521, ledit messire Robert de La Marche retira son armée et la licentia, pensant estre à la fin de la guerre. Et quant à ce que ledit gentilhomme demandoit que le Roy eust à faire nouveaux traittez avec l'Empereur, cela ne se pouvoit faire sans en advertir le Pape, par-ce que, par alliances d'entre Sa Saincteté et luy, il ne pouvoit riens conclure de nouveau sans l'en advertir, et qu'il luy en escriroit; puis, sa response ouye, volontiers entendroit à toutes bonnes raisons.

Il est certain que le Roy avoit un traitté avecques la Saincteté du Pape pour le recouvrement du royaume de Naples, au cas que l'Empereur fauldroit à ce qui estoit promis par le traitté de Noyon, duquel peu devant est faicte mention, qui estoit de faire une pension au Roy tous les ans pour ledit royaume. Mais l'Empereur avoit failly, tant pour Naples que Navarre; dequoy le Roy ne pouvoit avoir la raison sans entrer en guerre avec ledit Empereur, et maintenant s'accorder avec luy c'estoit contrevenir à leur alliance; aussi que le Pape et le Roy estoient alliez pour la deffence d'Italie, et estoient les Venitiens sur le poinct d'entrer en ladite ligue. Parquoy le Roy envoya devers Sa Saincteté pour sçavoir quand il luy plairoit mettre l'entreprise de Naples à execution. Au gentilhomme envoyé de la part du Roy, le Pape feit grand recueil, et luy bailla la liste des gens de cheval et de pied, et artillerie, qu'il estoit besoin d'avoir pour ladite execution; et luy devoit le Roy faire response dedans vingt-deux jours.

Le terme se passa, et mesmes un mois d'avantage: chose qui meit le Pape en soupeçon, qu'onques depuis on ne luy sceut lever du cerveau, que desja le Roy n'eust faict quelques traittez sans son sceu et à son desavantage; et mesmes disoit que le Roy ne s'estoit aquitté de faire conclure ladite ligue de la deffence d'Italie aux Venitiens. Aussi se plaignoit le Pape que, peu de temps devant, estoit entré dedans les terres de l'Eglise un nombre d'Espagnols, contre lesquels il avoit esté contrainct de faire levée de Suisses: dequoy le Roy devoit payer les frais par moitié; ce qu'il avoit faict pour le premier mois, mais les autres non. Toutes ces occasions mirent le Pape en telle perplexité, qu'il retira dedans Rege les bannis du duché de Milan, tels que monseigneurin Viscomte, Hieronyme Moron et autres, quoique par le traitté qu'il avoit avec le Roy il ne pouvoit retirer lesdits bannis dedans ses païs, ni le Roy ceux des terres de l'Eglise dedans les siens. Et aussi avoit le Pape promis au Roy, par ledit traitté, de n'investir Charles d'Autriche, esleu empereur, du royaume de Naples, à luy escheu par la mort de son grand pere maternel, contre le droict par le Roy pretendu audit royaume; mais, peu de temps apres, il accepta la haquenée blanche qui luy est deuë pour l'investiture dudit royaume de Naples, et tost apres capitula avec ledit esleu Empereur: dequoy le Roy ne pouvoit ne s'en ressentir, et se plaignoit, attendu mesmes que ledit Pape luy avoit promis le favoriser à l'election de l'Empire. Ce nonobstant secrettement l'avoit empesché en ce qu'il avoit peu.

L'Empereur, ce-pendant, feit dresser une armée fort grosse, tant de gens de cheval que de pied, par le comte de Nansau, le comte Felix, Francisque de Scalingen et le seigneur d'Emery ; et faisant ledit comte de Nansau chef, leur commanda de marcher sur les terres de messire Robert de La Marche : et mesmes l'evesque du Liege son frere, lequel avoit obtenu ledit evesché et plusieurs autres biens par le moyen de sondit frere messire Robert de La Marche, se declara son ennemy, se faisant compagnon dudit comte de Nansau, et feit noyer en la riviere de Meuze quelques habitans du Liege qu'il cognoissoit estre partiaux pour sondit frere.

Or l'occasion pour laquelle on disoit que ledit evesque du Liege avoit abandonné le service du Roy estoit que ledit evesque desiroit estre cardinal, et le Roy luy avoit promis de le favoriser pour cest effect, mesmes en avoit escrit à la Saincteté du Pape, lequel luy avoit promis un chapeau pour un de ses serviteurs; mais quand ce vint à l'effect, l'archevesque de Bourges, frere du general Boyer, fut preferé audit evesque ; et disoit on que ses serviteurs, estans à Romme, avoient veu entre les mains des ministres du Pape lettres escrites de madame la Regente à Sa Saincteté, par lesquelles elle supplioit que, quoy que le Roy escrivist, il eust à preferer ledit Boyer, archevesque de Bourges : aussi disoit on que ledit Boyer avoit donné au Pape quarante mille escus pour avoir ledit chapeau. Je ne sçay s'il est vray; mais ledit evesque du Liege print l'occasion de son malcontentement là dessus, et s'en alla au service de l'Empereur, lequel quand et quand le feit faire cardinal, dont Sa Majesté par apres a tiré de grands services, et mesmes en son election à l'Empire. J'ay veu de mon temps que plus de gens estans partis du service du Roy par mal contentement ont plus faict de dommage au Roy que nuls autres, comme ledit evesque, le prince d'Orenge, le marquis de Mantoue, le duc de Bourbon, le seigneur André Dorie, et plusieurs autres.

Pour revenir à nostre propos, ayant le comte de Nansau mis ses forces ensemble, alla assieger Longnes, ville dependante du duché de Bouillon, à huict lieues du Liege; et quand et quand envoya le comte Felix assieger Musancourt: le tout appartenant audit messire Robert. Estant arrivé ledit de Nansau devant Longnes apres avoir faict furieuse batterie, le seigneur de Niselles, lequel en estoit capitaine, voyant ses hommes estonnez par-ce que ils avoient esté surpris, de sorte qu'ils n'estoient que soixante soldats dedans, et n'ayant aucune esperance de secours, rendit luy et la place à la discretion dudit comte de Nansau; dont mal luy print, car il le feit pendre et estrangler avecques douze des principaux de sa trouppe. Puis, ayant rasé ladite place, marcha devant Musancourt, où le comte Felix avoit desja tenu le siege, sans y avoir rien prouffité; mais, arrivé que fut ledit comte de Nansau avec son armée, le capitaine, vendu par aucuns de ses soldats, fut livré avec la place entre les mains dudit comte, lequel feit pendre vingt desdits soldats; et, voulant faire le semblable audit capitaine, fut flechy par les prieres de la pluspart des principaux de son armée, et luy donna la vie.

Ayant ledit comte de Nansau faict raser la place de Musancourt, prist son chemin pour aller assieger Jamets; dont le seigneur de Fleuranges, fils aisné de messire Robert, et le seigneur de Sancy, son frere puisné, advertis, firent telle diligence, que la nuict ils entrerent dedans ladite place de Jamets, deliberez d'y mourir ou de la garder, remonstrans à leurs soldats les cruautez faictes par les Imperiaux à ceux de Longnes et de Musancourt, et qu'il leur estoit plus honnorable de mourir en combatant, que d'attendre une mort si honteuse pour cuider sauver leur vie par une composition honteuse, comme avoient faict les autres. Ledit seigneur de Fleuranges, apres avoir entendu la bonne volonté de ses soldats, commença en toute diligence de remparer le chasteau et le pourveoir des choses necessaires. Le comte de Nansau, apres avoir esté quatre jours à recognoistre ledit chasteau de Jamets, cognoissant la contenance de ceux de dedans, leva son camp, prenant le chemin de Fleuranges, qui est une place appartenante audit de La Marche, à quatre lieues pres de Mets, dedans laquelle s'estoit mis le seigneur de Jamets, second fils dudit messire Robert, deliberé d'y mourir ou de garder la place; mais, au bout de trois jours, fut trahy par les Allemans qui estoient dedans à sa soulde, et fut livré entre les mains dudit de Nansau, lequel le feit mener prisonnier à Namur en seure garde, et les Allemans prindrent la soulde de l'Empereur. Apres avoir rasé ladite place de Fleuranges, s'en alla à Sansy, autre place estant à ceux de La Marche, où il feit le semblable.

Ce faict, à grandes journées s'en alla à Bouillon, chef principal du duché, dedans laquelle place il avoit intelligences, par le moyen desquelles luy fut rendue. Apres cela messire Robert de La Marche voyant toutes les forces d'Allemagne sur ses bras, trouva moyen d'obtenir une trefve de l'Empereur pour six sepmaines, par le moyen de Francisque de Serkingen, son amy et frere juré.

Beaucoup de raisons mouvoient le Roy à penser que l'Empereur avoit bien en son esprit une autre guerre que celle qu'il avoit menée jusques à ce jour; car si c'estoit seulement contre ceux de La Marche, pourquoy, les ayant presque ruinez, a il demandé trefve? Luy estant vainqueur, ayant une armée suffisante pour deffaire ledit messire Robert, pourquoy tous les jours la renforçoit-il? Doncques le Roy, entendant bien les desseins de l'Empereur, et par iceux cognoissant luy estre la guerre declarée, commença à lever une armée; et toutesfois ne voulut rien innover sans premierement en advertir le roy d'Angleterre, son amy et allié. Et pour ce faict luy envoya ambassadeurs pour luy remonstrer le trouble que faisoit l'Empereur, et l'armée qu'il avoit mise sus, le priant vouloir tenir le party de luy qui estoit assailly, suivant les traittez faits entre-eux à leur abouchement faict à Ardres. Le roy d'Angleterre, ayant aussi eu lettres de l'Empereur, escrivit à tous deux qu'ils ne commençassent legerement une si grosse guerre. Aussi ledit roy d'Angleterre s'efforça de faire croire au Roy nostre maistre que la guerre ne luy estoit autrement denoncée qu'il ne la divertist en obeïssant aux conditions demandées par l'Empereur, lesquelles toutesfois estoient hors des termes de raison. Ce pendant que ces choses se traittoient, le Roy estoit allé de Sanxerre à Dijon, et l'armée de l'Empereur croissoit de jour en jour : doncques, ayant mis ordre aux frontieres de Bourgongne, tira à grandes journées à Troye en Champagne, où il n'y avoit nulle armée, tant petite fut elle. Bien avoit envoyé le Roy messire André de Foix, seigneur d'Asparrot, faire la guerre au royaume de Navarre contre les Espagnols, dont en advint ainsi que j'ay descrit par cy devant; car, par faulte de bon conseil, apres avoir conquis ledit royaume entierement, en un instant le reperdit. A l'occasion dequoy ordonna messire Guillaume Gouffier, seigneur de Bonnivet et amiral de France, pour mener une armée en Navarre, et venger l'injure receuë par ledit seigneur d'Asparrot; et seulement commença à dresser une armée pour soustenir l'effort de l'Empereur. Et pour cest effect nomma six gentilshommes estant pres de sa personne pour lever chacun mille hommes de pied, desquels il feit general François de Bourbon, comte de Sainct Pol : et des gentilshommes, l'un estoit François de Montgomery, seigneur de Lorges; Charles de Mouy, seigneur de La Milleraye; Charles Du Reffuge, appellé l'escuyer Boucar; Pirault de Maugeron; le seigneur d'Hercules de Dauphiné; le baron de Montmoreau : mais Maugeron fut tué à Dijon, parquoy les mille hommes desquels il avoit la charge furent baillez au seigneur d'Asnieres, porte-enseigne de l'une des bandes des deux cens gentils hommes de la maison du Roy.

Manda pareillement à monseigneur de Bourbon, connestable de France, de faire levée de huict cens chevaulx et six mille hommes de pied; au duc Charles de Vendosme, pareille charge. Des gens de cheval du duc de Bourbon eurent la commission de les conduire le viscomte de Lavedan; Philippe de Boulinvillier, comte de Dampmartin; le seigneur de Descar, seigneur de La Vauguyon; le visconte de Thurenne, le seigneur de Rochebaron d'Auvergne, le seigneur de Listenay, et le seigneur de Lalieres. De ceux de monsieur de Vendosme eurent la charge le comte de Brienne, de la maison de Luxembour; le comte de Brenne, de la maison de Sallebruche; le seigneur de Humieres, le vidame d'Amiens, le seigneur de Haplincourt, le seigneur de La Bergerie, le seigneur de Renty. Des gens de pied dudit duc de Vendosme eurent la charge de chacun quatre cens le seigneur de Sercu, le seigneur d'Estrée, le seigneur de Rumesnil, le seigneur de Bournonville, le seigneur de Heilly, le seigneur de Laeu, le seigneur de Bours, le seigneur de Bellegarde, et le seigneur de Preteval et autres. Pour aller avec monsieur l'amiral furent ordonnez six mille lansquenets, desquels avoient faict la levée le capitaine Brandhec, le comte de Wolfgand, allemans; le seigneur de Villiers, et François de Tavennes, françois; desdits Allemans fut general Claude de Lorreine, comte de Guise. De gens de cheval pour ladite entreprise, y avoit la compagnie dudit amiral, de cent hommes d'armes; celle du duc d'Albanie de pareil nombre, lequel duc estoit regent en Escosse, à l'occasion de la minorité du Roy; la compagnie du seigneur de Saint André, et luy en personne; le seigneur de Sainctemesme et sa compagnie, et une partie de celle du seneschal d'Armignac, grand maistre de l'artillerie. Et fut donné charge audit amiral de lever tel nombre de gens de pied, gascons et basques, qu'il verroit estre raisonnable.

Le Roy ayant mis l'ordre cy dessus, alla à Moustiers Ramé, abbaye pres de là, dont il despescha Olivier de La Vernade, seigneur de La Bastie, vers le roy Henry d'Angleterre, pour le prier qu'il ne trouvast mauvais si, estant provoqué et contrainct, il faisoit la guerre à l'Empereur; mais ledit roy d'Angleterre s'offrit à estre arbitre entre eux deux, et que s'ils vouloient envoyer leurs deputez à Callaiz, de sa part il y feroit trouver Thomas, cardinal d'Iorc, pour adviser à moyenner une bonne paix. Le Roy s'y accorda, moyennant que le pape Leon, duquel il estoit alié, y fut compris et consentant : et pour ce faict l'assignation fut donnée au quatriesme jour d'aoust ensuivant, et le Roy envoya par devers le pape Leon. Pendant les allées et venues de l'un à l'autre, le comte de Sainct Pol avoit desja levé ses gens; le duc d'Alançon estoit à Attigny, et la gendarmerie pareillement; mais peu de jours apres il se rapprocha de Reims. Le Roy ce pendant estoit à Argilly le Duc, duquel lieu il despescha nouvelle armée, tant de François que de Suisses, pour l'Italie, au secours de messire Thomas de Foix, seigneur de L'Escun, qui estoit demeuré lieutenant du Roy audit duché de Milan, en l'absence du seigneur de Lautrec son frere; et avoit esté adverty de quelques pratiques qu'avoit sur le duché de Milan Hector Viscomte et Hieronyme Moron, et autres, ainsi que je vous feray entendre par cy apres.

Au mesme temps, le Roy, pour departir les charges, meist son Estat en quatre gouvernemens : au duc d'Alançon donna la charge de la Champagne; au duc de Vendosme, de la Picardie; à messire Odet de Foix, seigneur de Lautrec, du duché de Milan, d'où il estoit gouverneur; à messire Guillaume Gouffier, seigneur de Bonnivet, la Guienne; et ordonna le nombre d'hommes que devoient avoir lesdits seigneurs de Bonnivet et de Lautrec, et le reste il retint pour faire teste à l'Empereur. Ayant faict toutes ces depesches, le seigneur de Lautrec partit pour le duché de Milan, et l'amiral print son chemin en Gascongne. En Picardie et Champagne se faisoient tous preparatifs de munitions, d'artillerie et d'argent, pour subvenir aux frais. Ce pendant le duc d'Alançon, avecques les bandes du comte de Sainct Pol et la gendarmerie, marcha pres de Mouzon, pensant bien que là les Imperiaux, ayans parachevé leur guerre contre ceux de La Marche, se voudroient premierement attaquer; auquel lieu il feit sejour dix-neuf jours, puis se retira vers Reims.

Le duc de Vendosme estoit aussi en Picardie, et avecques lui le mareschal de Chabannes, seigneur de La Palisse, et le seigneur de Telligny, seneschal de Rouargue. Durant ce temps, on eut nouvelles que le seigneur de Liques, gentilhomme hennuyer, estoit campé avec quelque nombre de gens ramassez sur la riviere de l'Escau, au dessous de Valencienne, duquel vint la premiere declaration de la guerre. Or est-il que de long temps il y avoit de grosses querelles et inimitiez entre Louis, cardinal de Bourbon, et ledit seigneur de Liques, à cause de l'abbaye de Sainct Amand, dont estoit pourveu ledit cardinal. Le seigneur de Liques print ceste occasion d'assaillir ceste abbaye, où estoient pour l'heure le seigneur de Champéroulx, lieutenant du Roy en Tournaisis, et le seigneur des Loges, gouverneur de Tournay; mais n'estant l'abbaye deffensable, et estans surpris dedans, ne pensans estre à la guerre, la rendirent à condition qu'ils sortiroient avec leur bagage. Il y avoit plus d'apparence que le chasteau et villette de Mortaigne ne devoient estre assaillis, pour estre du domaine du Roy, et de laquelle le roy d'Angleterre luy en avoit faict telle cession que de la ville de Tournay et de Tournaisis : mais ledit seigneur de Liques mettoit en avant en avoir autresfois esté possesseur ; parquoy l'alla assieger. Mais en fin le seigneur de Pranzy, baillif de Tournaisis, et capitaine de ladite place, ne voyant apparence de secours, la rendit par composition au seigneur de Portien, et non au seigneur de Liques, à la charge qu'il sortiroit avecques les siens, les armes et bagues sauves; mais sur leur retraitte, contre toute l'honnesteté de la guerre, furent suivis et desvalizez, et à peine eurent ils moyen de sauver leur vie. Ce pendant le seigneur de Fiennes, de la maison de Luxembourg, gouverneur des villes de Flandres, ayant assemblé jusques à mille chevaux et huict mille hommes de pied, et six pieces d'artillerie, s'estoit campé à une lieuë de Tournay, faisant cognoistre qu'il vouloit assieger la ville ; ce qu'il feit, et y tint le siege cinq mois.

Pendant ce temps, le comte de Nansau avoit faict trefves avecques ceux de La Marche, et n'estoit encores la guerre denoncée entre le Roy et l'Empereur; mais apres la prise de Sainct Amand et de Mortaigne, combien que l'Empereur niast que ce fust par son commandement et adveu, mais que c'estoient querelles particulieres entre mondit-seigneur le cardinal de Bourbon et le seigneur de Liques, le Roy, ne se voulant laisser abuser, ne voulut faillir à diligenter de se preparer à la deffence, tenant la guerre pour declarée. Le temps s'approchoit que les ambassadeurs se devoient assembler à Callaiz, où furent ordonnez, pour la part du Roy, Antoine Du Prat, chancelier de France, et Jean de Selva, pour gens de robbe longue; et Jacques de Chabannes, mareschal de France, pour robbe courte. Durant ce temps les Bourguignons vindrent assieger Ardres, laquelle, pour n'estre deffensable, leur fut rendue; puis estant par eux ruinée à fleur de terre, delibererent en faire le semblable à Terouenne, ayans esperance sur une intelligence qu'ils y avoient : mais la trahison fut descouverte par des lettres que lon trouva, qu'une vieille femme portoit aux ennemis, et furent les traistres punis selon leur merite. On ne laissa à faire des rencontres tant d'une part que d'autre; et entre autres en fut faicte une par le seigneur de Telligny contre six cens Bourguignons qui estoient entrez en ce royaume pour faire butin, dont la plus part furent tuez, et les autres pris prisonniers. Pendant le Roy manda venir devers luy les princes de son sang avecques les autres capitaines en sa ville de Reims, pour sur les affaires de la guerre avoir advis.

Le mareschal de Chabannes et ses compagnons se rendirent à Callaiz pour traitter des differens des deux maistres; mais les deputez de la part de l'Empereur demeurerent tousjours sur leur haulteur, demandans des choses desraisonnables, comme la restitution du duché de Bourgongne, et d'abolir l'hommage que devoit l'Empereur, pour ses Païs-Bas, à la couronne de France, disans n'estre raisonnable qu'un empereur portast la foy à un roy de France. A ceste occasion, le parlement fut delaissé sans nulle conclusion, et chacun se retira en son lieu.

Durant ceste assemblée, l'armée imperialle s'approchoit de Mouzon; parquoy le Roy conclut de la pourveoir, et pour cest effect y envoya le seigneur Anne de Montmorency, lequel y mena de renfort, outre la compagnie du seigneur de Montmort, de cinquante hommes d'armês, y estant gouverneur pour le Roy, le seigneur de Lassigny pour compagnon dudit seigneur de Montmort, ayant charge de mille hommes de pied; le capitaine Piefou avecques pareille charge; et au capitaine La Grange commission de lever, au plus tost qu'il pourroit, cinq cens hommes; et pour renforcer la gendarmerie, dix hommes d'armes de la compagnie du duc d'Alençon, dix de celle du mareschal de Chastillon, dix de la compagnie dudit seigneur de Montmorency. Le capitaine Monclou, ayant charge d'une des enseignes du seigneur de Piefou, fut mis à la garde de la porte de Reims avecques trente hommes d'armes; et le capitaine Razemont, avecques l'autre enseigne dudit Piefou, au costé d'Ivoy, tirant vers Luxembourg; et avec luy la compagnie du seigneur de Montmort. La Grange eut la charge du boullevert du costé de la Meuze.

Estant l'estat de Mouzon tel que dit est, le comte de Nansau s'estoit campé à Douzy, gros bourg au dessous duquel la riviere du Cher, venant d'Ivoy, se descharge dedans la Meuze; et est la moitié de la seigneurie au Roy, à cause de la seigneurie de Mouzon, et l'autre moitié, du duché de Bouillon : duquel lieu les Imperiaux passans la riviere, venoient piller et desrobber sur les terres de l'obeïssance du Roy, pres de Mouzon : parquoy le seigneur de Montmort envoya devers le comte de Nansau pour en faire plaincte. Ledit comte feist responce que c'estoit sans son sceu ny ordonnance, et que si ses gens y estoient rencontrez, il en feit luy mesmes la punition, et qu'il n'entendoit faire la guerre contre le Roy; seulement vouloit sejourner son camp, attendant que la trefve faicte avec ceux de La Marche fut expirée. Le seigneur de Montmort, et la compagnie estant avecques luy, trouva la responce raisonnable; mais incontinant il eut autres nouvelles, car il fut adverty comme les Imperiaux avoient passé la riviere de Meuze, enseignes deployées, pour entrer et faire la guerre és païs du Roy. Pour ausquels faire teste au passage de la riviere, despescha le capitaine Philippe, lieutenant de sa compagnie, avecques trente hommes d'armes et trois cens hommes de pied; mais l'ennemy estoit desja passé la riviere, estimant surprendre la ville : dequoy il fut empesché par le seigneur de Lassigny, lequel arrivant à la porte, la deffendit si longuement et vaillamment, que la porte luy fut fermée au doz, et le pont levé; puis repassa le fossé par dessus un chevron qui luy fut jetté, et se retira sans avoir dommage, nonobstant qu'il luy fut tiré plusieurs coups, tant d'artillerie que d'arquebouze. Le capitaine Philippe, qui estoit sorty comme j'ay dit, oyant l'alarme vers Mouzon, se retira par autre chemin, sans dommage de luy ne de ses gens.

Le lendemain, le comte de Nansau avecques son armée se vint presenter en la bataille, en une plaine à demie lieue de la ville; auquel lieu sejournant, le seigneur Francisque envoya lettres au seigneur de

Montmort, luy persuadant de rendre la ville devant que l'artillerie eut joué son jeu : auquel fut respondu par ledit de Montmort qu'il estoit ordonné par le Roy, son souverain seigneur, de luy garder ladite place; ce qu'il avoit deliberé de faire. La response ouye, le comte de Nansau commanda d'approcher son camp de la ville; puis ayant planté son artillerie aux lieux qu'il veit les plus commodes pour offencer les assiegez, tout à un coup feit deux batteries : l'une, de la prairie qui tire vers la porte de Reims; l'autre, de la montagne qui regarde vers Ivoy : des pieces qui estoient à la prairie on battoit, par derriere et par la plante des pieds, ceux qui estoient à la deffence de la batterie qui se faisoit vers la montagne, par dessus toute la ville, estant la riviere entre deux. Noz gens de pied, qui estoient nouvellement levez et sans estre aguerris, s'estonnerent; de sorte que voyans ce qu'ils n'avoient jamais experimenté, contraignirent le seigneur de Montmort de demander composition. Et pour cest effect y fut envoyé un trompette pour obtenir du comté qu'il eust à superseder la batterie, ce pendant qu'ils pourroient venir à quelque bon accord; chose qui ne fut accordée audit trompette. Parquoy le seigneur de Montmort et celuy de Lassigny y allerent en personne, et y feirent composition telle : que chaque homme d'armes s'en iroit sur un courtault et sans armes; et les archers et gens de pied sans armes et à pied, un baston en la main : chose qui fut trouvée mauvaise par le Roy, attendu qu'ils s'estoient faits forts de bien garder la place, et aussi que les deux lieutenans du Roy estoient ensemble sortis au camp de l'ennemy pour parlamenter; chose non usitée parmy les hommes qui font profession des armes.

Telle fut la composition de Mouzon, qui donna un merveilleux cueur à l'ennemy, estimant faire le semblable aux autres places : mais ils furent deceus de leur folle opinion; car ayant liassé le bastard de Nansau à la garde dudit Mouzon, prist son chemin pour aller assieger Mesieres, où il trouva le seigneur de Bayar, homme experimenté et sans peur, lequel le Roy y avoit envoyé son lieutenant general. Aussi, peu de jours apres, y entra messire Anne, seigneur de Montmorency, jeune homme de grand cueur, desirant donner à cognoistre à son maistre l'envie qu'il avoit de luy faire service; lequel amena avecques luy beaucoup de jeunesse de la cour, gens de bonne volonté, et entre autres Claude, seigneur d'Annebault; le seigneur de Lucé, le seigneur de Villeclair, et plusieurs autres : chose qui donna grande asseurance aux soldats qui estoient dedans. Avec ledit Bayar y avoit la compagnie de cent hommes d'armes du duc Antoine de Lorreine, de laquelle compagnie estoit ledit Bayar lieutenant; et la compagnie du seigneur d'Orval, gouverneur de Champagne, de pareil nombre de gens de pied; l'escuier Boucal, surnommé Du Reffuge, avec mille hommes de pied; et le baron de Montmoreau pareille charge. Mais, estans les pieces en batterie, les gens dudit Montmoreau, comme gens non experimentez, entrerent en tel effroy, que malgré leurs capitaines s'enfuirent, les uns par la porte, les autres se jetterent par dessus les murailles; mais ledit seigneur de Bayar feit entendre aux autres soldats qu'il estoit bien aise de ladite fuitte, par-ce qu'estans tant de gens à la

garde de ladite ville, ils ne eussent point eu d'honneur
ny de reputation de soustenir l'effort de l'ennemy.
Arrivé que fut le comte de Nansau pres Mesieres, envoya devers les chefs et capitaines un trompette pour
les sommer de rendre la ville à l'Empereur ; auquel
trompette fut respondu par le seigneur de Bayar que,
devant que l'ouir parler de sortir hors de la ville de laquelle il avoit la charge, il esperoit faire un pont des
corps morts de ses ennemis, par dessus lequel il pourroit sortir. L'asseurance dudit seigneur de Bayar donnoit grand cueur aux soldats.

Il me semble n'estre mal à propos de descrire l'assiette de la ville de Mezieres. La riviere de Meuze, venant de Mouzon et de Sedan, vient passer le long des
murailles de la ville ; puis, faisant un arc et circuit
d'environ une lieuë de longueur, retournant tout court,
revient passer à Ouarq, petite villette ; puis revient passer par l'autre costé de ladite ville, le long des murailles : de sorte que c'est une isle fermée de la riviere,
où n'y a qu'une entrée par terre, comme un Peloponese ; et est l'entrée où est la porte qui se nomme
de Bourgongne, du costé des Ardannes, laquelle entrée
est fermée de la ville, et n'y a qu'environ deux cens
toises de mur pour clorre ladite ville : puis la riviere,
ayant fermé la ville, s'en va contrebas à Chasteauregnault, Dinan, Namur et Liege, puis se va descharger
dedans le Rhin. Le comte de Nansau ayant eu rapport
de son trompette, assist son camp du costé devers la
porte qui tire aux Ardannes, car aux autres lieux il
eust eu la riviere entre deux. Ce faict, asseit son artillerie pour faire deux batteries tout en un temps, lesquelles trois jours durant n'eurent cesse ; puis par apres

feit sa batterie plus lentement, cognoissant qu'il avoit affaire à autres gens que ceux qu'il avoit trouvez à Mouzon, et qu'ils n'estoient aisez à estonner: mesmes, de jour à autre, les assiegez faisoient des saillies sur le camp de l'ennemy, d'où le plus souvent ils rapportoient et l'honneur et le prouffit, et durerent en cest estat l'espace d'un mois. Le Roy ce pendant estoit à Dijon, attendant le renfort de son armée; lequel, estant adverty par les ducs de Bourbon et de Vendosme que le renfort qu'ils avoient charge de luy amener estoit prest, partit pour prendre le chemin de Troye en Champagne, et manda ausdits seigneurs le lieu où ils se devoient assembler; car il ne faisoit doubte qu'encores que Mesieres fust bien munie de bons capitaines et de bons soldats, toutesfois les vivres qui, au premier bruit de la guerre, y avoient esté mis n'estoient pour suffire long temps au nombre d'hommes qui estoient dedans. A ceste occasion manda haster d'assembler son armée, et ce pendant envoya quelque nombre d'hommes d'armes dedans les villes qui sont au long de la riviere d'Aisne, pour faire teste à l'ennemy et faveur aux assiegez, et aussi pour empescher le plat païs d'estre couru. En ce lieu se feirent de belles entreprises, et entre autres une, laquelle je vous descriray, qui est la premiere rencontre que les nostres ont euë contre l'ennemy depuis le commencement des guerres de l'Empereur et du Roy. En un village qui est entre Attigny et Mesieres, le comte de Rifourcet, alleman, partit de Mezieres avec quatre vingts ou cent chevaux esleus en tout le camp imperial, et deux cens hommes de pied, pour venir piller ledit village, estimant la puissance des François estre abolie; et ayant pillé ledit village, ne trouvant nulle resistance, courut tout le comté de Retelois (ce qui est entre la riviere de Meuze et la riviere d'Aisne), et assembla tout le butin du païs. Mais estant sur sa retraitte, François de Silly, baillif de Caen, lieutenant du duc d'Alançon, et autres, estoient de fortune arrivez en la ville de Reteil, lesquels, oyans l'alarme par les païsans qui fuyoient les ennemis, feirent remonter soudain leurs compagnies à cheval, et soubs la conduite des païsans qui avoient esté pillez prindrent leur chemin par les bois de Retelois pour coupper chemin aux ennemis chargez de butin, ayans jetté devant eux quelques avant-coureurs pour amuzer l'ennemy, ce pendant qu'ils les suivirent au petit trot. Le comte Rifourcet, lequel n'esperoit trouver l'ennemy en campagne, ayant l'alarme, feit soudain, au son de la trompette, rassembler ses gens escartez çà et là ; puis voyans noz coureurs en petit nombre, n'estimans qu'ils fussent suivis, se mirent à marcher lentement pour attirer lesdits coureurs et les deffaire. Mais apres avoir descouvert la trouppe, qui estoit environ de quatre vingts hommes d'armes, feirent un bataillon de ce qu'ils avoient, tant de gens de cheval que de pied, et soustindrent vigoureusement la charge qui leur fut faicte par les François ; de sorte que la victoire fut doubteuse : mais en fin la gendarmerie françoise (qui ne se laisse comparer à autre nation) leur feit une derniere charge, de telle furie qu'ils rompirent tous leurs rangs. Le comte, voyant le desastre tourner sur luy, se meit à la fuitte à travers des bois ; lequel estant apperceu de quelques uns des nostres, fut suivy et pris dedans la forest, où il estoit caché. Le reste s'estant sauvé dedans les bois, fut suivy par les païsans qui avoient esté pillez, qui les saccagerent tous ou la plus part ; de sorte qu'il ne s'en sauva que cinq ou six, ausquels les gensdarmes sauverent la vie, qui furent menez à Reims prisonniers avec ledit comte.

Ce pendant ceux qui estoient dedans Mesieres ayans tenu un mois, commencerent à avoir faulte de toutes choses, et mesmes d'hommes, à cause des maladies de flux de ventre qui s'estoient mises dedans la ville : de sorte qu'il leur estoit malaisé qu'ils fournissent aux gardes qu'il leur convenoit faire, pour la grande batterie que les ennemis avoient faicte depuis la tour qui faict le coing devers le costé d'Attigny jusques à la tour Jolie, et depuis la tour Jolie jusques à la porte de Bourgongne. Toutesfois, depuis que le duc d'Alançon vint loger à Reims, et les gens de pied du comte de Sainct Pol au pont Favergy, et la gendarmerie à Reteil et Chasteau en Portien, ils ne furent si travaillez, à l'occasion que le seigneur Francisque, qui estoit logé deçà l'eauë, duquel ils estoient fort tourmentez à coups d'artillerie, craignant d'avoir une camisade, estoit repassé l'eauë, et s'estoit logé au camp du comte de Nansau. Quoy voyant, le seigneur de Bayar et Montmorency assemblerent les capitaines pour avoir advis de ce qu'ils avoient à faire ; où, après toutes choses debatues, fut conclu que puis que le passage estoit ouvert du costé où estoit le camp dudit Francisque, il estoit raisonnable d'advertir le Roy de l'estat de la place, et des choses qui estoient necessaires, et le moyen qu'il y avoit de les en secourir. Pour cest effect fut esleu le seigneur de Maubuisson, gentilhomme de la maison du seigneur de Montmorency, et Brignac, homme d'armes de la compagnie du seigneur Bayar ; lesquels ayans la nuict passé par la garde des ennemis, feirent telle diligence qu'ils vindrent trouver le Roy à Troye en Champagne, auquel ils feirent entendre bien par le menu l'estat de sa place de Mesieres, et le besoing qu'ils avoient mesmement d'hommes. Le Roy l'ayant entendu, les redepescha pour leur faire entendre que de brief il leur donneroit secours; et quand et quand, pour executer sa promesse, partit à grandes journées pour se retirer à Reims, où le vindrent trouver la plus part de ses capitaines, pour là deliberer du faict de sa guerre; et entre autres le duc d'Alançon, le seigneur d'Orval, le mareschal de Chabannes, qui revenoit de Callaiz, où il s'estoit trouvé avecques le chancelier Duprat et les deputez de l'Empereur et du roy d'Angleterre, pensant, comme j'ay dit cy dessus, esteindre le feu allumé entre ces deux grands princes. Aussi s'y trouva le mareschal de Chastillon, par le conseil duquel la plus grande part des choses se conduisoient; le seigneur de Telligny, seneschal de Rouargue; le seigneur Galiot, seigneur d'Assié, seneschal d'Armignac, et grand maistre de l'artillerie de France. Le lendemain s'y trouva le comte de Sainct Pol, capitaine general de six mille hommes de pied qui estoient au pont Favergy, quatre lieuës pres de Reims, auquel le Roy commanda de faire trouver le lendemain ses bandes mi-chemin dudit pont Favergy et Reims; chose qui fut executée. Ce faict, ledit comte se retira en son logis, auquel ayant refreschy ses gens quatre ou cinq heures, partit pour aller à Attigny avec ses bandes, qui est sur la riviere d'Aisne, à huict lieuës pres de Mesieres, où, estant arrivé au poinct du jour, feit sejourner ses gens jusques à la nuict, qu'il feit partir le seigneur de Lorges avec les mille hommes desquels il avoit la charge, et quelque charroy de vins et autres amonitions; et leur bailla pour escorte quatre cens hommes d'armes conduicts par le seigneur de Telligny, que le Roy avoit ordonné mareschal de son camp, et par le baillif de Caen, lieutenant de monsieur d'Alançon : et luy, avec le reste tant des gens de pied que des gens de cheval, marcha pour les soustenir jusques à deux lieuës pres de Mesieres. La gendarmerie laquelle avoit conduit ledit seigneur de Lorges en seureté dedans Mesieres avecques toutes leurs munitions estant de retour, se retira ledit comte avecques toute sa trouppe à Reteil, ville sur la riviere d'Aisne. Ce pendant arriverent les Suisses où estoit le Roy, au devant desquels alla le seigneur de La Trimouille et le seigneur de Sedan, et plusieurs autres. Il fault retourner au siege de Mesieres.

Le premier jour d'octobre, ceux de Mesieres, d'allegresse du secours qui leur estoit venu, commencerent à tirer plus souvent qu'au precedant ; les Imperiaux au contraire commencerent à faire toutes choses plus negligemment qu'ils n'avoient accoustumé ; et à perdre l'esperance de prendre la ville : toutesfois, craignant que l'on pensast qu'ils fussent refroidis, ils envoyerent un trompette aux assiegez, leur demander s'il y avoit homme qui vousist entreprendre de donner un coup de lance, et que de leur costé le comté d'Aiguemont se trouveroit prest en l'isle de Mesieres. Le seigneur de Montmorency se presenta pour estre champion qui delivreroit le comte d'Aiguemont, asseurant de se trouver au lieu et heure ditte. Le seigneur de Lorges pensant estre chose honteuse qu'un homme d'armes françois fust provoqué par un alleman, et qu'on laissast l'homme de pied françois comme n'estant pareil à l'alleman, demanda aussi s'il y avoit homme qui vousist combatre de la picque, et qu'il seroit le champion pour l'attendre : le seigneur de Vaudray, surnommé *le Beau*, du camp imperial, soudain s'y presenta. Le seigneur de Montmorency, à cheval, la lance au poing, se trouva sur les rangs au lieu ordonné, et le seigneur de Lorges, la picque au poing; lesquels trouverent leurs deux champions. Le seigneur de Montmorency et le comte d'Aiguemont coururent : le seigneur de Montmorency attaignit au corps de cuirasse du comte d'Aiguemont, et le faulça, et rompit sa lance sans luy faire autre dommage ; le comte d'Aiguemont, par la faulte de son cheval ou autrement, ne toucha point, ou bien peu. Les seigneurs de Lorges et de Vaudray donnerent les coups de picques ordonnez, sans gaigner advantage l'un sur l'autre. Ce faict, chacun se retira en son lieu. Le jour subsequent, Grand Jean le Picart, vieil soldat, nourry de tout temps au service du Roy aux guerres d'Italie, soubs la charge de Molart, mais natif de la Franche Comté, lequel s'estoit retiré au service de l'Empereur depuis peu de temps, pour entendre quels vivres estoient dedans la ville, envoya par un tabourin demander au seigneur de Lorges une bouteillée de vin, en signe de leur ancienne cognoissance. Le seigneur de Lorges luy en envoya deux, l'une pleine de vin vieil, l'autre pleine de vin nouveau ; et feit mener ledit tabourin en une cave où il y avoit grand nombre de vaisseaulx, mais la plus part remplis d'eauë, pour luy faire entendre qu'ils en avoient abondance : mais pour la verité il n'y en estoit entré que trois chariots pour leurs secours, qu'avoit amené ledit seigneur de Lorges.

Le comte de Nansau se voyant hors d'esperance de pouvoir affamer la ville, et encores plus de la forcer, attendu le renfort qui estoit entré dedans, et l'armée du Roy si preste qu'elle estoit pour secourir les assiegez, et son armée laquelle desja commençoit à se ruiner par le long temps qu'il y avoit qu'elle tenoit la campagne, delibera de faire sa retraitte ; et pour cest effect feit mettre la plus grande part de sa grosse artillerie sur la Meuze, pour la conduire à Namur, ville de l'obeïssance imperiale, afin que plus aiséement il peut faire sa retraitte. Ayant mis cest ordre, leva son camp ; et afin de n'estre suivy ny empesché print son chemin le long des bois, tirant le chemin de Montcornet en Ardannes, de Maubert-Fontaine et d'Aubenton, pour aller droit à Vervin et à Guise ; et partout faisoit mettre le feu. Le Roy, adverty dudit deslogement et du chemin que tenoit l'ennemy, delibera de luy coupper chemin autour de Guise, et là le combattre ; et pour cest effect manda à toute son armée qu'ils eussent à prendre ledit chemin, et envoya bon nombre de gendarmerie pour costoyer l'ennemy, et le garder de s'escarter au dommage du païs. L'ennemy, qui avoit deliberé de prendre le chemin de Guise, estant adverty que monsieur de Vendosme, qui estoit campé à Fervacques, abbaye où sourt la riviere de Somme, avoit envoyé Nicolas, seigneur de Mouy, son lieutenant de cent hommes d'armes, et avecques luy le seigneur d'Estrée, ayant charge de cinq cens hommes d'armes, le seigneur de Longueval et le seigneur de Roumesnil avec pareille charge, deliberez de garder ladite place de Guise, et le mareschal de Chabannes, avec deux cens hommes d'armes, à Vervin, pour donner empeschement à l'ennemy, changea d'opinion; et apres avoir mis à sac la villette d'Aubenton, ils meirent au fil de l'espée toutes gens indifferemment, de tous sexes et de tous aages, avecques une cruauté insigne : et de là sont venues depuis les grandes cruautez qui ont esté faictes aux guerres trente ans apres. Aussi, apres avoir bruslé et desmoly ladite ville, prindrent le chemin d'Estrée, au pont sur la riviere d'Oise, laissant Vervin à la main gauche.

Le Roy, estant arrivé à Guise avecques les Suisses, feit assembler son armée à Fervacques; partant de là, alla loger au mont Sainct Martin, en une abbaye au dessous de Beaureveoir, où croist la riviere de l'Escau. Au dit lieu de Fervacques, le Roy, pour remuneration de la vertu du sieur Bayar, luy donna cent hommes d'armes en chef, et l'honnora de son ordre de Sainct Michel. Ce pendant que ceste retraitte des ennemis se faisoit, et avant que nostre camp fust assemblé, le comte de Sainct Pol marcha avecques ses bandes, et quelque gendarmerie pour remettre Mouzon entre les mains du Roy. Estant arrivé à trois lieuës pres, le bastard de Nansau, qui estoit demeuré chef dedans ledit Mouzon, ne sentant la ville assez forte contre un siege, se retira par la porte de Bourgongne à Ivoy, qui n'est qu'à une lieuë de là, mettant le feu en la ville; mais le capitaine La Grange, qui estoit un des capitaines qui estoient dedans, quand elle fut rendue aux ennemis, feit si bon guet et diligence, que, sortant l'ennemy par une porte, entra par l'autre, et sauva la ville du feu, et massacra quelques boutes feux qui estoient demeurez derriere; dequoy le comte de Sainct Pol adverty y envoya bonne garnison pour la garde, et se retira au camp, qu'il vint trouver à Fervacques.

Ce pendant que les affaires de Picardie et Champagne estoient en l'estat qu'avez entendu, l'amiral de Bonnivet, ayant prins congé du Roy pour son voyage de Navarre, avec quatre cens hommes d'armes, et le nombre de gens de pied que j'ay nommé cy devant, sur la fin de septembre arriva à Sainct Jean de Luz, duquel lieu depescha le seigneur de Sainct André avec deux mille cinq cens lansquenets, dont avoit la charge le capitaine Brandhec et l'escuier Villiers, toutesfois soubs l'authorité de monsieur de Guise, avecques mille Gascons, Navarrois et Basques, pour aller assaillir la ville de Maye. Puis ayant séjourné quatre jours audit lieu de Sainct Jean, envoya sommer le chasteau de Poignan, assis sur la montagne de Roncevaux; lequel estant refusant de se rendre, mondit seigneur l'amiral y feit mener quelques bastardes, lesquelles estans montées mi-chemin de la montagne, les feit tirer au chasteau, faisant entendre à ceux de dedans que s'il les faisoit monter jusques à hault, il n'en prendroit un à mercy. Dequoy estans estonnez, se rendirent bagues sauves. Dedans estoient environ cinquante Espagnols, desquels estoit capitaine un Espagnol nommé Mondragon.

Estant le chasteau entre ses mains, faignit mondit seigneur l'amiral de prendre le chemin de Pampelune; mais deux jours apres tourna bride avecques son armée, marchant à travers les montagnes, où il fallut un jour entier que les gens de cheval allassent à pied; et environ le soir arriva à un quart de lieuë pres de Maye, où toute nuict feit asseoir son artillerie, et feit tirer quelques coups de canon, afin de donner opinion aux ennemis qu'il se vouloit arrester là. Mais ce pendant les lansquenets prindrent autre chemin; de sorte que luy, suivant lesdits lansquenets, au soir arriva en un village pres Sainct Jean de Luz, un quart de lieuë deça l'eau, nommé Estaigne, auquel lieu sejourna son camp deux jours. Le mardy, devant le jour, chacun se trouva en bataille, auquel ordre on marcha au travers les montagnes, jusques à un village nommé Biriatte; mais, estimans en ce lieu passer l'eau, trouverent bon nombre d'Espagnols, lesquels, pour la difficulté des lieux, on ne pouvoit nombrer.

La cause pour laquelle mondit seigneur l'amiral faisoit faire toutes ces ruses estoit pour tenir l'ennemy en incertitude, afin de surprendre Fontarabie. Or estoient les ennemis delà la riviere de Béhaubie, et nostre camp deça; qui estoit bien cause, comme j'ay dit, qu'on ne les pouvoit recognoistre au vray. Ladite riviere passe au pied des montagnes qui viennent de Navarre, et tombe en la mer devant Fontarabie. Toute la nuict nostre armée fut en bataille, parce qu'il estoit la pleine lune; et la mer, qui reflotte, estoit si haulte, qu'il estoit à nous et à eux impossible de passer la riviere. Mais le lendemain, environ huict heures du matin, estant la mer retirée, monsieur de Guise, apres avoir ordonné ses lansquenets, et avecques luy le reste des gens de pied et la gendarmerie, se meirent en bataille sur le bord de l'eau; puis les lansquenets ayans baisé la terre (ainsi qu'ils ont de coustume quand ils marchent au combat), ledit seigneur de Guise, la picque au poing, tout le premier se meit en l'eau, accompagné de sa trouppe, pour aller combatre son ennemy; lequel fut si bien suivy, que les Espagnols, qui pouvoient estre nombre egal (avecques l'avantage que pouvez estimer que ceux qui attendent en terre seche ont sur ceux qui les viennent combattre, mouillez au travers d'une riviere), estonnez de la furie et hardiesse de noz gens, se meirent en fuitte au travers des montagnes: et estoit le chef de ceste armée espagnolle dom Diegue de Vere, une partie de laquelle se retira dedans Fontarabie.

Le soir, monsieur l'amiral vint avecques son armée loger à Saincte Marie, gros village auquel on ne trouva personne, car hommes et femmes s'estoient retirez aux montagnes; auquel lieu nostre armée sejourna deux ou trois jours en grande necessité de vivres, par-ce que les Espagnols tenoient un chasteau nommé Behaubie, qui est sur le droit chemin par où il falloit que vinssent les vivres en nostre camp. Et pourtant mondit-seigneur l'amiral commanda qu'on trouvast façon de faire passer quelque artillerie, et qu'on fist la nuict les approches de ladite place; ce qui fut faict, et furent passez quatre canons et quelques bastardes. Mais arrivant ledit seigneur amiral, et voyant à son opinion qu'on avoit faict les approches trop loing, luy-mesmes les feit en plain jour, à soixante toises pres de la place. De la premiere volée qu'on tira, un canon emboucha une canonniere basse, et rompit une de leurs meilleures pieces, et dudit coup furent tuez le canonnier, et deux ou trois autres qui luy aidoient à remuer ladite piece : dequoy il entra tel effroy parmy tous les soldats, qu'ils contraignirent leur capitaine de se rendre à la volonté de mondit-seigneur l'amiral; desquels les uns plus apparens furent envoyez prisonniers à Bayonne, et les autres envoyez sans armes.

Ayant monsieur l'amiral ceste place entre les mains, qui estoit celle qui plus luy empeschoit d'aller assieger Fontarabie pour raison des vivres, apres avoir laissé des hommes pour la garde d'icelle et pour l'escorte des vivres, marcha droict à Fontarabie, place qu'on estimoit imprenable, et une des clefs d'Espagne, et l'assiegea de toutes parts; car la place est petite, sise sur la poincte où la riviere se decharge en la mer, ayant d'un costé la mer, d'autre la riviere, et d'autre la montagne. Estant arrivé audit lieu, luy-mesmes feit les approches, baillant au duc de Guise son quartier, et à chaque capitaine d'hommes d'armes son canon à gouverner, et luy-mesmes en print un : et fut faicte telle diligence, qu'en peu de jours on feit breche, laquelle, encore qu'elle ne fust raisonnable d'assaillir, si est-ce que noz gens de pied, gascons, basques et navarrois, demanderent à donner l'assault, lequel leur fut octroyé. Toutesfois, si leur impetuosité fut grande à assaillir, la constance de ceux de dedans ne fut moindre à les soustenir; de sorte qu'on sonna la retraitte jusques à autre temps. Ce-neantmoins ceux de dedans, ayans la cognoissance de quelques pieces que monsieur l'amiral faisoit mettre sur un hault, pour les battre le lendemain par les flancs quand noz gens iroient à l'assault, cognoissans aussi la hardiesse des nostres, laquelle ils avoient le jour précedant esprouvée, se rendirent bagues sauves; qui fut environ le temps que le Roy marchoit à Valanciennes. Estant ladite ville entre ses mains, la bailla en garde à Jacques Daillon, seigneur du Lude, qui en feit son devoir, ainsi que pourrez entendre cy apres.

Or revenons au Roy, que nous avons laissé à Fervaques et au Mont Saint Martin, auquel lieu il ordonna la forme que devoit marcher son armée. Au duc d'Alançon bailla l'avantgarde, et avecques luy le mareschal de Chastillon, ayant soubs luy la principalle superintendence. Le duc de Bourbon eut quelque malcontentement, plus qu'il n'en feit de demonstration, dequoy on luy avoit levé la conduitte de l'avantgarde, attendu que c'estoit sa charge, comme connestable de France : toutesfois il le supporta patiemment, et fut ordonné à la bataille avecques le Roy. Au duc de Vendosme fut ordonné l'arrieregarde ; puis le Roy estant adverty que ceux de Bapaulme, qui est une ville en la plaine d'Artois, assise sur un hault, faisoient beaucoup d'ennuy à la frontiere vers Peronne, Corbie et Dourlan, y envoya le comte de Sainct Pol avecques ses bandes, et le mareschal de Chabannes, et le seigneur de Fleuranges, et leurs compagnies de gensd'armes avecques un equipage d'artillerie, pour la mettre en son obeïssance; ce qu'ils feirent, et la ville et le chasteau ; et, ne la trouvans gardable, ruinerent les portes et meirent le feu dedans. Puis, sur la retraitte, raserent plusieurs petits forts où noz ennemis se retiroient pour piller nostre frontiere, et vindrent trouver le Roy au premier logis, partant du Mont Sainct Martin. Aussi adverty d'une petite ville nommée Landrecy, estant assise sur la riviere de Sembre, entre le vivier d'Oisy, où ladite riviere prent sa naissance, et l'abbaye de Marolles, ayant la forest de Mormaulx à la portée d'un canon devers Henault, et de deçà est à la sortie des bois de Tierasse, depescha le duc de Vendosme avec l'arrieregarde pour la mettre en son obeissance. Le duc de Vendosme estant arrivé un peu devant soleil couché, quatre ou cinq enseignes des bandes de Picardie se desbanderent sans commandement, lesquelles, sans batteries n'eschelles, donnerent à la muraille et à la porte de telle furie, que deux enseignes monterent sur le hault du pont-levis, mais aussi tost furent renversez dedans les fossez, desquels l'un desdits porte-enseignes y demeura mort. Ils furent repoulcez par sept ou huict cens lansquenets, qui estoient dedans pour la garde de ladite ville ; mais la nuict, ayans cogneu la hardiesse de laquelle avoient usé les François, et craignans qu'au matin l'on feist batterie, et que puis apres ils ne peussent supporter l'assault, se retirerent dedans la forest, par-ce que nous ne pouvions passer de là, à l'occasion de la riviere qui passoit par le meilllieu de la ville. Au matin, monsieur de Vendosme, la trouvant vuide d'hommes, la feit raser et brusler ; puis se retira au camp, qu'il trouva pres du Chasteau Chambrezy.

Environ le vingt-deuxiesme jour d'octobre, le Roy estant logé au dessus de Happre, qui est un village et gros prieuré, mi-chemin de Cambray et de Valanciennes, fut adverty que l'Empereur, avecques son armée, s'estoit retiré audit lieu de Valenciennes : parquoy delibera de faire un pont sur l'Escau au dessous de Bouchin, esperant combatre l'Empereur, ou luy faire ceste honte de le faire retirer. Et pour visiter lieu propre pour cest effect, avecques bonne escorte de cavallerie y alla luy-mesmes; et trouva là Neufville sur l'Escau, lieu fort à propos, encores qu'il y ait maraiz deçà et delà. Puis ordonna le comte de Sainct Pol, avecques les six mille hommes desquels il avoit la charge, pour toute la nuict executer son commandement; et quand et quand passer delà l'eau; et se fortifier ce pendant que le reste de l'armée passeroit.

L'Empereur estant à Valanciennes, adverty du pont qui se faisoit, depescha douze mille lansquenets et quatre mille chevaux pour nous empescher le passage: mais estans partis un petit tard, et arrivans sur la riviere, trouverent desja le comte de Sainct Pol en bataille dedans les marais delà l'eau, de leur costé, vers Valanciennes; et le Roy, avecques toutes ses forces, qui desja en grande diligence passoit. N'osans attaquer monsieur de Sainct Pol, pour estre en lieu fort et avantageux, delibererent leur retraitte; mais, avant qu'ils eussent loisir de ce faire, trouverent l'avant-garde et la bataille du Roy passées, où il pouvoit avoir le nombre de quinze à seize cens hommes d'armes et vingt-six mille hommes de pied, avec les chevaux legers. Toutesfois, à cause d'un brouillar qui se leva, on ne pouvoit bien aiséement recognoistre le nombre des gens de l'ennemy: aucuns de l'avant-garde ne furent d'opinion de les charger; autres, cognoissans qu'il y avoit sept ou huict cens chevaux des ennemis qui couvroient la retraitte des gens de pied, furent d'advis, avec quatre cens hommes d'armes, de charger lesdits gens de cheval ; car, les rompans ou rembarrans dedans leursdits gens de pied, on pourroit sçavoir la contenance qu'ils feroient : et mesmes le seigneur de La Trimouille feit offre de faire ladite charge avecques sa compagnie de cent hommes d'armes et les guidons de l'avantgarde ; aussi fist le mareschal de Chabannes : et qui l'eust faict, l'Empereur de ce jour là eust perdu honneur et chevance. Mais par aucuns autres il ne fut pas trouvé bon : parquoy l'ennemy, qui avoit trois lieuës de retraitte et toute plaine campagne, à peu de perte se retira, et ne perdit à ladite retraitte homme de nom que le bastar d'Emery et quelque peu de gens de cheval, qui furent pris prisonniers. Leur retraite fut à Valanciennes, auquel lieu estoit l'Empereur en tel desespoir, que la nuict il se retira en Flandres avec cent chevaux, laissant tout le reste de son armée. Et ce jour là Dieu nous avoit baillé noz ennemis entre les mains, que nous ne voulumes accepter : chose qui depuis nous cousta cher ; car qui refuse ce que Dieu presente de bonne fortune, par apres ne revient quand on le demande.

Pendant ce temps l'arrieregarde estoit passée ; et estoit le Roy, armet en teste, devant le bataillon de ses Suisses, lesquels sans cesse luy demandoient de donner la bataille, pour luy faire cognoistre le desir qu'ils avoient de luy faire service ; d'autant que, depuis la journée de Marignan, et qu'ils avoient faict alliance avec luy, ils ne s'estoient trouvez en armée à sa soulde, sinon quand l'empereur Maximilian vint devant Milan ; mais encores n'estoit alors leur aliance bien confirmée. La nuict venue, sans autre chose faire (hors mis quelques coureurs qui donnerent devers Valanciennes), le Roy se logea avecques son armée le long de la riviere, pres du lieu où il avoit passé ; puis le lendemain envoya monsieur de Bourbon devant Bouchain, laquelle ville se rendit à luy. Aussi envoya monsieur de Vendosme avecques l'arrieregarde à Sommain, pres de la riviere des Carpes, laquelle vient de Douzy, et va tomber dedans l'Escau à l'abbaye de la Vicongne, entre Valanciennes et Sainct Amand ; laquelle riviere des Carpes avions deliberé de passer à l'abbaye de Marchiannes, pour aller secourir Tournay. Pendant ce temps arriverent les ambassadeurs du roy d'Angleterre, qui estoient le millor Chamberlan et le grand prieur de Sainct Jean, pour traitter la paix des deux princes ; lesquels tant travaillerent, qu'il fut accordé que l'Empereur retireroit son armée de devant Tournay, la laissant en liberté ; aussi retireroit l'armée qu'il avoit au duché de Milan et autres païs ; et le Roy feroit le semblable ; et s'il y avoit quelque place en differend, le jugement en seroit mis sur le roy d'Angleterre.

Les choses estans ainsi accordées furent causes que le Roy rompit son entreprise de poursuivre sa fortune, et que tout chacun pensoit la paix estre faicte. Mais sur ces entrefaictes vindrent nouvelles que l'amiral de Bonnivet avoit pris Fontarabie, ville de Biscaye, appartenante à l'Empereur : au moyen de quoy ledit Empereur ne voulut jurer lesdits traittez, que Fontarabie ne fust rendue ; parquoy tout ce qui avoit esté traitté, attendu que le Roy ne la voulut rendre, fut declaré nul, et la guerre comme devant. Or est-il que pendant que nous sejournasmes cinq ou six jours en ce païs d'Austrevant, entre la riviere de Lescau et celle des Carpes, les pluies vindrent si grandes, qu'il n'y avoit ordre de passer les rivieres. A ceste cause fut ordonné de faire visiter ledit passage de Marchiannes, où le Roy avoit deliberé de passer, et pour cest effect y fut envoyé le seigneur de Montmorency; lequel ayant rapporté estre impossible, pour les creuës des rivieres, fut conclu se retirer au hault païs d'Artois, et aller passer la riviere qui vient de Vy en Artois, et des estangs d'Oisy, et vient tomber dedans l'Escau pres de Bouchain, à un passage nommé l'Ecluse, deux lieuës pres de Douay. Et estoit la veille de la Toussaincts, audit an 1521.

L'avantgarde et bataille passerent dez le soir, et une partie de l'arrieregarde; mais vers le soleil couché les ponts qui estoient sur la chaussée se rompirent, et y tomba quelque charroy, que mal aiséement on pouvoit relever à cause du marais; de sorte que le reste de l'arrieregarde fut contraint de loger delà l'eau, devers Douay et Valanciennes, en lieu que l'avantgarde et la bataille ne l'eussent peu secourir. Au poinct du jour, qui fut le jour de Toussaincts, il sortit de Douay bon nombre de gens de cheval et de pied, tant des ordonnances des bas païs de l'Empereur, que Clevois, pour nous venir recognoistre; mais nostre cavallerie, que menoit le comte de Brienne et le seigneur de Mouy, avecques les autres capitaines, ayans deux mille hommes de pied sur leurs aisles, tindrent si bonne contenance, qu'il ne fut jamais en la puissance des ennemis de recognoistre le desordre qu'il y avoit sur ladite chaussée à passer le bagage; car s'ils en eussent eu la cognoissance, et que leurs forces qui estoient tant à Douay qu'à Valanciennes fussent sorties, ils eussent taillé en pieces tout ce qui estoit demouré delà l'eau.

Apres que tout le bagage fut passé (qui estoit sur

le midy), l'arrieregarde passa pour suivre la bataille, laissant au bout de la chaussée bon nombre d'arquebouziers et de picquiers pour soustenir l'effort de l'ennemy, s'il eust voulu donner sur la queue; ce qu'il ne feit. Estant donc nostre armée remise ensemble en la plaine d'Artois, arriverent nouvelles que dedans Hedin il n'y avoit aucuns gens de guerre, et en eut l'advertissement monsieur de Vendosme, et que le lendemain se devoit faire une grande assemblée audit lieu de Hedin pour faire les nopces de la fille du receveur general d'Artois, soubs opinion que nostre armée fust encores delà l'eau. Parquoy le Roy conclut d'y envoyer en extreme diligence monsieur de Bourbon avecques la trouppe qu'il avoit amenée, et monsieur de Vendosme avecques son arrieregarde, et le comte de Sainct Pol avecques les six mille hommes desquels il avoit la charge. Lesquels partans d'Andinfer, qui est à trois lieuës de Arras, encores que les pluyes fussent continuelles, feirent telle diligence, que ceux de Hedin, devant qu'ils sceussent le partement de nostre armée, la virent devant leurs portes. La ville soudain fut assaillie, laquelle, apres avoir enduré quarante ou cinquante coups de canon, fut emportée d'assaut : et y fut trouvé un merveilleux butin, car la ville estoit fort marchande, par-ce que de toute ancienneté les ducs de Bourgongne y avoient faict leur demeure principalle.

Madame Du Reu, et le seigneur de Bellain, qui se nommoit Succre, estans en ladite ville, se retirerent dedans le chasteau, où, apres avoir veu l'artillerie en batterie, capitulerent, en sorte que ladite dame et ceux qui estoient de la garnison ordinaire dudit chasteau sortiroient avecques leurs bagues sauves; mais ceux de la ville qui s'estoient retirez audit chasteau demourerent prisonniers, et fut conduitte ladite dame en seureté où bon luy sembla. Pendant que monsieur de Bourbon et monsieur de Vendosme faisoient les approches dudit chasteau, le feu fut mis à la ville, par quelques sacmens; qui fut grand dommage, car, devant qu'on eust pourveu à l'esteindre, il fut bruslé une partie de la ville, et beaucoup de richesses. Tantost apres ladite prise de Hedin, tous les petits chasteaux des environs, comme Renty, Bailleul le Mont, et autres petites places, se meirent en l'obeïssance du Roy. Au partir que feit mondit-seigneur de Bourbon d'Andinfer, le Roy, avecques le reste de l'armée, s'estoit retiré par Dourlan à Amiens. Parquoy se retirerent audit lieu monsieur de Bourbon et monsieur de Vendosme, apres avoir pourveu audit chasteau de Hedin de monsieur Du Biez pour gouverneur, qui pour lors estoit lieutenant du seigneur de Pontdormy, lequel Pontdormy estoit en Italie : et luy furent baillez trente hommes d'armes et deux cens morte-payes pour la garde dudit chasteau; et pour la ville furent laissez mille hommes de pied, desquels avoit la charge le seigneur de Lorges, duquel Hutin de Mailly estoit lieutenant de cinq cens, et La Barre aussi lieutenant de cinq cens.

Arrivé que fut monsieur de Bourbon à Amiens, le Roy ordonna de separer son armée; et à la plus grande part des gentils hommes qui avoient mené la cavallerie de monsieur de Bourbon, donna charge à chacun de vingt-cinq hommes d'armes, et à quelques uns de monsieur de Vendosme; pareille charge de ceux de monsieur de Bourbon au comte de Dammartin, qui avoit nom de Boulinvillier, au vicomte de Turene, au vicomte de Lavedan, à Descars, seigneur de La Vauguyon; au seigneur de Listenay, au seigneur de Rochebaron d'Auvergne. De ceux qu'avoit amené monsieur de Vendosme, le Roy donna au comte de Brienne et au seigneur de Humieres pareille charge de vingt-cinq hommes d'armes; puis licentia son armée, laissant tant seulement deux mille Suisses à Abbeville, donnant congé au demeurant, et fournissant ses places ainsi qu'il s'ensuit. A Boulongne, le seigneur de La Fayette, gouverneur, ayant charge de cinquante hommes d'armes, et le seigneur de Rochebaron avecques vingt-cinq hommes d'armes; à Terouenne, le bastar de Moreul, seigneur du Fresnoy, gouverneur dudit lieu, avec cinquante hommes d'armes; le comte de Dammartin, le seigneur de Listenay, et le seigneur de La Vauguyon, avecques charge de vingt-cinq hommes d'armes chacun. A Bray sur Somme, fut mis le vicomte de Lavedan, ayant vingt-cinq hommes d'armes; à Montreul, le seigneur de Telligny, seneschal de Rouargue, avecques sa compagnie; à Dourlan, la compagnie de monseigneur de Vendosme; à Corbie, celle de monsieur de Sainct Pol; à Peronne, celle de monsieur d'Humieres; à Sainct Quentin, celle de monsieur le mareschal de Chabannes; à Guise, celle de monseigneur de Guise et de monseigneur de Brienne; et à Vervin, la compagnie de monseigneur de Brenne. Apres avoir mis les provisions dessusdites, le Roy se retira à Compiegne, pour pourvoir au reste de son armée; auquel lieu estant environ Noël, ayant nouvelles de la necessité où estoient les assiegez de Tournay, et ne voyant y avoir ordre de les secourir, pour l'incommodité de l'hyver, manda au seigneur de Champeroux, qui estoit dedans son lieutenant general, de trouver moyen de capituler avecques la plus honorable composition qu'il pourroit faire; ce qu'il fit, et sortit en armes, ses bagues sauves, enseignes desployées et tabourins sonnans, et fut conduit en seureté jusques à Dourlan. Les citadins qui voulurent demourer en ladite ville furent tenus en leurs libertez; pareillement ceux qui voulurent suivre la part françoise faire le peurent.

Au temps que se faisoient par deça les choses que vous avez entendu, l'Italie n'estoit en repos; car l'Empereur, dez l'an precedant 1520, voulant par tous moyens ruiner le Roy, encores qu'il y eust paix entre eux; secrettement chercha de rompre la ligue faicte entre le Roy, les Venitiens et les Suisses, et d'en faire une nouvelle avecques eux contraire à la dessusdicte; mais n'en pouvant venir à son intention, rechercha le pape Leon, lequel, nonobstant les grandes alliances et les traittez qu'il avoit eus par cy devant avecques le Roy (ainsi que j'ay dit), comme leger, commença à traitter une ligue avecques l'Empereur, par laquelle lesdits Pape et Empereur promettoient ensemblement chasser les François d'Italie à frais communs : et pour sa part le Pape devoit avoir Parme et Plaisance, qui seroient patrimoine de l'Eglise. A laquelle ligue estoit compris Francisque Sforce, fugitif en Allemagne, et frere puisné de Maximilian, nagueres duc de Milan, qui avoit remis son droit entre les mains du Roy; lequel Sforce devoient lesdits Pape et Empereur faire à frais communs duc de Milan, et luy maintenir ledit duché avecques les armes. Or en ce temps un senateur de Milan, nommé Hieronime Moron (homme auquel le Roy avoit faict beaucoup de biens, mais puisnagueres s'estoit mal contenté, pour avoir esté refusé du Roy d'une maistrise des requestes de son hostel), se retira devers le Pape et devers Francisque Sforce, leur promettant de troubler l'Estat de Milan, et faire de grandes revoltes : ce qu'il feit; et sans point de faute il servit d'un grand instrument à nous chasser du duché de Milan.

Pour suivre ce que j'ay cy devant commencé, je vous reciteray l'occasion pour laquelle le Pape estoit entré en deffience avecques le Roy, encore qu'il n'en eust donné aucune chose à cognoistre jusques à ce qu'il en veit le moyen : voyant le feu allumé du costé de deça, tel que j'ay predict, commença à dresser ses praticques. Le seigneur de L'Escun, frere du seigneur de Lautrec, lequel, pendant que mondit seigneur de Lautrec estoit venu en France pour espouser la fille du seigneur d'Orval, qui estoit de la maison d'Albret, estoit en son absence demouré lieutenant du Roy, adverty que quelques bannis du duché de Milan s'estoient retirez à Busset, place appartenante au seigneur Chrestofle Palvoisin, envoya devers ledit Palvoisin luy faire deffence de par le Roy de ne retirer lesdits bannis, ennemis du Roy. Ce pendant celuy qui estoit envoyé de par mondit-seigneur de L'Escun, nommé Cardin de Cremone, alla en une sienne maison pres de là pour mettre ordre à ses affaires; mais incontinant fut rapporté audit Palvoisin que ledit Cardin estoit venu pour l'espier : parquoy il le feit prendre, et luy donner tant de traits de corde, qu'il confessa estre venu pour cest effect. Apres laquelle confession le voulut faire condamner par son potestat à estre pendu et estranglé; ce que ledit potestat refusant de faire, ledit Palvoisin luy-mesmes le condamna, et le feit executer.

Cestuy Palvoisin estoit riche au Plaisantin et Parmesan de vingt-cinq mille ducats d'intrade, et estoit aagé de soixante dix ans, bien allié, tenant grande despence; en la maison duquel un chacun estoit bien venu; lequel, voyant le mandement à luy faict, ne voulut soustenir lesdits bannis en sa maison; et se retirerent à Rege, terre de l'Eglise, encores que, par traitté, le Pape et le Roy ne les deussent respectivement soustenir en leurs terres. Et avec iceux bannis se retira un grand nombre d'autres, tellement qu'on estimoit le nombre de ceux que le seigneur de Lautrec avoit bannis de l'Estat de Milan aussi grand que celuy qui estoit demouré, et disoit on que la plus grande part avoient esté bannis pour bien peu d'occasion, ou pour avoir leurs biens; qui estoit cause de nous donner beaucoup d'ennemis, qui depuis ont esté moyen de nous chasser de l'Estat de Milan, afin de rentrer en leurs biens. Auparavant que ledit mareschal de Foix fust venu lieutenant du Roy au duché de Milan, estant, comme dit est, le seigneur de Lautrec venu en France, le seigneur de Telligny, seneschal de Rouargue, demoura en son lieu, audit duché, lieutenant du Roy; lequel avoit, par sa sagesse et gratieuseté, gaigné les cueurs des Milanois, si que le païs estoit en grande patience : mais le seigneur de L'Escun arrivé, et ledit seneschal de retour, les choses changerent; aussi feirent les hommes d'opinion.

Et pour retourner à mon propos, monsieur le mareschal de Foix, seigneur de L'Escun, adverty que les bannis s'estoient retirez à Rege, desquels estoient les principaux Hieronyme Moron, duquel j'ay n'agueres parlé, et monsigneurin Viscomte, frere du seigneur Bernabo Viscomte, lequel Bernabo avoit l'ordre du Roy, et cinquante hommes d'armes de ses ordonnances, partant de Milan s'en vint à Parme; duquel lieu, la veille de Sainct Jean 1521, accompagné de quatre cens hommes d'armes, partit pour aller audit lieu de Rege demander au comte Guy de Rangon, alors gouverneur dudit lieu pour le Pape, qu'il luy livrast entre les mains lesdits bannis, suivant le traitté. Puis estant à deux mille pres dudit Rege, laissa la plus grande part de sa gendarmerie, et s'en alla à Rege, accompagné du seigneur Alexandre Trevoulce, chevalier de l'ordre du Roy, et capitaine de cinquante hommes d'armes des ordonnances dudit seigneur. Et envoya le chevalier d'Ambres, qui portoit le guidon de sa compagnie, et le seigneur d'Estay, guidon de la compagnie du marquis de Salluces, Miquel Antoine, avec les archers desdites deux compagnies, se jetter à la porte qui tire à Modene, craignant que, pendant qu'il parlementeroit avec ledit de Rangon, les bannis ne se sauvassent par ladite porte.

Estant donc arrivé audit lieu de Rege, ledit seigneur de L'Escun demanda de parler au gouverneur, lequel sortit hors la porte plus avant que la barriere, et ledit seigneur de L'Escun descendit à pied. Pendant leur parlement, l'alarme se donna dedans la ville, et fut crié de dessus la muraille, audit gouverneur, que l'assault se donnoit à la porte de Modene; laquelle chose entendue, le comte Guy dit à mondit seigneur le mareschal : « Monseigneur, entrez dedans pour donner « ordre à voz gens qu'ils ne facent quelque effort. » Mais entrant dedans, quelqu'un de la ville estant sur la muraille tira un coup d'arquebouze, duquel fut frappé à travers du corps le seigneur Alexandre Trevoulce; et cinq ou six jours apres il mourut dedans Parme. Soudain le bruit vint à la gendarmerie, demeurée à deux mille pres de Rege, comme ledit mareschal de Foix estoit arresté prisonnier dedans ladite ville : parquoy y eut de diverses opinions; les uns estoient d'opinion qu'on marchast à toutes brides droit à la ville, pour veoir s'il y auroit moyen de recourre leur chef; autres, au contraire, qu'on devoit retourner à Parme pour sauver la ville, pensans que ce fust une chose apostée, et que pendant qu'ils seroient dehors la ville ne fust surprise.

Estans en ces disputes, arriva le mareschal de Foix, relaché par le comte Guy, lequel alla loger à dix mille de Rege, dedans les terres de l'Eglise; auquel lieu se vint joindre avecques luy le seigneur Federic de Bozzolo, accompagné de quatorze à quinze cens hommes de pied. Le mareschal de Foix, cognoissant bien que les choses ainsi arrivées pourroient tourner à consequence, et que le Pape, qui desja estoit en quelques traittez avecques l'Empereur, là dessus pourroit prendre couleur d'entrer en ligue et rompre avec le Roy, depescha le seigneur de La Motte au Grouin, porteur d'enseigne de la compagnie du seigneur Louis d'Ast, lequel il envoya en poste devers le Pape, pour luy remonstrer que ce qu'il avoit faict n'estoit pour entreprendre ny sur luy ny sur l'Estat de l'Eglise. Le Pape luy feit response, en grande colere, que mondit-seigneur le mareschal avoit logé sur ses terres en armes comme ennemy, et qu'il feroit cognoistre au Roy le grand desservice qu'il luy avoit faict; puis excommunia et interdit ledit mareschal de la communion de l'Eglise. Le mareschal de Foix demoura audit lieu où il estoit environ dix ou douze jours, toutes fois sans faire guerre, puis retourna à

Parme; auquel lieu le vint trouver le seigneur du Pontdormy, gouverneur dudit lieu ; ayant esté depesché du Roy lors estant à Dijon pour faire entendre son intention audit de Foix; laquelle estoit, entre autres, de ne rompre avecques le Pape, ne voulant avoir deux ennemis tout à un coup sur les bras. Parquoy, laissant dedans Parme le seigneur du Pontdormy pour chef, se retira ledit mareschal à Milan, par-ce qu'il fut adverty qu'on y disoit qu'il estoit tenu prisonnier à Rege : ce qui avoit fort estonné les serviteurs du Roy.

Or avoit ledit seigneur de L'Escun (voyant l'assemblée des bannis) mandé à Milan pour luy estre envoyée une bande d'artillerie ; et par ce qu'il n'y avoit chevaux pour la mener, furent empruntez les chevaux des chariots des dames de Milan, lesquelles les prestèrent liberalement. La veille de Sainct Pierre, les commissaire et contreroolleur de l'artillerie vindrent au chasteau devers le capitaine Richebourg, capitaine dudit chasteau, pour avoir ladite artillerie et munitions, lequel feit quelque difficulté de la livrer : à ceste cause se retira ledit commissaire devers l'evesque de Conserens, qui estoit demouré lieutenant du Roy à Milan. Pendant lequel temps la fouldre du ciel, environ les six heures du soir, tomba sur la grosse tour du portail, dedans laquelle y avoit deux cens cinquante milliers de pouldre, douze cens pots à feu, six cens lances à feu, et pour cinq ans de sel pour la provision de la place : et fut ladite tour emportée jusques aux fondemens, avec environ six toises de courtines de chacun costé; soubs les ruines de laquelle tour demoura le capitaine Richebourg, et plusieurs autres tant gentilshommes que soldats, se promenans là au long, estimez à trois cens hommes; autres, qui se promenoient hors du chasteau en la place, eurent pareille fin. Il y eut des pierres poussées par la force de ladite pouldre jusques à un quart de mille de là, que mal aiséement avecques cent bœufs on eust sceu remuer; et fut la place en telle desolation, qu'elle demoura sans garde, en maniere que les senateurs françois et leur famille furent contraincts de se mettre dedans pour la garde d'icelle, attendans cent hommes d'armes qui vindrent de Novare. Le pape Leon, ayant eu ceste nouvelle, print cela à bon augure pour luy, et mal pour les François, disant que l'ire de Dieu estoit tombée sur eux; et resolut de se declarer contre le Roy, esperant que cela luy seroit propice.

Il y avoit, le long du lac de Come, un seigneur milanois nommé Mainfroy, palvoisin, homme de grande authorité, lequel, estant accompagné de bon nombre de gens de guerre et mesmes de lansquenets, marcha droict à Come, dont estoit le capitaine de par le Roy le capitaine Garrou, basque, homme bien experimenté aux armes. Or estoit il la veille de Saint Jean, et le jour mesmes que le mareschal de Foix fut à Rege, auquel jour (ainsi qu'estoit la coustume) se faisoit la feste hors la ville : pendant laquelle le capitaine Garrou, oyant l'alarme, se retira soudain dedans la ville, et, ainsi qu'homme de guerre qu'il estoit, departit les gardes à la muraille, selon le nombre d'hommes qu'il avoit, et selon la necessité, meslant les citadins parmy ses soldats, à ce que, s'ils avoient quelque intelligence, ils ne la peussent executer. Le Palvoisin estant arrivé devant la porte, ayant cognoissance de la provision que nos gens y avoient mise, n'osa entreprendre plus avant, encores que Benedict de Lorme, citadin dudit lieu, conducteur de ladite pratique, l'asseurast que Antoine Risque, autre citadin dudit lieu estant dedans la ville, luy eust promis que la nuict il feroit un passage à la muraille derriere sa maison, de sorte qu'un homme armé sans ayde y pourroit entrer, et que les François, estans en petit nombre, n'auroient pouvoir de resister : mais iceluy Benedict fut abusé, car le capitaine Garrou avoit observé l'ordre que je vous ay dit de mesler les citadins avecques les soldats ; tellement que ledit Risque n'autre quelconques n'oserent entreprendre de se declarer.

Le Palvoisin, se voyant estre deceu de sa folle entreprise, ayant assis ses gardes au tour de la ville, aux lieux qu'il veit les plus commodes, s'en alla dormir ; mais son somme ne fut long, par-ce que le capitaine Garrou, le voyant faire mauvais guet, feit une saillie si brusque qu'il surprist quatre cens lansquenets et quatre cens Italiens endormis, lesquels il mist en tel effroy qu'ils s'en allerent à vau de roupte, et luy, qui n'avoit que deux cens hommes, en tua plus de quatre cens ; et entra le Palvoisin en tel effroy luy mesmes, qu'il fut en deux opinions, ou de s'embarquer sur le lac pour s'enfuir, ou de prendre le chemin par terre. Finablement, à la persuasion des capitaines desdits lansquenets, laissa le lac, et print la terre ; mais, ainsi que souvent advient à gens effrayez, aucuns s'embarquerent, autres prindrent la montagne pour se sauver.

Le capitaine Garrou, voyant l'effroy de ses ennemis, et sçachant un destroit par lequel ils estoient contraints de passer, s'embarqua sur le lac avec ce qu'il peut mener d'hommes, et feit telle diligence, qu'il arriva le premier au passage du destroit. Le Palvoisin, arrivant audit lieu, n'estant en doubte de rien, tomba en nostre ambuscade, où il fut deffaict sans combatre, pensant avoir le diable tousjours à ses tallons; il fut pris prisonnier, ensemble les autres capitaines italiens, et le reste mis au fil de l'espée, hors mis aucuns qui se sauverent en la montagne. Quant aux lansquenets, Garrou leur donna seureté pour retourner en leur païs, et soudain envoya ledit Palvoisin à Milan avecques bonne escorte; lequel, apres avoir confessé toutes les pratiques et revoltes qui estoient dressées au duché de Milan contre le Roy, et mesmes que Hieronyme Moron avoit esté cause de luy faire entreprendre ce qu'il avoit faict; apres son proces achevé, fut faict mourir à Milan de mort cruelle et non usitée. Aussi eut la teste tranchée Barthelemy Ferrier, citadin de Milan, et le capitaine Soto: tous les autres accusez par ledit Palvoisin se sauverent dedans les montagnes, qui furent ceux qui depuis nous feirent la guerre.

Le mareschal de Foix, au retour de Rege à Milan, voyant toutes choses tendre à revolte, depescha en Suisse pour faire levée de huict mille hommes; puis ayant faict quelques enseignes de gens de pied, les envoya à Parme, auquel lieu estoit desjà arrivé le seigneur Federic de Bozzolo, qui y trouva le seigneur de Pontdormy, gouverneur dudit lieu, avec cinquante hommes d'armes estans soubs sa charge, lequel avoit faict grande diligence de remparer, cognoissant bien que c'estoit le lieu où premierement l'ennemy s'attaqueroit, et qu'il seroit le premier salué.

Pendant que ces choses se demenoient en Italie, les nouvelles vindrent au Roy du parlement qu'avoit faict mon-dit seigneur le mareschal de Foix avec le gouverneur de Rège, et de la surprise que le Pape avoit opinion que ledit de Foix y avoit pensé faire; dequoy ledit seigneur fut malcontent, craignant que cela amenast plustost le Pape à la guerre, ne le voulant avoir pour ennemy, et luy suffisoit assez d'avoir l'Empereur pour tel. Parquoy le Roy depescha, comme j'ay dit, le seigneur de Lautrec, frere dudit mareschal de Foix, pour se retirer à Milan; auquel lieu arrivé, feit cruellement mourir le seigneur Chrestofle, palvoisin, duquel j'ay cy devant faict recit, homme de grande authorité, ayant vingt-cinq mille ducats de rente au Plaisantin et Parmesan, pour l'occasion seule que j'ay preditte, sans y avoir (à ce qu'on disoit) autre chose averée contre luy, et donna sa confiscation audit mareschal de Foix son frere : ce qui fut mal digeré, et qui mal contenta plusieurs personnes, qui pour ceste occasion se revolterent, par-ce qu'il estoit allié de tous les plus grands du païs, et mesmes du pape Leon. Plusieurs des juges ne furent d'advis de le faire mourir, veu que c'estoit sa premiere faulte, mais bien l'envoyer en France, qui eust esté un hostage pour divertir plusieurs de se revolter, et leur donner envie de faire service au Roy, esperans par ce moyen d'obtenir sa grace; et peu de senateurs voulurent signer la sentence de mort.

# DEUXIESME LIVRE

## DES MEMOIRES

### DE MESSIRE MARTIN DU BELLAY.

## SOMMAIRE DU DEUXIESME LIVRE.

Les armées du Pape et de l'Empereur, conduittes par Prospere Colonne, chassent, sous le nom de Francisque Sforce, les François de la plus part du païs Milannois, en estant gouverneur monsieur de Lautrec. Le Roy luy envoye secours, qui fut inutil par faute de solde, dont s'ensuyvit la roupte de la Bicoque, la perdition du duché de Milan et de Genes. Adrian est creé pape par la mort de Leon. Charles de Bourbon prent le party de l'Empereur, ce qui rompit la deliberation qu'avoit faitte le Roy de passer les monts pour recouvrer Milan : toutesfois en son lieu y envoye monsieur de Bonnivet avec forte armée, qui y fut aussi ruinée par faute d'argent et de refreschissement. Les Anglois et Bourguignons entrent ce-pendant bien avant en Picardie, bruslent Montdidier et Roye. Les Espagnols reprennent Fontarabie. Le comte Guillaume de Fustamberg, avec armée de lansquenets, assault la Bourgongne, dont il est repoussé par monsieur de Guise. Charles de Bourbon et le marquis de Pescaire assiegent Marseille, et se retirent pour crainte d'une grande armée du roy François, avec laquelle il passe les monts, reprent Milan et plusieurs villes, puis assiege Pavie, où se donna la bataille en laquelle il fut pris.

# DEUXIESME LIVRE.

En ce temps, la ligue d'entre le pape Leon et l'Empereur estoit du tout jurée et confirmée, en laquelle entrerent le seigneur Federic de Gonzague, marquis de Mantoue, et les Florentins; et par commun consentement avoient esleu pour chef de ladite ligue le seigneur Prospere Colonne, baron rommain, lequel avoit esté surpris, comme avez entendu par le precedant livre, en l'an 1515, dedans Villefranche. Ledit de Gonzague, marquis de Mantoue, avoit esté nourry en sa jeunesse en la cour du roy Louis, douziesme de ce nom; et le roy François, venant à la couronne, luy donna cent hommes d'armes, desquels il feit lieutenant l'escuier Boucar, nommé de Reffuge. Ledit Boucar voulut commander à ladite compagnie, disant que le marquis n'avoit que le tiltre et honneur, mais qu'à luy appartenoit d'y commander, et mesmes pourveut à l'enseigne et au guidon. Le marquis trouva cela de mauvaise digestion, toutesfois le dissimula; puis quand il veit le temps que le Pape et le Roy estoient en amitié, demanda congé au Roy d'accepter du Pape l'honneur qu'il luy offroit de le faire confanonnier de l'Eglise, chose que le Roy luy accorda. Puis, voyant l'occasion qui se presenta, d'autant que le Pape se declara ennemy du Roy, renvoya au Roy son ordre, et fut faict general de l'Eglise. L'Empereur ordonna le seigneur Ferrand d'Avalos, marquis de Pesquaire, pour se venir joindre aux dessusdits, avec les quatre cens hommes d'armes du royaume de Naples. Et en ce mesme temps arriva le seigneur Hieronyme Adorne, lequel amena trois mille Espagnols nouvellement descendus; tous lesquels, avecques leurs forces, s'assemblerent à Boulongne la Grasse, où ils conclurent de marcher à Parme, laissans le marquis de Pesquaire avecques trois cens hommes d'armes et quelque nombre de gens de pied sur les confins du Mantouan, pour favoriser quatre mille lansquenets et deux mille Grisons qui venoient à leur service, craignans que les Venitiens ne leur empeschassent le passage par leurs destroits.

Le seigneur de Lautrec, adverty que l'armée de l'Empereur prenoit le chemin de Parme, y envoya le mareschal de Foix son frere avecques sa compagnie de cent hommes d'armes, et si peu d'hommes qu'il peut trouver promptement : auquel lieu il trouva le seigneur Federic de Bozzolo avec deux mille hommes de pied italiens, et le seigneur du Pontdormy avec sa compagnie de cinquante lances, et les cent hommes d'armes escossois estans soubs la charge du seigneur d'Aubigny, conduitte par le capitaine Lucas, son lieutenant; et la compagnie de Philippe Chabot, seigneur de Brion, de quarante hommes d'armes, conduitte par le capitaine Paris, gentilhomme de Dauphiné, son lieutenant, homme de bonne reputation; celle du capitaine Louis d'Ars, de soixante hommes d'armes; celle du comte de Sainct Pol, de trente hommes d'armes; et le seigneur Jean Hieronyme de Chastillon, et le comte Ludovic de Bellejoyeuse, ayans charge de gens de pied italiens.

Les ennemis, partans de Rege, où ils avoient faict sejour de six sepmaines, marcherent tous ensemble jusques à un torrent à six mille de Parme, lequel separe le duché de Milan d'avecques le territoire de Rege, qui est terre d'Eglise, sans courir les uns sur les autres. Les ennemis sejournerent sur ledit torrent environ quinze jours : au bout desdits quinze jours ils passerent le torrent, et entrerent à main armée dedans les terres du duché de Milan, qui fut la declaration de la guerre. Puis vint loger l'armée de la ligue à mille et demy pres de Parme, en un village appelé Sainct Martin (entre lequel Sainct Martin et Parme y a une plaine nommée la Ghiara, en laquelle les inundations sont grandes en temps pluvieux, mais en temps sec n'y a que beau sablon, et est ladite Ghiara du costé de la citadelle), auquel se faisoient ordinairement des plus belles escarmouches qu'il est possible, tant à pied qu'à cheval : de ceste heure là furent inventées les arquebouzes qu'on tircit sur une fourchette. Ayant esté le camp de l'ennemy quelque temps à ladite Ghiara, le mercredy, jour de la decolation sainct Jean, firent leurs approches à la porte Saincte Croix du costé de Milan, qui n'estoit pour l'heure que le faubourg ; le jeudy, jour ensuivant, ils battirent ladite porte et autres deffences ; le vendredy matin, mirent en batterie un grand nombre tant de canons que doubles canons ; dequoy ils firent telle diligence, qu'à midy il y eut breche de cinquante pas, à laquelle ils donnerent trois assaux, desquels ils furent repoussez, tant par la gendarmerie que par les gens de pied.

Il fault entendre que du costé de la breche il n'y avoit point de fossé, et ne valloit rien la muraille ; de sorte que la nuict ceux de dedans estans à leurs deffences, et ceux de dehors à la leur, les picques de ceux de dehors estoient veuës par ceux de dedans, et celles de dedans aussi par leurs ennemis, au droict de ladite breche. Parquoy advint qu'il entra tel effroy parmy noz gens de pied italiens, que la plus part passa par la breche, et s'en alla rendre au camp des ennemis; tellement que de cinq ou six mille Italiens n'en demoura pas deux mille; mais les capitaines y feirent bien leur devoir. Monseigneur le mareschal, apres avoir gardé environ l'espace de quinze jours la basse ville, ayant eu l'advis des capitaines, fut conclu que la nuict elle seroit abandonnée, pour ne pouvoir plus endurer la fatigue du jour et de la nuict. A ces causes, la nuict du samedy, apres avoir retiré dedans la ville toute l'artillerie, et autres choses qui leur pouvoient servir, une heure avant le jour se retirerent dedans la ville, laissans à la breche un capitaine de arquebousiers qui estoit au seigneur Federic, jusques à ce qu'un chacun fust retiré; lequel capitaine, voyant qu'il estoit temps de faire sa retraitte, usa d'une grande ruse pour n'estre suivy; car à tous ses arquebouziers feit coupper un bout de leur corde allumée, et leur feit coucher ladite corde sur le rempar aux lieux où ils avoient accoustumé de faire leur garde, et par intervalles; de sorte que noz ennemis, pensans encores noz gens estre à leurs gardes accoustumées, n'en eurent cognoissance qu'il ne fust une heure de jour : par ce moyen ceux qui estoient dedans eurent tout loisir de pourveoir à leurs affaires.

Les ennemis, apres avoir la cognoissance de la retraitte de nos genz dedans la ville, passerent leur artillerie par la breche mesmes où ils avoient esté repoussez, et feirent leurs approches de la ville en plain midy, car les maisons du faubourg leur servoient de gabions; et assirent leur artillerie du costé du pont, où ils ne feirent grande breche pour ce jour; mais le capitaine Lucas y fut tué d'un coup de canon. Finablement les ennemis, voyans l'obstination de ceux de la ville, et estans advertis que monsieur de Lautrec approchoit avecques son armée, en laquelle estoient vingt mille payes de Suisses, le lundy matin, après avoir tiré encores quelques coups de canon, retirerent leur artillerie, et s'en allerent à deux mille loing de Parme, tirant le chemin du Pau. Le seigneur de Lautrec, lequel, comme dit est, marchoit avecques les Suisses et sept ou huict cens hommes d'armes, et quelque bande de gens de pied françois qu'il avoit levez par cy par là, et l'armée des Venitiens, qui estoient cinq cens hommes d'armes à leur mode, et sept ou huict mille hommes de pied, se mist à suivre l'ennemy. Mais il s'arresta à battre un chasteau nommé Roquebianque, où il fut deux ou trois jours avant que le prendre; qui donna loisir aux ennemis de reprendre leurs esprits, tant qu'ils passerent le Pau : ce qu'ils n'eussent pas faict si ledit seigneur de Lautrec les eust suivis chaudement.

Au reste, le seigneur de Lautrec manda le mareschal de Foix pour se venir joindre avecques luy à tout ce qu'il avoit d'hommes; lequel ayant abandonné Parme sans garde, peu de jours apres les habitans se mirent entre les mains du Pape. Le mareschal de Foix vint passer le Pau vis à vis de Cremone, où il trouva nostre armée. Estans les deux freres unis ensemble, vindrent loger à Bourdelene, à deux mille pres du camp des ennemis, qui estoient logez à Rebec pres un chasteau appellé Pont-Ivy, appartenant aux Venitiens, à sept mille de Cremone : et est ledit Rebec sur un russeau qui separe le duché de Milan du païs des Venitiens. Ledit chasteau de Pont-Ivy est de là le russeau, sur un haut duquel on voyoit tout le camp de nostre ennemy; et qui le fust allé combatre audit lieu de Pont-Ivy, où il sejourna deux jours, et nostre camp autant audit Bourdelene, il estoit impossible à nostre ennemy de se jetter en bataille, qu'à coups d'artillerie on ne l'eust mis en desordre du chasteau. On pensoit le troisiesme jour les aller combatre, mais la tardiveté de noz chefs fut cause de les nous faire perdre; car, le jour que mondit-seigneur de Lautrec les esperoit aller combatre, ils deslogerent : parquoy ledit sieur de Lautrec alla loger ce dit jour à Rebec, de quel lieu l'ennemy estoit deslogé. Le lendemain il suivit ledit ennemy, et alla loger à un mille pres de son camp, qui estoit logé en un fort nommé Ostienne, au marquisat de Mantoue. Le jour ensuivant, le seigneur de Lautrec, esperant attirer les ennemis hors de leurs fortifications, leur presenta la bataille; laquelle ne voulans accepter, pour n'estre le jeu party, ne bougerent de leur fort, pour quelque escarmouche qu'on leur eust sceu dresser. Quoy voyant, ledit seigneur de Lautrec retourna loger à Rebec : je ne sçay quelle occasion le meut, sinon qu'on disoit qu'il luy devoit suffire d'avoir jetté l'ennemy hors du duché de Milan.

Audict Rebec sejourna nostre camp sept ou huict

jours. Cependant la Toussaincts approchoit, les nuicts devenoient longues, pluvieuses et froides; de sorte que noz Suisses s'ennuyerent (1), et s'en allerent sans congé, s'excusans sur la faulte de la paye; et, de vingt mille payes que nous avions, n'en demeura qu'environ quatre mille : vray est qu'ils estoient pratiquez par le cardinal de Medicis, cousin du Pape. De Rebec fut envoyé le seigneur du Pontdormy avecques sa compagnie, et celle du duc de Gennes, dont estoit lieutenant le comte Hugues de Pepolo, et environ mille ou douze cents hommes de pied, et deux fauconneaux, pour garder le passage à quelque nombre de Suisses qu'amenoient le cardinal de Medicis, qui depuis a esté pape Clement, et le cardinal de Sion. Le pas qu'ils alloient garder est une riviere au païs des Venitiens, tirant vers le lac d'Iste; lequel passage fut gardé par deux ou trois jours, et puis forcé par le quartier que gardoient les gens dudit comte Hugues de Pepolo. Cela forcé, se retira ledit seigneur du Pontdormy en une petite ville appartenante aux Venitiens, où il sejourna deux jours, puis se vint rendre au camp de monsieur de Lautrec, lequel il trouva encores audict lieu de Rebec. Les Suisses qui nous avoient abandonnez s'en allerent joindre avec le seigneur Prospere Colone, lequel estoit, comme

(1) *Nos Suisses s'ennuyerent* : malgré la *paix perpétuelle*, quelques cantons suisses avoient fourni douze mille hommes aux confédérés : Lautrec en avoit treize mille. Le corps helvétique, ne voulant pas qu'ils se battissent les uns contre les autres, leur ordonna de revenir dans leur pays. L'ordre étant arrivé à l'armée française, fut aussitôt presque entièrement exécuté : le cardinal de Sion le cacha aux douze mille Suisses qu'il avoit amenés à l'armée ennemie, et parvint à persuader à ceux qui venoient de quitter Lautrec de se réunir à leurs compatriotes.

j'ay dit, chef de la ligue. Le seigneur de Lautrec voyant son armée diminuée, et celle de noz ennemis renforcée de nos gens mesmes, delibera de faire fortifier les passages de la riviere d'Adde, et envoya à Milan pour faire relever les bastions et remparts, autresfois faits par le duc de Bourbon, comme devant a esté dit. Estans les Imperiaux arrivés sur ladite riviere d'Adde, chercherent moyen de trouver passage; mais en fin Francisque Moron, milanois, nepveu de Hieronyme Moron, et quelques autres capitaines cognoissans les païs, allerent trouver la riviere de Bembre, qui est une petite riviere descendante du Bergamasque, et tombe à Vaure dedans la riviere d'Adde : auquel lieu de Vaure ils trouverent quelques batteaux cachez dedans les rozeaux, avecques lesquels ils passerent deça l'eau le nombre de trois ou quatre cens hommes; lesquels trouvans le comte Hugues de Pepolo, boulenois, qui avoit la garde, de par ledit seigneur de Lautrec, de ce passage, le forcerent et mirent à vau de roupte; et y furent tuez le capitaine Chardon, ayant charge de cinq cens hommes, et Gratian de Luce, ayant pareille charge.

Le seigneur de Lautrec adverty de ladite roupte, craignant qu'ils ne gaignassent Milan, se retira audit lieu de Milan en toute diligence, laissant bonne garnison dedans Cremone. Estant arrivé, departit les gardes, en esperance d'y attendre le secours qui devoit venir de France; et desja estoit le mois de novembre 1521. Le seigneur Prospere ayant passé l'Adde, et adverty que le seigneur de Lautrec s'estoit retiré dedans Milan, et qu'il faisoit relever les bastions en grande diligence, delibera de le suivre, et vint loger en une abbaye à quatre mille pres de Milan, nommée Cheraval, sur le chemin de Laudes audit Milan; auquel lieu estant logé, estoit incertain de ce qu'il avoit à faire, sentant un si grand nombre d'hommes dedans la ville. Sur ladite incertitude, luy fut amené un vilain qui sortoit hors de Milan, pris au guet du marquis de Mantoue; lequel, estant devant ledit Prospere et les autres capitaines, declara avoir esté envoyé, de la part de quelques partisans impériaux qui estoient dedans la ville, devers Hieronyme Moron, pour leur faire entendre que s'ils vouloient marcher droit, ils estoient asseurez qu'ils entreroient dedans Milan; mais où ils voudroient temporiser, et que les François eussent loisir de se recognoistre, il n'estoit en leur puissance de les sçavoir chasser. Lesquelles choses entendues par les chefs, le vendredy vingt-troisiesme de novembre, fut conclu que le marquis de Pesquaire, avecques les bandes espagnolles desquelles alors il avoit la charge, marcheroit droit à la porte Romaine, pour y arriver à soleil couché. Or avoit l'armée venitienne, dont estoit capitaine general le seigneur Theodore Trevoulce, la garde de ladite porte et du faubourg: auquel lieu estant arrivé, ledit marquis de Pesquaire, prenant douze cens hommes pour faire la poincte, donna de teste droit à un bastion commencé par lesdits Venitiens, qui n'estoit encores en deffence; dont ils entrerent en tel effroy, qu'ils s'en allerent sans combatre à vau de roupte, abandonnans leurs gardes et fortifications. Le seigneur Theodore Trevoulce, chef de l'armée de la Seigneurie, qui estoit au lict malade, se leva et marcha droit aux ennemis, avecques si peu d'hommes qu'il peut recouvrer, pour soustenir l'effort, pensant estre suivy; mais la nuict n'eut point de honte : parquoy, estant trop foible, fut renversé et pris prisonnier; dont il fut depuis rachepté par dix mille escus. Pareillement y furent pris le seigneur Jules de Sainct Severin et le marquis de Vigeve.

Le seigneur de Lautrec, voyant l'armée venitienne avoir abandonné le faubourg sans combatre, se retira, avecques le reste de son armée, en la place devant le chasteau ; puis voyant n'y avoir ordre de garder la ville, estant perdu ledit faubourg, delibera se retirer, prenant le chemin de Come pour approcher pres des Suisses, attendant le secours qui devoit venir de France; mais avant que partir laissa dedans le chasteau pour capitaine le seigneur de Mascaron, gascon. L'evesque de Conserans, qui n'eut moyen de suivre les autres, y demeura, et cinquante hommes d'armes et six cens hommes de pied françois. Le cardinal de Medicis, suivant le marquis de Pesquaire avecques l'armée du Pape, entra dedans Milan environ le poinct du jour, où il se feit un butin inestimable; car dix jours entiers n'y eut ordre, pour commandement qui se fist, de faire cesser le sac.

Estans les Imperiaux et Papistes [1] seigneurs de la ville de Milan, adviserent le moyen de pouvoir achever leur guerre : apres toutes choses debatues, conclurent qu'il falloit divertir les Suisses de l'alliance de France, et pour cest effect depescherent devers eux l'evesque de Veronne de la part du Pape, et autres

---

[1] *Et papistes* : Du Bellay ne donne pas à ce mot l'acception qu'il a eue depuis; par *papistes*, il entend les confédérés dont Léon x étoit le chef.

ambassadeurs de la part des Milanois; lesquels arrivans aux confins des païs des ligues, les Milanois ne voulurent passer outre sans saufconduit ; mais l'evesque de Veronne, sans aucune seureté, y alla : dont mal luy print, car les Suisses le mirent en prison fermée, pour estre venu dedans leur païs allié des François, sans avoir saufconduit. Ce pendant le seigneur de Lautrec print le chemin de Come; et pouvoit avoir en sa compagnie cinq cens hommes d'armes et quatre mille Suisses, et peu d'autres gens de pied; et les Venitiens quatre cens hommes d'armes à leur coustume, et six mille hommes de pied, et sans grand bagage. Environ le poinct du jour arriva à Come, où tout le camp logea. Le lendemain, les quatre mille Suisses qui nous estoient demourez se retirerent en leur païs : monditseigneur de Lautrec, avecques toute la gendarmerie, print le chemin de Lec, où il passa la riviere, pour aller mettre ladite gendarmerie en garnison au païs des Venitiens, laissant le seigneur de Vandenesse, frere du mareschal de Chabannes, capitaine de cinquante hommes d'armes, chef dedans Come; et avecques luy le capitaine Bouvet, qui avoit cinq cens hommes de pied françois.

Les ennemis, suivans nostre armée, assiegerent Come, où, apres avoir faict batterie de dix ou douze jours, et le seigneur de Vandenesse voyant la place n'estre tenable, feit composition avec le marquis de Pesquaire, lieutenant audit siege pour l'Empereur, par laquelle les soldats s'en devoient aller bagues sauves, chevaux et harnois, la lance sur la cuisse, et estre conduits à seureté jusques au païs des Venitiens. La composition faicte et signée, leur fut dit de la part dudit marquis que les soldats se retirassent en leurs logis pour trousser leurs bagages; et qu'il mettroit des capitaines espagnols à la breche, à ce qu'ils ne fussent en riens offencez. Une heure apres, estans lesdits soldats en leurs logis, entrerent les ennemis dedans, et sacagerent tant les gens de guerre que les citadins, lesquels estoient compris en ladite capitulation. Apres le sac executé, y entra ledit marquis de Pesquaire, faignant estre marry de ce qui estoit advenu, et feit rendre aux soldats quelque partie de leurs biens; mais la pluspart s'en allerent à pied et sans bagage. Partant de là le seigneur de Vandenesse, et estant arrivé au lieu où estoit monseigneur de Lautrec, par sa permission envoya un cartel audit marquis de Pesquaire, par lequel luy faisoit entendre que faulcement il luy avoit failly de foy, et qu'au cas qu'il voulust dire le contraire, il le luy maintiendroit les armes au poing. Le marquis feit response que si ledit seigneur de Vandenesse vouloit maintenir que par son sceu ou commandement ledit sac fust advenu, il avoit menty. Ils entrerent en plusieurs cartels les uns contre les autres, et estoit parrain dudit seigneur de Vandenesse le seigneur du Pontdormy; mais avant que la querelle fust vuidée, monseigneur de Vandenesse fut tué à la retraitte de monseigneur l'amiral de Bonnivet, pres de Romagnen.

Peu de jours apres, les Venitiens s'ennuyerent de si long temps soustenir nostre armée en leurs terres, vivant à discretion : parquoy fut deliberé que toute la gendarmerie deslogeroit, pour se trouver en un jour dit en deux bourgs environ dix mille de Cremone; ce qui fut faict. Or est-il que ceux de Cremone, ayans opinion que nostre armée eust esté toute deffaitte à Milan, s'estoient revoltez, et avoient mis les armes imperialles sur leurs portes : le seigneur de Lautrec, de ce adverty, delibera de faire diligence de la reprendre par le moyen du chasteau, lequel tenoit encores pour nous, et estoit dedans pour capitaine Jehannot d'Herbouville, seigneur de Bunou. Dedans la ville n'avoit que gens rassemblez, et peu de gens de guerre : toutesfois ils avoient faict quelques rempars et trenchées devers la ville pour brider le chasteau, où il fut mis environ cent cinquante hommes d'armes à pied, avecques trois cens archers, lesquels entrerent par le chasteau, qui furent par ceux de la ville vigoureusement repoussés. Depuis, se preparans pour donner nouvel assault, les ennemis s'estonnerent, et demanderent composition de leur en aller bagues sauves; ce qui leur fut accordé, à condition qu'ils partiroient deux heures apres, comme ils firent. Et entra ledit seigneur de Lautrec en la ville, accompagné environ de cinq cens hommes d'armes, armet en teste, avecques laquelle compagnie il se logea dedans ladite ville. La diligence que fist monseigneur de Lautrec fut prouffitable ; car s'il eust attendu vingt-quatre heures, les ennemis y fussent venus les plus forts.

Apres avoir sejourné trois ou quatre jours audit lieu de Cremone, le seigneur de Lautrec depescha monseigneur le mareschal de Foix, son frere, pour venir en France devers le Roy luy faire entendre les affaires de par de là; lequel mareschal trouva le Roy à Compiegne. Ce faict, ledit seigneur de Lautrec envoya gens à Pisqueton, qui tenoit encores pour nous. Vous pouvez entendre que dez que nous eusmes perdu Milan, ceux lesquels par avant nous faisoient bon visage tournerent tous leurs robbes; parquoy ledit seigneur de Lautrec advisa à departir sa gendarmerie pour la soulager, attendant le secours de France. Dedans Cremone laissa le marquis de Salluces, Miquel Antoine, chef, avecques sa compagnie de cinquante hommes d'armes, et la compagnie du mareschal de Foix de cent hommes d'armes, et quelques gens de pied italiens de ceux du seigneur Federic de Bozzolo; envoya pareillement quelques compagnies de gensd'armes dedans les terres dudit seigneur Federic; puis depescha ledit Federic de Bozzolo pour essayer à reprendre Parme, qui s'estoit revoltée, ainsi qu'avez ouy : mais ce luy fut chose impossible à faire, par-ce que les papistes y avoient desja pourveu.

Sur ces entrefaictes, le seigneur Prospere Colonne, qui s'estoit retiré dedans Milan avecques toutes ses forces, adverty qu'Alexandrie estoit demourée en garde aux citadins, y alla, luy ayant la faveur des gibelins. Arrivé audit lieu, les habitans, sortans à l'escarmouche par la menée desdits gibelins, furent repoussez; de sorte que les Espagnols y entrerent peslemesle. Semblablement ceux de Pavie, ayans pour garnison en leur ville la compagnie de monsieur de Sainct Pol, leur firent entendre qu'ils eussent à se retirer; autrement qu'ils n'auroient moyen de les sauver qu'ils ne fussent saccagez. Ce que firent ceux de ladite compagnie, n'estant la force pour eux; et se retirerent en Ast.

En ce temps, le pape Leon ayant nouvelles de la perte que les François avoient faicte de ladite ville de Milan, en print telle joye, qu'un catarre et une fievre continue en trois jours le firent mourir : il fut bien aise de mourir de joye. Incontinant le Roy depescha le cardinal de Bourbon et le cardinal de Lorraine pour aller à Romme en poste à l'election d'un autre pape; mais par les chemins furent advertis que l'election estoit faicte du pape, qui se nomma Adrian, natif de Louvain, qui avoit esté maistre d'escolle de l'Empereur, lequel alors de sa promotion au papat estoit absent de Romme, et estoit en Espagne ; parquoy lesdits cardinaux revindrent de mi-chemin. Aussi le cardinal de Medicis, qui estoit legat en l'armée de l'Eglise, ayant eu les nouvelles de la mort du Pape son cousin, apres avoir licentié son armée, se retira à Romme.

Le seigneur de Lautrec, ayant pourveu à Cremone avecques deux cens hommes d'armes, se retira au païs des Venitiens, auquel lieu il fut bien receu, pour la bonne fortune qu'il avoit eu d'avoir recouvert Cremone. Mais au bout de dix jours, ayans nouvelles de ce qui estoit advenu tant en Alexandrie que Pavie, s'ennuyerent comme amis de fortune de soustenir mondit-seigneur de Lautrec en leurs terres, et luy firent dire qu'il eust à se retirer, et que leur païs ne le pouvoit plus soustenir; ce qu'il fut contrainct de faire, et se retira à Cremone. Apres la mort du pape Leon, Francisque Marie, lequel pour lors estoit bien pietre, pour avoir esté par les François (comme j'ay predit au precedant livre) spolié du duché d'Urbin à la faveur dudit pape Leon, assembla, tant pour la bonne amitié que luy portoient les gens de guerre pour estre bon capitaine, que pour la haine qu'on portoit audit pape Leon), lequel, apres tant de biens faits qu'il avoit receu des François, s'estoit declaré contre le Roy), jusques au nombre de cinq ou six cens hommes de guerre sans soulde, et marcha audit duché d'Urbin, lequel en peu de jours il conquist, et l'a gardé jusques à maintenant.

Le seigneur Prospere, capitaine general de la ligue, et Hieronyme Moron, ambassadeur pour Francisque Sforce, pour la querelle duquel se faisoit ladite guerre, se voyans abandonnez de l'armée de l'Eglise, qui estoit leur bras droit, tant pour les hommes de cheval que pour l'argent, adviserent qu'il falloit trouver moyen de conserver ce que desja ils avoient conquis. Pour à quoy satisfaire convenoit avoir deniers : et pour autant que l'hyver estoit venu, pendant lequel ils n'avoient besoing de si grosse armée, pour eux soulager de despense donnerent une paye aux Suisses et les licentierent; aux gens de pied grisons et italiens, firent le semblable. Quant à la cavallerie, laquelle auparavant avoit esté entretenue des deniers du Pape, ils l'envoyerent avecques le marquis de Mantoue vivre sur le Plaisantin et le Parmesan à discretion : aussi firent ils leurs gens de pied, tant espagnols que lansquenets, parmy les chasteaux et autres places estans en leur obeïssance, retenans seulement dedans Milan peu de gens pour garder les saillies de ceux du chasteau. Ledit Moron, pour trouver le moyen d'avoir deniers, avoit introduict un augustin nommé frere André, de Ferrare; lequel estant excellent en eloquence, persuada tant par ses preschemens et sermons, qu'il mist en l'opinion du peuple de Milan que l'ire de Dieu estoit tombée sur les François : de sorte que qui n'avoit que deux escus en portoit un liberalement pour contribuer à la guerre. Et avoit promis ledit Moron audit frere. André de le faire archevesque de Milan : toutesfois il ne luy tint promesse.

Je vous ay desja dit comme le mareschal de Foix estoit allé devers le Roy, lequel il trouva à Compiegne : et apres luy avoir faict entendre par le menu l'estat de ses affaires d'Italie, le Roy ordonna le bastar de Savoye, grand maistre de France, le mareschal de Chabannes, le seigneur Galeas de Sainct Severin, son grand escuyer, et le seigneur de Montmorency, pour aller en Suisse faire levée de seize mille hommes de pied, pour conduire au duché de Milan au secours du seigneur de Lautrec.

[1522] Pendant que ces choses se faisoient en Italie, la Picardie n'estoit en repos. Vous avez ouy par cy devant l'ordre que le Roy avoit mis en sa frontiere de Picardie, à son retour de Valanciennes : aussi ne devez ignorer que tout l'hyver se faisoit la guerre guerroyable par toutes les garnisons dudit païs, aujourd'huy au prouffit des François, autre jour au prouffit des Bourguignons. Et entre autres entreprises, le jour de Nostre Dame de mars 1521, avant Pasques, douze cens lansquenets partans de la garnison d'Arras passerent la riviere d'Othie pres Dourlan, et vindrent piller Bernaville et autres villages circonvoisins. Ceux de la compagnie de monseigneur de Vendosme, qui estoient en garnison audit Dourlan, dont estoit chef le seigneur d'Estrée, advertis du passage desdits lansquenets, environ minuict monterent à cheval pour les attendre au passage de la riviere, à leur retraitte, ayans avecques eux trois cens hommes de pied sans soulde. Encores qu'en ladite compagnie ils ne feussent que trente hommes d'armes et environ cinquante archers, se confians à leursdits gens de pied qui promettoient combatre, et ayans trouvé les ennemis desja repassez l'eau, delibererent les charger; ce qu'ils firent si furieusement, qu'ils les rompirent. A ceste charge furent tuez des nostres le seigneur de Ricamé et le bastar de Dampont, et le cheval du seigneur d'Estrée, chef de l'entreprise; ceux du seigneur Martin Du Bellay, du seigneur de Coquelet et du seigneur de Leal y furent aussi tuez. Apres laquelle charge noz gens pensoient estre suivis de leursdits gens de pied; mais ce fut au contraire, car ils s'en estoient fuis sans combatre; parquoy, au lieu de recharger, furent contraints de tenir bride : si est-ce qu'ils leur firent abandonner le butin. Et des lansquenets y moururent cent cinquante, tant à ladite charge que sur leur retraitte, et entre autres un de leurs principaux capitaines. Mais les ennemis, apres s'estre retirez à Arras, malcontens de leur mauvaise fortune, conclurent de se venger, et venir surprendre ladite ville de Dourlan estant despourveue d'hommes; car il n'y avoit un seul homme de pied. Et pour cest effect le comte de Bure, lieutenant general pour l'Empereur en ses Païs Bas, assembla toutes les garnisons de la frontiere, tant de cheval que de pied, avecques six pieces d'artillerie, et arriva devant Dourlan le samedy dix-neuviesme de mars, environ demie heure devant le jour; et vint camper au dessus de la ville, où de present est le chasteau, du costé devers Amiens, esperant que ceux de la garnison estans en si petit nombre ne se voudroient opiniastrer d'attendre le canon. Mais ayans desja faict une autre folie de charger douze cens lansquenets, en voulurent encores esprouver une autre avecques vingt-cinq hommes d'armes qui restoient. Laquelle opiniastreté voyant iceluy de Bure, planta son artillerie, et feit batterie pres la tour Corniere, qui regarde devers Auchy le chasteau ; puis apres feit donner un assault de tous costez, tant par eschelles qu'autrement. Mais Dieu fut si favorable aux assiegez, que les ennemis furent repoussez à l'ayde des habitans, et demoura bon nombre desdits ennemis morts dedans le fossé. Pendant cela, monseigneur de Vendosme, qui estoit à Amiens, envoya le comte de Sainct Pol son frere à Abbeville, pour faire marcher deux mille Suisses qui estoient là en garnison ( lesquels Suisses refuserent de marcher, quelque persuasion que ledit comte leur sceust faire ; parquoy par apres furent cassez et renvoyez en leur païs), aussi pour faire marcher mille hommes qui estoient à Hedin soubs la charge de Hutin de Mailly et de La Barre. Quand et quand manda la gendarmerie qui estoit à Montreul, à Corbie, à Peronne et autres lieux, deliberant de lever le siege des Bourguignons, ou de combatre; de quoy les Bourguignons advertis, et la nuict qui approchoit, voyans n'avoir riens prouffité, se retirerent droit à Arras avec leur courte honte, laissans les eschelles dedans les fossez de Dourlan. Ceux de Paris voyans le hazard où Dourlan avoit esté par faulte d'hommes, souldoyerent mille hommes pour mettre dedans, desquels eurent la charge le seigneur de Bourbarré et le capitaine Sanseuse, sous le seigneur de Lorges. Or, pour vous faire entendre l'occasion principalle qui meut les Bourguignons de ne donner l'assault, fut que l'entreprise s'estoit faicte pour venger l'outrage faict aux lansquenets le mardy precedant, où ils avoient perdu des gens de bien; parquoy les Walons vouloient que lesdits lansquenets donnassent l'assault, dont sourdit une mutinerie entre eux. Les assiegez, se voyans hors d'esperance de secours, sinon des Suisses, afin de temporiser, et ce pendant remparer leurs portes et une saillie d'eau, envoyerent par saufconduit le capitaine Monbrun dehors pour parlamenter, non pas pour rien conclure, mais les amuser, et veoir ce qu'il pourroit cognoistre de leur deliberation, et sentir s'ils avoient vivres pour sejourner, pour suivant cela se gouverner. Mais estant ledit Monbrun sur son retour, sans rien avoir conclu, la mutinerie survint; parquoy en se retirans emmenerent ledit Monbrun et autres ses compagnons à Arras, où estans arrivez, ceux de la ville et Wallons entrerent en opinion qu'avions capitulé Dourlan, et que ledit Monbrun et autres avoient esté baillez par nous en ostage; et forcerent le logis où ils estoient, pour les avoir entre leurs mains : de sorte que les lansquenets qui estoient logez en la cité furent contrains de se mettre en armes pour les mettre en liberté.

Environ la fin d'avril ensuivant, 1522, monseigneur de Vendosme, adverty de plusieurs chasteaux qui estoient entre Aire et Betune, lesquels faisoient beaucoup d'ennuy à nostre frontiere, assembla ses garnisons et ses forces pour les aller raser, et fist son assemblée à Mouchy le Cayeu, pres de Sainct Pol. Le seigneur de Telligny, seneschal de Rouargue, venant de Montreul avecques sa compagnie, où il estoit en garnison, pour se trouver audit Mouchy de Cayeu, passant pres de Hedin, rencontra de cas fortuit deux ou trois cens hommes de pied bourguignons, qui venoient de courir en France avec butin, lesquels il chargea de sorte qu'ils furent tous pris ou tuez : mais à ladite charge ledit seigneur de Telligny fut blessé en l'espaule d'un coup d'arquebouze, duquel il mourut peu de jours apres à Hedin, et n'y eut homme des siens ny blessé ny tué que luy; qui fut un grand dommage, par-ce qu'il estoit gentil chevalier et homme fort experimenté. Monseigneur de Vendosme, executant sadite entreprise, print les chasteaux de Dienal, de Divion, de Brueil, et plusieurs autres petites places aux environs de Betune, tirant à Arras; puis apres les avoir rasées se retira à Dourlan.

Audit lieu de Dourlan, ledit seigneur de Vendosme eut nouvelles comme le roy d'Angleterre dressoit son armée à Douvres pour faire descente à Callaiz, et mesmes qu'il y avoit un herault par les chemins pour deffier le Roy. Parquoy mondit-seigneur de Vendosme incontinant despescha en poste le seigneur Martin Du Bellay, afin d'en advertir le Roy, qui estoit à Lion pour favoriser l'armée qu'il avoit envoyée en Italie, soubs la charge, comme j'ay dit, du bastar de Savoye, grand maistre de France, du mareschal de Chabannes et du seigneur de Montmorency. Et fondit ledit roy d'Angleterre ses deffiences sur-ce qu'il se disoit estre juge arbitraire des querelles qui pourroient survenir entre le Roy et l'empereur Charles d'Autriche; et qu'il estoit tenu de courir sus à celuy qui refuseroit les traittez par luy mis en avant, comme arbitre de leur differend. Si disoit il que l'an precedent, par le deffault du Roy, lors qu'il estoit devant Valanciennes, et les ambassadeurs d'Angleterre estans là envoyez de sa part pour moyenner la paix, elle n'avoit esté accordée, pour n'avoir voulu le Roy rendre Fontarabie, prise (à ce que disoit l'Empereur) depuis le traitté de paix mis en avant.

En ce temps, Soliman, roy des Turcs, voyant tous les princes chrestiens en guerre, entreprist de mettre en son obeïssance l'isle de Rhodes; ce qu'il fit, après l'avoir assiegée huict mois, par faulte d'estre secourue des princes chrestiens.

Tandis que ces choses se faisoient en Picardie, le seigneur de Lautrec, estant adverty que le secours venant de France approchoit en toute diligence, fit assembler son armée, qui estoit separée en plusieurs lieux pour leur donner moyen de vivre. Quand et quand fist diligence de solliciter les Venitiens à ce qu'ils eussent à preparer le secours auquel ils estoient tenus par la ligue, afin qu'arrivans les Suisses, ils fussent prests de se jetter en campagne sans perdre temps; et mesmes manda ausdits Venitiens qu'ils eussent à prendre garde, sur leurs limites, à ce que Hieronyme Adorne, qui amenoit six mille lansquenets pour le secours des Imperiaux, n'eust passage par leurs destroicts : mais ils firent si mal leur devoir d'y pourveoir, que ledit Hieronyme, avecques lesdits lansquenets, passa à Bergame, devant qu'ils eussent mis gens ensemble pour l'empescher. Le seigneur Prospere se voyant venir sur les bras si grandes forces, et n'ayant le moyen de tenir la campagne, delibera de fortifier Milan, et mesmes de brider le chasteau, à ce qu'il ne peust estre secouru par les nostres; et pour cest effect fist du costé du parc de grandes tranchées doubles, avec plusieurs plateformes par les endroits qui estoient necessaires; et estoient lesdites tranchées deffensables contre les saillies que pouvoient faire ceux du chasteau, et du costé dont pouvoit nostre armée les venir assaillir, dedans lesquelles il mist une partie de ses forces : puis, apres avoir pourveu aux choses susdites, alla loger avec le reste de son armée entre la riviere d'Adde et le Tesin, et envoya le comte Philippe Tourniel dedans Novare. Envoya pareillement le seigneur Hector Viscomte dedans Alexandrie, avecques mille cinq cens hommes de pied, sans argent; mais ordonna que ceux d'Alexandrie les nourriroient à discretion. Puis envoya le seigneur Antoine de Leve, espagnol, capitaine du premier esquadron des gensdarmes imperiaux, homme bien experimenté, avecques mille Italiens et deux mille lansquenets, pour donner empeschement au seigneur de Lautrec à repasser la riviere d'Adde, se voulant joindre au secours qui venoit de France. Ce faict, s'en retourna ledit seigneur Prospere à Milan avec le reste de son armée, qui estoit de douze mille hommes de pied et de six à sept cens hommes d'armes, et de six ou sept cens chevaux legers, en deliberation de là attendre la furie de la descente des François. Puis estant ledit seigneur Prospere adverty comme Francisque Sforce, se disant duc de Milan, et Hieronyme Adorné estoient passez les destroits des Venitiens avec les six mille lansquenets dont cy dessus a esté parlé, leur manda qu'en toute diligence ils prinssent leur chemin par le Veronnois et le Mantouan : chose qu'ils pouvoient faire aisément, par-ce que l'armée venitienne estoit desja joincte avecques monsieur de Lautrec au duché de Milan.

Environ quaresme-prenant, monsieur de Lautrec, adverty que monsieur le mareschal de Chabannes et monsieur le bastar de Savoye, avec les Suisses, estoient arrivez à Vilmarqua, partit, et s'en vint joindre à eux à Monche, et de là avecques toutes lesdites forces marcha droit à Milan, auquel lieu estant arrivé, se logea dedans le parc, pensant par le chasteau entrer dedans la ville : mais, comme vous avez entendu cy dessus, le seigneur Prospere y avoit pourveu par les tranchées qu'il y avoit faict. Le seigneur de Lautrec, estant arrivé dedans le parc, entra dedans une maison, auquel lieu il assembla les capitaines pour tenir conseil, et adviser ce qui estoit à faire pour secourir le chasteau; mais les ennemis mirent le feu en une longue coulevrine estant plantée sur un cavallier, au bout des tranchées, vers la porte Vercellaise, laquelle donna dedans ladite maison ; et du boulet le seigneur Marc Antoine Colonne, nepveu du seigneur Prospere, eut une cuisse emportée, dont il mourut peu apres; et le seigneur Camille Trevoulce, fils du feu seigneur Jean Jacques Trevoulce, y mourut pareillement dudit coup : qui fut une perte insigne, pour la grande experience qu'avoit ledit Marc Antoine au faict des armes, et la jeunesse dudit Camille, à laquelle on avoit esperance. Le seigneur de Lautrec, le grand maistre, et le mareschal de Chabannes, considerans n'y avoir moyen de secourir le chasteau, conclurent de se retirer à Cassin, à cinq mille de Milan, entre Pavie et Milan, en intention de rencontrer Francisque Sforce, par-ce qu'ils furent advertis qu'il venoit par ce costé là pour se joindre avec ceux de Milan. Auquel lieu estant nostre camp logé, vint au service du Roy le seigneur Jean de Medicis [1], parent du feu pape Leon, qui amena

---

[1] *Jean de Medicis* : ce général se trouvant sans emploi depuis la

trois mille hommes de pied et deux cens chevaux, desquels les enseignes estoient noires, par-ce qu'ils portoient le dueil dudit feu pape Leon, du vivant duquel il avoit tousjours esté au service de la ligue contre le Roy.

Au lieu de Cassin sejourna nostre armée environ six sepmaines durant, auquel temps le seigneur de Lautrec, adverty que de l'autre costé de la ville de Milan venoit grand refreschissement de vivres aux Imperiaux, depescha le seigneur de Montmorency et l'escuyer Boucar, qui avoit esté lieutenant du marquis de Mantoue, et depuis que ledit marquis eut abandonné le service du Roy avoit sa compagnie en garde, avecques cent hommes d'armes et deux cens arquebouziers, pour rebourser le chemin et rencontrer les fourrageurs, et rompre les moulins s'ils en avoient le moyen. L'escuyer Boucar, auquel le seigneur de Montmorency avoit baillé les coureurs à mener, estant à sept ou huict mille de nostre camp, trouvant les ennemis, sans advertir ledit seigneur de Montmorency qui menoit la trouppe les chargea; mais ce fut à son desavantage, car les ennemis l'ayant rompu, le renverserent sur les bras dudit seigneur de Montmorency; lequel de loing, le voyant venir à vau de roupte le long du grand chemin de Milan, jetta ses arquebousiers sur les deux aisles, puis s'ouvrit, craignant que les fuyans ne le rompissent : estans passez, se referma, de sorte que les ennemis chassans à la file, à l'ayde des arquebouziers furent deffaits. Et furent amenez le

---

mort du pape Léon x, qui soudoyoit ses troupes, offrit d'abord ses services à François Sforce; mais les Français lui firent des conditions plus avantageuses, et il s'attacha momentanément à eux.

lieutenant, l'enseigne et le guidon, avec bon nombre d'hommes d'armes, prisonniers en nostre camp, qui estoit de cent hommes d'armes de don Raimon de Cardone, demouré à Naples vice-roy.

Pendant ce temps le seigneur de Lautrec, ayant nouvelles que le mareschal de Foix, son frere, venoit par le chemin de Gennes avecques quelque gendarmerie et quelques gens de pied qu'il amenoit de France, et qu'il n'estoit assez fort pour passer pour se joindre avecques nostre armée, d'autant que les ennemis tenoient l'Omeline, depescha le seigneur de Montmorency avecques trois mille Suisses, mille hommes de pied italiens, deux cens hommes d'armes, et quatre pieces d'artillerie de campagne, pour aller ouvrir le passage, et avecques luy l'escuyer Boucar; lesquels, partans du camp, prindrent le chemin du port de Falcon, pour là passer le Tesin. Eux arrivez audit lieu, ne trouverent le moyen de passer la riviere que par le bac passager accoustumé, dedans lequel le seigneur de Montmorency se mist devant avecques les Suisses, les Italiens et l'artillerie, et passa la riviere, laissant Boucar derriere avecques la gendarmerie; mais voulans les hommes d'armes passer à la foule, s'en noya d'arrivée cinq ou six. Quoy voyant le passager qui estoit imperial, et que nostre armée estoit separée, à sçavoir la gendarmerie d'un costé de l'eau, et les gens de pied de l'autre, de sorte qu'ils ne se pouvoient secourir, s'en alla avecques le bac, aval l'eau, droit à Pavie, advertir le duc Francisque Sforce du desastre advenu aux François; lequel incontinant depescha quatre mille lansquenets, deux mille Italiens et quelque nombre de cavallerie, pour surprendre noz gens ainsi separez. Le seigneur de Montmorency voyant cest inconvenient, et que le battelier estoit allé aval l'eau, manda à l'escuyer Boucar qu'il eust à tenir le chemin de Gambelot (1), où il estoit contraint d'aller pour avoir vivres. Le lendemain matin, ledit seigneur de Montmorency descouvrit les ennemis qui estoient sortis de Pavie marchans droit à luy; mais craignant d'estre enveloppé dedans Gambelot, qui estoit lieu fort desavantageux pour luy, se jetta en la campagne.

Les ennemis estans approchez à la portée d'une moyenne, noz gens se fermerent, se couvrans de la douve d'un fossé. Ce pendant le capitaine Boucar avoit faict telle diligence qu'il avoit passé la riviere, et venoit au secours de noz gens, ayant faict trois esquadrons de la gendarmerie; lequel noz ennemis ayans descouvert, jugerent sa trouppe beaucoup plus grosse qu'elle n'estoit, pour la separation qu'il en avoit faicte; car la poulciere estoit si grande, que les trois trouppes de loing ne monstroient qu'une : qui fut cause que les Imperiaux, qui de tous temps ont redouté la gendarmerie de France, se mirent à faire leur retraitte droict à Pavie. Parquoy noz gens, voyans n'y avoir ordre de combatre, pour le fort païs que tenoient lesdits Imperiaux à leur retraitte, le seigneur de Montmorency delibera de parachever l'entreprise qui luy estoit commandée, et à ceste fin marcha droict à Novare, dedans laquelle ville estoit le comte Philippe Tourniel, qui faisoit grand empeschement au passage de ceux qui venoient de France en nostre

---

(1) *Gambelot*, lisez *Gambolat* : c'étoit un bourg du duché de Milan, situé à deux milles de la ville de Vigevano.

camp, avec inestimables cruautez aux François qui tomboient entre ses mains; qui fut cause de l'entreprise dudit seigneur de Montmorency pour ouvrir ce chemin, joinct qu'il avoit esperance d'estre favorisé du chasteau, qui tenoit pour le Roy. Arrivé qu'il fut devant Novare, tira hors dudit chasteau deux canons, par la porte qui regarde aux champs, pour, avecques les autres quatre menues pieces qu'il avoit menées, faire batterie à la ville; et print l'escuyer Boucar la charge de ladite artillerie, enquoy il fit grande diligence. Mais une moyenne coulevrine estant par avanture trop chargée, ou bien ayant quelque fistule, creva, dont l'un des esclas rompit la jambe audit Boucar, qui en mourut peu de jours apres; dequoy fut grand dommage, par-ce qu'il estoit homme de service. Toutesfois on ne laissa à poursuivre la batterie de si peu d'artillerie qu'il y avoit, de sorte qu'il fut faict breche assez raisonnable. Les Suisses, admonnestez par le seigneur de Montmorency d'aller à l'assault, luy firent response qu'ils estoient prests de combatre en campagne, et que ce n'estoit leur estat d'assaillir les places.

Le seigneur de Montmorency voyant la volonté desdits Suisses, les pria de se mettre en bataille sur un hault prochain de la ville pour faire escorte aux assaillans, ce qu'ils accorderent; puis fist mettre pied à terre à la gendarmerie, laquelle, ostant ses grandes pieces et gréves, se mist en equippage de donner assault. Ceux du chasteau ne pouvoient sortir sur la ville, pour les grandes trenchées que les ennemis avoient faict entre la ville et ledit chasteau; mais quand nostre gendarmerie vint au combat sur le hault de la breche, ceux du chasteau à coups d'artillerie empeschoient les Imperiaux de vénir à leurs deffences : tellement que lesdits hommes d'armes leur ayans faict abandonner la breche penserent ville gaignée; mais ils trouverent une trenchée par le dedans bien flanquée, où s'estoient retirez ceux de la ville, qui d'arrivée tuerent et blesserent beaucoup desdits gensdarmes à coups d'arquebouze. Finablement, ayans coullé le long de ladite trenchée, trouverent des maisons par lesquelles ils passerent apres les avoir rompues, et gaignerent le derriere des ennemis, lesquels se trouvans saisis par derriere, se mirent en fuitte. Les Suisses voyans la ville forcée, entrerent dedans, et mirent tout au fil de l'espée. Le comte Philippe Tourniel et peu d'autres avec luy eurent la vie sauve, et presque tous (hors mis ledit comte) furent pendus et estranglez, apres avoir confessé les cruautez qu'ils avoient commises aux François, comme de leur avoir mangé le cueur, leur ouvrir le ventre tous vifs, et dedans faire manger l'avoine à leurs chevaux, avecques plusieurs autres inhumanitez.

Apres icelle execution, arriverent le mareschal de Foix, le capitaine Bayar et le comte Petre de Navarre, lesquels, comme j'ay dit, venoient de France. Eux assemblez, delibererent de lever tout le païs de l'Omeline de la main des ennemis; parquoy prindrent le chemin de Vigeve, auquel lieu estans arrivez, ceux de la ville se mirent entre leurs mains : le chasteau se fit battre, mais ce fut peu, car le lendemain il se rendit bagues sauves. Le seigneur de Lautrec, adverty que noz ennemis se vouloient assembler, sçavoir est l'armée qui estoit à Milan soubs le seigneur Prospere, avec celle qui estoit à Pavie soubs le duc Francisque Sforce, delibera aussi d'assembler ses forces pour empescher, s'il estoit possible, les deux armées imperialles de se joindre; et pour ceste cause manda le mareschal de Foix et le seigneur de Montmorency se venir joindre avecques luy à Cassan. Toutesfois on ne sceut faire si bonne diligence que le duc Sforce ne se joignit au seigneur Prospere pres Landriague; dequoy nostre logis de Cassan demoura inutil. Or, n'estant demouré dedans Pavie que le marquis de Mantoue avecques petit nombre d'hommes, fut deliberé de tourner la teste de nostre armée audit lieu, où, arrivez que fusmes, fut faicte batterie si furieuse, tant de nostre part que de la part des Venitiens, qu'on trouva raisonnable d'assaillir : et cependant que les Imperiaux estoient amusez à la breche, fut ordonné le capitaine Saincte Colombe, lieutenant de la compagnie de monsieur de Lautrec, avecques deux mille hommes de pied et les archers de la compagnie dudit seigneur de Lautrec conduits par le seigneur de Ribrac, guidon de ladite compagnie, et ceux de la compagnie du bastar de Savoye, grand maistre de France, conduits par le seigneur de La Rocheposay, guidon de ladite compagnie, qui estoient quatre cens chevaux, pour donner par un autre endroit. Il y avoit une poterne en la ville qui respondoit sur le Tesin, par laquelle on abrevoit les chevaux, et à cause de la riviere on n'y faisoit grande garde : ledit de Saincte Colombe avoit des guides, lesquels le devoient faire passer à gué la riviere; puis le long de la muraille, où n'y avoit aucun flanc, les gens de cheval devoient à toutes brides gaigner ladite poterne, attendans les gens de pied pour les soustenir. Saincte Colombe les mena jusques sur le bord de la riviere avecques ses gens de pied : le seigneur de La Rocheposay et Ribrac firent ce qui leur avoit esté ordonné, et entrerent dedans la ville; mais le seigneur de Saincte Colombe les laissa sans les suivre ny passer l'eau; parquoy ceux de la ville eurent loisir de venir au secours, où en combatant fut tué le seigneur de Ribrac, et le seigneur de La Rocheposay eut la jambe rompue d'un coup de mousquet, dont il fut guery, mais boiteux toute sa vie. S'ils eussent esté suivis, la ville estoit gaignée, veu le peu d'hommes qui estoient dedans. Mais le seigneur Prospere, adverty de la necessité de ceux de Pavie, depescha deux mille Espagnols choisis, qu'il envoya pour entrer dedans la ville : lesquels passerent de nuict rasibus de nostre camp, et ne furent apperceus qu'ils ne fussent passez, sinon que nostre guet, qui estoit encores à cheval, les chargea sur la queue, et en defit quelque peu, mais non grand nombre, d'autant qu'ils furent trop tard descouverts. L'arrivée du secours retarda l'assault : aussi le seigneur Prospere Colonne se voyant renforcé des six mille lansquenets et autres qu'avoit amené le seigneur Francisque Sforce, se trouva assez fort pour se jetter en campagne; parquoy, deslogeant de Milan, se vint camper à la Chartrouse, à trois mille de nostre camp, pour empescher de donner l'assault, sçachant bien qu'il n'estoit raisonnable de le donner, estant si pres de nous une telle puissance que la sienne.

Nous fusmes en cest estat six ou sept jours, ayans tous les jours escarmouches et lances rompues; mais il survint une pluye si extreme, que noz vivres, qui venoient de l'Omeline en nostre camp, ne peurent plus passer, pour estre le Tesin debordé et tous les russeaux devenus rivieres; tellement que le jeudy absolu (¹) fusmes contraints de nous retirer à Marignan, et de là à Monche, pour estre secourus de vivres, tant du Laudesan, du Cremonois, que du païs des Venitiens. Au desloger, l'escarmouche fut grosse de ceux de leur camp sur la queue de nostre armée; mais jamais leur trouppe n'osa sortir hors de leur fort, craignant qu'on leur donnast la bataille.

Les ennemis voyans nostre armée prendre le chemin de Monche, le jeudy des feries de Pasques, craignans que de là ne vousissions gaigner Milan, s'en allerent loger à la Bicocque, sur le chemin de Laudes à Milan : et estoit ladite Bicocque la maison d'un gentilhomme, circuite de grands fossez, et le circuit si grand, qu'il estoit suffisant pour mettre vingt mille hommes en bataille. Estans arrivez, releverent les fossez, et les flanquerent de grandes plateformes, bien pourveues d'artillerie. Quelques jours apres, estant le seigneur de Lautrec à Monche, vindrent devers luy les capitaines des Suisses, qui luy firent entendre que les compagnons estoient ennuyez de campeger, et qu'ils demandoient de trois choses l'une, argent, ou congé d'eux retirer, ou bien qu'il eust à les mener au combat promptement, sans plus temporiser. Le seigneur de Lautrec, le bastar de Savoye et le mareschal de Chabannes les prierent d'avoir patience pour quelques jours, par-ce qu'ils esperoient vaincre leurs ennemis sans combatre, ou pour le moins les combatre à leur avantage, estans

(¹) *Le jeudy absolu :* le jeudi saint.

leurs ennemis contrains d'abandonner leur fort par famine; et que de les aller assaillir dedans leur fort, c'estoit faict contre toutes les raisons de la guerre : mais, quelques remonstrances qu'ils leur peussent faire, jamais n'y eut ordre de les divertir de leur opinion, et tousjours persisterent d'aller au combat; autrement le lendemain ils estoient deliberez de leur en aller.

Les chefs de nostre armée voyans ceste obstination, et que nostre principalle force estoit de leur nation, desquels s'ils estoient abandonnez ils demouroient en proye aux ennemis; cognoissans aussi que là où force regne droict n'a lieu, conclurent de combatre plutost que s'enfuir. Voyez donc l'inconvenient qu'il y a d'avoir la force d'une armée de nation estrangere, qui est pour vous bailler la loy! Les Suisses accorderent qu'on allast recognoistre le camp de l'ennemi : le seigneur du Pontdormy fut ordonné, avecques quatre cens hommes d'armes et six mille Suisses, pour cest effect, et veoir le lieu plus à propos pour assaillir les ennemis; leur camp fut recognu, et fut jugé y avoir peu d'apparence de les y assaillir. Ce-neantmoins cela ne les fit changer d'opinion, et suivirent leur opiniastreté.

Le seigneur de Lautrec, se voyant commandé par ceux qui luy devoient obeïr, ordonna que le lendemain, qui estoit jour de Quasimodo, l'armée fust preste à marcher. Estant donc le poinct du jour venu, chacun se mist en estat pour marcher droict à la Bicocque; et, au partir, fut ordonné le mareschal de Foix pour mener la gendarmerie de l'avantgarde, pour assaillir le lieu le plus commode, et lequel avoit esté recogneu le jour precedant; et le seigneur de Montmorency avecques huit mille Suisses, pour assaillir par l'autre costé. Le seigneur de Lautrec, le mareschal de Chabannes, le bastar de Savoie et le seigneur Galeas de Sainct Severin menoient la bataille où estoit le reste de l'armée, tant de gendarmerie, de Suisses, que d'autres gens de pied; le seigneur Francisque Marie, duc d'Urbin, avecques l'armée de la Seigneurie, faisoit l'arrieregarde; le seigneur Petre de Navarre marchoit devant pour faire faire les esplanades; le seigneur du Pontdormy avoit charge, avec sa compagnie de cinquante hommes d'armes et les chevaliers nouveaux, de marcher devant le mareschal de Foix, pour avoir l'œil à ce que l'ennemy ne fist quelque saillie par quelque lieu, pour par derriere, mettre un desordre en nostre armée, et aussi pour secourir au lieu où il verroit que seroit le besoing. Les choses ainsi ordonnées, chacun print peine de faire son devoir.

Le seigneur de Montmorency, avecques les huict mille Suisses desquels il avoit la charge, estant à pied au premier rang, ayant en sa compagnie plusieurs gentilshommes pour leur plaisir et pour acquerir honneur, et entre autres le comte de Montfort, fils aisné du comte de Laval; le seigneur de Miolans de Savoye, le seigneur de Graville, frere du vidasme de Chartres; le seigneur d'Auchy, surnommé de Mailly, de Picardie; le seigneur de Launay, gentilhomme de la chambre du Roy, et plusieurs autres qui seroient longs à nommer, marcha droict aux rampars des ennemis. Et estant arrivé à un vallon pres dudit rampart, au couvert de leur artillerie, ledit de Montmorency pria les Suisses de temporiser, attendans que le mareschal de Foix fust prest à les assaillir par l'autre part, afin qu'estans assaillis par deux costez, leurs forces fussent separées ; et aussi que l'artillerie de France leur feroit grand secours, comme de vérité elle eust faict s'ils eussent différé un petit (chose qu'il ne sceut obtenir d'eux) : parquoy il donna de la teste droict à leur fort; mais avant qu'y arriver furent tuez à coups d'artillerie plus de mille Suisses, et arrivans là trouverent un fossé, avec un rampart si hault que bien à peine pouvoient ils toucher de la picque au hault dudit rampart; qui fut cause de les arrester sur le cul. Ce temps pendant l'artillerie et arquebouzerie des ennemis, dont ledit rampart estoit farcy, leur servirent, de sorte que la pluspart des capitaines et des principaux soldats y moururent; et entre autres le comte de Montfort, le seigneur de Miolans, le seigneur de Graville, le seigneur de Launay, et plusieurs autres; et le seigneur de Montmorency porté par terre, et relevé hors du fossé par les gentilshommes estans pres de luy. Aussi y mourut le capitaine Albert de La Pierre, ayant la plus grande authorité envers les Suisses, et qui avoit esté cause de les precipiter à venir au combat.

Ce pendant le mareschal de Foix, le seigneur de Vandenesse, le capitaine Paris, avecques la compagnie du seigneur de Brion dont il avoit la charge, et autres capitaines de gensd'armes, chercherent tant qu'ils trouverent un pont de pierre, par lequel ils entrerent dedans le fort, et donnerent dedans les ennemis, dont ils les mirent en tel desordre qu'ils pensoient avoir gaigné la bataille : aussi eussent ils, si les Suisses eussent aussi bien faict en la fin qu'au commencement : mais autrement en advint; car ayans esté repoussez à leur premiere arrivée, ainsi qu'en grande furie et commandement (1) estoient venus assaillir le fort, aussi, pour quelque enhortement ou priere qu'on leur sceust faire, ne voulurent retourner, ains s'en allerent comme gens desconfits. S'ils eussent voulu faire teste sur le lieu, les ennemis n'eussent osé desemparer leurs deffences; et si nostre gendarmerie, estant entrée dedans leur fort, eust esté secourue par autres qui l'eussent suivie, il est apparant que nous eussions eu la victoire. Les Imperiaux, estant delivrez desdits Suisses, tournerent toutes leurs forces sur le mareschal de Foix et de Vandenesse, qui ne pouvoient estre plus de quatre cens hommes d'armes; tellement qu'ils les contraignirent de repasser le pont en bien combatant, consideré que noz gens ne pouvoient passer plus de deux ou trois de front : pour soustenir lequel effort, le mareschal de Foix demoura sur la queue, pendant que le reste passa. Cela ne fut sans y perdre des hommes, non pas grand nombre; et fut audit combat tué le cheval du mareschal de Foix entre ses jambes : si fut il si bien secouru qu'il fut remis à cheval, et se retira, ainsi qu'est dit, sans grande perte. Estant ledit mareschal empesché, comme avez entendu, les Espagnols firent une saillie sur les Suisses par l'autre costé; mais le seigneur du Pontdormy, qui avoit la charge, avecques sa compagnie et les chevaliers nouveaux, d'avoir l'œil par tout, leur fit une charge si furieuse qu'il les rembarra dedans leur fort; et certes sans ladite charge les Suisses qui se retiroient eussent changé le pas au trot, et se fussent mis à vau de roupte.

(1) Suivant l'édition de 1572, *inconsiderement*.

Alors dudit combat l'armée venitienne estoit en bataille pres du fort, hors toutesfois de la cognoissance de l'artillerie des ennemis : lesquels Venitiens gardoient les gages; car s'ils eussent voulu assaillir de leur costé, comme firent la gendarmerie et les Suisses, les ennemis eussent esté contraints de separer leurs forces en divers lieux, dont il est apparent que la journée eust esté pour nous. Le seigneur de Lautrec et autres chefs de l'armée voyans les choses en tel desordre, penserent persuader les Suisses de se loger sur le lieu, leurs offrans le lendemain mettre la plus part de la gendarmerie à pied pour faire la premiere poincte; mais jamais il n'y eut ordre de les asseurer, de sorte qu'au plus grand desordre du monde se mirent à eux retirer à Monche; lesquels, n'eust esté la gendarmerie qui demoura sur la queue, sans point de faulte eussent esté taillez en pieces. Puis les ayant le seigneur de Lautrec, avecques le reste de son armée, accompagnez jusques à Monche, nous deslogeasmes dudit Monche le lundy d'apres Quasimodo, et feismes cinq ou six mille; et le mardy les Suisses nous laisserent, et se retirerent en leur païs, et avecques eux le grand maistre bastar de Savoye, le mareschal de Chabannes, et le seigneur Galeas de Sainct Severin.

Le seigneur de Lautrec se voyant ainsi abandonné, depescha le lendemain bon nombre de cavalerie et de gens de pied, et entre autres le seigneur Jean de Medicis et le seigneur Federic de Bozzolo, avecques leurs colonnels de gens de pied, pour garder Laudes, et par ce moyen conserver le Cremonnois. Lesdits seigneurs Jean et Federic arrivans à Laudes, y trouverent le capitaine Bonneval, gouverneur du lieu, et sa compagnie de cinquante hommes d'armes, auquel lieu il avoit faict quelques fortifications, espérant la garder. Estans doncques arrivez, ceux que mondit seigneur de Lautrec y avoit envoyé, se trouverent (compris ce qu'avoit ledit Bonneval) le nombre de trois ou quatre cens hommes d'armes et trois mille hommes de pied; et par-ce qu'ils avoient cheminé toute nuict, et qu'il estoit matin, se logerent pour refreschir eux et leurs chevaux, pensans que ledit Bonneval, qui estoit de sejour, eust pourveu au guet, pendant qu'eux qui estoient travaillez se pourroient refreschir. Les ennemis, qui estoient à Marignan, deslogerent la mesme nuict, et marcherent pour venir loger à trois mille dudit Laudes : leur avantgarde ayant marché jusques pres de la ville, se dressa une escarmouche entr'eux et ceux de la ville, laquelle fut menée si chauldement que les nostres furent repoussez un peu rudement; de sorte que les ennemis entrerent pesle-mesle dedans la ville, où ils trouverent la plus part des soldats au lict ; et si estoit environ midy. Encores advint il un grand inconvenient, car un pont de bateaux que noz gens avoient sur la riviere d'Adde, tirant à Cremonne, fut rompu ; à cause dequoy y eut plus grand nombre de prisonniers. Qui fut un grand desastre de trois cens hommes d'armes et trois mille hommes de pied estre pris en une ville, sans batterie, ny breche, ny eschelle. Les seigneurs Jean de Medicis et Federic de Bozzolo se sauverent à Cremonne.

Ce mesme jour estoit monsieur de Lautrec venu loger à Rivalte avec le reste de l'armée : sur le soir luy vindrent nouvelles de ceste perte, chose qui estonna fort la compagnie, car c'estoit l'une des principalles esperances qu'eussions que ladite ville de Laudes pour le passage de la riviere; et ne pouvoit monsieur de Lautrec avoir de reste que quatre cens hommes d'armes et peu de gens de pied. Sur ce trouble, le seigneur du Pontdormy feit offre, si monsieur de Lautrec la trouvoit bonne, de s'en aller jetter dedans Cremonne, avant qu'elle fust saisie de l'ennemy, avec sa compagnie et ceux lesquels de bon courage le voudroient suivre; et s'il rencontroit l'ennemy, fort ou foible, le combatre, aymant mieux mourir des armes de l'ennemy que de tomber en la misericorde des villains, ou de s'en retourner en France sans armes. Son opinion fut trouvée bonne : parquoy sans sejour feit mettre son enseigne aux champs, laquelle fut incontinant accompagnée d'autres enseignes, et aussi de plusieurs qui, par congé de leurs capitaines, le suivirent. Ayant tout assemblé, leur feit entendre la deliberation qu'il avoit de combatre tout ce qu'il trouveroit en son chemin, et fust-ce toute l'armée de l'ennemy, afin que chacun fust preparé pour cest effect. Ayant trouvé toute la trouppe de bonne devotion, se mist en chemin, prenant son armet; aussi firent tous ceux de la compagnie. Et ayant cheminé environ quatre mille, monsieur le mareschal luy manda qu'il eust à l'attendre; dequoy il fut bien estonné, voyant une si soudaine mutation : parquoy ledit seigneur du Pontdormy manda audit mareschal que son retardement pourroit amener perte de tant de gens de bien qu'il avoit avecques luy, et pareillement de la ville de Cremonne; mais qu'ayant gaigné la porte de la ville, là il l'attendroit.

Le seigneur de Lautrec, apres avoir veu son entreprise de Laudes rompue, son armée ruinée, et les Venitiens qui desja s'ennuyoient de soustenir le reste de son armée en leur païs, par ce qu'il n'y avoit point de payement, se retira en France. Le seigneur de Montmorency voyant lesdits Venitiens de mauvaise volonté, s'en alla à Venise, pour trouver moyen de maintenir la Seigneurie à la devotion du Roy.

Le seigneur de Lautrec de retour en France, si le Roy luy feit mauvais recueil, il ne s'en fault estonner, comme à celuy qu'il estimoit avoir par sa faulte perdu son duché de Milan; et ne voulut parler à luy : mais le seigneur de Lautrec se voulant justifier, trouva moyen d'aborder le Roy, se plaignant du mauvais visage que Sa Majesté luy portoit. Le Roy luy feit response qu'il en avoit grande occasion, pour luy avoir perdu un tel heritage que le duché de Milan. Le seigneur de Lautrec luy feit response que c'estoit Sa Majesté qui l'avoit perdu, non luy, et que par plusieurs fois il l'avoit adverty que s'il n'estoit secouru d'argent, il cognoissoit qu'il n'y avoit plus d'ordre d'arrester la gendarmerie, laquelle avoit servy dix-huict mois, sans toucher deniers, et jusques à l'extremité; et pareillement les Suisses, qui mesmes l'avoient contraint de combatre à son desadvantage : ce qu'ils n'eussent faict s'ils eussent eu paiement. Sa Majesté luy repliqua qu'il avoit envoyé quatre cens mille escus alors qu'il les demanda. Le seigneur de Lautrec luy feit response n'avoir jamais eu ladite somme : bien avoit il eu lettres de Sa Majesté, par lesquelles il luy escrivoit qu'il luy envoiroit ladite somme. Sur ces propos, le seigneur de Semblançay, superintendant des finances de France, fut mandé, lequel advoua en avoir eu le commandement du Roy; mais qu'estant ladite somme preste à envoyer, madame la Regente, mere de Sa Majesté, auroit pris ladite somme de quatre cens mille escus, et qu'il en feroit foy sur le champ. Le Roy alla en la chambre de ladite dame avec visage courroucé, se plaignant du tort qu'elle luy avoit faict d'estre cause de la perte dudit duché; chose qu'il n'eust jamais estimé d'elle, que d'avoir retenu ses deniers qui avoient esté ordonnez pour le secours de son armée. Elle s'excusant dudit faict, fut mandé ledit seigneur de Semblançay, qui maintint son dire estre vray; mais elle dist que c'estoient deniers que ledit seigneur de Semblançay luy avoit de long temps gardez, procedans de l'espargne qu'elle avoit faicte de son revenu; et luy soustenoit le contraire. Sur ce differend, furent ordonnez commissaires pour decider ceste dispute; mais le chancelier Du Prat (de long temps malmeu contre ledit seigneur de Semblançay, jaloux de sa faveur, et de l'autorité qu'il avoit sur les finances), voyant que Madame estoit redevable audit seigneur de Semblançay, et non luy à elle, avant que souffrir ce differend estre terminé, meit le Roy en jeu contre ledit seigneur de Semblançay, et luy bailla juges et commissaires choisis pour luy faire son proces.

Estant le seigneur du Pontdormy arrivé à la porte de Cremonne, comme je vien de dire, y trouva le seigneur Federic de Bozzolo et le seigneur Jean, que j'ay n'agueres dit s'y estre retirez apres la perte de Laudes; puis envoya loger la gendarmerie dedans la ville, et luy tout à cheval attendit mondit-seigneur le mareschal, qui arriva deux heures apres. Le lendemain furent distribuez les quartiers, et fut ordonné à un chacun ce qu'il avoit à garder; car ils estoient bien asseurez qu'ils ne feroient long sejour sans estre assiegez. Le seigneur Jean feit telle diligence, qu'en quatre jours il eut une trouppe de quinze ou seize cens hommes. Le seigneur Federic s'en alla en ses païs pour aussi faire levée de gens; et, cinq ou six jours apres, les ennemis se vindrent camper pres la ville. A leur arrivée le seigneur Jean se mutina, demandant estre payé, et gaigna l'une des portes de devers le camp de l'ennemy, menassant de la luy bailler s'il n'avoit païement; parquoy on fut contraint d'emprunter de tous costez pour luy fournir son païement. Pendant ce temps le marquis de Pesquaire fut envoyé à Pissequeton, qui est l'une des plus fortes places d'Italie, sur la riviere d'Adde, laquelle, pour l'estonnement de ceux qui la gardoient pour le Roy, luy fut rendue.

Noz gens ayans gardé Cremonne quelque temps, et voyans le mauvais vouloir du seigneur Jean, considerans aussi le peu d'esperance de secours, capitulerent. Par laquelle capitulation fut dit si dedans trois mois le Roy envoyoit armée si forte qu'elle passast la riviere du Tesin, en ce cas ils seroient en leur entier; et là où dedans ledit temps l'armée du Roy ne passeroit ladite riviere, ils s'en iroient leurs bagues sauves, armet en teste, avec l'artillerie qui seroit trouvée, tant grosse que menue, marquée à la marque de France; et leur seroient baillez par le seigneur Prospere bœufs pour la charier, joinct qu'ils seroient conduits en seureté jusqués dedans Suze. Aussi mondit-seigneur le mareschal devoit remettre entre les mains dudit seigneur Prospere Lec et Dendosse. L'occasion qui feit condescendre le seigneur Prospere à si honorable composition (car il estoit bien asseuré que, n'estans secourus, il les avoit la corde au col) fut par-ce que Gennes estoit encores entre noz mains, et assez mal pourveue d'hommes; et s'il donnoit loisir au Roy d'y pourveoir, il ne l'auroit jamais; et estant devant Cremonne, il ne pouvoit aller à Gennes : mais ayant capitulé ladite ville, il avoit moyen, durant lesdits trois mois que les François avoient d'induces, d'aller faire son entreprise sur Gennes, ainsi qu'il feit; et par ladite composition estoit permis à tout homme de porter vivres dedans Cremonne. Ce faict, le mareschal de Foix, par saufconduit, envoya un gentilhomme en poste devers le Roy pour luy faire entendre ladite capitulation, pour luy donner secours. Les choses ainsi passées, et ostages baillez tant d'une part que d'autre, partit ledit seigneur Prospere avec son armée pour aller à Gennes, sur la persuasion de Hieronyme et Antoine Adornes, genevois et freres, lesquels luy avoient promis de mettre la ville entre ses mains. Or estoit gouverneur pour le Roy en ladite ville Octave Fregose, homme prudent et aymé du peuple, mais mal sain, et non trop homme de guerre : lequel, adverty du partement de l'armée imperialle pour venir audit lieu en toute diligence, mist deux mille hommes en la ville; et n'estans en nombre suffisant, advertit le Roy de luy envoyer secours, par-ce que la part Adorne s'estoit joincte avecques les ennemis. Il fut trouvé un peu mauvais que le mareschal de Foix eust si promptement capitulé pour la reddition de Cremonne, par-ce que le seigneur de Montmorency, qui estoit à Venise, estoit sur le train de recommencer la ligue avec les Venitiens; mais estans advertis de ladite capitulation de Cremonne, qui estoit l'un de leurs principaux fondemens, d'autant qu'elle conserve leurs païs, changerent leur opinion, et tournerent leur robbe.

Le Roy estant adverty de ce qui estoit advenu en Italie, tant de la routte de la Bicocque, de la perte de Laudes, de la capitulation de Cremonne, que de l'armée imperialle qui marchoit à Gennes, envoya en toute diligence faire levée de quatorze mille Gascons pour envoyer en Italie avec cinq cens hommes d'armes; mais voyant que ses forces ne seroient prestes à temps pour secourir Gennes, manda au comte Petre de Navarre estant à Marceille, qu'il advisast de trouver moyen de mettre quelques gens dedans Gennes pour soustenir l'effort de l'ennemy, attendant le secours de France. Lequel Petre de Navarre ne trouva audit lieu de Marceille que deux galleres prestes, sur lesquelles il s'embarqua avec environ deux cens hommes, et feit telle diligence qu'il entra dedans la porté de Gennes, alors que le marquis de Pesquaire, qui menoit l'infanterie espagnolle et italienne, arrivoit à l'autre costé de la ville; lequel marquis envoya un trompette dedans la ville pour sommer ceux de dedans de se mettre en l'obeïssance de l'Empereur, les asseurant, de la part de Sa Majesté, de les tenir en toutes leurs anciennes franchises et libertez. Les citadins, lesquels naturellement ne sont fermes en leur foy, mais desirent nouvelletez, promptement vouloient ouvrir les portes aux Imperiaux, n'eust esté le seigneur Petre de Navarre et si peu de soldats françois qui estoient avecques luy, qui les empescherent de ce faire; mais en fin furent contraints de permettre ausdits citadins d'envoyer le seigneur Vital devers ledit marquis pour parlementer et entendre son intention.

Estant ledit Vital en la tente du marquis, les citadins s'asseurans sur le parlement et à la promesse dudit marquis, qui estoit de riens innover durant ledit parlement, faisoient mauvais guet: les Espagnols ayans la cognoissance d'une ruine qui estoit à un pan de mur sans aucune deffence, entrerent dedans la ville, et mirent au fil de l'espée tout ce qu'ils trouverent devant eux. Les citadins se voyans surpris et trahis, sans se mettre en deffence, chacun meit peine de se sauver. L'evesque de Salerne, frere d'Octave Fregose, et quelques autres gentils-hommes, s'embarquerent sur une fuste, et prenans la routte de Marseille se sauverent. Le seigneur Octave son frere, estant au lict malade, se rendit prisonnier entre les mains du marquis de Pesquaire. Le comte Petre de Navarre, avecques si peu d'hommes qu'il peut mettre ensemble, gaigna la place de la ville; auquel lieu, apres avoir long temps combatu, autant que homme peult faire, en fin fut deffaict et pris prisonnier. Une partie de la compagnie du comte de Sainct Pol se retira dedans le chasteau, lequel ils garderent tant qu'ils eurent à manger. La ville fut entierement mise à sac sans riens espargner, dont le seigneur Prospere fut fort mal content; car il esperoit que si elle n'eust esté saccagée, il en pouvoit tirer argent content pour le payement de son armée: toutesfois je pense que ledit marquis, de faict deliberé, le permist, pour avoir la faveur de ses soldats, et leur donner curée. Je n'ay que faire de dire la grande abondance des richesses qui furent trouvées dedans, car chacun cognoist bien la grande opulence de la ville de Gennes.

Gennes prise et saccagée, le seigneur Prospere, adverty d'une nouvelle armée de France qui passoit les monts, feit diligence de se retirer à Ast, pour empescher les François de passer le Tesin et secourir Cremonne. De laquelle armée avoit la conduite le duc Claude de Longueville, sçavoir est de quatre cens hommes d'armes et six mille hommes de pied; lequel, arrivé qu'il fut à Villeneufve d'Ast, estant adverty de la perte de Gennes, pour le secours de laquelle en partie il estoit venu, ne passa outre tant qu'il eust eu nouvelles du Roy, car son armée n'estoit suffisante pour combattre celle des Imperiaux. Le Roy se voyant hors d'esperance de pouvoir secourir ny Gennes ny Cremonne, manda au duc de Longueville qu'il se retirast en France. Or furent les trois mois passez que Cremonne devoit estre secourue; parquoy, à faulte de secours, le mareschal de Foix, suivant sa promesse, remist entre les mains du seigneur Prospere ladite ville de Cremonne, laissant au chasteau le seigneur de Bunou pourveu de ce qui luy estoit necessaire; et le seigneur Prospere feit conduire ledit mareschal de Foix avecques son artillerie en seureté jusques au deça de Suze, et ne luy manqua de chose qui luy eust promise.

Vous avez entendu par cy devant comme l'an precedant l'amiral de Bonnivet avoit pris Fontarabie, ville de Bisquaye quatre lieues par de là Bayonne, laissant dedans gouverneur Jacques de Daillon, seigneur du Lude. Or est-il qu'incontinant que l'armée dudit amiral fut retirée en France, les Espagnols de toutes parts la vindrent assieger; et apres l'avoir tenue assiegée dix ou douze mois, l'avoient mise en telle necessité de vivres que plusieurs y moururent de faim, et sans estre secourue estoit impossible de plus y demourer. Parquoy le Roy avoit depesché le mareschal de Chastillon avecques une armée pour aller secourir la ville et ledit seigneur du Lude; mais estant arrivé ledit mareschal de Chastillon à Dax, six lieues au deça de Bayonne, le print une maladie qui tant le persecuta qu'il en mourut; qui fut grande perte, pour estre homme expérimenté et de credit. Sa mareschaussée fut donnée au seigneur de Montmorency, qui pour lors estoit à Venise; et le mareschal de Chabannes, estant nouvellement de retour de la Bicocque, fut par le Roy envoyé pour tenir le lieu que tenoit feu mondit-seigneur le mareschal de Chastillon; lequel, apres avoir receu l'armée, marcha droict à Bayonne, puis à Sainct Jean de Lus, auquel lieu ledit mareschal de Chabannes assembla toutes ses forces. Icelles assemblées, marcha à Endaye; y estant arrivé, par-ce qu'il y avoit une riviere entre le camp espagnol et le sien, se logea audit lieu d'Endaye, attendant l'armée de mer qui devoit venir de Bretagne pour le renvitaillement, laquelle estoit conduitte par le capitaine Lartigue, vice-amiral de Bretagne; mais, par la paresse ou malheureté dudit Lartigue, qui demoura trop long temps à venir, nostre armée fut contraincte de temporiser. Toutesfois, voyant mondit seigneur le mareschal la faulte que faisoit ladite armée de mer, delibera de passer l'eau : estant passé, deslogea les ennemis à coups de canon, ne l'osans attendre, et par apres plusieurs escarmouches se retirerent par les mon-

tagnes, encores qu'ils fussent les plus forts en nombre:
Entre autres y estoit pour l'Empereur le comte Guillaume de Fustamberg, ayant charge de six mille lansquenets; parquoy monsieur le mareschal ayant levé
le siege, renvitailla la ville; et icelle bien pourveue,
se retira, laissant dedans pour lieutenant du Roy, au
lieu du seigneur du Lude, le capitaine Frauget, lequel estoit lieutenant du mareschal de Chastillon
quand il rendit l'ame à Dieu. Ledit seigneur du Lude
feit si bien son devoir en ce siege, et supporta telle extremité, qu'il ne s'en estoit veu de pareille de nostre
temps; parquoy il acquist tel honneur qu'il peult estre
parangonné à tous les sieges, tant du vivant de nous
que de noz peres.

Pendant que ces choses se faisoient tant en Italie
qu'à Fontarabie, le roy d'Angleterre, comme j'ay dit
cy dessus, apres avoir deffié le Roy, ne sejourna point,
qu'en toute diligence il ne fist embarquer son armée
pour venir descendre à Callaiz : de laquelle il feit
chef le duc de Suffolc, qui avoit espousé la royne
Marie, vefve du feu roy Louis, douziesme de ce nom.
L'Empereur aussi dressa son armée pour la faire
joindre avecques le dit de Suffolc, dont le comte de
Bure, lieutenant general pour ledit empereur en
tous ses Païs Bas, estoit chef. Le duc de Vendosme,
qui estoit lieutenant general pour le Roy en Picardie, advertit le Roy des preparatifs que faisoit l'ennemy, tant l'Anglois que le Bourguignon, à ce qu'il
luy pleust le secourir d'hommes et d'argent. Le Roy
luy envoya le seigneur Louis de La Trimouille, gouverneur de Bourgongne (1), avec bon nombre de gen-

---

(1) *Gouverneur de Bourgongne* : François 1 ne couroit aucun risque à

darmerie. Eux assemblez, adviserent de pourvoir à ce qui leur estoit necessaire, et mesmes aux places où l'ennemy se pourroit attaquer; car monsieur de Vendosme n'estoit assez fort pour tenir la campagne. Parquoy le dit seigneur ordonna dedans Boulongne, le cas avenant que l'ennemy y vint, le seigneur de La Fayette, qui en estoit gouverneur, ayant charge de cinquante hommes d'armes; la compagnie de cent hommes d'armes du duc d'Alançon, dont avoit la charge le baillif de Caen, Jacques de Silly; le seigneur de Rochebaron d'Auvergne, avec vingt-cinq hommes d'armes; et mille hommes de pied estans soubs la charge du seigneur de Bourbarré et autres. Dedans Terouenne mist le seigneur de Brion, depuis amiral, lieutenant general pour le Roy, avecques une partie de sa compagnie (car le reste n'estoit encores de retour d'Italie); le seigneur Du Fresnoy, bastar de Moreul, gouverneur dudit Terouenne, ayant charge de cinquante hommes d'armes; le comte Dammartin, le seigneur de Listenay, le vicomte de Turene, le seigneur de La Vauguyon, ayant charge chacun de vingt-cinq hommes d'armes; le capitaine Saulseuze, normant, avec mille hommes de pied; le capitaine Montbrun, avec mille autres. Dedans Hedin, le seigneur du Biez, qui en estoit gouverneur, avec trente hommes d'armes, et deux cens mortes-payes dont il avoit la charge; le seigneur de Sercu, avec mille hommes de pied; et le capitaine La Lande, avec cinq cens estans soubs la charge du seigneur de Longue-

---

dégarnir ainsi la Bourgogne. Les Suisses, afin de mettre à couvert les frontières de leur pays, avoient obtenu du Roi et de l'Empereur que le duché et le comté de Bourgogne seroient neutres.

val, qui estoit demouré malade à Abbeville. Dedans Montreul ordonna le comte de Sainct Pol, son frere, avec quatre cens hommes d'armes, et monsieur le duc de Guise, son beaufrere, avec six mille hommes de pied estans soubs la charge du seigneur de Lorges; et estoient lesdits seigneurs compagnons en pouvoir. Monseigneur de Vendosme et le seigneur de La Trimouille, avecques deux mille Suisses et quelque nombre de gendarmerie, et d'autres gens de pied françois, allerent à Abbeville pour secourir où besoing seroit.

Les choses ainsi ordonnées, estant adverty ledit seigneur de Vendosme que l'ennemy n'estoit encores pour faire son passage de quinze jours, voulut bien employer ses forces, sans si long temps les laisser inutiles; parquoy manda au seigneur de Lorges (lequel estoit party pour le secours de Gennes avec six mille hommes de pied, mais estoit sur son retour, ayant eu nouvelles de la reddition du chasteau de Gennes par faulte de vivres) qu'il eust à venir trouver le comte de Sainct Pol son frere, et monseigneur de Guise à Peronne, auquel lieu leur avoit ordonné faire leur amas pour entrer en païs d'ennemy; ce qu'il fit. Puis lesdits seigneurs de Sainct Pol et de Guise ayans assemblé leurs forces audit lieu de Peronne, allerent avecques quatre canons assaillir Bapaulme, et prindrent ville et chasteau; laquelle apres avoir rasée, bruslée et ruinée, ensemble ledit chasteau, prindrent leur chemin au passage de L'Ecluse, pour aller dedans le païs d'Austrévant, entre la riviere de l'Escau et celle des Carpes. Mais audit passage trouverent les ennemis assemblez pour garder le pas, lesquels ennemis ils assaillirent de telle vigueur, qu'ils furent forcez et mis à vau de routte, et chassez jusques dedans les portes de Douay. Auquel combat François monsieur de Lorraine, frere de monseigneur de Lorraine et de monseigneur de Guise, n'estant aagé que de seize à dix-sept ans, porta ses premieres armes; lequel estant à la chasse des ennemis, voyant sept ou huict hommes de pied bourguignons s'estre retirez dedans un bois, et n'estant aucunement apperceu de ses gens, lui seul alla pourchasser lesdits Bourguignons : auquel lieu arriva de fortune le seigneur Martin Du Bellay, accompagné de dix ou douze chevaux, qui vint bien à propos pour ledit prince, car il estoit descendu à pied pour luy seul en combatre sept ou huict, lesquels en fin furent taillez en pieces. Estant donc toute la compagnie courue jusques aux portes de Valanciennes et de Douay, et apres avoir faict un merveilleux butin, l'armée se logea pour la nuict audit passage de L'Ecluse, qui est sur une riviere partant de Vy en Artois, qui vient tomber en l'Escau pres de Bouchin. Le lendemain, l'armée françoise voyant n'avoir les forces pour assaillir ny Valenciennes ny Douay, apres avoir couru toute la plaine d'Artois jusques aux portes d'Arras, se retira à Encre, auquel lieu chacun se separa où il estoit ordonné.

Durant ce temps les Anglois faisoient leur descente à Callaiz; et par-ce que leurs vivres et bagages n'estoient encore arrivez, ils se logerent en la terre d'Oye : dequoy monseigneur de Vendosme adverty, depescha messeigneurs le comte de Sainct Pol et le comte de Guise avec quatre cens hommes d'armes, pour aller en la fosse Boulonnoise, et empescher l'ennemy de courir le païs; car lors estoit Ardres ruinée et abandonnée. Mais avant leur partement, sçachant comme le capitaine qui avoit la charge pour le Roy du chasteau de Comtes, situé entre Montreul et Hedin, avoit perdu ledit chasteau, ledit seigneur de Vendosme y alla en personne, où, apres avoir faict batterie, monseigneur de Lorges l'emporta d'assault, et furent tous ceux de dedans taillez en pieces, hors mis le capitaine. Apres cela partirent lesdits comte de Sainct Pol et de Guise, et se logerent un jour à Deure, autre jour à Saulmer au bas, autre jour à Bourdes et autres villages circonvoisins; de sorte que, douze ou quatorze jours durans que les ennemis sejournerent en la terre d'Oye, lesdits seigneurs en deffirent plusieurs qui s'estoient hazardez d'entrer en ladite fosse. Toutesfois, estans toutes les forces des ennemis réunies, ils furent contraints d'eux retirer dedans Montreul, dont ils avoient la garde. Estant doncques l'armée des Anglois et Bourguignons assemblée entre Sainct Omer et Ardres pour deliberer le chemin qu'ils devoient prendre, en fin les Anglois, persuadez par le seigneur de Beaurain, fils de monseigneur du Reu, entreprindrent d'aller assaillir Hedin, estant la place la plus debile de toute la frontiere, voyans aussi Boulongne, Terouenne et Montreul ainsi bien pourveues que dit est. Et arrivez que furent audit lieu de Hedin, les ennemis se logerent du costé de devers Sainct Pol, et firent leurs approches pour faire leur batterie entre la tour Robin et la tour Sainct François, où, apres avoir faict batterie de quinze jours, et faict breche de trente ou quarante toises, encores que ladite breche fust raisonnable, n'oserent entreprendre de donner l'assault. Aussi battirent la tour Saint Chrestofle du costé du parc, mais n'en osterent que les deffences d'amont. Pendant ledit siege les ennemis ne furent long temps de sejour, que de jour en autre ils n'eussent l'alarme en leur camp : et entre autres monseigneur de Guise et le seigneur du Pontdormy, advertis de quatre cens Anglois qui estoient venus courir vers le Biez et la commanderie de l'Oyson, partirent de Montreul avecques leurs compagnies, et une partie de celle de monseigneur de Vendosme ; lesquels ayans r'atins, encores qu'ils ne fussent qu'à demie lieue de leur camp, ils chargerent de telle vigueur qu'ils furent tous pris ou tuez, hors mis trente ou quarante qui se retirerent dedans un jardin fermé de grandes hayes, où ils combatirent si obstinément que monseigneur de Guise, contre l'opinion de plusieurs, par-ce qu'il estoit trop pres du camp de l'ennemy, se mist à pied pour les assaillir dedans ledit jardin, où en fin ils furent tous tuez, sans que jamais Anglois se vousist rendre à mercy. Un autre jour, le seigneur du Pontdormy estant adverty qu'ils estoient venus brusler Fressin, la maison de son frere aisné, les vint rencontrer, et les assaillit si furieusement qu'ils furent tous deffaicts. Et ainsi journellement se faisoient entreprises sur leurs logis, tant par ceux de Terouenne, de Montreul, que de Dourlan, que nul s'osoit escarter hors leur camp. Semblablement vindrent les pluies si grandes, que le flux de ventre se meit entre les Anglois ; en sorte qu'apres avoir tenu le siege six sepmaines ou deux mois, ils furent contraints de le lever avecques leur courte honte.

Monsieur de Vendosme, adverty que les ennemis estoient sur leur deslogement, depescha le comte de

Sainct Pol avec trois cens hommes d'armes, et six mille hommes de pied qui estoient soubs la charge du seigneur de Lorges, pour se mettre dedans Dourlan; et luy, avec le reste de son armée, accompagné de monsieur de Guise et de monsieur de La Trimouille, suivit la riviere de Somme, pour tousjours costoyer le camp des ennemis; lesquels ayans levé leur camp de devant Hedin, vindrent loger à Aussi le Chasteau, sur la riviere d'Othie, mi-chemin dudit Hedin et de Dourlan. Le comte de Sainct Pol voyant la ville de Dourlan n'estre tenable, pour n'y avoir point alors de chasteau, et que là où est maintenant situé le chasteau est une montagne dont on voit de tous costez ladite ville, de sorte qu'il n'y avoit moyen audit Dourlan de se mettre à couvert; à ceste occasion ledit comte de Sainct Pol ayant gasté les vivres qui estoient dedans, à ce que l'ennemy ne s'en peut prevalloir, et faict abbatre les portes de la ville, se retira à Corbie, pour là faire teste à l'armée de l'ennemy. Auquel lieu arriva aussi le mareschal de Montmorency, qui estoit nouvellement retourné d'Italie, ayant avecques luy les deux cens gentils-d'hommes de la maison du Roy, avec pouvoir dudit seigneur de demourer chef à Corbie, avenant que l'ennemy y vint; dont sourdit quelque differend entre ledit comte de Sainct Pol et le mareschal de Montmorency, par-ce que ledit comte de Sainct Pol y estoit arrivé avec pouvoir de monseigneur de Vendosme d'y demourer lieutenant general; mais les choses passerent par gratieuseté. Le duc de Suffolc et le comte de Bure ayans passé jusques à Beauquesne, en esperance d'assaillir Corbie, considerans la provision de ladite ville, et voyans le temps si pluvieux, et tant de malades en leur armée, et l'hyver qui les pressoit (car c'estoit environ la Toussaincts 1522), apres avoir bruslé Dourlan et tous les villages circonvoisins, se retirerent en Artois, puis donnerent congé à un chacun : les Anglois retournerent en Angleterre, et les Bourguignons en leurs garnisons. Sur leur retraitte, les comtes de Sainct Pol et de Guise, advertis que à Pas en Artois y avoit bon nombre d'Anglois pour leur refreschir, les y allerent surprendre; de sorte qu'il en demoura de morts cinq ou six cens sur la place.

[1523] Peu de temps apres Pasques 1523, le seigneur de Longueval, Nicolas de Bossu, avoit faict une entreprise d'une marchandise par laquelle un de ses gens vendoit Guise aux Imperiaux : par le sceu dudit de Longueval le Roy en estant adverty, la trouva bonne. Or estoit ledit marchant un soldat de la garnison du chasteau dudit Guise, nommé Livet, serrurier, lequel disoit (et estoit vray) que ledit seigneur de Longueval, lors estant en garnison audit lieu avec cinq cens hommes de pied, estoit de la partie ; et feit venir quelques uns des caporaux et familiers dudit Longueval parler au duc d'Arscot à Avennes en Henault. Il n'est rien plus certain que ledit seigneur de Longueval estoit de la marchandise, mais non ainsi que l'entendoit ledit seigneur d'Arscot. Le jour venu de livrer la marchandise, le seigneur de Fleuranges devoit venir du costé des Ardennes, avecques quatre ou cinq mille hommes de pied et trois cens hommes d'armes, se jetter entre Avennes et Guise pour empescher la retraitte des ennemis ; et le duc de Vendosme, avecques quatre mille Allemans qu'avoit le duc de Suffolc Blancherose, et trois mille François, et cinq cens hommes d'armes, devoient venir de devers Peronne, et leur coupper chemin entre l'abbaye de Bonhourie et Guise, pour les deffaire : tellement qu'il n'y avoit aucune doubte en nostre entreprise, car l'ennemy ne se voulant retirer, avoit ledit seigneur de Fleuranges en teste, et monseigneur de Vendosme en queuë; s'il vouloit combatre, avoit monseigneur de Vendosme en teste, et monseigneur de Fleuranges en queuë. A ceste entreprise se devoient trouver tous les grands seigneurs de par-delà, voulant chacun avoir part à l'honneur et au butin. Et pour nous amuser et mettre hors de souspeçon, ou divertir noz forces, s'estoit faict levée de quinze mille Flamans soubs la charge de monsieur de Fiennes, gouverneur de Flandres, avecques cinq ou six cens Anglois et bon nombre de cavallerie, lesquels estoient venus assieger Terouenne d'un siege volant. Le Roy, estant à Chambort, se voulut trouver à ladite entreprise; parquoy partant en poste, fut environ minuict à Janlis, pres de Chaunis, le jour dont la nuict ensuivante se devoit faire ceste entreprise. Vous sçavez qu'il est mal-aisé qu'un tel seigneur que le Roy puisse venir de si loing que de Blois à La Fere, où sont quatre vingts lieuës, sans donner souspeçon et qu'il en soit nouvelle, car tout le monde le veult suivre. Les ennemis estoient desja en chemin pour executer leur entreprise, quand nouvelles leur vindrent, par leurs espions, que le Roy estoit arrivé à Janlis; parquoy, prenans leur marchant, luy donnerent plusieurs astrapades; mais jamais ne voulut rien confesser. Le seigneur de Longueval, qui avoit ostages des ennemis, n'en feit moins à leursdits hostagiers; en fin, estans acertenez, par autres plusieurs advertissemens certains, de l'arrivée du Roy, se retirerent en leur païs sans avoir la marchandise.

Le Roy, cognoissant avoir failly à son attente, delibera de ne perdre l'occasion de se prevalloir avec l'armée qu'il avoit assemblée : à ceste cause, manda au seigneur de Fleuranges de se retirer en sa frontiere de Sedan; luy marcha à Peronne, où il feit assembler toutes les forces qu'avoit monseigneur de Vendosme en Picardie; puis, apres luy avoir ordonné d'aller lever le siege de Terouenne et envitailler la place, se retira vers Paris. Mondit-seigneur de Vendosme ayant pris en main l'armée, qui estoit de quatre mille Allemans, comme j'ay dit, soubs la charge du duc de Suffolc Blancherose, et environ quatre mille Picards soubs la charge du seigneur de Sercu, du seigneur de Bournonville, du seigneur de La Hergerie, du seigneur de Fontaines, fils du seigneur de Heilly, et autres, et de cinq cens hommes d'armes, et du seigneur de Brion, que le Roy envoya avecques quatre cens archers de la garde, et le seigneur de La Fayette, maistre de l'artillerie en ce voyage, delibera, pour aller droit à Terouenne, de marcher par le païs des ennemis, afin de le fouller et soulager le nostre; et aussi, en passant, raser quelques chasteaux qui estoient sur son chemin, et faisoient beaucoup d'ennuy à nostre frontiere. A ces causes, prit le chemin de Bailleul le Mont, qui estoit une place à mi-chemin d'Arras et Dourlan, assez forte : et dedans y avoit trois cens Espagnols naturels, lesquels avoient promis la garder ou y mourir; mais ils ne firent ny l'un, ny l'autre, car, apres avoir cognu la fureur de la batterie, et quelques uns des leurs tuez, le cueur leur devint foye, et se rendirent leurs vies sauves. Il fault entendre que la plus-part des capitaines n'estoit d'avis de l'assaillir, estant pourveue de gens de guerre comme elle estoit; mais monseigneur de Vendosme demoura en son opinion de la forcer, disant qu'il ne luy seroit reproché qu'une telle place feit la brave devant luy, et que mal-aisément oseroit il donner la bataille à l'ennemy devant Terouenne, qui avoit le double d'hommes plus que luy, s'il passoit devant une telle place sans l'attaquer. Aussi luy-mesmes feit les approches en plain midy, où fut blessé près de luy le seigneur de Piennes d'une arquebouzade au travers du bras, et trois canonniers tuez à ses pieds : qui ayda bien à estonner les ennemis, de se veoir approcher en plain jour et sans tranchées. Monseigneur de Vendosme, après avoir rasé ledit chasteau et faict bondir les tours, print chemin à Rouchauville et à Gincourt. Or l'ennemy estoit logé à Andinctun et à Dellète, à demie lieuë de Terouenne; et par-ce qu'il n'estoit raisonnable de l'assaillir dedans Andinctun, qui est fort logis à cause de la riviere du Lis, ordonna au seigneur du Lude, qui estoit mareschal de camp, aller faire l'assiette de son camp à Fonquemberge, afin qu'aisément il peust avoir vivres de Montreul, et l'ennemy à grande difficulté, par-ce qu'on luy couppoit le chemin de Sainct Omer; et ceux de la garnison de Terouenne, dedans laquelle estoit le capitaine Pierre-Pont avecques la compagnie de monsieur de Lorraine, et le seigneur d'Esgueilly, luy couppoient le chemin d'Aire.

Les ennemis, se voyans approchez de si prés, deslogerent la nuict d'Andinctun, et allerent loger à Huppen, maison du tresorier de Boullenois, sur un hault, tirant le chemin de Sainct Omer, laissans Terouenne à leur main droicte; lesquels, de loing nous voyans marcher en bataille droict à eux, abandonnerent ce logis, et allerent camper à Elfault, auquel lieu monseigneur de Vendosme les suivit pour les combatre. Ce-pendant monsieur de Brion marcha droict à Terouenne, avecques le charroi de l'envitaillement qui estoit ceste nuict venu de Montreul. Les ennemis, voyans ledit seigneur de Vendosme marcher droit à Elfault, et que desja le comte de Dammartin et le seigneur d'Esguilly leur avoient dressé l'escarmouche, entra parmy les Gantois et autres Flamans tel effroy, que, sans attendre enseigne ny capitaine, ny tabourin, se mirent à vau de routte droit à la riviere des Cordes, crians *Gau!* qui vault à dire que *Allons, fuyons!* où se noyerent plusieurs, encores que personne ne les suivist, et n'y eut jamais ordre de les arrester; et sans le seigneur de Dine, lieutenant de monsieur de Fiennes, lequel avecques quatre ou cinq cens chevaux couvrit leur fuitte, la plus part eut esté taillée en pieces. Je vous asseure que ledit seigneur de Dine feit pour ce jour là grand service à l'Empereur; car qui eut deffaict ceste trouppe, le païs de Flandres eust esté fort esbranlé : mais on dit en commun proverbe que *si l'host sçavoit ce que faict l'host, l'host defferoit l'host.* Aussi arriva le seigneur de Brion, qui avoit conduit le charroy à Terouenne, lequel declara à monseigneur de Vendosme qu'il avoit charge expresse du Roy de luy dire qu'il n'eust à hazarder la bataille, et sans cela je pense que mondit-seigneur de Vendosme les eust combatus; mais il ne voulut desobeïr aux commandemens du Roy. Mondit-seigneur de Vendosme, ayant faict retirer l'ennemy, vint loger à Andincton, pour estre lieu propre pour conduire les vivres venans de Montreul; auquel lieu d'Andincton il feit séjour de huit ou dix jours, jusques à ce qu'il eust mis vivres dedans Terouenne.

Environ le mois d'avril ensuivant 1523, le Roy, voyant qu'il avoit desja depesché en Italie deux ou trois armées pour le recouvrement de son duché de Milan, dont il ne luy estoit venu aucun proffit, mais ruine pour luy et pour son royaume, delibera d'y aller en personne; mais craignant qu'en son absence on assaillist les frontieres, y voulut pourveoir avant que partir, mesmes à Terouenne, que l'an precedant il avoit faict ranvitailler comme je vien de dire, voulant bien de nouveau la pourveoir, afin qu'il se peust ayder en son voyage des forces qu'il avoit en Picardie. Pour cest effect, ordonna à monsieur de Vendosme mettre ensemble ses forces, et feit lever chevaux et chariots par toutes les elections voisines; et envoya le mareschal de Montmorency pour assister à mondit-seigneur de Vendosme, et mener l'avantgarde. L'armée mise ensemble et les vivres et charroy, partirent de Montreul, et allerent camper à Andincton, qui est un village à deux lieuës de Terouenne, sur la riviere du Lis, qui y est encores petite, car elle commence sa source à l'Islebourg, deux lieuës de là, sur le chemin dudit lieu de Hedin; et est ledit village d'Andincton au bout de la forest de Fouquemberge, tirant à Fruges et à Hedin.

Estans arrivez audit lieu, logerent le camp : l'avant-garde, que conduisoit le mareschal de Montmorency, d'un des costez de la riviere; la bataille de l'autre. Les ennemis, quelques jours apres, estans advertis de ce logis ainsi separé, firent entreprise d'assaillir la nuict les deux logis en un mesme temps : du costé de la bataille, le seigneur de Villebon, capitaine de chevaux legers, estoit logé un peu au devant du camp, à la venue des ennemis. La trouppe des Bourguignons, ordonnée pour donner sur la bataille, donna dedans le guet des chevaux legers, lequel elle força; de sorte qu'elle donna aussi tost dedans leur logis que les nouvelles de l'alarme, et, ne leur donnant loisir de se recognoistre, renversa lesdits chevaux legers dedans le guet de la bataille, qui fut renversé jusques dedans le logis de la gendarmerie, dont elle en trouva une partie à cheval qui soustint le faix. Les ennemis s'amuserent à piller le bagage des chevaux legers : je pense que s'ils ne s'y fussent amusez, ils eussent mis nostre camp en grand desordre; mais cela les retarda, qui nous donna loisir de pourvoir à noz affaires.

Pendant le temps que ceste trouppe donna dessus le logis de la bataille, l'autre donna sur le logis de l'avantgarde, conduitte, comme j'ay dit, par le mareschal de Montmorency, lequel avoit assis son guet bon et fort, dont avoit faict chef un sien homme d'armes nommé La Tiguerette; lequel, oyant quelque rumeur à ses sentinelles, alla luy seul pour recognoistre que c'estoit; mais il ne fut jamais un peu outre ses sentinelles pour mieux entendre, qu'il fut chargé de leur trouppe, et enveloppé et pris prisonnier. Se voyant pris, craignant que le camp fust surpris, soudain cria alarme, dont les ennemis le voulurent tuer; mais il voulut plustost hazarder sa vie que de laisser en danger toute l'armée. Soudain toute l'avantgarde fut en armes; parquoy les ennemis, se voyans descouvers, se retirerent. L'armée demeura en armes jusques à soleil levant, que le païs fut bien descouvert; puis l'avantgarde et bataille se logerent ensemble où estoit logé le mareschal de Montmorency; et ne feismes plus les fols de nous separer. Depuis, ne furent nouvelles que l'ennemy nous donnast empeschement en nostre envitaillement, lequel se faisoit en la forme que je vous diray : l'escorte qui estoit à Montreul amenoit les vivres jusques à la forest de Fouquemberge, et la gendarmerie du camp l'accompagnoit jusques à Terouenne.

Le Roy, estant adverty que sa ville de Terouenne estoit pourveue de toutes choses necessaires, manda le mareschal de Montmorency de le venir trouver, et à monseigneur de Vendosme qu'il eust à luy renvoyer le duc de Suffolc avecques les lansquenets estans soubs sa charge, et deux ou trois mille hommes de pied picards avecques une partie de la gendarmerie. Aussi manda le reste de son armée à se trouver au commencement d'aoust à Lion; puis depescha l'amiral de Bonnivet pour tousjours gaigner le pas de Suze, attendant que luy marcheroit avecques le reste de ses forces; envoya pareillement en Suisse le mareschal de Montmorency pour faire levée de douze mille Suisses, et donna charge au seigneur de Lorges de six mille François pour marcher quand et ledit amiral de Bonnivet. Ce faict, le seigneur de Montmorency feit telle diligence, qu'estant arrivé l'amiral à Suze, il arriva à

Ivrée avecques les douze mille Suisses qu'il avoit levé, et se joignirent ensemble pres Turin, attendans le Roy.

Le seigneur Prospere Colonne et le vice-roy de Naples, advertis du grand effort qui venoit au duché de Milan, firent ligue avecques les Venitiens (1), qui abandonnerent la ligue de France, et avecques tous les potentas d'Italie, comme le Pape, les Florentins, Genevois, Senois, Luquois; lesquels se liguerent ensemble contre les François, au cas qu'ils vinssent pour troubler le repos d'Italie, et y devoit chacun d'eux contribuer pour sa quotte-portion. De laquelle ligue fut faict chef le seigneur Prospere Colonne, lequel, ayant pris sur ses bras la charge de ladite armée, commença en toute diligence de pourveoir aux affaires du duché de Milan, et mesmes à fortifier les passages du Tesin, en intention de nous empescher le passage. L'Empereur pareillement et le roy d'Angleterre avoient faict ligue ensemble que si l'armée du Roy passoit les monts, celle du roy d'Angleterre devoit passer en Picardie, de laquelle auroit la charge le duc de Norfolc : semblablement le comte de Bure dresseroit autre armée de lansquenets avec la force des Bas Païs, et

---

(1). *Avecques les Venitiens :* les Vénitiens, depuis plusieurs années fidèles alliés de la France, balancèrent long-temps à entrer dans la ligue des puissances d'Italie. Le sénat étoit partagé en deux factions, l'une française, l'autre impériale. A la tête de la première étoit André Gritti, qui avoit autrefois traité avec Louis XII; à la tête de l'autre se trouvoit Georges Cornaro. Ce dernier l'emporta, en faisant sentir que la domination chancelante des Sforce dans le Milanais étoit plus avantageuse à la république que celle de François 1, dont il exagéroit l'ambition. Cette défection de Venise fut consacrée par un traité du 28 juin 1523.

se devoit venir joindre avec l'armée angloise. Alors se demenoit contre le Roy autre praticque de grande importance, que je declareray ainsi que je l'enten (1).

Vous avez ouy par cy devant comme l'an 1521, que ledit sieur Roy, avec son armée, alla devant Valanciennes; il avoit baillé son avantgarde à mener au duc d'Alençon et au mareschal de Chastillon; parquoy monsieur de Bourbon, auquel appartenoit la conduitte de laditte avantgarde par-ce qu'il estoit connestable de France, eut plus de malcontentement qu'il n'en feit de demonstration. Au retour duquel voyage, et peu de temps apres, mourut madame Suzanne de Bourbon, fille du feu duc Pierre de Bourbon et de madame Anne de France, fille du roy Louis XI et sœur du roy Charles VIII, laquelle Suzanne avoit espousé ledit connestable Charles de Bourbon, comte de Montpensier. Or, apres le decez du duc Pierre de Bourbon, ledit Charles, comte de Montpensier, descendu d'un puisné de Bourbon et d'une fille de Mantoue, voulut maintenir que toutes les terres estans de la succession dudit deffunct de Bourbon, tenues en apanage, luy appartenoient, comme estant hoir masle, et non à ladite Suzanne. Pour assopir lequel differend, encores que Charles de Valois, duc d'Alençon, eust fiancé ladite Suzanne de Bourbon, ce nonobstant fut faict le mariage dudit comte de Montpensier et de ladite Suzanne, dont il se nomma duc de Bourbon; et du duc d'Alençon fut faict le mariage de Marguerite, sœur de François, comte d'Angoulesme, et depuis roy. Puis estant ladite Suzanne morte, madame la Regente, à

---

(1) *Ainsi que je l'enten* : Martin Du Bellay omet à dessein plusieurs détails très-curieux qui se trouvent dans l'Introduction.

l'instigation, comme on disoit, du chancelier Antoine Du Prat, meit en avant qu'au Roy appartenoient les terres tenues en apanage, venues de la succession dudit Pierre de Bourbon; et à madame la Regente, comme plus proche, estant fille de l'une des sœurs dudit duc Pierre, mariée avec le duc de Savoye, dont elle estoit fille, appartenoient les terres n'estans en apanage, plustost qu'audit Charles de Bourbon, qui estoit esloigné de trois lignes : à raison dequoy procès fut meu à la cour de parlement à Paris. Charles de Bourbon, se deffiant ou de son droict ou de la justice, et ayant peur que, perdant son procès, on l'envoyast à l'hospital, chercha, par le moyen d'Adrian de Crouy, comte du Ru, de praticquer avecques l'Empereur, aimant mieux abandonner sa patrie que d'y vivre en necessité; et, par les traittez qu'il feit avec ledit Empereur, devoit espouzer madame Alienor sa sœur, vefve de Portugal, et depuis royne de France. Ce-pendant le Roy, estant party de Paris pour prendre le chemin de Lion et parachever son voyage d'Italie, arrivé qu'il fut à Sainct-Pierre le Monstier, fut adverty par deux gentils-hommes normans, qui estoient de la maison dudit duc de Bourbon, l'un seigneur d'Argouges, l'autre de Matignon, de la praticque qu'avoit ledit Charles de Bourbon avec l'Empereur. Apres lequel advertissement le Roy feit sejour audit lieu de Sainct Pierre le Monstier, attendant les bandes des lansquenets que le duc de Suffolc amenoit de Picardie, lesquelles arriverent deux jours apres, car le Roy ne vouloit entrer à Moulins sans estre bien accompagné : auquel lieu estant arrivé, logea toutes ses enseignes d'Allemans aux portes.

L'entreprise dudit de Bourbon estoit de contrefaire

le malade, pour n'aller en Italie avecques le Roy; car le Roy estant passé les montagnes, et estant le roy d'Angleterre descendu en Picardie, il devoit faire descendre le comte Guillaume de Fustemberg et le comte Felix avecques dix ou douze mille Allemans, lesquels, passans par Coiffy et Chaumont en Bassigny, se devoient venir joindre avec luy dedans ses païs, où il esperoit, par le moyen de ses serviteurs et subjects, mettre ensemble trois cens hommes d'armes et cinq ou six mille hommes de pied; et desja avoit depesché La Motte des Noyers, gentil-homme bourbonnois, pour tenir preste ladite levée d'Allemans, et par ce moyen faire la guerre dedans les entrailles de France : aussi devoient les Espagnols dresser une grosse armée pour assieger Fontarabie, comme ils firent. Ces choses considerées, mesmes le Roy estant hors de son royaume avecques toutes ses forces, sans point de faulte il est apparant que la France eust esté esbranlée devant que la pouvoir secourir; car si le Roy eust voulu retourner la teste en çà, il eust eu l'armée d'Italie à sa queuë. Mais Dieu, qui a tousjours conservé ce royaume, y pourveut; car desja, comme dit est, avoit eu le Roy advertissement de la praticque dudit de Bourbon, non pas toutesfois des conclusions au vray que je vien de dire, mais tant seulement qu'il trafiquoit avec l'Empereur pour se retirer devers luy. Parquoy en toute diligence le Roy donna ordre aux affaires de sondit royaume; et par-ce qu'il sçavoit monseigneur de Vendosme estre de la maison de Bourbon (chose qui luy pouvoit engendrer souspeçon); le voulut bien mener quand et luy en Italie. A ceste occasion, le tirant de Picardie, qui estoit son gouvernement, y envoya le seigneur de La Trimouille pour son lieutenant general, laissant en Champagne le seigneur d'Orval, puisné d'Allebret, dont il estoit gouverneur; et au lieu du seigneur de La Trimouille, qui estoit gouverneur de Bourgongne, laissa le duc de Guise; en Guienne et Languedoc, le seigneur de Lautrec, Odet de Foix; et madame Louise, sa mere, regente en France.

Le Roy, arrivé audit Moulins, trouva le duc de Bourbon contrefaisant le malade; mais le gentil prince, qui tousjours estoit plus enclin à misericorde qu'à vengence, esperant reduire ledit de Bourbon et le divertir de son opinion, alla le visiter en sa chambre; auquel lieu, apres l'avoir reconforté de sa maladie, qui toutesfois estoit simulée, luy declara les avertissemens qu'il avoit des praticques que faisoit faire ledit Empereur par le seigneur du Ru pour l'attirer à son service, et le divertir de la bonne affection qu'il estoit asseuré qu'il portoit à la couronne de France; et qu'il pensoit bien qu'il n'avoit escouté lesdits propos pour mauvaise volonté qu'il portast à luy ny au royaume, estant sorty de sa maison, dont il estoit si proche : mais que desespoir et crainte de perdre son estat luy pouvoient avoir troublé la bonne amitié et affection qu'il avoit tousjours porté envers son prince et seigneur; et qu'il eust à mettre hors de sa fantasie telles choses qui le troubloient, l'asseurant qu'au cas qu'il perdist son proces contre luy et contre madame sa mere, de luy restituer tous ses biens; et qu'il se tinst preparé pour l'accompagner en son voyage d'Italie.

Ledit seigneur de Bourbon, comme sage et prudent, sceut bien dissimuler sa deliberation : bien confessa au Roy que ledit Adrian de Crouy, seigneur du Ru, l'avoit recherché de la part de l'Empereur, mais que luy ne luy avoit jamais voulu prester l'oreille, et qu'il avoit bien eu en pensée d'en advertir le Roy au premier lieu qu'il parleroit à luy : toutesfois qu'il ne l'avoit voulu mettre en la bouche d'autruy, asseurant quand et quand le Roy que les medecins luy promettoient que dedans peu de jours il pourroit aller en littiere, et qu'incontinant ne faudroit se trouver à Lion apres Sa Majesté. Ce neantmoins le Roy fut de plusieurs conseillé de se saisir de sa personne ; mais, estant prince humain, ne voulut faire executer ladite opinion, veu mesmes que les choses n'estoient bien averées, et qu'il n'estoit raisonnable de faire injure à un tel prince qu'estoit monsieur de Bourbon, sans premierement estre les choses bien justifiées.

Le Roy, se pensant tenir asseuré de la promesse de monsieur de Bourbon, estimant l'avoir bien reconcilié, partit de Moulins, et print son chemin à Lion, pour tousjours faire acheminer son armée; et laissa, pour accompagner ledit seigneur, Perot de La Bretonniere, seigneur de Warti. Peu de jours apres le duc de Bourbon partit de Moulins, et print le chemin de Lion; mais estant arrivé à La Palisse, feignit sa maladie estre rengregée : et dudit lieu partit ledit de Warty avec lettres de mondit-seigneur de Bourbon, pour acertener le Roy de son partement. Apres le partement dudit de Warty, monsieur de Bourbon considerant que, par arrest de la cour de parlement, tous ses biens estoient sequestrez, et que malaisément en pourroit il jamais jouïr, ayant une si forte partie qu'estoit Madame, mere du Roy, voulut, avant que passer outre, entendre la volonté dudit seigneur; attendant laquelle, se retira à Chantelles, place sienne assez forte, où estoient tous ses meubles, duquel lieu, à son arrivée, despescha devers le Roy l'evesque d'Autun, de la maison des Huraults, avecques lettres et instructions signées de sa main, lesquelles j'ay bien voulu icy inserer de mot à mot.

« Monseigneur, je vous ay escrit bien amplement « par Perot de Warty; depuis je vous ay depesché l'e- « vesque d'Autun, present porteur, pour de tant plus « par luy vous faire entendre la volonté que j'ay de « vous faire service. Je vous supplie, monseigneur, le « vouloir croire de ce qu'il vous dira de par moy, et « vous asseurer, sur mon honneur, que je ne vous fe- « ray jamais faulte. De vostre maison de Chantelles, le « septiesme de septembre.

« Mais qu'il plaise au Roy faire rendre les biens « de feu monsieur de Bourbon, il promet de le bien « et loyaument servir, et de bon cueur, sans luy « faire faute, en tous endroits où il plaira audit sei- « gneur, toutes et quantes fois qu'il luy plaira; et de « cela il l'en asseurera jusques au bout de sa vie : aussi « qu'il plaise audit seigneur pardonner à ceux ausquels « il veult mal pour celuy affaire. »

Et avoit signé lesdites instructions de sa main.

Depuis l'arrivée de Perot de Warty à Lion, le Roy fut adverty comme monsieur de Bourbon avoit delaissé le grand chemin, et s'estoit retiré à Chantelles; parquoy soudain depescha le bastar de Savoye, grand maistre de France, et le mareschal de Chabannes, avecques chacun cent hommes d'armes, pour trouver moyen d'arrester ledit duc de Bourbon, ou bien l'assieger dedans Chantelles. Aussi depescha la compagnie du duc d'Alençon de cent hommes d'armes, et celle de monsieur de Vendosme de pareil nombre, et d'autre part les capitaines des gardes et prevost de l'hostel. Monsieur le grand maistre ayant pris le droict chemin de Moulins, arrivé qu'il fut à La Pacauldiere, trouva les mullets de l'evesque d'Autun qui prenoient le chemin de Lion, pour executer le commandement qu'ils avoient du duc de Bourbon, lesquels il feit arrester, et chercher dedans s'il s'y trouveroit quelque chose contre le service du Roy. Peu d'heures apres arriva ledit evesque, lequel fut pareillement arresté comme avoient esté ses mullets; aussi fut le seigneur de Sainct Vallier, qui estoit à Lion, messire Emard de Prie, le seigneur de La Vauguyon, qui estoit à Terouenne, et plusieurs autres.

Monsieur de Bourbon, adverty de l'arrest faict sur la personne de l'evesque d'Autun, se desespera de trouver grace envers le Roy; parquoy delibera de sauver sa vie. Aucuns de ses privez estoient d'advis qu'il se devoit laisser assieger dedans Chantelles; mais luy, qui estoit homme cognoissant, jugea bien n'estre raisonnable de s'enfermer en une place au meillieu du royaume de France, hors d'esperance de tout secours : parquoy delibera de se sauver hors du royaume; et pour cest effect partant de Chantelles, n'ayant de compagnie que le seigneur de Pomperant, sans page et sans vallet, se meit à chemin en habit dissimulé. La premiere nuict, vindrent au giste en la maison du seigneur de Lalieres, vieil gentil-homme nourry en la maison de Bourbon, duquel le nepveu estoit de la partie; mais estant là, changea d'opinion de son chemin qu'il avoit à prendre, et tourna tout court à main droicte, et vint le lendemain coucher en la maison dudit Pomperant, et de là au Puis en Auvergne. Puis prenant le chemin, laissant Lion à la main gauche, vint loger à Sainct Bouvet le Froid, en une hostellerie separée hors du village; et par-ce que mondit-seigneur de Bourbon n'avoit repeu, furent contraints d'y arrester, esperans y repaistre sans estre apperceus ny cogneus; par-ce qu'il n'y avoit qu'une vieille hostesse audit logis. Mais le soir, bien tard, y arriva celuy qui tenoit la poste pour le Roy à Tournon, venant de Lion, pour faire repaistre son cheval; qui fut cause que lesdits seigneurs de Bourbon et Pomperant deslogerent sur l'heure, et toute nuict allerent repaistre à un village à deux lieuës de là, nommé Vauquelles; dont l'hostesse dudit lieu recogneut Pomperant, et luy dist nouvelles comme ses grands chevaux avoient passé le jour precedant par là, et pour laquelle cognoissance l'hostesse luy presta une jument de relaiz, par-ce que son cheval estoit recreu, et luy bailla son fils pour guide.

Dudit Vauquelles partit mondit-seigneur de Bourbon, feignant estre serviteur de Pomperant, environ minuict, et au poinct du jour arriva à Dauce pres de Vienne, estant la riviere du Rhosne entre deux. Le seigneur de Bourbon demoura caché derriere une maison, craignant qu'il y eust garde de par le Roy sur ladite riviere, ce pendant que Pomperant alla pour entendre des nouvelles; lequel, estant arrivé pres du pont de Vienne, trouva un boucher auquel il fit entendre qu'il estoit archer de la garde du Roy, luy demandant si ses compagnons n'estoient pas venus à Vienne pour garder le passage, à ce que monsieur de Bourbon ne passast la riviere; et que ses compagnons luy avoient mandé que leur enseigne s'y devoit trouver. Le boucher luy feit response qu'il n'y en avoit aucuns, mais bien avoit il entendu qu'il y avoit force gens de cheval du costé de Dauphiné. Pomperant ayant entendu le passage n'estre gardé, retourna devers monsieur de Bourbon, et conclurent de ne passer point le pont, craignans d'estre cogneus, mais aller passer à un bac à demie lieuë de là; auquel lieu estans embarquez, dix ou douze soldats de pied s'embarquerent avec eux : chose qui estonna ledit de Bourbon, mesmes qu'estant au milieu de la riviere, Pomperant fut recogneu par aucuns desdits soldats; qui donna plus grande terreur à mondit-seigneur de Bourbon. Toutesfois il fut rasseuré par ledit Pomperant, disant que s'ils cognoissoient quelque hazard, ils couperoient la corde pour faire tourner le bac vers le païs de Vivarez, où ils pourroient gaigner les montagnes, et se mettre hors de danger : mais ils ne tomberent en cest inconvenient.

Ayans mesdits-seigneurs de Bourbon et Pomperant passé la riviere, tant qu'ils furent à la veuë des hommes, suivirent le grand chemin de Grenoble, puis tournerent à travers les bois droict à Sainct Antoine de Viennois, et allerent loger à Nanty, en la maison d'une ancienne dame vefve, laquelle durant le soupper recogneut Pomperant, et luy demanda s'il estoit du nombre de ceux qui avoient faict les fols avecques monsieur de Bourbon. Pomperant respondit que non; mais que bien il voudroit avoir perdu tout son bien, et estre en sa compagnie. Sur la fin de table, vindrent nouvelles que le prevost de l'hostel estoit ou avoit esté à une lieuë de là, bien accompagné, à la poursuitte de monsieur de Bourbon; dont il fut estonné, de sorte qu'il se voulut lever de table, pour se sauver; mais il en fut empesché par ledit Pomperant, pour crainte de donner souspeçon à la compagnie. Au sortir de table, monterent à cheval, et allerent loger à six lieues de là, auquel lieu ils sejournerent un jour pour reposer leurs chevaux, par-ce que c'estoit un lieu incogneu dedans les montagnes.

Le mardy ensuivant, dés le poinct du jour, prindrent le chemin du pont de Beauvoisin, pour tirer droict à Chambery, où par les chemins trouverent grand nombre de cavallerie allant à la suitte de l'armée que conduisoit monseigneur l'amiral de Bonnivet en Italie, dont ils eurent grande peur d'estre cogneus. En fin, le mecredy, sur le tard, arriverent à Chambery, où ils conclurent de prendre la poste jusques à Suze, et de là prendre le chemin par les païs de monsieur de Savoye, pour arriver à Savonne ou à Gennes, et là s'embarquer pour aller en Espagne trouver l'Empereur : mais le matin qu'ils devoient partir, le comte de Sainct Pol passa en poste, prenant ledit chemin de Suze, pour aller trouver monsieur l'amiral en Italie; parquoy ils changerent leur dessein, prenans le chemin du Mont du Chat, et à huict lieuës au dessus de Lion repasserent le Rhosne, prenans le chemin de Sainct Claude. Et y estans arrivez, ne trouvans le cardinal de La Baulme, n'y firent sejour que d'une nuict, et allerent trouver ledit cardinal à la tour de May, maison dépendante de l'abbaye de Sainct Claude, où il faisoit sa demeure; auquel, par-ce qu'il estoit serviteur de l'Empereur, il se feit cognoistre. Le lendemain, avec bonne escorte de cavallerie que luy bailla ledit abbé, s'en alla coucher à Colligny, et de là à Passeran; et y feit sejour huict ou dix jours. Partant dudit Passeran, alla monsieur de Bourbon à Bezançon, et de Bezançon à Liere en Ferrette, auquel lieu se trouverent la plus grande part des gentils-hommes qui avoient abandonné le Roy et leurs maisons pour le suivre : desquels estoit le seigneur de Lurcy, Lalliere, Montbardon, Le Pelou, le seigneur d'Espinars, Le Peschin, Tansanne, et plusieurs autres; et pareillement le vindrent trouver le capitaine Imbault et l'esleu Petitdey, luy pensans persuader de retourner en France, se faisans forts que le Roy mettroit en oubly les choses passées, avec bon traittement, tel que le Roy luy avoit offert passant à Moulins : à quoy il ne voulut condescendre, tellement qu'ils s'en retournerent en France sans avoir rien exploité. Partant de Liere, ledit de Bourbon, accompagné de soixante ou quatre vingts chevaux, traversa les Allemagnes, puis au bout de six sepmaines arriva à Trente, auquel lieu, apres y avoir faict sejour de deux ou trois jours, alla à Mantoue, où il fut receu du marquis en grande amitié, d'autant qu'ils estoient cousins germains, par-ce que la mere dudit duc de Bourbon estoit sœur du feu marquis de Mantoue, pere d'iceluy; lequel meit iceluy seigneur de Bourbon en tel equipage qu'il appartenoit à un tel prince, de chevaux, d'armes, mullets, et autres choses necessaires, tant pour luy que pour les siens. Le quatriesme jour de son arrivée, partant de Mantoue, alla à Cremonne, auquel lieu il fut bien recueilly par le gouverneur. Le lendemain, avecques bonne escorte de chevaux, fut conduit à Plaisance, où le vint trouver dom Charles de Lannoy, vice-roy de Naples, lequel venoit pour estre lieutenant general pour l'Empereur au duché de Milan, pour l'extreme maladie en laquelle estoit tombé le seigneur Prospere Colonne.

Apres avoir communiqué ensemble des affaires de la guerre, ledit seigneur de Bourbon partit pour aller à Gennes, pour s'embarquer et faire son voyage en Espagne : auquel lieu, attendant le vent, il sejourna cinq sepmaines, et aussi attendant le retour du seigneur de Lurcy, lequel dés qu'il estoit en Allemagne avoit depesché devers l'Empereur pour entendre sa volonté. Finablement, n'ayant plus d'attente au retour dudit Lurcy, delibera de passer outre; mais alors qu'il pensoit embarquer, descendit au port de Gennes messire Adrian de Crouy, seigneur du Ru, et avecques luy le seigneur de Lurcy, lesquels apporterent response de l'Empereur : c'est qu'il bailloit en option audit seigneur de Bourbon, ou d'aller en Espagne, ou bien de demourer en Italie avecques l'armée. Sur lesquelles offres il conclut de demourer au duché de Milan pour veoir à quelle fin tourneroient ces deux grosses armées du Roy et de l'Empereur, attendu mesmes que desja nostre armée tout l'hyver s'estoit ruinée devant Milan; et, sur ladite resolution, alla trouver le vice-roy de Naples et l'armée imperialle à Binasq.

Le mareschal de Chabannes et monsieur le grand maistre ayans failly à rencontrer monsieur de Bourbon, lequel s'estoit sauvé en la maniere que je vien de declarer, allerent à Chantelles, laquelle place leur

27.

fut rendue par le capitaine, apres avoir esté sommé de la part du Roy, son souverain seigneur. En laquelle place ils trouverent tous les meubles de la maison de Bourbon, qui estoient les plus beaux qui fussent en maison de prince de la chrestienté, qu'ils mirent entre les mains du Roy : semblablement mirent en l'obeïssance dudit seigneur le chasteau de Carlat, et generallement toutes les autres places de la maison de Bourbon. Aussi peu apres le Roy feit prendre prisonniers, par souspeçon, messire Emar de Prie, capitaine de cinquante hommes d'armes; le seigneur de Sainct Vallier, capitaine de cent gentils-hommes de la maison du Roy; le seigneur de La Vauguyon, capitaine d'hommes d'armes, qui pour lors estoit en garnison à Terouenne, et plusieurs autres gentils-hommes, serviteurs de ladite maison; desquels, encores qu'aucuns fussent trouvez avoir eu la cognoissance de ladite conjuration, laquelle ils n'avoient revelée comme ils estoient tenus, ce-nonobstant à tous leur pardonna (1). L'evesque d'Autun, fils du feu general Hurault, jaçoit que tous les biens, tant de luy que des siens, fussent venus du Roy et de ses predecesseurs, fut souspeçonné d'avoir esté du conseil de ladite fuitte; parquoy fut mis prisonnier, puis apres delivré; mais, estant en liberté, se retira apres mondit-seigneur de Bourbon, et, apres le trespas de Hieronyme Moron, monsieur de Bourbon le feit chancelier de Milan : toutesfois depuis le Roy lui pardonna, et le remist en tous ses biens. Par les choses predites, on peult facilement

---

(1) *A tous leur pardonna* : l'auteur, pour ne point parler de Diane de Poitiers, s'abstient de faire mention du procès de Saint-Vallier. (*Voyez* l'Introduction.)

recognoistre la grande humanité du Roy, lequel, estant offensé de ceux qui avoient reçeu les biens et honneurs de luy, ne print vengeance d'un seul, ains pardonna à tous ceux qui retournerent vers luy cherchans misericorde.

Le Roy voyant la fuitte de monsieur de Bourbon, et craignans que autres fussent de la partie, ne fut conseillé de passer les monts en personne; parquoy manda à monseigneur l'amiral de Bonnivet, messire Guillaume Gouffier, lequel estoit ja pres de Vercel avec l'armée, qu'il eust à executer l'entreprise du duché de Milan, suivant ce qu'eux deux en avoient conclu; et retint pres de sa personne le duc d'Alançon, le duc de Vendosmois, le grandmaistre bastar de Savoie, le mareschal de Chabannes, seigneur de La Palisse, avecques leurs compagnies, chacune de cent hommes d'armes. Et par-ce qu'il fut adverty que La Motte des Noyers, lequel j'ay dit cy dessus avoir esté par monsieur de Bourbon depesché en Allemagne, marchoit avecques le comte Guillaume de Fustamberg, et le comte Felix, et leurs regimens de dix ou douze mille lansquenets, prenans leur chemin entre la Bourgongne et la Champagne, manda au duc de Guise qui estoit en Bourgongne, et à monsieur d'Orval qui estoit en Champagne, qu'ils eussent à pourveoir à leurs frontieres; et du costé où l'ennemy tourneroit la teste, ils eussent à assembler leurs forces ensemble, leur envoyant la compagnie de cent hommes d'armes de monsieur d'Alançon, et celle de monsieur de Vendosme, de pareil nombre, pour les renforcer, retenant pres de luy les personnes dudit duc d'Alançon et de Vendosme.

Aussi retenoit le mareschal de Chabannes et le grand maistre, pour les employer où verroit estre besoing, et que les occasions s'offriroient.

Environ le commencement de septembre 1523, monsieur l'amiral ayant eu les nouvelles de la fuitte de monsieur de Bourbon, ensemble le mandement que luy faisoit le Roy d'executer l'entreprise de Milan, par-ce que si le Roy eust marché en personne, luy mesmes eust conduit l'avantgarde, la bailla pour conduire à monsieur le mareschal de Montmorency, et luy print charge de la bataille. Ce faict, marcha avecques l'armée droict à Milan. Vous avez ouy cy devant comme Prospere Colonne avoit fortifié les passages du Tesin, se persuadant d'empescher nostre armée de passer; et sur ladite esperance avoit delaissé la fortification de Milan qu'il avoit commencée. Peu devant ce temps le duc Sforce, lequel faisoit sa demeure à Monche, un jour partit pour venir à Milan; mais un gentil-homme milannois de sa famille, nommé Benedict Viscomte, mal content dudit Sforce son maistre par-ce qu'il luy avoit cassé une compagnie de gens de pied, de laquelle auparavant il avoit eu la charge, estimant en cela avoir esté injurié, delibera lors de se venger. Or estant ledit Sforce sur le chemin de Monche à Milan, monté sur un petit cheval, ayant peu de gens aupres de luy à cause de la poussiere, ledit Visconte, estant sur une jument turque, l'accosta, feignant vouloir parler à luy; puis l'ayant accosté, tira une courte dague, dont il pensa donner audit duc dedans la gorge : toutesfois le duc, baissant la teste et le corps, detourna le coup, tellement qu'il ne luy donna qu'au travers du bras; et s'il luy eust aussi bien donné dedans le corps, il estoit mort : ce-neantmoins ledit Visconte, quelque suitte qu'il eust, se sauva par la vitesse de ladite jument. Le duc Sforce, estant eschappé de ce peril, se retira à Monche, doubtant qu'il y eust autre ambuscade sur le chemin de Milan. Incontinant le bruit courut que le duc Sforce estoit mort du coup qu'il avoit receu; ce qu'ayant entendu un capitaine milannois, nommé Galeas de Birague, qui lors estoit à Turin, attendant le passage de nostre armée pour se joindre avecques elle pour le service du Roy, pensant la mort du duc estre veritable, et sçachant que nostre armée estoit desja dedans les montagnes, par le moyen de quelque intelligence se meit dedans Valance, ville dessus le Pau, au dessoubs de Cazal Sainct Vas, soubs umbre de la pouvoir garder jusques à l'arrivée de nostre armée : mais autrement en advint, car le seigneur Antoine de Leve, par ordonnance de Prospere Colonne, partit d'Ast avecques l'infanterie espagnolle et les chevaux legiers, et alla expulser ledit Birague hors de Valance, ne luy donnant loisir de se remparer ne fortifier, et le print prisonnier. Ce temps pendant l'amiral de Bonnivet (estans avec luy les capitaines qui s'ensuivent, à sçavoir le mareschal de Montmorency, le seigneur Bayar, le seigneur de Vandenesses, le seigneur de Mezieres, le seigneur de Vallery, et le vidasme de Chartres, et environ quatorze ou quinze cens hommes d'armes; le seigneur de Lorges, general de six mille François, le duc de Suffolc, general de six mille Allemans, et douze ou quinze mille Suisses; et y estoient pour leur plaisir le comte de Sainct Pol et le comte de Vaudemont, n'ayans aucune charge) print son chemin pour marcher droict où estoit le seigneur Prospere avecques son armée, et luy donner la bataille, comme je diray, apres que j'auray parlé de ce qui se faisoit à Bayonne et à Fontarabie.

Vous avez bien entendu cy dessus comme l'an 1522 le mareschal de Chabannes avoit secouru Fontarabie, et avoit tiré dehors le seigneur du Lude, qui si bien y avoit faict son devoir, et tant enduré de necessité et de famine, et en son lieu avoit, par le commandement du Roy, mis pour gouverneur le capitaine Frauget, lequel estoit lieutenant du mareschal de Chastillon alors de son deces, vieil gentil-homme, et qui toute sa vie avoit eu reputation d'estre homme de guerre, auquel le Roy avoit donné charge de cinquante hommes d'armes pour la garde de ladite place de Fontarabie; et avecques luy dom Petre, fils du mareschal de Navarre, lequel les Espagnols depuis peu de temps avoient faict mourir en prison, ayant iceluy dom Petre charge de mille hommes de pied. Suivant ce que j'ay dit cy devant que l'entreprise de l'ennemy estoit de tout en un temps assaillir la Champagne, soubs esperance de la faveur de monsieur de Bourbon, aussi l'Anglois et le Bourguignon entrer en Picardie, et les Espagnols assieger Fontarabie, toutes ces choses furent par eux executées; et mesmes, le sixiesme jour de septembre audit an 1523, les Espagnols mirent leur armée ensemble : dequoy le seigneur de Lautrec, gouverneur de Guienne, adverty, alla à Bayonne pour pourveoir tant audit lieu qu'à Fontarabie. Premierement bailla audit capitaine Frauget, pour la garde de sa place, tout ce qui luy estoit necessaire, tant d'hommes, de vivres, que de monitions, pour attendre un long siege et soustenir un grand effort; puis feit retirer dedans Bayonne tous les vivres et le bestail qui se trouverent au païs de labour, tant pour pourveoir ladite ville, qu'à ce que l'ennemy ne s'en peust prevalloir. Et par-ce qu'il estoit depourveu d'hommes, d'autant que les forces du Roy estoient tant en Italie, Picardie, que Champagne, et qu'il n'avoit moyen de pourveoir ladite ville du nombre de gens de guerre dont estoit besoing, et craignant que, faignant ledit ennemy d'aller assaillir Fontarabie, vint assaillir ladite ville de Bayonne, resolut luy-mesmes de demourer dedans.

Les Espagnols ayans mis leurs forces ensemble, le seziesme jour dudit mois de septembre vindrent loger à Sainct Jean de Lus, mi-chemin de Fontarabie et de Bayonne; et le lendemain assaillirent Bayonne par eau et par terre avec telle impetuosité, que, sans la presence dudit seigneur de Lautrec, il est apparent qu'ils l'eussent forcée, veu le peu de gens de guerre qui estoient dedans : mais la vertu dudit seigneur fut telle, que trois jours et trois nuicts il ne bougea de dessus les murailles, faisant pourvoir à toutes choses, et mesmement aux entrées des rivieres. Il fault entendre qu'il y a deux grosses rivieres, toutes deux portans navires, dont l'une, venant de devers Dax, vient border la ville du costé de France; l'autre vient de devers Saint-Jean de Piedeporc et des montagnes de Navarre, laquelle passe à travers de la ville; et, sortant de la ville, les deux rivieres s'assemblent, où la mer flue et reflue deux fois en vingt-quatre heures, de sorte que les grands navires y entrent à plaine voille : chose qui donnoit moult de crainte aux Bayonnois, attendu le grand nombre des navires qu'avoient les Espagnols et Bisquains. Toutesfois la presence du seigneur de Lautrec donna telle asseurance aux habitans, que tous, hommes, femmes et enfans, mirent la main à l'euvre, tellement que qui estoit couart se faisoit hardy. Le quatriesme jour, les Espagnols se voyans perdre temps, se retirerent, et allerent assieger Fontarabie, où ils ne trouverent telle resistence, encores qu'elle fust pourveue de bon nombre d'hommes et d'autres choses necessaires; car le capitaine Frauget, apres avoir tenu peu de jours, neantmoins lesdites forces qu'il avoit, et veu la grandeur de la place, rendit la ville, qui n'estoit forçable, et en sortit ses bagues sauves : vray est qu'il disoit avoir esté contraint de ce faire par-ce que dom Petre, fils du feu mareschal de Navarre, avoit intelligence aux ennemis. Toutesfois ledit Frauget fut à Lion, sur un eschaffault, degradé de noblesse, et declaré roturier, luy et ses descendents, pour avoir esté negligent, et failly de cueur à pourveoir à la conspiration dudit dom Petre, si ainsi estoit qu'elle fust vraye.

Retournons à l'amiral de Bonnivet, lequel print son chemin pour marcher droict où estoit ledit seigneur Prospere avecques son armée, deliberé de luy donner la bataille. Le seigneur Antoine de Leve, estant à Ast, adverty du passage de nostre armée, en toute diligence se retira de là le Tesin; à l'occasion dequoy monditseigneur l'amiral print Novare et toutes les autres villes de l'Omeline. Le seigneur Prospere, estant tombé en extreme maladie, s'estoit faict porter sur le bord du Tesin, faisant contenance de vouloir combatre; mais estant adverty que noz coureurs estoient arrivez sur le bord de la riviere, se voyant hors d'espoir de garder le passage, pour estre gayable en plusieurs lieux, renvoya sa grosse artillerie à Milan. Le lendemain, estant adverty que le reste de nostre armée estoit à Vigeve, et que desja, à coups d'artillerie, elle avoit faict abandonner la garde dudit passage aux lansquenets imperiaux, et que noz gens de cheval et de pied commençoient à passer, cogneut, mais trop tard, son erreur, d'avoir voulu entreprendre de garder le pas d'une riviere contre une armée françoise venant en sa premiere furie; parquoy se retira à Milan, auquel lieu estant arrivé trouva un tel effroy, tant parmy les gens de guerre que citadins, qu'il resolut d'abandonner la ville et se retirer à Laudes. Mais la fortune fut si mauvaise pour monsieur l'amiral, qu'il s'inclina aux persuasions de plusieurs Milanois, et speciallement de Galeas Visconte, qui luy faisoient entendre que s'il marchoit droict à la ville elle seroit mise à sac; de sorte que le Roy ne s'en pourroit prevalloir, et que, laissant aller ledit Galeas parler ausdits citadins, il trouveroit moyen qu'ils mettroient les Imperiaux hors de la ville, et fourniroient au Roy une bonne somme de deniers pour ayder à soustenir les frais de la guerre. Lesquelles remonstrances furent cause que le seigneur amiral sejourna deux ou trois jours sans suivre sa fortune : et y fut envoyé ledit Galeas, et pour l'accompagner le general de Normandie, Boyer, et quelques autres. Les parlemens furent longs; mais en fin ce fut toute tromperie, et la ruine qui depuis advint de nostre armée, car ce temps durant le seigneur Prospere rasseura ses gens; et les bagages, qui estoient chargés pour se retirer, furent dechargez, et avec extreme diligence, et un nombre incroyable de castadous releva les ramparts des lieux les plus ruinez; puis, voyant les forces n'estre suffisantes pour garder plusieurs places, abandonna tout le duché, gardant seulement Milan, Cremonne et Pavie, attendant que nostre armée eust passé sa fureur, et que l'hyver, qui estoit proche, l'eust mattée. Et pour cest effect depescha le seigneur Antoine de Leve pour se mettre dedans Pavie, y faisant venir mille hommes qui estoient dedans Alexandrie, avecques autres deux mille que ledit de Leve mena quand et luy; et envoya autres trois mille hommes de pied dedans Cremonne. L'amiral voyant Alexandrie abandonnée, y envoya monsieur de Bussy d'Amboise avecques deux mille francs archers.

Monsieur l'amiral, voyant l'erreur qu'il avoit faict d'avoir temporisé sur une vaine esperance, marcha droict à Milan; mais ce fut trop tard, car desja le seigneur Prospere y avoit assemblé le nombre de dix mille hommes de guerre, sans les citadins, qui tous avoient prins les armes : ce nonobstant il planta son camp devant, entre le chemin de Laudes et de Pavie. Ce faict, envoya saisir la ville de Monche, dedans laquelle il meit bonne garnison, pour empescher les vivres d'aller à Milan; puis ayant eu avertissement que le duc de Mantoue estoit arrivé à Laudes avecques cinq cens chevaux et deux cens hommes de pied que le Pape envoyoit pour le secours de la ligue, depescha le capitaine Bayar, accompagné de huict mille hommes de pied, quatre cens hommes d'armes, et huict ou dix pieces d'artillerie, pour marcher droict audit lieu de Laudes, y pensant surprendre le duc; lequel, estant adverty et se deffiant de ses forces, se retira, abandonnant ladite ville : parquoy le capitaine Bayar entra dedans; puis, y ayant laissé bonne garnison, print le chemin de Cremonne, pour tenter s'il pourroit prendre la ville par le moyen du chasteau, qui tenoit pour le Roy. Auquel lieu arrivé, se vint joindre avecques luy le seigneur Rence de Cere, baron romain, accompagné de quatre mille hommes de pied italiens qu'il avoit levez, pour le service du Roy, au Ferrarois et aux environs. Le capitaine Bayar et ledit seigneur Rence assemblez, et cognoissans que par le chasteau n'y avoit ordre de forcer la ville, à l'occasion des grandes tranchées que les ennemis avoient faictes entre la ville et ledit chasteau, delibererent de l'assaillir par ailleurs, et tenter la fortune de la pouvoir forcer, encores que l'armée venitienne, qui estoit de la part de la ligue, fust à Pontivy pres de là; mais elle avoit commandement de la Seigneurie de ne sortir hors de leurs confins sans leur expresse jussion.

Le seigneur Prospere, adverty que l'armée du Roy prenoit le chemin de Cremonne, ne tarda gueres qu'il manda à Pavie qu'on eust à envoyer trois mille cinq cens hommes à Cremonne pour la deffence d'icelle; manda pareillement au duc d'Urbin, general de la Seigneurie, et au marquis de Mantoue, general de l'Eglise, avecques grandes instances, qu'ils eussent à approcher leur armée pres la nostre, pour l'empescher de donner l'assault. Toutesfois cela ne retarda que le capitaine Bayar, le seigneur Rence, et le seigneur de Lorges, general de l'infanterie françoise, ne fissent leurs approches; et en telle diligence firent la baterie, qu'en trois jours la bresche estoit raisonnable pour assaillir. Mais soudain vint une pluye si abondante, que noz genz, voulans marcher en avant pour l'assault, reculloient en arriere, tant il faisoit glissant; et dura ladite pluye quatre jours et quatre nuicts sans cesser, ainsi qu'estoit advenu au seigneur de Lautrec l'an precedant devant Pavie : à cause dequoy le capitaine Bayar fut contrainct de remettre l'assault à un autre jour, pendant lequel les ennemis eurent loisir de remparer la breche. Et, pour les continuelles pluyes, les chemins devindrent si mauvais, que, quelque part que ce fust, ne pouvoient venir vivres en nostre camp; qui fut l'occasion de la famine qui s'y mist, joinct que l'armée venitienne rompoit les vivres d'un costé, et l'armée de l'Eglise d'autre. Ce que voyant le capitaine Bayar, apres avoir refreschy le chasteau tant d'hommes que de vivres, fut contraint de se retirer vers Milan, ayant trouvé audit chasteau ledit seigneur de Bunou, qui en estoit capitaine, mort, et tous les soldats que le mareschal de Foix y avoit laissé, hors mis huict, lesquels avoient deliberé de mourir comme les autres, plustost que de rendre la place, encores qu'ils eussent esté enfermez deux ans en extreme necessité : ce que n'avoient faict ceux du chasteau de Milan; car si tost apres que monsieur de Lautrec eut failly à les secourir (où Marc Antoine Colonne fut tué), ils rendirent la place, encores qu'ils eussent des vivres suffisamment pour attendre le secours qu'y amenoit l'amiral de Bonnivet. Aussi le seigneur Prospere, quand il se retira de devant nous apres qu'eusmes passé le Tesin, n'eust jamais entrepris de s'arrester dedans la ville si le chasteau eust tenu nostre party; dequoy le capitaine Mascaron, qui en avoit eu la charge, fut fort blasmé, et en hazard d'en recevoir une honte.

Laissons monsieur l'amiral de Bonnivet devant Milan jusques à ce qu'il soit temps d'en parler, et

venons à ce qui se faisoit au mesme temps tant en
Champagne qu'en Picardie. Incontinant apres que
monsieur de Bourbon se fut retiré hors de France,
La Motte des Noyers, que j'ay dit cy devant avoir
esté par ledit de Bourbon envoyé en Allemagne
pour faire levée de lansquenets, feit telle diligence
qu'en peu de temps il descendit en Champagne avec
le comte Guillaume de Fustamberg et le comte Felix, et vint assieger Coiffy, qui est une place aux confins de ce royaume, à l'entrée de la Franche-Comté,
à six lieuës par de là Langres. Auquel lieu estans
arrivez, le capitaine qui en avoit la charge s'estonna;
de sorte qu'il leur rendit la place sans coup ferir, dés
la premiere sommation qui luy fut faicte. Ce faict,
laissans Montigny le Roy à la main gauche, passans
la Meuse au dessus du Neuf-Chastel, prindrent le
chemin de Monteclaire, qui est un chasteau assis
sur une montagne pres la riviere de Marne, environ
mi-chemin de Chaumont en Bassigny et de Janville;
lequel chasteau se rendit pareillement. Le duc de
Guise, lequel estoit demouré lieutenant de roy en
Bourgongne, pour l'absence du seigneur de La Trimouille, qui estoit lieutenant de roy en Picardie,
adverty de la perte desdites places, avecques la gendarmerie qu'il avoit, sçavoir est sa compagnie de cent
hommes d'armes, celles du duc d'Alançon et du duc
de Vendosme, de pareil nombre, avecques quelques
autres compagnies, vint à Chaumont, pour se joindre aux forces de monsieur d'Orval, gouverneur de
Champagne. Lesquelles forces assemblées se trouverent de cinq à six cens hommes d'armes, sans les
arrierebans qu'ils mirent dedans ledit Chaumont et

autres places, afin de n'enfermer la gendarmerie, ains s'en servir à la campagne. Les ennemis se confians à la cavallerie que monsieur de Bourbon leur devoit fournir, n'en avoient amené; de sorte que nostre gendarmerie, qui estoit ordinairement à cheval, et les ennemis n'ayans aucune cavalerie pour faire escorte à leurs fourrageurs, en peu de jours y furent affamez, de sorte qu'ils furent contraints de faire leur retraitte, prenans le chemin du Neuf-Chastel en Lorraine, pour audit lieu passer la riviere de Meuze.

Le duc de Guise estant adverty de leur retraitte, et du chemin qu'ils prenoient, depescha deux ou trois cens hommes d'armes pour passer ladite riviere de Meuze, et gaigner le devant pour les prendre en teste, et luy avecques le reste de la gendarmerie les charger sur la queuë, à demy passez; car ils menoient un grand butin, qui estoit le moyen de plus aisément les mettre en desordre. Mais il advint que, le soir que devoit partir la compagnie de monsieur de Guise, que conduisoit le seigneur de Courville, soubs la conduitte duquel pareillement devoient marcher tous les autres, sourdit querelle entre ledit seigneur de Courville et le seigneur de Chastelet de Lorraine, porte-enseigne dudit seigneur de Guise, telle qu'ils mirent la main aux armes; de maniere que Chastelet donna un coup d'estoc audit Courville dedans la bouche, qui perça de part en autre; dont retarda leur partement. Mondit-seigneur de Guise, pensant que ceux qu'il avoit ordonnez de passer la Meuze y fussent desja, se meit à la queue des ennemis avecques le reste de l'armée; lesquels arrivans devant le Neuf-Chastel, il print à demy passez, et ce qui estoit demouré sur la queue, fut taillé en pieces, et le butin recoux. Si ceux qui estoient ordonnez pour estre de là l'eau eussent executé ce qui leur estoit commandé, peu des ennemis se fussent sauvez, pour l'effroy auquel ils estoient entrez. Les dames de Lorraine et de Guise estoient aux fenestres du chasteau, qui en eurent le passe-temps.

Alors que ces choses se faisoient tant en Italie que Champagne, la Picardie n'estoit en patience; car le duc de Norfolc estant descendu à Callaiz avecques quatorze ou quinze mille Anglois, et s'estant joinct avecques luy le comte de Bure, lieutenant pour l'Empereur, leurs forces unies ensemble, se trouverent le nombre de cinq à six mille chevaux, et de vingt-cinq à trente mille hommes de pied, avecques bonne quantité d'artillerie; et prindrent le chemin entre Montreul et Terouenne, pour assaillir ou Hedin ou Dourlan. Le seigneur de La Trimouille, cognoissant les grandes forces qu'il avoit sur les bras, avoit desja pourveu aux places où il estoit apparant que l'ennemy s'attaqueroit : premierement, dedans Terouenne avoit laissé le seigneur du Fresnoy, bastar de Moreul, qui estoit gouverneur dudit lieu, ayant charge de cinquante hommes d'armes; et le capitaine Pierre-Pont, avec cent hommes d'armes de la compagnie du duc de Lorraine, duquel il estoit lieutenant, et deux mille hommes de pied. Les ennemis, la voyans si bien pourveue, passerent outre sans l'assaillir; puis, prenans le chemin de Dourlan, passerent devant Hedin, où ils firent le semblable. Estans arrivez audit Dourlan, deliberez de l'assieger, trouverent un chasteau de terre, que le seigneur du Pontdormy, par le commandement du duc de Vendosme, l'an precedant, avoit faict edifier sur la montagne, tirant vers Amiens, bien pourveu d'hommes et de munitions; auquel, apres l'avoir bien recogneu, ne furent d'advis de s'attaquer; et y ayans sejourné quatre jours pour refreschir leur camp, prindrent le chemin de Corbie, où ils trouverent le seigneur de La Trimouille en personne; qui fut cause qu'ils passerent outre sans s'y amuser.

Il fault entendre que le seigneur de La Trimouille avoit si petit nombre d'hommes, qu'il estoit contraint, quand l'ennemy avoit abandonné une place, de retirer les forces qui estoient dedans pour les mettre en une autre, au devant dudit ennemy. Le seigneur du Pontdormy voyant les ennemis passer outre Corbie, et prendre le chemin contre-mont la riviere de Somme, se meit dedans Bray, où est un passage de ladite riviere, entre Corbie et Peronne, pour empescher le passage à l'ennemy, ayant en sa compagnie environ cent cinquante hommes d'armes, et douze ou quinze cens hommes de pied, encores que la ville ne fust gardable, d'autant que la muraille ne vault riens, et ne se peult fortifier, à l'occasion de trois montagnes qui la commandent de si pres, qu'à coups de pierre on peult desloger ceux qui sont à la garde. Il avoit esperance qu'au cas que l'ennemy le forçast, qu'il auroit moyen de se retirer le long de la chaussée, rompant les ponts apres luy : mais autrement en advint, car il fut tellement pressé qu'il n'eut moyen de se retirer qu'en desordre; en sorte que les ennemis passerent ladite chaussée pesle-mesle avecques luy. Il y perdit environ quatre vingts ou cent hommes; et entre autres y mourut le capitaine Adrian, qui

avoit charge de mille hommes de pied; et eust esté
le reste taillé en pieces, sans ledit seigneur du Pontdormy qui retourna la teste, et soustint l'effort avec
la gendarmerie, pendant que les gens de pied se retirerent à Corbie, où estoit le seigneur de La Trimouille; lequel, estant adverty que l'ennemy, ayant
passé la riviere, prenoit le chemin de Roye et Montdidier, delibera d'envoyer secours audit Montdidier;
mais ne trouvant homme qui le vousist entreprendre,
par-ce que le camp de l'ennemy estoit sur le chemin, le seigneur du Pontdormy, lequel ne trouva jamais entreprise trop hazardeuse, entreprint d'y mettre
ledit secours. Parquoy, estant la nuict venue, se meit
en chemin avecques bons guides, et sans rencontre
meit dedans ladite ville de Montdidier le seigneur de
Rochebaron d'Auvergne, ayant charge de cinquante
hommes d'armes; et le seigneur de Fleurac avec pareille charge, estant lieutenant de la compagnie du
comte de Dammartin; et le capitaine René de La Palletiere avecques mille francs archers, dont il avoit la
charge.

Le seigneur du Pontdormy, après avoir executé ce
qu'il avoit entrepris, delibera sa retraitte; et sçachant
bien que les ennemis, estans advertis de son partement de Corbie et de son arrivée à Montdidier, mettroient peine de le rencontrer par les chemins à son
retour, toutesfois ne voulut attendre la nuict, craignant que monsieur de La Trimouille eust affaire de
luy. A ceste occasion il se meit à faire sa retraitte en
plain jour, deliberé de charger tout ce qu'il trouveroit
sur son chemin, encores qu'il n'eust que sa compagnie,
qui estoit de quatre vingts-dix hommes d'armes, et

celle du vicomte de Lavedan. Estant sur sa retraitte, rencontra cinq cens chevaux, sur lesquels il chargea de telle furie qu'il les mist à vau de routte; mais, trouvant deux mille chevaux qui venoient pour soustenir les autres, fut contrainct de faire sa retraitte, pour laquelle luy-mesmes demoura sur la queuë avecques trente chevaux, faisant retirer le reste sur le chemin d'Amiens : mais les ennemis luy firent une charge telle qu'il fut porté par terre, et son cheval tué. Toutesfois il fut secouru du seigneur de Barnieulles son frere, et lieutenant de sa compagnie, et du seigneur de Canaples, son nepveu et son guidon, qui le remirent à cheval; et demourerent lesdits de Barnieulles et de Canaples sur la queuë, pendant que ledit seigneur du Pontdormy se retira à Amiens avec sa trouppe; par-ce que le chemin de Corbie luy estoit fermé de toute l'armée des ennemis : mais lesdits de Barnieulles et de Canaples, avecques vingt hommes d'armes qui estoient en leur compagnie, furent tant et si souvent chargez, qu'ils furent portez par terre, et pris prisonniers avec sept hommes d'armes. Les ennemis, apres avoir pris et bruslé la ville de Roye, marcherent droict à Montdidier, où, apres avoir faict breche, ceux de dedans, se deffians de leurs forces, se rendirent leurs bagues sauves, et se retirerent devers monseigneur de La Trimouille. Toutesfois ce ne fut sans estre blamez de s'estre rendus si legierement; car les ennemis ne pouvoient faire long sejour, par faulte de vivres. Il fut dit que le capitaine René de La Palletiere ne voulut jamais consentir à ladite composition.

Le Roy, pour lors estant à Lion, adverty comme

les choses se passoient en Picardie, et que ses ennemis estoient venus jusques sur la riviere d'Oyse, à unze lieuës pres de Paris, depescha le duc de Vendosme en toute diligence pour y venir, luy donnant pouvoir de commander et pourveoir à toutes choses de deça; et quand et quand manda quatre cens hommes d'armes, tant de Bourgongne que de la Champagne, pour suivre ledit seigneur de Vendosme, et faire ce qu'il leur commanderoit. Mais devant envoya le seigneur de Brion pour asseurer les habitans de Paris; auquel, apres avoir declaré ce qu'il avoit de charge en plaine assemblée de ville, sans faire mention de la depesche du duc de Vendosme, ny de la compagnie qu'il amenoit, fut respondu, pour toute l'assemblée, par monsieur Baillet, second presidant de la cour, qu'il fust le bien venu, comme mandé de la part de leur roy et souverain seigneur : toutesfois que quand le roy Louis XI envoya reconforter ceux de sa bonne ville de Paris pour la descente du duc Charles de Bourgongne devant Beauvais, il n'y envoya en poste, mais y envoya le mareschal Joachin Rouault, accompagné de quatre cens hommes d'armes, et que cela les reconforta; et encores que ledit seigneur de Brion fust homme de bien, favorisé du Roy, si n'estoit-il suffisant luy seul pour asseurer une telle ville que Paris. Ce neantmoins ils avoient nouvelles que le duc de Vendosme venoit en telle compagnie que ledit Rouault estoit venu : chose qui leur donnoit grande asseurance, tant pour les vertus et qualitez dudit personnage, que de sa compagnie.

Les Anglois, apres avoir pris et bruslé lesdites villes de Roye et Montdidier, estans adverti de la venue de monsieur de Vendosme, craignans que monsieur de La Trimouille vint d'une part, et monseigneur de Vendosme d'autre, et que par ce moyen leur armée fust affamée, delibererent de faire leur retraitte par Fervacqués, à l'endroit que la riviere de Somme prend sa source, quatre lieuës au dessus de Sainct Quentin; et en passans, leur chemin bruslerent Nelle, qu'ils trouverent abandonnée, pour sa debilité. Le jour ensuivant, prindrent le chemin de Ham., pensans trouver la ville despourveue; mais, la nuict precedente, le comte de Brene, surnommé de Sallebruce, estoit entré dedans avecques sa compagnie de cinquante hommes d'armes et environ sept ou huict cens hommes de pied, ayans deliberé de garder la ville, car le chasteau n'estoit prenable à une armée qui se retiroit. Les ennemis, voyans la place si bien pourveue, passerent outre sans l'assaillir. Le deuxiesme jour apres, laissans Sainct Quentin à leur main gauche, allerent loger à Fervacques, et le lendemain à Premont, faisant contenance de vouloir assieger le chasteau de Bohain, distant d'une lieue dudit Premont. Toutesfois ce logis de Premont ne monstroit point que les ennemis voussissent assaillir Bohain, car il est sur le chemin de Bohain à Cambray, où y avoit plus d'apparence qu'ils se vouloient retirer qu'assaillir la place; mais le capitaine dudit Bohain sentant l'ennemy si pres, n'ayant cesté consideration, ne luy donna la peine de l'envoyer sommer, ains alla jusques audit Premont, et rendit le chasteau entre les mains du duc de Suffolc et du comte de Bures, moyennant que luy et ses soldats sortiroient leurs bagues sauves. L'Anglois, ayant laissé bonne garnison dedans ladite place, se retira en Artois, et licentia son armée. Et fut cela peu apres la Toussaincts 1523, et environ dix ou douze jours apres la Sainct Martin, que les bleds gellerent presque universellement par tout le royaume de France. Le seigneur de La Trimouille, sçachant l'ennemy estre retiré avant que monseigneur de Vendosme fut arrivé, marcha droict audict lieu de Bohain avecques six canons, dont il feit si furieuse batterie, que ceux de dedans se voyans sans esperance de secours, pour estre leur armée separée, se rendirent. Ce faict, le seigneur d'Estrée fut ordonné capitaine de ladite place, et partit ledit seigneur de La Trimouille de Picardie, ayant eu une armée si puissante sur ses bras, et si peu de gens pour la garde du païs, sans que l'ennemy, au partir, tint un pied de terre de sa conqueste.

Ce temps pendant monsieur l'amiral de Bonnivet estoit tousjours devant la ville de Milan, en laquelle vint telle necessité de vivres, pour les moulins que les François avoient rompus és environs, et aussi pour le canal qu'ils avoient diverty d'entrer en ladite ville, que, sans le grand nombre de moulins à bras qu'avoit faict faire le seigneur Prospere, sans point de doubte les soldats et citadins fussent morts de faim. Aussi rengregea la maladie dudit seigneur Prospere, de sorte qu'il fut contrainct de bailler la charge de la guerre au seigneur Alarçon, espagnol, lequel puis peu de temps, par le commandement de l'Empereur, estoit venu de Calabre pour commander à l'infanterie espagnolle, pour l'absence du marquis de Pesquaire, qui n'agueres s'estoit retiré pour un differant survenu entre ledit seigneur Prospere Colonne et luy. Ledit seigneur Alarçon ayant envie à son arrivée de faire quelque chose de reputation, feit dresser dedans la ville un cavalier fort hault, pour tirer dedans nostre camp, et sur iceluy feit loger sept ou huict grosses pieces d'artillerie : le seigneur Prospere, cognoissant que l'effect dudict cavalier estoit inutil, et perte d'admonition, feit cesser l'ouvrage, et manda au marquis de Mantoue qu'avecques les cinq cens chevaux de l'Eglise desquels il avoit la charge il eust à se retirer dedans Pavie pour rompre les vivres à nostre camp, qui venoient du costé de Laudes. Les Florentins, Luquois, Senois, et autres de la ligue, commencerent à se retirer de la despense, par-ce que desja ils avoient fourny les trois mois qu'ils avoient promis; parquoy le seigneur Prospere, ne pouvant plus trouver moyen de recouvrer deniers, conclut de rendre Modene au duc de Ferrare pour de l'argent, laquelle ville le comte Guy de Rangon tenoit au nom de l'Eglise. Et pour ce faire depescha ambassadeurs vers iceluy duc de Ferrare; mais apres les choses conclues fut envoyé de la part de dom Charles de Lannoy, vice-roy de Naples, lequel rompit ledit traitté, asseurant qu'il fourniroit denier pour les frais de la guerre; et luy-mesmes partit de Naples pour venir à Milan, depesché par l'Empereur pour prendre charge de l'armée durant la maladie du seigneur Prospere, amenant avecques luy quatre cens hommes d'armes du royaume de Naples, et en sa compagnie le marquis de Pesquaire, lequel avoit abandonné l'armée, comme il est ja predit, pour quelque division survenue entre ledit Prospere et luy. Monsieur l'amiral ayant crainte que le marquis de Mantoue et Antoine de Leve, qui estoient à Pavie, ne vinssent se saisir du pont qu'il avoit faict faire à Vigeve, par lequel venoient les vivres en son camp, et par-ce moyen l'affamer, manda querir le seigneur Bayar et le seigneur Rence, qui estoient à Monche, pour se venir loger à Vigeve; mais le deslogement dudit lieu de Monche fut cause de nostre ruine, car, estans ce passage ouvert, les vivres arriverent à Milan en toute abondance.

[1524] Monsieur l'amiral voyant son esperance perdue d'affamer Milan, et mesmes quelques intelligences qu'on disoit qu'il avoit dedans la ville descouvertes, resolut de lever son siege, par-ce qu'il n'avoit plus moyen de tenir ses gens en campagne, pour les grandes neiges et rigoureux hyver qu'ils avoient enduré six mois devant. A ceste occasion, pour mettre son armée à couvert, se retira à Biagras et autres lieux circonvoisins, où, arrivé qu'il fut, depescha le seigneur Rence et le comte de Sainct Pol, et le seigneur de Lorges, general des gens de pied françois, pour aller assieger Aronne, qui est une ville sur le lac Majour; mais ledit Prospere Colonne voyant le deslogement de nostre camp de devant Milan, avoit desja envoyé pour renfort, dedans ladite ville d'Aronne, le nombre de douze cens hommes : chose qui vint mal à propos pour noz gens. Le seigneur Rence, estant arrivé devant ladite ville d'Aronne, feit soudainement faire les approches, et apres avoir mis ses pieces en batterie, et avoir battu vingt ou vingt-cinq jours, et faict donner deux ou trois assaus ausquels noz gens furent repoussez, delibera tenter autre fortune, ce fut de miner la place; mais apres avoir miné un grand pan de mur, faisant mettre le feu dedans les mines, la muraille estant enlevée en l'air, en lieu de se renverser dedans les fossez, retomba dedans ses fondemens, et demoura debout; à raison dequoy se voyant frustré de son intention, et avoir perdu tant de temps, feit sa retraitte en nostre camp. Et furent tuez audit siege plusieurs gens de bien des nostres; aussi fut il des ennemis : et entre autres, de nostre part, y moururent le seigneur de Pommereul, maistre de nostre artillerie en Italie, et un jeune gentil-homme de Normandie, surnommé de Roncerolles, fils du seigneur de Hugueville ; qui fut grande perte pour ledit Pommereul, un des plus experimentez en l'artillerie de ce royaume; et le jeune homme promettoit beaucoup de soy. Plusieurs autres y moururent, qui ne sont icy nommez à cause de breveté.

Durant ce temps l'armée imperialle n'avoit bougé de Milan, attendant la venue de dom Charles de Lannoy, vice-roy de Naples, lequel venoit pour estre lieutenant general de l'Empereur; mais ledit vice-roy temporisoit, attendant quelle fin prendroit la maladie du seigneur Prospere, laquelle desja avoit duré sept ou huict mois, ne voulant venir où il estoit pour de luy estre commandé. Aussi luy faisoit mal de destituer de son pouvoir un si gentil chevalier qu'estoit le seigneur Prospere; mais ayant entendu que desja il avoit perdu son entendement, partant de Pavie, s'en vint à Milan; et pense que le jour de son arrivée mourut ledit seigneur Prospere. Arrivé que fut à Milan le vice-roy, après avoir veu son armée, arresta avecques l'ambassadeur de Venise que les six mille lansquenets qu'il faisoit venir d'Allemagne estans joincts avecques l'armée venitienne, les deux ensemble passeroient la riviere d'Adde pour se venir joindre avecques luy, soubs deliberation que leur armée unie ensemble viendroit chercher l'armée du Roy pour la combatre, ruinée (comme il estoit vray) d'un si long hyver qu'elle avoit enduré, et des grandes fatigues qu'icelle avoit porté durant six mois, ne voulans attendre qu'elle eust refreschissement de France.

Il estoit le mois de mars quand l'armée venitienne, et le secours des six mille lansquenets, et l'armée du pape Clement, passerent la riviere d'Adde, et se vindrent joindre à Milan avec le vice-roy. Estans assemblez, se jetterent en campagne, et vindrent loger sur le chemin qui vient de Milan à Pavie : auquel lieu estans arrivez, le vice-roy eut advertissement comme le capitaine Bayar, avecques sa compagnie de cent hommes d'armes, le seigneur de Mezieres, et le seigneur de Saincte Mesmes, ayant chacun cinquante hommes d'armes, et le seigneur de Lorges avecques les gens de pied françois dont il estoit colonel, estoient logez à Rebec, assez loing de nostre camp, et en lieu malaisé pour y estre secourus, delibera leur donner une camisade, et de les faire surprendre en leurs logis; pour lequel effect depescha le marquis de Pesquaire avecques l'infanterie espagnolle, et le seigneur Jean de Medicis, nepveu du pape Clement, avec bon nombre de gens de cheval : et par-ce que la nuict se devoit faire l'execution, il feit prendre à chacun une chemise blanche par dessus ses armes, pour mieux se recognoistre. Ils firent si bonne diligence, qu'ils arriverent deux heures devant le jour sur nostre guet, lequel ne trouvans suffisant pour soustenir leur effort, le renverserent dedans nostre logis; de sorte que le capitaine Bayar et les autres capitaines veirent leur guet renversé sur leurs bras, aussi tost qu'ils eurent l'alarme. Ledit seigneur Bayar, encores qu'il fust malade, ayant pris medecine, monta soudain à cheval; aussi se trouva pres de luy le seigneur de Lorges avec ce qu'il peut promptement assembler de ses soldats, lesquels soustindrent l'effort des ennemis pendant que le reste se meit ensemble pour se retirer en nostre camp; et en chemin rencontrerent monsieur l'amiral, qui marchoit avecques l'armée au devant d'eux pour les secourir : nous y perdismes peu d'hommes, mais tout le bagage y demoura. Le lendemain matin, mondit-seigneur l'amiral, voyant de jour en jour nostre armée diminuer, depescha en Suisse pour faire levée de six mille hommes pour refreschir son armée : si est-ce que luy et le mareschal de Montmorency, qui menoit l'avant-garde, encores que leur armée fut ruinée, cherchoient tous les jours le moyen de donner la bataille; mais l'ennemy la fuyoit, esperant sans combatre nous chasser hors d'Italie, sans rien mettre en hazard, sçachant tresbien que le secours de France est tousjours long à venir.

Les Imperiaux voyans le logis de Biagras, que tenoit monsieur l'amiral, estre fort avantageux pour luy, ayans seulement laissé deux mille hommes pour la garde de la ville de Milan, passerent deça le Tesin, et se vindrent camper à Gambolat, pour nous coupper les vivres venans de l'Omeline; et par-ce aussi que la garnison de Garlas ordinairement couppoit les vivres venans de Pavie au camp imperial, le duc d'Urbin, avec l'armée venitienne, avisa de lever ledit Garlas d'entre noz mains. Auquel lieu estant arrivé et ayant faict breche, feit donner deux assaulx, dont il fut repoulsé, et y perdit beaucoup de gens, et des meilleurs; mais au troisiesme assault, estans noz gens travaillez d'estre tant souvent assaillis, n'eurent la puissance de soustenir l'effort de l'ennemy, et furent forcez; puis, y ayant laissé bonne garnison, ledit duc d'Urbin se retira au camp imperial. Ceste prise fut fort commode à l'ennemy, par-ce qu'apres icelle les vivres venoient de Pavie à leur camp en toute liberté. Monsieur l'amiral voyant les ennemis avoir passé le Tesin et avoir pris Garlas, ayant peur que le chemin de l'Omeline luy fust clos, et consequemment d'estre affamé; d'autant que de ce costé là lui venoient tous les vivres, laissant à Biagras mille hommes de pied et cent chevaux legiers, vint loger à Vigeve.

Estant logé le camp imperial audit Garlas et à Binasq, le seigneur Jean de Medicis, estant en campagne, rencontra deux cens Suisses des nostres qui estoient allez au fourrage, lesquels, ne se sentans nombre suffisant pour le combatre, se retirerent en lieu fort; mais apres s'estre rendus audit seigneur Jean la vie sauve, nonobstant la foy à eux baillée, les feit passer au fil de l'espée. Les Suisses, irritez de cest outrage, demanderent à monsieur l'amiral qu'il leur permist de faire la mauvaise guerre, laquelle, pour les contenter, leur accorda; de sorte que durant trois sepmaines aucun des ennemis ne tomba entre les mains desdits Suisses qu'il ne fust massacré; et s'il s'amenoit quelques prisonniers en nostre camp, il leur estoit permis de les tuer. Si nous eussions continué ce train, il est apparent que la fin de la guerre eust esté à nostre prouffit; car naturellement l'Espagnol craint plus la mort qu'autre nation, et va plus à la guerre par avarice que pour autre occasion; et où il cognoist qu'il y a plus de perte que de gain, peu ou point il ne se hazardera : je parle de la plus grande part, et non de tous; et qu'il soit vray; durant ledit temps de la mauvaise guerre peu d'Espagnols se hazardoient de se jetter en campagne, tellement que nous commencions d'estre en plus grand repos que par devant. Mais les Espagnols ne cesserent de pratiquer jusques à ce que la bonne guerre fust accordée.

L'armée imperialle estant à Gambolat, et la nostre à Vigeve, pour estre si proches, trois jours subsequemment monsieur l'amiral mist son armée en bataille devant l'ennemy, pensant le provoquer de venir au combat, encores que les Imperiaux fussent deux hommes pour un : toutesfois le vice-roy de Naples et le duc d'Urbin ne voulurent hazarder ce qu'ils esperoient estre à eux sans combat, et pour trouver moyen de nous tirer de Vigeve marcherent droict à Sartiragne, dedans laquelle ville estoient le comte Hugues de Pepolo, boulonnois, et le seigneur Jean de Birague, en garnison de nostre part. Arrivez que furent les Imperiaux devant Sartiragne, firent extreme diligence de mettre leurs pieces en batterie : monsieur l'amiral, adverty du chemin qu'avoit pris l'ennemy, et sçachant la debilité de la ville, soubs esperance de sauver les hommes qui estoient dedans, partit pour leur donner secours; mais, à son arrivée pres Morterre, fut adverty que ladite place estoit forcée, et la pluspart des soldats tuez, et le comte Hugues de Pepolo et Jean de Birague prisonniers; parquoy ne passa outre, et se logea audit lieu de Morterre.

Les Imperiaux ayans pris Sartiragne, chercherent, par le moyen d'un Vercelois nommé Hieronyme Petit, de lever Vercel hors de la devotion des François; ce qu'ils firent aisément, par-ce que la part gibeline est plus forte dedans la ville que la part guelfe. De ladite revolte, vint grand prejudice à nostre armée, d'autant que la plus part de noz vivres venoient du Vercelois et des environs de Turin, et ladite ville de Vercel leur couppoit chemin : chose qui donna grande esperance aux ennemis de nous avoir à leur mercy par faulte de vivres, et mesmes d'empescher, si bon leur sembloit, nostre retraitte en France; et pour cest effect vindrent loger à Camelian. En ces entre-faictes, nous advint un grand desastre : car le seigneur de Montejan et le seigneur de Boutieres, lieutenant de la compagnie du capitaine Bayar, firent une entreprise assez mal digérée; par-ce qu'ayans levé cent ou six vingts hommes d'armes les mieux à cheval, et choisis sur toute nostre gendarmerie (joinct qu'il fault entendre que la pluspart de ce qui demoura n'estoit monté que sur courtaulx, car leurs grands chevaux estoient morts de pauvreté), estans mal guidez, furent rencontrez des ennemis; jaçoit qu'ils fissent leur devoir de bien combatre, en fin furent deffaits, et furent pris prisonniers lesdits seigneurs de Montejan et de Boutieres, et toute la trouppe qui estoit avecques eux; qui fut un grand affoiblissement pour nostre armée, sur une arriere saison.

Monsieur l'amiral, esperant tousjours temporiser, attendant le secours de Suisse qu'il avoit envoyé querir, et quatre cens hommes d'armes de renfort que le Roy luy devoit envoyer, et six mille Grisons, lesquels par le Bergamasque se devoient venir joindre à Laudes avec le seigneur Federic de Bozzolo, pour de ceste part assaillir le duché de Milan et les terres des Venitiens, et par ce moyen divertir les forces de l'ennemy, s'en alla loger à Novare. Mais le seigneur Jean de Medicis, avecques quatre mille hommes de pied et trois cens chevaux, fut depesché par le vice-roy pour empescher le passage desdits Grisons; lequel, estant arrivé sur la frontiere dudit Bergamasque, estant secouru des Venitiens, tourmenta lesdits Grisons de sorte (par-ce qu'ils n'avoient point de cavallerie) qu'ils furent contraints de se retirer à leur païs. Estans les Imperiaux hors de la crainte des Grisons, chercherent le moyen de lever hors de noz mains la ville de Biagras, d'autant que de ce costé là venoient les vivres à nostre camp. A ceste fin depescherent le seigneur Jean, lequel d'arrivée força le pont qui estoit gardé par noz gens; puis estant arrivé devant la ville, ayant mis son artillerie en batterie, sortirent de Milan cinq ou six mille citadins en bon equipage, pour renforcer l'armée dudit seigneur Jean. Apres avoir faict batterie de quatre ou cinq jours, ils donnerent un assaut, auquel ils furent repoulsez; mais au second la place fut forcée, et y fut trouvé fort grand butin, qui cousta bien cher aux Milanois, par-ce que toutes les maisons de Milan où fut porté dudit butin furent pestiferées : de sorte que la ville fut tant infectée, qu'on tenoit pour certain qu'il y mourut quarante ou cinquante mille personnes.

Le vice-roy, pour achever de fermer tous les passages à nostre armée, et aussi pour empescher les Suisses qui estoient descendus à Ivrée, de se joindre à monsieur l'amiral, alla loger à Marian. Ce-pendant la mortalité se mist en nostre camp, et mesmes parmy les Suisses et autres indifferemment; et entre autres le mareschal de Montmorency, qui avoit la conduitte de l'avantgarde, tomba en si grosse maladie, qu'il y avoit plus d'apparence de la mort que de la vie. Monsieur l'amiral considerant qu'il estoit plus honneste de hazarder le reste de son armée que de la laisser mourir de peste, partit de Novare, prenant le chemin de Romagnan, en esperance de se venir joindre avecques les Suisses, puis apres retourner la teste pour donner la bataille à son ennemy. Au partir duquel lieu, le mareschal de Montmorency fut contraint de se faire porter dedans une littiere, n'ayant la puissance de monter à cheval.

Le vice-roy de Naples et le duc d'Urbin estans advertis du deslogement de nostre armée, en toute diligence la suivirent, et apres avoir marché six mille delibererent de se loger; mais le duc de Bourbon, nouvellement arrivé à leur camp, comme j'ay dit, les persuada de passer outre, pour au poinct du jour arriver sur nostre logis, et nous contraindre de combatre avant que le secours fut joinct à nous. Durant leurs disputes, environ minuict, l'amiral deslogea, prenant le chemin de la riviere de Sesia : auquel lieu estant arrivé sur le poinct du jour, les Suisses du secours arriverent sur l'autre bord de ladite riviere; lesquels estans mandez et priez par mondit-seigneur l'amiral de passer vers luy, esperant qu'estans joincts ensemble ils seroient suffisans pour combatre les Imperiaux, aux messagers ils firent response qu'il leur suffisoit de retirer leurs compagnons pour les reconduire en Suisse, attendu mesmement que le Roy ne leur avoit tenu promesse; car ils devoient trouver à leur descente à Ivrée le duc Claude de Longueville avecques quatre cens hommes d'armes pour les accompagner; ce qu'ils n'avoient trouvé. Et (ce qui plus porta defaveur à nostre armée) les Suisses, qui de tout temps avoient esté à nostre camp, sçachans bien leurs compagnons arrivez sur le bord de l'eau, la pluspart d'iceux se mist à vau de routte pour se joindre avecques leursdits compagnons nouveaux venus. Monsieur l'amiral voyant ce desordre, et voulant oster la cognoissance de ce desastre aux ennemis, avecques ce qu'il peut assembler de gendarmerie, demoura sur la queue pour soustenir le faix, où à la premiere charge il fut blessé d'une arquebouzade au travers du bras; duquel coup, pour la grande douleur qu'il portoit, fut contrainct de se retirer, laissant la charge du reste de l'armée et de la retraitte au comte de Sainct Pol et au capitaine Bayar. Ce pendant le vice-roy desbenda mille ou douze cens chevaux legers et sept ou huict cens arquebouziers espagnols pour attacquer l'escarmouche et amuser nostre armée, pendant qu'il y arriveroit avecques la grosse trouppe. Le capitaine Bayar et le seigneur de Vandenesses, estans demourez sur la queuë, soustindrent l'effort de ceste charge; mais tous deux y demourerent: le seigneur de Vandenesses mourut sur le champ, et le capitaine Bayar fut blessé d'une arquebouzade au travers du corps; lequel, persuadé de ses gens de se retirer, ne le voulut consentir, disant n'avoir jamais tourné le derriere à l'ennemy; et apres les avoir repoussez se feit descendre par un sien maistre d'hostel, lequel jamais ne l'abandonna, et se feit coucher au pied d'un arbre, le visage devers l'ennemy; où le duc de Bourbon, lequel estoit à la poursuitte de nostre camp, le vint trouver, et dit audit Bayar qu'il avoit grand pitié de luy, le voyant en cest estat, pour avoir esté si vertueux chevalier. Le capitaine Bayar luy feit response : « Monsieur, il n'y a point de pitié en moy, car je meurs en homme de bien ; mais j'ay pitié de vous, de vous veoir servir contre vostre prince et vostre patrie, et vostre serment. » Et peu apres ledit Bayar rendit l'esprit ; et fut baillé saufconduit à son maistre d'hostel pour porter son corps en Dauphiné, dont il estoit natif.

Le seigneur Bayar estant mort, le comte de Sainct Pol seul print la charge de la retraitte, en laquelle se feit autant de bonnes choses qu'il est possible, pour si peu de gendarmerie qu'il y avoit, dont la pluspart n'estoient que sur courtaulx, comme il est predit. Et entre autres se feit une charge, en laquelle fut tué le lieutenant de monseigneur de Saincte Mesme, nommé Beauvais le Brave, qui avoit esté l'un des deux lesquels, à la prise de Prospere Colonne, à Ville-Franche sur le Pau, l'an 1515, avoient empesché de fermer la porte de la ville; aussi fut tué le cheval du vidasme de Chartres, et celuy du seigneur Dannebault son lieutenant, où le seigneur de Lorges, avecques si peu de gens de pied françois qui luy estoient restez, arriva si à propos, que les ennemis furent contraincts d'eux retirer à la trouppe. Ce faict, le comte de Sainct Pol apres avoir passé la riviere, avecques peu de perte, bailla l'artillerie entre les mains des Suisses, lesquels firent leur retraitte avecques icelle par le val d'Oste, et luy se retira par Turin jusques à Suzane. Entre Suze et Briançon il trouva le duc Claude de Longueville avecques quatre cens hommes d'armes qui venoient à son secours; mais ce fut trop tard, car s'ils fussent arrivez quinze jours plustost, ils se fussent joincts avecques les Suisses nouvellement venus, et lesdits Suisses eussent combatu, consideré qu'ils ne firent excuse de combatre, sinon sur ce qu'on leur avoit promis qu'ils trouveroient lesdits quatre cens hommes d'armes à leur descente à Ivrée. Autant en advint-il l'an 1522, quand on envoya le secours de Gennes. Finablement nous envoyons du secours, mais mal à propos, quand l'occasion est faillie, et ne laissons à y faire despence inutile : au moins je l'ay veu souvent advenir de mon temps.

Le vice-roy de Naples voyant le duché de Milan delivré de l'armée de France, fut d'advis que le duc d'Urbin, avecques l'armée venitienne, se retireroit, et en passant mettroit la ville de Laudes, encores tenue par le seigneur Federic de Bozzolo au nom du Roy, entre les mains du duc Sforce; et le marquis de Pesquaire iroit, avec une partie de l'armée, pour reduire Alexandrie entre les mains dudit duc, pour lors encores gardée par le seigneur de Bussy d'Amboise au nom du Roy. Lesdits seigneurs Federic et d'Amboise voyans entierement nostre armée retirée, et nulle esperance de secours, apres avoir faict leur devoir, capitulerent qu'il leur seroit permis d'envoyer devers le Roy, et que si dedans quinze jours ils n'avoient responce dudit seigneur, ils remettroient lesdites places entre les mains de l'Empereur. Ayans dedans ledit temps eu response du Roy qu'il n'avoit le moyen de les secourir, et qu'ils eussent à faire la plus honnorable composition qu'il leur seroit possible, s'en revindrent en France par composition faicte, bagues sauves et enseignes desployées, conduits à seureté jusques à Suze, remettans lesdites places és mains des deputez de l'Empereur.

En ce temps arriva mandement au vice-roy, de la part de l'Empereur et du roy d'Angleterre, par lequel luy estoit commandé qu'ayant mis nostre armée hors d'Italie, suivant la victoire, il eust à faire faire l'entreprise sur le royaume de France; car ils se promettoient de grandes choses par la faveur et intelligence que le seigneur de Bourbon disoit avoir en France; et pour cest effect avoient esté envoyez de la part de l'Empereur deux cens mille escus à Gennes, avecques autre grosse somme de deniers que devoit le roy d'Angleterre contribuer tous les mois pour ladite execution. Pour conduire l'armée fut ordonné monsieur de Bourbon chef, le marquis de Pesquaire en sa compagnie, avecques quinze mille hommes de pied, deux mille chevaux, et dixhuict pieces d'artillerie. Le duc de Bourbon, suivant son desseing, se persuadoit qu'estant arrivé en ce royaume, la plus part de la noblesse se retireroit à lui; de laquelle esperance il fut frustré, car le naturel du François est de n'abandonner jamais son prince. Ayant receu son armée en main, entreprint d'aller assaillir Marceille (1), esperant, par ce qu'elle n'estoit remparée, et aussi peu flanquée,

---

(1) *Entreprint d'aller assaillir Marceille :* on a vu dans l'Introduction que ce fut Pescaire qui voulut qu'on fît le siège de cette ville. Bourbon auroit désiré qu'on marchât sur Lyon, dans l'espoir que le Beaujolais, le Bourbonnais et l'Auvergne se souléveroient à son arrivée. Pendant cette expédition, les deux généraux ne purent s'accor-

aisément la pouvoir conquerir; aussi qu'il la trouveroit despourvue d'hommes et de munitions.

Le Roy, adverty du chemin que prenoit ledit de Bourbon, depescha le seigneur Rence de Cere, homme fort expert au faict des armes, et avecques luy le seigneur de Brion, et environ deux cens hommes d'armes et trois mille hommes de pied, pour se mettre dedans Marceille. Auquel lieu estans arrivez, feirent telle diligence de ramparer et faire plateformes, qu'en peu de jours, avecques l'ayde tant des soldats que des citadins de ladite ville, la mirent en tel estat que pour faire recevoir honte à leurs ennemis: comme ils firent; car estans le duc de Bourbon et le marquis de Pesquaire arrivez devant la ville, furent si bien recueillis, tant par escarmouches qu'à coups de canon, qu'ils cogneurent bien qu'elle n'estoit despourveue de gens de bien. Le Roy, pareillement adverty de l'armée de l'ennemy devant Marceille, feit en toute diligence remettre son armée sus, laquelle en l'année mesmes avoit esté ruinée: et desja avoit envoyé en Suisse, faire levée de quatorze mille hommes et six mille lansquenets, sçavoir, est trois mille soubs la charge de François monsieur de Lorraine, et trois mille soubs la charge du duc de Suffolc Roze-Blanche, duquel j'ay parlé en plusieurs de ces Memoires, et dix mille tant François qu'Italiens; lesquels mis ensemble avec quatorze ou quinze cens hommes d'armes, delibera d'aller combatre son ennemy devant Marceille, lequel y avoit desja tenu le siege six sepmaines. Pour

der, et c'est ce qui les fit échouer. Les Vénitiens avoient refusé de les suivre, en alléguant pour raison que la confédération dans laquelle ils étoient entrés n'avoit pour objet que la défense du Milanais.

proceder à laquelle entreprise le Roy envoya devant le mareschal de Chabannes, auquel il avoit baillé son avantgarde à mener, pour se saisir de la ville d'Avignon, craignant que l'ennemy ne s'en investist (ce que ledit mareschal executa); puis, sentant le Roy approcher, marcha à Salon de Craux, à huict lieues d'Avignon et huict de Marceille. Mais le seigneur de Bourbon se sentant approché de si pres, avecques telle puissance que celle du Roy, diligenta sa retraitte, et pour ce faire feit embarquer sa grosse artillerie pour la mener à Gennes, et feit mettre par pieces la menue pour la porter à dos de mulet, par ce que les chemins de sa retraitte estoient presque impossibles pour y conduire charroy. Le mareschal de Chabannes se mettant à la suitte, envoya quatre ou cinq cens chevaux, lesquels, arrivans sur la queuë de l'ennemy, defirent bon nombre d'hommes, et gaignerent un fort grand butin; car chacun, pour se sauver laissoit son bagage derriere, et les soldats, n'ayans puissance de porter leurs armes, les laissoient par les chemins. Aussi le mareschal de Montmorency avecques bonne trouppe les suivit jusques par de là Tolon, ne leur donnant loisir de reprendre leur alaine.

Le Roy, ayant advertissement de leur retraitte, delibera l'entreprise de Milan, encores que de plusieurs fust diverty, pour estre l'hyver desja prochain; car il estoit la my octobre 1524. Neantmoins, voyant son armée preste, et la retraitte dudit de Bourbon, entreprint de luy coupper chemin, ou d'arriver en Italie le premier; et pour ce faire incontinant, sans autre sejour, dressa la teste de son armée en Italie, ayant en sa compagnie le roy de Navarre, le duc d'Alançon, le comte de Sainct Pol, le duc d'Albanie, le duc Claude de Longueville, le mareschal de Chabannes, le mareschal de Montmorency, le mareschal de Foix, le grand maistre bastar de Savoye, l'amiral Bonnivet, du conseil duquel il usoit plus que de nul autre; messire Louis, seigneur de La Trimouille; Michel Antoine, marquis de Salluces; le comte de Vaudemont, françois; monsieur de Lorraine son frere, qui estoit colonnel de trois mille lansquenets; le duc de Suffolc, anglois, avec pareille charge; le seigneur Rence de Cere, rommain; Philippe Chabot, seigneur de Brion; Galeas de Sainct Severin, grand escuyer de France; le capitaine Louis d'Ars, et plusieurs autres gros personnages, qui seroient de trop longue deduction à nommer; laissant madame Louise de Savoye sa mere regente en France. En Picardie et l'Isle de France, laissa le duc de Vendosme son lieutenant general; en Champagne et Bourgongne, le duc de Guise; en Normandie, messire Louis de Brezé, grand seneschal de Normandie; en Guyenne et Languedoc, le seigneur de Lautrec; en Bretagne, le comte de Laval.

En ce temps vindrent nouvelles au Roy que la royne Claude, sa compagne et espouse, estoit trespassée au chasteau de Bloys, laissant du Roy et d'elle trois fils et deux filles; le fils aisné, nommé François, fillueil du pape Leon; le second, Henry, duc d'Orleans, à present roy, fillueil de Henry, huictiesme de ce nom, roy d'Angleterre : le tiers, nommé Charles, duc d'Angoulesme, fillueil de messieurs des ligues : des filles, madame Magdalene, depuis mariée au roy d'Escosse; la seconde, nommée madame Marguerite, encores vivante, et de ceste heure encores à marier. Le Roy, ayant mis ordre aux choses dessusdites, feit diligence de marcher et passer les montagnes pour arriver au duché de Milan avant l'arrivée de l'armée imperialle; aussi le duc de Bourbon et le marquis de Pesquaire faisoient pareille diligence pour ce mesme effect. Le vice-roy de Naples, qui, ce pendant que l'armée de l'Empereur estoit en Provence, avoit faict son sejour en Ast, sentant nostre avantgarde, que menoit le mareschal de Chabannes, approcher, se retira en Alexandrie, auquel lieu ayant laissé deux mille hommes de pied, pensant que le Roy s'y deust amuser, se retira à Pavie; mais le Roy, laissant toutes choses derriere, marcha droict à Milan, sans nulle part s'arrester. Dequoy le vice-roy adverty manda au duc de Bourbon et marquis de Pesquaire qu'ils eussent, avec toute diligence, à se venir joindre avecques luy à Pavie; ce qu'ils firent, et arriva quand et eux la cavalerie et l'infanterie espagnolle; mais leurs lansquenets ne sceurent faire si grande diligence. Parquoy, apres avoir ordonné le seigneur de Leve pour demeurer à Pavie, et quand et luy mille ou douze cens Espagnols, et six mille lansquenets de ceux qui estoient retournés de Marceille, en toute et extreme diligence, avecques le reste de l'armée, s'en alla à Milan, craignant que le Roy y arrivast le premier. Auquel lieu trouva les rempars et bastions tous ruinez; à raison dequoy il assembla tous les citadins pour leur persuader de prendre les armes, dont ils firent refus, voyans l'armée d'un si grand roy pres de leurs portes.

Le Roy ce-pendant estoit arrivé à Vigeve, duquel lieu il depescha le marquis de Salluces Michel Antoine, accompagné de deux cens hommes d'armes et quatre mille hommes de pied, en esperance qu'il arriveroit à Milan premier que l'armée imperialle. Estant le marquis par les chemins, fut adverty que le vice-roy estoit arrivé à Milan; mais, pour cela, ne laissa son entreprise, et donna droict à la porte Verceleze; et trouvant les Espagnols dedans le faubourg, de vive force les remist dedans la ville; lequel, apres l'avoir conquis, il garda, encores que par plusieurs fois les Espagnols fissent des saillies pour le luy faire abandonner. Le Roy, apres avoir depesché ledit marquis, envoya le seigneur de La Trimouille, avecques bon nombre de gens de cheval et de pied, pour le soustenir; dequoy le vice-roy adverty, doubtant d'estre là dedans enfermé, sentant la volonté des citadins n'estre à sa devotion, avant l'arrivée dudit seigneur de La Trimouille sortit par la porte Rommaine, et avecques luy le duc de Bourbon et le marquis de Pesquaire; et le reste de leur armée, prenans le chemin de Laudes. Les Milanois, se voyans hors du danger des Imperiaux, ouvrirent la porte au marquis de Salluces, lequel fut receu à grande joie, et pareillement le seigneur de La Trimouille, qui y arriva peu apres.

Le Roy, estant averty de la prise de Milan, mist en deliberation ce qui estoit à faire. Plusieurs furent d'avis qu'il devoit suivre son ennemy droict à Laudes, laissant dedans Milan quelque nombre d'hommes pour la garde d'icelle; mesmes qu'on devoit mander aux seigneur de La Trimouille et marquis de Salluces, de gaigner les devans pendant que le Roy les suivroit, et de ne laisser prendre pied à l'ennemy. Autres furent d'advis d'aller assieger Pavie, remonstrans qu'ayans deslogé de Pavie les forces qui y estoient demourées;

aisément le Roy pourroit conquerir le reste du duché de Milan. En fin ceste opinion fut suivie, et fut mandé au seigneur de La Trimouille de demourer dedans Milan, et au marquis de Salluces de se venir joindre avecques le Roy, lequel, partant de Vigeve, alla à Biagras, et de là devant Pavie. Plusieurs ont estimé, et y a eu grande apparance par les choses qui depuis sont advenues, que qui eust suivy la premiere opinion, qui estoit de poulser vivement apres l'armée imperialle, la victoire et la conquesté du duché de Milan estoit nostre; car leur armée s'en alloit en tel desordre, que les soldats imperiaux, pour le travail des chemins qu'ils avoient passé venans de Provence, jettoient leurs armes dedans les fossez, n'ayans puissance de les porter. Parquoy l'ennemy n'eust eu le moyen de garder Laudes, et estoit en hazard d'abandonner Cremonne; car, au passage de la riviere d'Adde, le seigneur de La Trimouille et le marquis de Salluces, usans de diligence, les eussent peu arrester, attendans le reste de nostre armée; et par ce moyen ceux de Pavie et d'Alexandrie, qui demouroient derriere, eussent esté contraints de parler, par ce qu'il n'y avoit apparence qu'ils peussent estre secourus : mais Dieu ne voulut permettre de prendre le meilleur conseil.

Le Roy, estant arrivé devant Pavie le vingt-septiesme ou vingt-huitiesme d'octobre l'an 1524, ordonna du logis de son armée : logea le mareschal de Chabannes, avecques son avantgarde, vers le chasteau, du costé du Tesin; luy se logea, avecques la bataille, à l'abbaye de Sainct Lanffran, assez pres de la ville; puis envoya le mareschal de Montmorency, avecques trois mille lansquenets, deux mille Italiens, mille Corses, et deux cens hommes d'armes, pour passer le Tesin, et se loger au faubourg Sainct Antoine, dedans une isle. Pour gaigner ledit faubourg, ledit seigneur de Montmorency fut contrainct de battre une tour qui estoit sur le pont : l'ayant gaignée, la feit remparer et garder, faisant pendre ceux qu'il trouva dedans, pour avoir esté si outrageux d'avoir voulu garder un tel poullier à l'encontre d'une armée françoise. Le Roy, ayant logé son armée en la maniere dessusdite, delibera de forcer la ville : à cause dequoy feit faire les approches, et mettre son artillerie en batterie, de laquelle ayant batu quelques journées, fut fait breche, mais non raisonnable ; toutesfois fut ordonné de donner un assault, pour tenter l'opinion de ceux de dedans. Auquel assault noz gens ; ayans donné jusques au hault de la breche, penserent la ville gaignée ; mais autrement en advint, car ils trouverent par dedans de larges et profondes tranchées bien flancquées, et les maisons estans pres desdites tranchées persées bien à propos, et pourveues d'arquebouzeries : qui fut cause que noz gens, apres avoir long temps combatu sur le hault de la breche, furent contraints de eux retirer, par-ce qu'il n'y avoit ordre de passer plus outre. Audit combat moururent plusieurs gens de bien, et entre autres le capitaine Hutin de Mailly et le frere puisné du seigneur Dauchy, tous deux de Picardie ; et le capitaine Sainct Julian, jeune homme basque, et beaucoup d'autres desquels je n'ay memoire. Ce faict, le Roy ordonna que la gendarmerie se mettroit à pied, pour par deux endroits donner l'assault ; et devoit le mareschal de Foix mener l'une des trouppes. Lesquels estans en bataille, et tous à pied, ayans choisy de toute la gendarmerie les plus dispos, le Roy, ayant entendu ceux qui avoient recogneu la breche, ordonna de faire differer l'assault, et feit retirer la gendarmerie.

Quelque temps au-paravant, le duc Claude de Longueville, jeune prince de grande volonté, estant dedans les tranchées, en sortit pour recognoistre quelque chose le long de la ville; mais sitost qu'il fut descouvert, fut frappé d'un coup de mousquet dedans l'espaulle, venant de dessus la muraille, duquel coup il mourut sur le champ. Plusieurs qui cherchoient de faire service au Roy mirent en avant un moyen de forcer la ville, qui estoit tel. Le Tesin coule le long de la ville, duquel costé les ennemis, se fians à la force de la riviere par-ce qu'elle n'est gaiable, n'avoient faict aucun rampar; parquoy ils entreprindrent de divertir ladite riviere avecques des toilles, mettans en avant qu'estant divertie et le cours asseché, et faisans en cest endroit une soudaine et furieuse batterie, la ville seroit aisée à forcer, premier que l'ennemy eust loisir d'y pourvoir : chose qui avoit apparence de raison. Et estoit chef d'icelle entreprise Jacques de Silly, baillif de Caen, lieutenant de la compagnie du duc d'Alançon. Il y meit gens en besongne; mais apres avoir beaucoup despendu d'argent et de temps, tomba une pluye soudaine, dont la riviere augmenta, de sorte qu'en une heure elle emporta ce qui avoit esté faict en plusieurs jours, et par ce moyen leur labeur fut inutil...

Estant le Roy devant Pavie, comme vous oyez, le pape Clement, voulant mettre en repos l'Italie, envoya devers le vice-roy de Naples, qui estoit à Laudes, pour trouver moyen d'accord; lequel, n'estant asseuré du secours qu'avoit promis le duc de Bourbon amener d'Allemagne, des deniers qu'il avoit recouvers sur les bagues que monsieur de Savoye luy avoit presté, accorda une trefve de cinq ans, pendant lequel temps devoit demourer entre les mains du Roy tout ce qui estoit deça la riviere d'Adde, hors mis Laudes. Lesquelles conditions furent refusées par le Roy, à la persuasion, à ce qu'on disoit, de monsieur l'amiral Bonnivet, qui avoit la superintendance des affaires du Roy; et à l'instigation du seigneur de Sainct Marsault, qui estoit fort près de la personne du Roy, et bien ouy dudit seigneur, encores qu'il ne fust en estime d'homme de guerre, mais bien entendant les praticques de la cour.

Ledit pape Clement, septiesme de ce nom, apres avoir failly à la trefve cy dessus mentionnée, persuadé par le comte de Carpy, ambassadeur pour le Roy devers Sa Saincteté, laissa les anciennes haines qu'avoit porté le pape Leon, son cousin, contre le Roy, et feit alliance avecques luy; puis depescha le seigneur Mathée, son dataire, pour confirmer ladite alliance, et persuader le Roy de faire faire l'entreprise de Naples, l'estimant aisée pendant que l'armée imperialle estoit empeschée audit duché de Milan; et estant l'armée françoise favorisée de Sa Saincteté. Le Roy s'accorda à icelle entreprise, pour l'execution de laquelle il ordonna le duc d'Albanie son lieutenant general; en sa compagnie le seigneur Rence de Cere, et six cens hommes d'armés, du nombre desquels estoit le bastar de La Claiette; le seigneur d'Esguilly, avec sa compagnie de gensd'armes, et trois cens chevaux legers; cent de monsieur d'Albanie; la compagnie du duc de

Longueville, conduite par le seigneur des Loges son
lieutenant; dix mille hommes de pied, et quelque
nombre de chevaux legers, avec dix ou douze pieces
d'artillerie : ce qui sembla à plusieurs n'estre raisonnable que le Roy separast son armée. Le vice-roy de
Naples et le marquis de Pesquaire, qui estoient à
Laudes (car monsieur de Bourbon n'y estoit pour
lors, par-ce qu'il estoit allé en Allemagne faire levée
de douze mille lansquenets, des deniers, comme j'ay
n'agueres dit, que le duc de Savoye luy avoit presté);
avertis du partement de mondit seigneur d'Albanie,
estimans seulement qu'il fust allé pour recevoir du duc
de Ferrare un nombre de pouldres, de boullets, oustils à pionniers, et autres munitions de guerre qu'il
prestoit au Roy, partirent de Laudes avec leurs forces,
et passerent le Pau, pour coupper chemin au seigneur
d'Albanie. Mais estans arrivés à Monticel, cinq mille
pres de Cremonne, du costé de Plaisance, deliberez
de marcher à Fleuransolles, leur furent amenez, de
l'armée de monsieur d'Albanie, deux chevaux legers
qui avoient esté surpris au fourrage, par lesquels ils
furent asseurez que l'entreprise dudit seigneur d'Albanie estoit pour le royaume de Naples. Lesquelles choses
entendues, se fermerent à Monticel, ne se sentans
assez forts pour combatre nostre armée, et la laisserent
passer.

Le vice-roy de Naples ayant entendu l'entreprise du
duc d'Albanie, qui marchoit avec la faveur du Pape,
sentit le royaume de Naples en hazard; parquoy resolut d'y tourner la teste pour y pourveoir : mais il en
fut dissuadé par le marquis de Pescaire, luy remonstrant que s'il abandonnoit l'Estat de Milan, le Roy aisé-

ment viendroit à fin de son entreprise, et se mettroit à sa queuë; à raison dequoy ayant monsieur d'Albanie en teste, et le Roy derriere, son entiere ruine estoit manifeste : à ceste cause, il changea d'opinion. Peu apres, estans les forces imperialles augmentées pour le secours qui leur estoit survenu, et ayant le vice-roy la cognoissance de la ruine de l'armée du Roy, pour le long hyver qu'elle avoit enduré en campagne, et aussi que le Roy avoit separé son armée (sçavoir est ce qu'avoit mené monsieur d'Albanie, et quatre ou cinq mille hommes qu'avoit avec luy le marquis de Salluces, qui estoit lieutenant de roy à Savonne et aux environs, sans autre grand nombre qu'avoit le Roy, tant à Milan qu'aux autres places, pour la seureté des vivres), delibererent que, attendans l'arrivée des lansquenets qu'amenoit monsieur de Bourbon, ils se jetteroient en campagne. Apres laquelle resolution le marquis de Pesquaire, avec une partie de l'armée, marcha droict à Cassan, qui est sur la riviere d'Adde, ville tenue par les François, mais mal fortifiée. Auquel lieu estant arrivé, apres avoir mis son artillerie en batterie, les soldats se rendirent, leurs bagues sauves.

Le lendemain, vindrent nouvelles au vice-roy, de la part d'Antoine de Leve, comme les Allemans estans dedans Pavie menassoient qu'au cas qu'ils ne fussent payez, ils rendroient la ville entre les mains du Roy. Ces choses entendues, chercha les moyens d'y pourvoir; car il n'estoit en leur puissance de recouvrer argent, et encores qu'ils en eussent, ils n'avoient le moyen de le mettre dedans la ville en seureté. Sur la fin ils s'aviserent d'un stratageme, qui fut que deux hommes ausquels ils avoient fidelité porterent en nostre camp, sur deux chevaux, quatre barils de vin à vendre, dedans lesquels estoient trois mille escus; et allerent loger, pour vendre leur vin, le plus pres de la ville qu'ils peurent, faisans entendre par un espion, au seigneur Antoine de Leve, l'estat de leur affaire. Dequoy estant averty, feit faire une saillie de l'autre costé; et durant que l'escarmouche estoit bien attaquée, un des vilains rompit ses barils, et print les trois mille escus, avecques lesquels il se sauva dedans la ville. Antoine de Leve, pour monstrer aux lansquenets que ce n'estoit faulte d'argent ny de bonne volonté qu'ils ne fussent payez, mais par faulte d'avoir moyen de mettre l'argent dedans la ville en seureté, feit assembler le ban, et leur remonstra le hazard où s'estoit mis le vilain pour apporter cest argent, et que tout le reste de leur payement estoit au camp imperial. Les lansquenets, pensans que ce qu'il leur disoit fust veritable, leverent tous les mains en signe de bonne volonté, declarans tous en general que tant que le siege dureroit ils serviroient sans argent la majesté imperialle, moyennant qu'apres le siege ils fussent satisfaicts; ce qui leur fut promis.

Au commencement du mois de mars audit an 1524, Michel Antoine, marquis de Salluces, lequel, comme j'ay dit, avoit esté envoyé lieutenant du Roy à Savonne, apres avoir faict faire la monstre de ses gens de pied, en envoya deux mille en garnison dedans Varas, petite ville mal fermée sur le bord de la mer, mi-chemin de Savonne à Gennes. Dom Hugues de Montcade, vice-roy de Sicile, qui pour lors estoit gouverneur de Gennes pour l'Empereur, estant averty que lesdits gens de pied estoient dedans Varas, delibera de les aller deffaire, et pour cest effect feit faire force à toutes les galleres de l'Empereur, pour du costé de la mer donner des canonnades dedans la porte dudit Varas, esperant que les soldats, pour la debilité de la place, ne pouvans endurer la batterie, prendroient leur retraitte droict à Savonne, tout le long de la marine; et sur ceste esperance luy-mesmes s'en alla mettre en embuscade, avecques quatre mille hommes de pied, entre Varas et Savonne, pour deffaire noz gens sur leur-ditte retraitte. Mais estans ses galleres arrivées devant Varas, et ayans commencé leur batterie à la porte, ainsi qu'il leur estoit commandé, le marquis de Salluces, qui estoit à Savonne, oyant la batterie, soudain trouvant deux galleres prestes, se meit dedans, avecques si peu d'hommes qui se trouverent aupres de luy, commandant au reste des galleres dont avoit la charge le seigneur André Dorie, et aux autres gros vaisseaux, et mesmes au seigneur de La Fayette, qui pour lors estoit amiral sur l'armée de mer, qu'ils eussent à le suivre. Approchant le marquis pres de Varas avecques ses deux galleres, et les assiegez l'ayant descouvert, prindrent cœur, de sorte qu'en toute diligence se meirent à ramparer leur porte ja toute ruinée. Le reste de notre armée de mer, approchant celle des Gennevois, commença à les saluer de canonnades: les Gennevois, ne se sentans suffisans pour soustenir le combat, prindrent le largue, et nostre armée se meit à leur suitte. Dom Hugues de Montcade, se voyant abandonné de son armée de mer, et par consequent hors d'esperance d'executer son entreprise, commença à faire sa retraitte droict à Gennes, le long de la marine; dequoy le marquis de Salluces averty feit mettre à terre le seigneur de La Milleraye, gentil-homme de la chambre du Roy, nouvellement venu devers luy de la part du Roy, et luy commanda de faire sortir les soldats qui estoient dedans Varas, et les conduire à la suitte dudit dom Hugues; et que luy, avec les galleres, iroit terre à terre à coups de canon, pour les mettre en desordre; car ils estoient contraints de suivre le long de la marine, à cause des montagnes.

Le seigneur de La Milleraye, suivant ce qui lui estoit commandé, feit telle diligence, qu'il meit à vau de routte les quatre mille hommes imperiaux avec l'ayde des galleres, comme j'ay dit. Voyant ledit Montcade ses gens en routte, print avecques luy les principaulx de ses capitaines, desquels il avoit fiance, et demeura sur la queuë pour soustenir l'effort; mais il fut chargé de telle furie, qu'il fut prins, et tous ceux qui estoient avecques luy; puis, apres les avoir envoyez à Savonne en seure garde, noz gens suivirent leur victoire jusques à trois mille de Gennes, mettans au fil de l'espée tout ce qui s'en trouva devant eux.

Le marquis de Salluces, avecques l'armée de mer, suivit les galleres jusques à Gennes, auquel lieu estant arrivé, trouva l'amiralle de Gennes à la rade, laquelle il assaillit à coups de canon, où, apres long combat, ladite amiralle se rendit : dedans laquelle fut trouvé grand nombre d'artillerie, et d'autres munitions et richesses : aussi noz galleres poursuivirent celles des ennemis, dont ils en prindrent deux. Ce faict, le marquis, avecques les prisonniers et butin, se retira à Savonne : s'il eust eu armée pour assieger Gennes aussi bien par terre que par mer, veu l'estonnement qui s'estoit mis dedans la ville pour avoir perdu leur chef avecques plusieurs capitaines et soldats, elle estoit en grand hazard d'estre perdue pour l'Empereur, et remise entre les mains du Roy.

Durant ce temps que le Roy estoit devant Pavie, et que monseigneur de Vendosme estoit demouré lieutenant du Roy en Picardie, se faisoit ordinairement la guerre guerroyable, un jour à l'avantage de l'un, autrefois de l'autre. Et entre autres choses un jour messire Antoine de Crequy, seigneur du Pontdormy, lieutenant du Roy audit païs, en l'absence de mondit-seigneur de Vendosme, partant de Montreul, feit une entreprise pour mettre vivres dedans Terouenne, et en ce faisant tenter la fortune s'il pourroit forcer le Neuf-Fossé, qui est une grande tranchée plaine d'eau qui ferme le val de Cassel depuis Sainct-Omer jusques à Airé; et à chaque entrée que on arrive audit val, le long de ladite tranchée y a des blocus de terre que nous appellons boullevers, dedans lesquels se retirent en seureté les soldats de la garde d'iceux, estans bien pourveus de grosse et menue artillerie pour garder lesdits passages et entrées dudit val, dedans lequel tous les biens et bestial du païs sont retirez. Ledit seigneur du Pontdormy, pour executer son entreprise, manda au baillif de Somer au Bos, gentilhomme boullenois, ayant credit parmy les soldats, qu'il eust à faire levée dedans ledit païs de mille ou douze cens hommes de pied, et de se trouver le lendemain au village de Foucamberge sur le soir. Auquel jour le seigneur du Pontdormy, partant de Montreul, arriva environ deux heures devant soleil couché, ayant avecques luy la compagnie de monsieur de Vendosme, de cent hommes d'armes, conduitte par le seigneur de Torsy son lieutenant; et la sienne de pareil nombre, et le comte de Dammartin, ayant cinquante hommes d'armes soubs sa charge : et ce pendant que la gendarmerie faisoit repaistre les chevaux, il feit entrer dedans Terouenne les vivres qu'il avoit amené de Montreul, pour faire entendre à l'ennemy qu'il n'estoit venu pour autre occasion que pour ledit ravitaillement; puis, environ une heure de nuict, partit dudit Foucamberge pour l'execution de sadite entreprise, où par les chemins le vindrent rencontrer les cinquante hommes d'armes de la compagnie du seigneur du Fresnoy, gouverneur de Terouenne, et environ deux cens hommes de pied de ladite garnison, qui amenerent deux longues coulevrines pour forcer lesdits passages. Estant ledit seigneur du Pontdormy arrivé au Neuf-Fossé avant le jour, encores que lesdits blocus fussent pourveus tant d'hommes que d'autres choses necessaires pour la garde d'iceux, si est-ce que le passage fut forcé, et se feit au val un butin inestimable de bestial et autres biens. On avoit deliberé de faire la retraitte à Foucamberge; toutesfois, par ce que ceux d'Aire, de Betune et de Lilliers, estant le seigneur du Pontdormy retiré avecques les grosses forces, pouvoient coupper chemin à ceux de Terouenne, fut conclu de les accompagner jusques au lieu de seureté avecques la gendarmerie, afin que l'artillerie amenée de Terouenne ne se perdist; et furent renvoyez les gens de pied et le butin le droict chemin de Foucamberge. Passant aupres d'Arques, qui est à demie lieue de Sainct Omer, la cavalerie dudit Sainct Omer sortit, ayant mis les gens de pied dedans des carrieres qui sont assez pres de l'Eglise, pour soustenir leurditte cavallerie, de laquelle une partie se jetta à l'escarmouche en esperance de nous amuser, pendant que ceux d'Aire et de Betune se pourroient venir joindre avec eux. L'escarmouche s'eschauffa, de sorte qu'en fin les Bourguignons furent renversez sur leurs gens de pied. A ladite charge, le seigneur de Licques, lieutenant du duc d'Arscot, lequel ce jour là avoit espousé la sœur du seigneur de Fonquesolles, de laquelle le seigneur d'Estrée, guidon de monseigneur de Vendosme, avoit esté serviteur, estant demouré sur la queuë pour soustenir ses hommes, fut chargé par ledit seigneur d'Estrée et par le seigneur de Rum, et fut pris prisonnier; tellement que ce jour là il ne coucha point avecques son espousée.

Le seigneur du Pontdormy craignant ce que les ennemis attendoient, qui estoit que ceux d'Aire, de Betune et Lilliers se vinssent joindre avecques eux, pour empescher sa retraitte et celle de ceux de Terouenne, vint luy-mesmes retirer l'escarmouche. Estant arrivé pres de Terouenne, au lieu où se devoit separer ladite garnison d'avecques luy, l'alarme vint du costé d'Aire, où il fut envoyé quelque cavallerie pour entendre que c'estoit : la jeunesse, sans commandement, y alla à la file, en espoir, un chacun, de rompre sa lance, ainsi qu'est la coustume le plus souvent des jeunes gentils-hommes de France de porter peu d'obeissance à ceux qui leur commandent. Toute ceste trouppe sans chef estant arrivée pres un village nommé Roud, environ mi-chemin de Terouenne à Aire, rencontrerent la garnison dudit Aire et Betune, laquelle venoit en esperance, avecques l'ayde de ceux de la garnison de Sainct Omer, de pouvoir empescher nostre retraitte. Ceux desdites garnisons d'Aire et Betune pouvoient estre le nombre de huict à neuf cens Espagnols naturels, et de cinq à six cens hommes de pied walons, et trois cens chevaux de leurs ordonnances. L'escarmouche se dressa par nostre jeunesse contre leur cavallerie, de sorte que les plus vieils et les plus sages des nostres furent contraints de suivre la jeunesse pour la conduire. Le seigneur du Pontdormy, averty de ladite escarmouche, cognoissant que d'estre là arresté il n'auroit moyen de se retirer à Fouquamberge, ains seroit contraint de loger à Terouenne, qui ne se pouvoit faire sans manger les vivres qui estoient dedans, envoya le comte Dammartin pour faire retirer l'escarmouche ; mais y estant arrivé, la trouva si meslée, qu'il estoit impossible de la retirer sans mettre en hazard tous ceux qui y estoient; car le seigneur du Pontdormy, avecques la grosse trouppe, estoit lieuë et demie en arriere; parquoy se retirans sans avoir personne pour les soustenir, sans aucune difficulté ils eussent esté deffaicts. Le comte Dammartin, ayant bien consideré tant la contenance de noz ennemis que de ceux de nostre part, s'arresta sur un hault lieu, et de tous ceux qui venoient à la file des nostres en feit une masse pour soustenir l'escarmouche si d'avanture noz gens estoient renversez. Et quand et quand manda au seigneur du Pontdormy qu'il estoit d'avis qu'il marchast en diligence; autrement il ne voyoit apparence que tout ce qu'il y avoit d'hommes ne fust perdu ; car les gens de pied des ennemis approchoient fort, marchans en bon ordre pour soustenir la cavallerie.

Le seigneur du Pontdormy, ayant eu cest avertissement, ne voulut perdre ce qui estoit là ; parquoy feit marcher les enseignes droict au lieu où estoit ledit comte Dammartin, pour diligemment le secourir, ayant en sa compagnie le nombre de deux cens hommes d'armes. Ce-pendant le comte Dammartin avoit amassé de toutes bandes environ deux cens chevaux, et ne bougea d'où il estoit; mais voyant le seigneur du Pontdormy approché si pres de luy qu'il en pouvoit estre soustenu, chargea les ennemis à toutes brides, et il renversa leurs gens de cheval sur leurs gens de pied espagnols, et y entrant pesle-mesle les rompit, à la faveur de la grosse trouppe qui arriva au poinct de la charge. Et fut tué à ladite deffaite le nombre de douze vingts Espagnols, et pris de cinq à six cens. Leur cavallerie, durant le combat des gens de pied, se sauva de vitesse : vray est que quelques uns des nostres les pourchasserent de si pres, qu'aucuns entrerent pesle-mesle dedans les barrieres d'Aire, qu'on leur ferma au doz ; et entre autres y fut pris des nostres le seigneur d'Estanaie, qui depuis fut guidon de monsieur de Vendosme. Le seigneur du Pontdormy, apres ceste deffaicte, se retira à Terouenne avecques les prisonniers, qui pouvoient estre le nombre de huict ou neuf cens; et par-ce qu'il y avoit trop grande subjection de les garder, furent tous renvoyez le lendemain, pour leur soulde de cent sols pour mois, retenans seulement leurs capitaines pour respondans. Le seigneur d'Estrée, requis par la dame dont il avoit esté serviteur, luy envoya le seigneur de Licques, son mary.

Quelque temps apres, et environ quinze jours devant la bataille de Pavie, les soldats de la garnison de

Hedin estans allez à la guerre, l'un d'eux, appellé le Bastar, fut pris prisonnier des ennemis, et mené à Betune; lequel fut par le seigneur de Fiennes, gouverneur de Flandres, pratiqué pour luy livrer le chasteau de Hedin : lequel Bastar luy dit en avoir bien le moyen, mais qu'il estoit besoing de le renvoyer sur sa foy (faignant d'aller pourchasser sa rançon), afin de praticquer un sien compagnon et fidelle amy qui avoit les clefs du chasteau; chose qui luy fut accordée. Lequel estant arrivé à Hedin, trouva moyen d'aller devers le seigneur du Pontdormy, faisant entendre à ses serviteurs qu'il avoit cognoissance en sa maison, et qu'il luy presteroit l'argent de sa rançon : y estant arrivé, feit entendre au seigneur du Pontdormy les praticques que faisoit le seigneur de Fiennes par son moyen, et que son intention estoit de luy livrer entre les mains le seigneur de Fiennes, le duc d'Arscot, et la plus part des grands seigneurs de par de-la, avec la garnison d'Aire et de Betune. Le moyen qu'il meit en avant estoit que ledit seigneur du Pontdormy luy adressast un homme fidelle, qui eust la garde des clefs du chasteau dudit Hedin, et qu'il feroit entendre à l'ennemy qu'il avoit praticqué cest homme, et mesmes ameneroit un des leurs dedans le parc, avec lequel le portier et luy pourroient communiquer, pour donner à l'ennemy plus grande seureté de son faict; et qu'au jour assigné qu'il ameneroit la trouppe, il viendroit avec celuy lequel premierement il auroit amené pour communiquer de rechef avecques ledit portier, avec lequel il auroit un signal, auquel iceluy portier respondroit à leur arrivée. Bref, les choses furent arrestées tant d'une part que d'autre. Le jour prefix, le seigneur du Pontdormy se trouva dedans ledit chasteau, accompagné de deux cens hommes d'armes, environ jour couché; et à ce que le bagage ne fust cause de descouvrir l'entreprise, chacun homme d'armes y arriva, l'armet en teste et la lance au poing, sans page et sans varlet. Ledit seigneur du Pontdormy avoit ordonné au seigneur de Sercu, gouverneur de Hedin, de faire faire à la porte du parc, soubs une grande voulte qui estoit à l'entrée où l'ennemy devoit arriver, deux ou trois herses coulisses, afin que si de fortune l'ennemy entroit en si grand nombre dedans qu'il fust pour forcer le chasteau, on laissast tomber lesdites herses pour la seureté de ladite place; mais, à l'arrivée dudit seigneur du Pontdormy, les herses n'estoient achevées, dont il avint grand inconvenient, ainsi que sera dit cy apres. Au devant de ladite porte y avoit un petit revellin de pierre par dedans lequel devoient passer les ennemis, qui fut tout pavé de fricassées et feux artificiels couverts de paille, où ceux de dessus la porte devoient jetter feu lors qu'il leur seroit commandé; et devoit le seigneur du Pontdormy, quand il verroit l'ennemy en desordre, monter à cheval pour luy coupper le chemin de sa retraitte.

Les choses ainsi ordonnées, l'ennemy, conduit par le Bastar, environ minuict arriva à une lieuë pres de Hedin; auquel lieu vindrent deux espies devers monsieur de Fiennes l'avertir comme le seigneur du Pontdormy, à jour couché, estoit arrivé dedans le chasteau de Hedin, avec grand nombre de gendarmerie. Le seigneur de Fiennes pensant estre trahy, voulut faire mettre en pieces le Bastar; mais de grande asseurance il luy dit que ses espies estoient faulces, et, à ce qu'il cogneust la verité, qu'ils le fissent lier de cordes, et qu'ils luy baillassent deux ou trois hommes avec la dague au poing, qui le menassent sur le bord du fossé, et avec eux celuy-mesmes qui par cy devant avoit esté en sa compagnie parler au portier, lequel entendroit bien le signal qu'il avoit avecques luy. Ainsi fut il ordonné, et fut ledit Bastar lié, luy baillant trois ou quatre des plus dispos soldats, qu'ils eussent à le tenir chacun la courte dague au poing, pour le tuer s'il faisoit faulte. Lequel les mena sur le bord dudit fossé, et y estant arrivé sifla; celuy qui estoit sur la porte luy respondit : alors ledit Bastar luy demanda s'il estoit temps; l'autre dit : « Ouy, » et que toutes choses estoient preparées; parquoy ils le remenerent à la trouppe. Apres lequel rapport les Bourguignons entrerent en plus grande asseurance que jamais, suivant laquelle ils marcherent à la conduitte dudit Bastar, tousjours lié comme dessus. Entrans dedans le parc, trouverent autres espies, qui les asseurerent qu'ils estoient trahis; mais le Bastar les persuada, de sorte qu'à nul d'eux ils ne voulurent adjouster foy, et conclurent de parachever leur entreprise. Estans arrivez dedans le revellin, et entrez un nombre d'hommes dedans la porte, le seigneur du Pontdormy, qui estoit dessus icelle pour commander, voyant que les herses, pour estre mal achevées, ne pouvoient tomber, commença à crier à ceux qui estoient au dessoubs de luy qu'ils eussent à jetter le feu, craignant qu'il entrast si grand nombre qu'il fust forcé là dedans. Mais la fortune fut telle que celuy de dessoubs luy jettant le feu mal à propos, iceluy du Pontdormy ayant la bouche ouverte pour parler, luy entra le feu par la bouche, qui luy brusla les entrailles : si est-ce que soudain il commanda que le seigneur de Canaples, son nepveu, montast à cheval pour executer leur entreprise; mais il se trouva qu'il avoit le visage tout bruslé, sans apparence de forme de visage, n'ayant moyen de monter à cheval : parquoy l'execution demoura. Telle fut l'issue de ladite entreprise. Le seigneur du Pontdormy mourut deux jours apres; à la mort duquel le Roy perdit un bon et affectionné serviteur, et grand homme de guerre. Il mourut des Bourguignons environ quatre vingts ou cent, de ceux qui estoient entrez au revellin, lesquels furent bruslez. Le Bastar entra le premier dedans le chasteau, qui sauva la vie à ceux qui le tenoient lié, et les feit ses prisonniers. Les Bourguignons s'en allerent en effroy, pensans tousjours estre suivis, ne sçachans rien de l'inconvenient avenu au seigneur du Pontdormy; tellement qu'une grande part se perdit parmy les bois sur leur retraitte. Il y a grande apparence que, sans l'inconvenient dudit seigneur du Pontdormy, ils estoient tous deffaicts (car la nuict n'a point de honte), et en hazard qu'il eust entré pesle-mesle ou dedans Betune ou dedans Aire, estans les ennemis en tel effroy. Eux mesmes depuis me l'ont confessé.

En ce temps mourut dedans Pavie le capitaine general des lansquenets, soupeçonné d'avoir esté empoisonné, ayant doubte Antoine de Leve qu'il eust intelligence avecques le Roy, dont jamais ne fut cogneu autre chose. Au mesme temps, estant l'armée imperialle renforcée et joincte ensemble, le vice-roy de Naples delibera d'aller secourir Pavie; mais par ce que le payement luy estoit failly, et qu'il avoit grand doubte que les soldats ne fissent difficulté de marcher, fut conclu entre tous les chefs que le marquis de Pesquaire appelleroit en concion les Espagnols, desquels il estoit general, pour trouver moyen de leur persuader de marcher au combat; ce qu'il feit, leur remonstrant les victoires que par cy devant ils avoient obtenues soubs sa conduitte, et que ceste seule victoire seroit la remuneration de tous leurs labeurs; car, prenans un roy de France avecques les princes de son sang et la principale noblesse de son royaume, ce seroit tout à un coup acquerir honneur et chevance, leur remonstrant pareillement que la victoire estoit apparente pour eux, estant l'armée du Roy ruinée pour le long temps qu'elle avoit campegé, et separée en divers lieux, comme à Naples, Savonne et Milan; concluant par là qu'il ne restoit qu'à l'entreprendre, que la victoire ne fust seure. Les Espagnols, tant pour la creance qu'ils avoient audit marquis que pour le grand butin qu'il leur promettoit, luy offrirent de vivre ou de mourir avec luy, et de le suivre en tous lieux et dangers qu'il les voudroit conduire, et sans argent, moyennant qu'ils eussent vivres dont ils se peussent substanter. Les Allemans, estans advertis de la responce des Espagnols, la feirent semblable, disans qu'ils n'estoient moins gens de guerre que la nation espagnolle. Lesquelles choses entendues, le vice-roy, le duc de Bourbon et le marquis de Pesquaire conclurent d'executer leur entreprise chaudement, ce pendant que leurs hommes estoient en bonne volonté.

Le Roy, averty de la deliberation de son ennemy, sçachant que sur le chemin de Laudes à Pavie y avoit un chasteau, nommé Castel Sainct Ange, duquel dom

Petre de Gonzague, frere du seigneur Federic de Bozzolo, avoit la charge de par le Roy, et craignant que l'ennemy ne surprint ladite place, qui estoit d'importance pour rompre les vivres de l'ennemy s'il venoit devant Pavie, y envoya le mareschal de Chabannes et ledit Federic de Bozzolo pour la visiter, et la pourveoir de ce qu'elle avoit besoing : ce qu'ils firent, et s'en retournans au camp, laisserent audit chasteau huict cens hommes de pied italiens et deux cens chevaux, soubs la charge dudit dom Petre. Noz ennemis ayans, comme j'ay dit, uny toutes leurs forces, partirent de Laudes et s'en vindrent loger à Marignan, pour tenter si noz gens qui estoient à Milan la voudroient abandonner pour se venir joindre à nostre armée; mais cognoissans que le seigneur de La Trimouille n'en avoit aucune volonté, changerent de dessein, et tournerent la teste droict à Castel Sainct Ange, pour mettre en liberté le grand chemin de Laudes à Pavie, pour plus aisément faire suivre les vivres. Estans arrivez audit lieu de Sainct Ange, firent en diligence leurs approches, et mirent leurs pieces en batterie; puis, ayans faict breche, donnerent un assault, auquel ils furent repoussez : mais en fin nos gens, voyans la diligence que faisoient leurs ennemis, s'estonnerent, et se rendirent à la discretion du vice-roy, lequel retint les capitaines prisonniers, et licentia les soldats sans armes, leur faisant faire serment de ne porter d'un mois armes contre l'Empereur.

Le Roy, estant averty de la prise du Castel Sainct Ange, se tint pour asseuré d'avoir la bataille; à raison dequoy il manda querir le seigneur de La Trimouille, qui estoit à Milan, avecques les forces qu'il avoit, laissant dedans la ville le seigneur Theodore Trevoulse et le seigneur de Chandiou, capitaine de la justice, avecques quelque nombre d'hommes pour la garde des tranchées du chasteau; et de toutes parts rassembla ses forces, hors mis le marquis de Salluces, que j'ay dit cy devant estre du costé de Gennes, et quelques gens qui estoient dedans les chasteaux pour tenir les chemins seurs. Peu de temps auparavant, le Roy avoit retiré à son service le seigneur Jean de Medicis, ayant soubs sa charge trois mille hommes de pied et trois cens chevaux legers; lequel seigneur Jean, venant au service du Roy, avoit praticqué pour le service dudit seigneur plusieurs capitaines italiens, et entre autres le comte Guy de Rangon, homme de grande reputation parmy les gens de guerre, et son frere le comte Francisque de Rangon. Vous avez bien entendu par cy devant comme messire Chrestofle Palvoisin avoit eu la teste couppée à Milan dez l'an 1521; toutesfois ledit seigneur Jean reconcilia avecques le Roy Jean Ludovic Palvoisin son frere, homme qui avoit le moyen de luy faire service. Le Roy, pour empescher ses ennemis de mettre vivres dedans Pavie, vint loger en une vallée sur un petit ruisseau nommé la Vermicule, par lequel estoit besoing que l'ennemy passast pour secourir les assiegez; et outre cela manda querir mille Italiens, nouvellement venus de Marceille à Savonne : lesquels passans par Alexandrie, las et travaillez du long chemin, furent surpris de la garnison dudit lieu d'Alexandrie, et furent deffaicts.

Environ ce temps Jean Jacques de Medicis, autrement dit le Mediquin (1), milannois, castelan de Muz,

(1) *Autrement dit le Mediquin* : il étoit fils d'un commis à la douane de

qui est un chasteau sur le lac de Cosme, sur les confins des Grisons, estant au service du seigneur Sforce, sçachant qu'il y avoit six mille Grisons nouvellement venus au service du Roy devant Pavie, voulut chercher moyen de divertir lesdits Grisons, et les faire retourner en leur païs. Estant averty qu'il y avoit un chasteau de l'obeïssance desdits Grisons, nommé Chavenne, sur l'autre costé du lac (dont le capitaine, ne se doutant de rien, pour estre en paix, s'en alloit tous les jours proumener sans compagnie assez loing de sa place), trouva moyen de se jetter en embuscade au lieu où il avoit accoustumé de se proumener, et arriva si à propos, que le castelan, sorty à l'accoustumée, tomba en ladite embuscade; parquoy il fut pris, et mené soudain devant ladite place. Auquel lieu estant arrivé, ledit Medequin, tenant l'espée nüe, appela la femme dudit castelan, l'asseurant qu'où elle faudroit de luy ouvrir la porte du chasteau, il coupperoit la teste à son mary. La femme, craignant de le perdre, ouvrit la porte audit Medequin, et soudain trois mille hommes qu'il avoit embusquez pres de là se vindrent joindre avecques luy, de sorte qu'ils se saisirent de la place; puis, l'ayant pourveue comme elle meritoit, se retira à Muz. Les Grisons, avertis de ceste perte, entrerent en telle crainte, pensans qu'il y eust autres praticques sur leurs places, qu'ils manderent aux six mille Gri-

---

Milan. Etant devenu secrétaire de François Sforce, il le trahit en 1524, et révéla tous ses secrets aux Français. Sforce ayant voulu le faire périr, Mediquin leva le masque, et s'empara du château de Musso. Cet aventurier, réconcilié bientôt avec son ancien maître, changea souvent de parti, et devint, à la faveur des désordres, l'un des hommes les plus puissans de l'Italie. Jean-Ange Mediquin, son frére, fut pape, sous le nom de Pie IV. Cosme I, duc de Florence, le reconnut pour *son parent*.

sons de leur nation qui estoient au service du Roy devant Pavie, qu'ils eussent à se retirer pour la conservation de leur patrie ; lesquels, apres ledit mandement, quelques remonstrances qu'on leur sceust faire, et mesmes la honte qui leur estoit mise en avant d'abandonner un prince prest à combatre, ayans pris sa soulde et faict le serment, ce-nonobstant ils s'en allerent cinq jours devant la bataille : qui fut telle defaveur pour le Roy que vous pouvez estimer, veu mesmement que le camp de l'ennemy n'estoit logé qu'à demy mille de nous. Neantmoins, pour lesdites defaveurs, jamais le Roy ne voulut changer d'opinion. Quelques-uns luy persuadoient de se retirer à Milan, attendant que l'armée imperialle se consommeroit par faulte de payement ; car, faillant la paye, les vivres faillent ; mais, estant prince magnanime, ou Dieu l'ayant ainsi ordonné, ne voulut oncques tourner la teste ailleurs que devers l'ennemy.

Le Roy avoit aussi depesché le Palvoisin, duquel n'agueres avons parlé, avecques argent pour lever bon nombre de gens de cheval et de pied, et aller surprendre Cremonne, qui n'estoit gardée que de cinq ou six cens hommes de pied, et par ce moyen lever les vivres au camp imperial devant Pavie. Ledit Jean Ludovic Palvoisin ayant mis ensemble deux mille hommes de pied et quatre cens chevaux, attendant autres trois ou quatre mille hommes de pied qui luy venoient de renfort, alla loger sur le Pau à Cazal Majour. Le duc Sforce, qui estoit dedans Cremonne, craignant que le comte Guy de Rangon se vint joindre avecques le Palvoisin, delibera, avant que leurs forces fussent unies, de le surprendre, et pour cest effect leva un bataillon dedans Cremonne, dont il assembla jusques au nombre de deux mille hommes de pied et quelque cavallerie, desquels il donna la charge au seigneur Alexandre Bentivolle, lequel incontinant print son chemin droit à Cazal Majour. Ledit seigneur Palvoisin, s'estimant suffisant pour le combatre en campagne, comme mal-avisé, abandonna son fort : dont mal luy print, car s'il y fust demouré, le lendemain le comte Francisque de Rangon, frere du comte Guy, le venoit secourir. Le Palvoisin, estant sorty en campagne, marcha droict à ses ennemis, et d'abordée mist à vau de routte toute la cavallerie du duc de Milan; mais, arrivant le comte Alexandre Bentivolle avecques les gens de pied, fut tellement combatu tant d'une part que d'autre, que ledit Palvoisin fut porté par terre et pris prisonnier, et tous ses gens mis à vau de routte : chose qui donna grand desfaveur aux affaires du Roy.

Ceux de Pavie voyans le logis du seigneur Jean de Medicis malgardé, firent une saillie sur luy; lesquels trouvans son guet un peu foible, le forcerent, et taillerent en pieces grand nombre de ses soldats, devant qu'ils eussent le loisir de prendre les armes. Ledit seigneur Jean, malcontent d'avoir eu ceste bastonnade, se voulut venger; parquoy dressa une amorse à ceux de la ville, lesquels sortirent, pensans faire comme l'autre coup : mais ils furent deceus, car le seigneur Jean ayant mis double embuscade, l'une dedans des fossez pres de la ville, l'autre assez loing, les Espagnols, suivant ceux qui premiers les avoient attaquez, ayans la cognoissance de l'embuscade qui estoit un petit loing, se meirent à faire leur retraitte;

mais celle qui estoit pres la ville leur couppa chemin, tellement que lesdits Espagnols se trouverent entre deux trouppes, si bien fermez que tout ce qui estoit sorty fut mis au fil de l'espée. Et à ladite faction fut blessé ledit seigneur Jean d'une arquebouzade au tallon, dont il fut contrainct de se faire porter hors du camp; qui fut une grande perte pour nous, car c'estoit un grand homme de guerre. Ses soldats, estans sans chef, s'esbenderent, de sorte qu'ils revindrent à rien : finablement, tant les Grisons que ceste trouppe affoiblirent nostre armée de huict mille hommes. Au mesme temps, le seigneur Albert, comte de Carpy, ambassadeur pour le Roy à Romme, luy manda par plusieurs fois, de la part du Pape, que sur tout il eust à se donner de garde de hazarder la bataille; car il estoit asseuré que, temporisant quinze jours, les Imperiaux seroient en telle necessité par faulte de payement, que leur armée s'en iroit en fumée; ayans perdu tout le moyen d'avoir deniers, ne tenans plus la ville de Milan, et estant l'armée de monsieur d'Albanie la plus forte au royaume de Naples, qui estoient les deux moyens desquels l'Empereur s'estoit aydé par cy devant pour avoir deniers. Mais le Roy, comme predestiné en la volonté de Dieu(1) d'avoir mau-

---

(1) *Comme predestiné en la volonté de Dieu* : le Roi tint un grand conseil avant de prendre une résolution. Tous les vieux capitaines vouloient qu'on évitât la bataille, et qu'on se retirât à Binasco : Bonnivet et Montmorency étoient d'un avis contraire. Brantôme nous a conservé le discours de Bonnivet : « Quelle honte, messieurs, s'écria-t-il, « proposez vous à notre brave Roy, si vaillant et si courageux, de se « retirer d'icy, en lever le siege, et fuyr une bataille qui se presente à « nous tant desirée! Nous autres François n'en avons jamais refusé, et « n'avons jamais accoustumé de faire la guerre par de petits subter-

vaise fortune, demoura tousjours en sa premiere opinion de ne se vouloir retirer de devant son ennemy.

Or est-il que ce n'estoit la deliberation du viceroy de Naples, ny du duc de Bourbon, de donner la bataille au Roy, si l'occasion ne s'y presentoit à leur advantage; mais seulement essayer de gaigner le logis de Mirabel, pour retirer leurs hommes qui estoient dedans la ville, et le refreschir de nouvelles gens : toutesfois cela ne se pouvoit faire sans passer à la teste de nostre camp; et par-ce que le Roy estoit campé en lieu fort, se preparerent à deux effects, sçavoir est si on les vouloit empescher de passer, et le Roy sortoit de son fort à ceste fin, le combatre; sinon passeroient outre. Or estoient venus les Imperiaux loger hors du parc, du costé de devers la chartrouse, à la portée du canon de nostre camp; auquel lieu, peu de jours apres, ils commencerent la nuict à sapper la muraille du parc; de sorte que deux heures devant le jour, feste de sainct Matthias, 1524 [1], firent renverser quarante ou cinquante toi-

-----

« fuges et artifices militaires; mais à belles guerres descouvertes, et
« mesmes quand nous avons un brave roy et vaillant pour notre gene-
« ral; lequel doit faire combattre les plus poltrons; car les roys por-
« tent communement cet heur avec eux, non pas seulement cet heur,
« mais les victoires tout à faict, comme fist nostre petit roy Charles VIII
« au Taro, et nostre roy Louis XII à Aignadel, et de frais nostre
« Roy qui est icy à Marignan, tant la presence des roys en cela est
« bonne et necessaire et profitable : et ne faut point douter que, le
« voyant le premier aller au combat ( car il nous en monstrera le che-
« min ), que sa brave gendarmerie qu'il a icy n'en fasse de mesme,
« et ne passe sur le ventre à ceste chetive de l'ennemy qui se presen-
« tera. Par quoy, sire, donnez la bataille : allons! »

[1] 1524 : il faut lire 1525, d'après la manière actuelle de compter. La bataille de Pavie fut livrée le 24 février 1525.

ses de ladite muraille; laquelle estant tombée, firent passer devers nostre camp, par ladite breche, deux ou trois mille arquebouziers espagnols, accompagnez de quelques chevaux legers, ayant chacun une chemise blanche sur leurs armes pour se recognoistre, par ce que le jour encores n'estoit clair; puis suivit lesdits arquebouziers un bataillon de quatre mille tant lansquenets qu'Espagnols des vieilles bandes meslez ensemble, apres lequel marchoient trois bataillons, l'un d'Espagnols et deux de lansquenets, avecques deux grosses trouppes de gendarmerie sur les esles. Tous lesquels prindrent le chemin de Mirabel, laissans l'armée du Roy à leur main gauche, ne voulans, comme j'ay dit, l'assaillir, par-ce qu'il estoit logé en lieu trop avantageux.

Je vous ay dit cy dessus qu'il falloit que noz ennemis passassent à la teste de nostre armée; parquoy le seigneur Jacques Galliot, seigneur d'Acié, seneschal d'Armignac, grand maistre de l'artillerie de France, avoit logé son artillerie en lieu si avantageux pour nous, qu'au passage de leur armée ils estoient contraints de courir à la file pour gaigner un vallon, afin de s'y mettre à couvert de ladite artillerie; car coup à coup ils faisoient des breches dedans leurs bataillons, de sorte que n'eussiez veu que bras et testes voler. Qui fut cause que le Roy, les voyant à la file, se persuada que l'ennemy estoit en effroy; avecques un rapport qui luy fut faict que la compagnie du duc d'Alançon et du seigneur de Brion avoient deffaict quelque nombre d'Espagnols qui vouloient passer à nostre main droicte, et qu'ils avoient gaigné quatre ou cinq pieces de menue artillerie. Lesquelles choses mises ensemble furent cause que le Roy abandonna son avantage pour aller chercher ses ennemis; tellement qu'il couvrit son artillerie, et luy osta le moyen de jouer son jeu.

Les Imperiaux se voyans hors du danger de nostre artillerie, et le Roy qui les venoit chercher, la teste qu'ils avoient dressée vers Mirabel la retournerent vers le Roy, ayans esbandé deux ou trois mille arquebouziers parmy leur gendarmerie. Le Roy ayant en sa main dextre le bataillon de ses Suisses, qui estoit sa principalle force, marcha droict au marquis de Saint Ange, qui menoit la premiere trouppe de leur gendarmerie, laquelle il rompit, et y fut tué ledit marquis de Sainct Ange; mais les Suisses, qui quand et quand devoient attaquer un bataillon de lansquenets imperiaux qui faisoit espaule à leurdite gendarmerie, en lieu de venir au combat se retirerent le chemin de Milan pour se sauver. Noz lansquenets, qui ne pouvoient estre plus de quatre ou cinq mille, desquels avoit la charge François monsieur de Lorraine, frere du duc de Lorraine, et le duc de Suffolc Roseblanche, marcherent, la teste baissée, droict au gros bataillon imperial qui venoit charger le Roy; mais estant peu de nombre, comme j'ay dit, furent enveloppez de deux gros bataillons d'Allemans, et en bien combatant furent deffaicts : si les Suisses eussent faict le semblable, la victoire estoit douteuse. Et moururent audit combat ledit François monsieur de Lorraine et le duc de Suffolc, et leurs soldats n'en eurent pas moins. Le Roy, ainsi que j'ay predit, ayant deffaict la premiere trouppe qu'il avoit trouvée, estans ses lansquenets deffaicts et ses Suisses retirez, tout le fais de la bataille tomba sur luy; de sorte qu'en fin son cheval luy fut tué entre les jambes, et luy blessé en une jambe. Et de ceux qui estoient pres de luy, furent tuez l'amiral Bonnivet (1), le seigneur Louis de La Trimouille, aagé de soixante-quinze ans; le seigneur Galleas de Sainct Severin, grand escuier de France; le seigneur de Sainct Severin, premier maistre d'hostel du Roy; le seigneur de Maraphin, aussi son premier escuier d'escuyerie. Et furent pris le mareschal de Foix et le bastar de Savoie, grand maistre de France, lesquels depuis moururent des blesseures qu'ils y receurent. Le comte de Sainct Pol y fut pris pres du Roy, estant blessé tant au visage qu'ailleurs, si qu'on en estimoit plus tost la mort que la vie : toutesfois il fut guery dedans Pavie, où il fut mené. Le mareschal de Chabannes, avecques l'avantgarde dont il avoit la charge, combatoit de l'autre part : lequel n'eut meilleure fortune que les autres, car estant nostre armée tant ruinée que plus ne pouvoit, n'y eut ordre qu'il peust soustenir le faiz de son costé; parquoy tomba soubs iceluy et fut tué sur le lieu, et la plus part de ceux qui estoient avecques luy eurent pareille fin. Le mareschal de Montmorency, qui le jour precedant avoit esté envoyé avecques cent hommes d'armes et mille hommes de pied françois qui estoient,

(1) *L'amiral Bonnivet* : La bataille étant perdue, Bonnivet essaya de rallier les Suisses et quelque cavalerie. « N'y ayant rien pu gagner, « dit un contemporain, se résolut de mourir, et il dit : Non, je ne sau- « rois survivre cette grande desaventure et destruction pour tout le « bien du monde; et faut aller mourir dans la meslée. » Il revint chercher la mort auprès du Roi. Bourbon, qui lui attribuoit en partie ses disgrâces, s'écria, en voyant son corps défiguré : « Ah! malheureux, « tu es cause de la perte de la France et de la mienne. »

ce me semble, soubs la charge du seigneur de Bussy d'Amboise, et deux mille Suisses à Sainct Ladre pour garder un passage, auquel lieu estant arrivé, il estoit demouré en armes jusques au poinct du jour, qu'il ouyt l'artillerie tirer, se retira pour se venir joindre avecques le Roy, mais ce fut trop tard : mesmes il fut empesché de ce faire, car il fut enveloppé, deffaict et pris avant qu'il s'y peust joindre. Aussi desja la ruine tomboit sur nous.

Revenons où j'ay laissé le Roy à pied. Estant par terre, fut de tous costez assailly, et pressé de plusieurs de bailler sa foy; ce qu'il ne vouloit faire; et tousjours, tant qu'alaine luy dura, se deffendit, encores qu'il cognust qu'il ne pouvoit resister à la volonté de Dieu ; mais il craignoit que, pour les querelles que desja il voyoit entre les Imperiaux pour le butin, estant rendu, par despit l'un de l'autre ils le tuassent. A l'instant y arriva le seigneur de Pomperant, duquel j'ay parlé, qui s'en estoit allé avec monsieur de Bourbon, pour avoir tué le seigneur de Chissé à Amboise; lequel soudain se meit à pied auprès du Roy, l'espée au poing, et feit retirer chacun d'auprès de sa personne, jusques à ce que le vice-roy de Naples arriva, auquel le Roy bailla sa foy (1). Le duc d'Alançon, lequel avoit

---

(1) *Auquel le Roy bailla sa foy* : Brantôme dit qu'après la bataille le Roi fut conduit dans l'église des Chartreux, et que le premier objet qui frappa ses regards fut cette inscription, tirée du psaume 118, verset 71 : *Bonum mihi quia humiliasti me, ut discam justificationes tuas.* (Il m'a été utile d'être affligé, pour connoître vos commandemens.) De Thou, dans ses Mémoires, raconte cette circonstance d'une manière différente. Voyageant en Italie en 1573, il visita cette église : le religieux qui la lui montroit lui dit que François 1, ayant été pris près des murs du couvent renversés par le canon, fut conduit dans l'église

la conduitte de l'arrieregarde, voyant l'armée deffaicte, le Roy pris, et n'y avoir esperance de ressource, par le conseil de ceux qui estoient pres de luy, avec si peu qu'il avoit de reste, se retira par dessus le pont qu'avions faict sur le Tesin. Le seigneur Theodore Trevoulse et le seigneur de Chandiou, qui estoient dedans Milan, avertis de la ruine de nostre armée, se retirerent en France avecques leurs gens.

En ladite bataille moururent et furent pris plusieurs gens de bien; et entre les morts le mareschal de Chabannes, messire Louis, seigneur de La Trimouille; Guillaume Gouffier, seigneur de Bonnivet, amiral de France (le bastar de Savoye, grand maistre de France, mourut prisonnier); le mareschal de Foix; Galeas de Sainct Severin, grand escuyer; François monsieur de Lorraine, le duc de Suffolc, le comte de Tonnerre, le seigneur de Chaumont, fils du feu grand maistre d'Amboise; le seigneur de Bussy d'Amboise, le baron de Busancez, le seigneur de Beaupreau, et un si grand nombre d'autres, que j'ennuiroye le lecteur de les nommer. Des prisonniers, le roy Henry de Navarre, le comte de Sainct Pol, Louis monsieur de Nevers, le seigneur de Fleuranges, fils de messire Robert de La Marche; le mareschal de Montmorency, par une bréche; qu'il se mit à genoux devant le grand autel, au moment où les religieux étoient au chœur, et chantoient le psaume 118; et qu'après qu'ils eurent achevé le verset 70, et fait la pause ordinaire, le Roi les prévint, et récita le verset suivant: *Bonum mihi, etc.*, qui se rencontroit, observe de Thou, si à propos pour sa consolation. Si l'anecdote est vraie, le calme profond de ces religieux au moment où une bataille terrible se livroit à leurs portes, et toutes les fureurs de la guerre paroissant s'arrêter comme par miracle au seuil du temple de Dieu, durent faire la plus vive impression sur l'ame du monarque.

le seigneur de Brion, le seigneur de Lorges, le seigneur de La Rochepot, le seigneur de Montejean, le seigneur d'Annebault, le seigneur de La Rochedu-maine, le seigneur de La Milleraye, le seigneur de Montpesat, le seigneur de Boisy, le seigneur de Curton et le seigneur de Langey, avec si grand nombre d'autres, que les nommer suffroit pour emplir mon livre. Des ennemis estans victorieux, je ne m'amuseray à les nommer, car qui a la victoire n'estime avoir riens perdu : je le laisse à la discretion des lecteurs.

# TABLE DES MATIERES

CONTENUES

## DANS LE DIX-SEPTIÈME VOLUME.

| | |
|---|---:|
| Les Mémoires de messire Martin Du Bellay. Page | 1 |
| Notice sur Jean, Guillaume et Martin Du Bellay. | 3 |
| Introduction aux Mémoires de Du Bellay. | 13 |
| Lettre de François 1 à la duchesse d'Angoulême, sur la bataille de Marignan. | 184 |
| Epitre au roy Charles IX. | 189 |
| Preface de l'autheur. | 193 |
| Prologue des Ogdoades de Guillaume Du Bellay. | 197 |

## MÉMOIRES DE MARTIN DU BELLAY.

| | |
|---|---:|
| Premier livre. | 225 |
| Sommaire du premier livre. | 226 |
| Second livre. | 343 |
| Sommaire du second livre. | 344 |

FIN DU DIX-SEPTIÈME VOLUME.

www.ingramcontent.com/pod-product-compliance
Lightning Source LLC
Chambersburg PA
CBHW060233230426
43664CB00011B/1632